刘学在

男，1971年生，1999年获武汉大学法学硕士学位，2004年获中国人民大学法学博士学位，现为武汉大学法学院副教授，硕士研究生导师。主要从事民事诉讼法、证据法、仲裁法和司法制度的教学与研究工作。1999年以来，在《法学研究》、《法学评论》、《中外法学》、《法学家》、《法学》、《诉讼法论丛》、《民商法论丛》、《人民法院报》等报刊上发表学术论文40余篇，其中多篇论文被中国人民大学复印报刊资料《诉讼法学·司法制度》全文转载。《民事裁定上诉审程序之检讨》（载《法学评论》2001年第6期）与《辩论主义的根据》（载《法学研究》2005年第4期）分获全国第五届中青年诉讼法学优秀科研成果二等奖及全国第一届青年民事诉讼法学优秀科研成果二等奖。作为主要撰稿人之一，参加过《民事诉讼法学》（全国高等教育自学考试教材）、《民事诉讼法专论》（研究生教学指导用书）、《〈中华人民共和国民事诉讼法〉修改建议稿（第三稿）及立法理由》等多部教材和专著的撰写工作。

作者简介

武汉大学学术丛书

Wuhan University

Academic Library

民事诉讼辩论原则研究

刘学在 著

武汉大学出版社

图书在版编目(CIP)数据

民事诉讼辩论原则研究/刘学在著．—武汉：武汉大学出版社，2007.6
武汉大学学术丛书
  ISBN 978-7-307-05536-0

  Ⅰ.民… Ⅱ.刘… Ⅲ.民事诉讼—辩论—原则—研究
Ⅳ.D915.204

中国版本图书馆 CIP 数据核字(2007)第 053066 号

责任编辑:刘新英   责任校对:程小宜   版式设计:支 笛

出版发行:**武汉大学出版社** (430072 武昌 珞珈山)
        (电子邮件:wdp4@whu.edu.cn 网址:www.wdp.com.cn)
印刷:武汉中远印务有限公司
开本:720×980 1/16 印张:21.375 字数:304 千字 插页:3
版次:2007 年 6 月第 1 版   2007 年 6 月第 1 次印刷
ISBN 978-7-307-05536-0/D·729   定价:35.00 元

目　　录

导　论 ……………………………………………………………… 1

第一章　辩论原则之基础理论 ……………………………… 8
　一、辩论原则之基本原则属性 …………………………… 8
　二、辩论原则的含义与沿革 ……………………………… 12
　　（一）辩论原则的基本含义 …………………………… 12
　　（二）罗马民事诉讼中辩论原则之雏形 ……………… 14
　　（三）大陆法系民事诉讼中辩论原则之确立 ………… 18
　　（四）英美法系民事诉讼中辩论原则之体现 ………… 25
　　（五）辩论原则的发展趋势 …………………………… 28
　三、辩论原则的根据 ……………………………………… 43
　　（一）辩论原则的根据之主要观点 …………………… 43
　　（二）对辩论原则诸根据论之评论 …………………… 49
　　（三）本书对辩论原则之根据的理解 ………………… 55
　四、辩论原则与相关范畴的关系 ………………………… 65
　　（一）辩论原则与处分原则的关系 …………………… 65

（二）辩论原则与当事人主义的关系 ·················· 68

（三）辩论原则与职权主义的关系 ·················· 69

（四）辩论原则与阐明权的关系 ···················· 72

五、辩论原则与民事诉讼模式 ···················· 75

第二章　我国辩论原则之检讨 ·················· 78

一、我国辩论原则的含义及其渊源 ·················· 78

（一）我国民事诉讼立法与理论中辩论原则的一般含义 ··· 78

（二）我国辩论原则的渊源 ······················ 80

二、中外辩论原则之比较 ························ 84

（一）辩论原则之含义界定上的不同 ················ 84

（二）对民事诉讼程序是否具有基本的指导作用之区别 ··· 86

（三）如何为辩论权提供保障之观念上、方式上的差异 ··· 87

三、现行《民事诉讼法》规定的辩论原则之缺陷分析 ······· 88

（一）内容的"空洞化"使其难以契合于"基本原则"之属性 ······· 88

（二）对"客观真实"的不当理解和追求使其轻视了诉讼程序
　　　的公正性 ······························· 90

（三）裁判不受辩论内容的制约容易导致权力滥用和腐败 ·· 91

（四）造成法院的负担、责任过重并引发一些内在的程序矛盾 ······· 91

四、辩论原则之重新界定 ························ 93

第三章　辩论原则的内容（一） ·················· 98

一、辩论原则与诉讼标的 ························ 99

（一）法院裁判应当受当事人主张的诉讼标的之约束 ···· 99

（二）诉讼标的理论对法院裁判范围的影响 ··········· 105

（三）法院裁判应否受原告法律上见解的约束 ········· 107

二、辩论原则所适用的事实范围 ···················· 108

（一）民事诉讼中事实的分类 ···················· 108

（二）辩论原则所适用的事实范围之争论 ············· 112

（三）本书的观点 ···························· 120

三、辩论原则与证据资料的收集提供 ················· 126

（一）证据资料的收集提供属于当事人的权限和责任 …………… 126
（二）法院对证据的调查收集问题 …………………………… 127

第四章　辩论原则的内容（二） …………………………… 135
一、自认的含义、分类与构成要件 …………………………… 135
（一）自认的含义 ………………………………………… 135
（二）自认的理论分类 …………………………………… 136
（三）诉讼上自认的构成要件 …………………………… 140
二、自认的效力与撤销 ……………………………………… 149
（一）自认的效力 ………………………………………… 149
（二）自认的撤销 ………………………………………… 152
三、拟制的自认、间接事实之自认与权利之自认 ………… 165
（一）拟制的自认 ………………………………………… 165
（二）对间接事实的自认 ………………………………… 177
（三）关于权利自认的问题 ……………………………… 180

第五章　辩论原则的补充——阐明权 ………………… 187
一、阐明权制度与理论的主要内容 …………………………… 187
（一）阐明权的含义与必要性 …………………………… 187
（二）阐明权的立法沿革 ………………………………… 189
（三）阐明权的具体内容 ………………………………… 196
（四）阐明权的性质 ……………………………………… 200
（五）衡量是否怠于行使阐明权的标准 ………………… 205
二、我国关于阐明权制度的立法、理论与实践 …………… 206
（一）立法现状 …………………………………………… 207
（二）理论研究的现状 …………………………………… 216
（三）我国关于阐明权的司法实践 ……………………… 217
（四）完善阐明权制度的措施及其应注意的问题 ……… 220

第六章　辩论原则的例外——职权探知原则 ………… 229
一、职权探知原则的界定 …………………………………… 229

（一）职权探知原则的含义 …………………………… 229

（二）本书对职权探知原则的理解 …………………… 234

二、诉讼要件 ………………………………………………… 236

（一）诉讼要件的内容 ………………………………… 237

（二）诉的利益与诉讼要件 …………………………… 241

（三）诉讼要件应依职权进行调查 …………………… 246

三、人事诉讼程序 …………………………………………… 248

（一）人事诉讼程序的一般界定 ……………………… 248

（二）婚姻无效事件与撤销婚姻事件的程序 ………… 251

第七章　我国辩论原则之重塑所面临的障碍及其克服 ………… 288

一、辩论原则的观念障碍及其克服 ………………………… 288

（一）对私权自治或意思自治原则的不信任 ………… 288

（二）对程序公正观念和程序保障论的重要性认识不足 … 295

（三）程序的自我归责观念和既判力观念存在严重欠缺 … 300

二、辩论原则的制度障碍及其克服 ………………………… 303

（一）民事诉讼程序的分化程度较低 ………………… 303

（二）当事人的取证权利缺乏制度保障 ……………… 306

参考文献 …………………………………………………………… 317

后　记 ……………………………………………………………… 332

导　　论

　　在西方民事诉讼法学中，辩论原则是有关民事诉讼结构（或曰民事诉讼模式）的一项基本原则，它从事实的主张和证据的提出的角度划定了当事人与法院的角色分工和权利（权力）义务的范围,① 体现了权利本位、私法自治和程序公正等基本诉讼理念。而我国民事诉讼法中的辩论原则则是在承继前苏联民事诉讼法的规定与理论的基础上所确立的，其主要特点在于融入了较强的国家干预色彩，废除了西方国家民事诉讼辩论原则的实质性内核，保留了仅具形式意义的宣言式的"辩论权"。长期以来，在实行高度职权主义的民事诉讼法学理论中，这种形式化的辩论原则是作为一种具有无比优越性的原则而受到高度颂扬的，而且，在实行高度计划经济体制的时代，也很少有人怀疑这种"苏式"辩论原则的合理性和科学性。然而，随着我国社会、经济、文化等各方面的法律制度

---

　　① 从广义上讲，关于诉讼标的和诉讼请求问题上的权责划分，也属于辩论原则的内容。

的改革之持续推行，民事权利受尊重的程度不断得以提升，程序公正等诉讼价值准则也得到了广泛认同。特别是随着各项民事诉讼理论研究的深入进行和实务中以强调当事人主义为其基本倾向的民事审判方式改革的践行，现行《民事诉讼法》所规定的辩论原则越来越显示出其固有的缺陷。主要表现在：第一，由于现行辩论原则并不是从辩论资料的提出及其范围之界定的角度去合理地划分当事人和法院的权责，因而无论从诉讼制度的构建还是从司法实践的运作来说，这种辩论原则并不具有基本原则本应具有的指导作用。第二，现行辩论原则虽然规定当事人享有"辩论权"，但这种"辩论权"对法院却并没有实质性的约束力，因而现行辩论原则并没有突出当事人的程序主体地位。第三，对于辩论资料的提出，由于法院享有广泛的职权干预和职权探知的权力，因而很难保证法院的中立性和公正性。第四，当事人和法院在裁判对象和诉讼资料之提出问题上的权责模糊，致使当事人常常拒绝接受程序运行的结果，并导致法院的裁判缺乏既判力。

因此，如何科学评价和重新界定我国民事诉讼中的辩论原则就成为民事诉讼法学界的一项重要课题。这一课题所引发的诉讼问题是多方面的，例如，应当如何界定民事诉讼中当事人诉权与法院审判权的相互关系？诉权对审判权有何制约作用？审判权应当如何更好地指导诉权的行使？应当如何适应社会的发展而对民事诉讼的基本结构（基本模式）进行必要的调整以及应当如何构建各项民事诉讼具体制度？对于实践中的如火如荼的民事审判方式改革乃至民事审判制度的改革，应当如何从理论上进行正确的引导？等等。这些问题的合理解决，均涉及对辩论原则的重新认识、界定、理解和论证。因此，深入研讨民事诉讼辩论原则，对于深化民事诉讼法学理论、完善民事诉讼立法、指导诉讼实践具有尤为重要的意义。具体来说，探讨民事诉讼辩论原则的意义和价值在于：

首先，辩论原则所关注的问题在于民事诉讼中当事人与法院的权责分工和功能定位，以及它与职权探知原则的相互关系，而这恰恰是民事诉讼中的一个根本问题。因此，合理地界定辩论原则的内涵与外延、科学地阐释其理论基础就成为民事诉讼理论体系中具有根本性的理论之一。正因为如此，辩论原则的研究对于我国民事诉讼理论的丰富和发展无疑具有极为重要的意义。

其次，辩论原则理论与民事诉讼中的其他很多理论问题具有紧密的关联，它上承民事诉讼程序价值论、诉讼目的论、诉权论等基本理论，下启民事诉讼的诸多具体原则、制度和程序理论。因此，深入探讨民事诉讼辩论原则，对于协调和整合民事诉讼法学的各种理论、建立和完善民事诉讼法学理论体系具有不容忽视的作用。

最后，辩论原则的研究在完善民事诉讼立法、规范民事诉讼活动、指导民事审判方式改革等方面具有积极的实践价值。例如，在当事人举证与法院调查收集证据的关系问题上，辩论原则要求其权责主要在于当事人，法院不应积极主动地介入，这种角色定位对于民事诉讼的立法完善和司法实践的指导意义是显而易见的。又例如，辩论原则是自认制度的理论基础，反过来，自认制度又构成辩论原则的重要内容和体现，因而加强对辩论原则的研究，无疑可以为立法上确立和完善自认制度提供重要的理论支持。再例如，辩论原则中的阐明权理论，有助于我们对审判方式改革中某些法院推行的举措，如所谓的完全由当事人举证、法官应保持绝对的消极等问题，进行理性的反思并提供解决问题的合理思路。

对于民事诉讼辩论原则，国内的研究是相当薄弱的。在以往的教材中，一般只是在"基本原则"一章中对辩论原则简单地予以介绍，而且这种介绍也只是对民事诉讼法典中关于当事人享有"辩论权"之"宣言式"的规定加以简单地诠释，很少能够深入。在近几年的法学研究中，虽然也偶有文章论及民事诉讼辩论原则问题，但仍缺乏系统、全面的论述。①在为数不多的研究论文中，尽管有一些学者主张应引进西方国家民事诉讼中的辩论原则（辩论主义），但往往只是停留于提出这种主张而已，没有对辩论原则所适用的制度环境、社会环境、观念环境作深入、细致的分析，也较少与我国相关的具体诉讼制度联系起来进行论证。而且，辩论原则的研究在很大程度上还落后于诉讼实践的需求。相比较而言，在国外，特别是在大陆法系国家，对于民事诉讼辩论原则，不仅有较为深厚的理论积淀，而且有着长期的制度上的延续，其研究的水平已达到相当精深的程度。毋庸讳言的是，国外关于辩论原则的理论研究和文献资料无疑为我国相关主题的研讨以及民事诉讼程序的完善提供了可资借鉴的参照系。当然，由于理论上、制度上长期所形成的差异，国外民事诉讼辩论原则在中国的移植和借鉴也会面临诸多难题和障碍。

就总体而言，笔者主张应当沿着强化当事人之主导权的方向对

---

① 特别值得一提的是，张卫平教授 1993 年出版的《程序公正实现中的冲突与衡平——外国民事诉讼研究引论》一书及 1996 年发表的《我国民事诉讼辩论原则重述》（载《法学研究》1996 年第 6 期）一文，对辩论原则作了较为深入的分析。近年来，直接论及民事诉讼辩论原则的还有如下一些论文：徐继强：《我国民事诉讼法应确立辩论主义原则》，载《法学》1997 年第 4 期；陈晓云：《我国民事诉讼辩论原则不足及完善》，载《理论界》1999 年第 4 期；刘祥红：《论西方民事诉讼辩论主义之修正》，载《培训与研究——湖北教育学院学报》2001 年第 3 期；祝庭显：《论辩论原则改造的理论基础》，载《广西政法管理干部学院学报》2001 年第 4 期；谢志钊、吴勇：《德国、法国与我国民事诉讼处分辩论原则之比较》，载《湖南省政法管理干部学院学报》2002 年第 2 期；杨萍：《论在民事诉讼法中建立辩论主义的必要性》，载《兰州学刊》2002 年第 2 期；毕玉谦：《直接言词原则与证据辩论主义》，载《法律适用》2002 年第 5 期；张晓霞：《论民事诉讼的辩论原则》，载《北京建设工程学院学报》2002 年增刊；毛玲：《我国民事诉讼辩论原则与处分原则之辨析》，载《河南省政法管理干部学院学报》2003 年第 2 期；尚代贵：《民事诉讼中的辩论原则》，载《广西社会科学》2003 年第 5 期；张珉：《试论辩论主义的新发展——协同主义》，载《新疆社会科学》2004 年第 6 期；翁晓斌：《职权探知主义转向辩论主义的思考》，载《法学研究》2005 年第 4 期。另外，在其他相关论文和著作中，也有学者论及辩论原则的问题，恕不在此一一列举。

我国辩论原则予以完善。以下是本书的一些重要观点：

（1）体现当事人之主导权的辩论原则在西方民事诉讼中有着源远流长的历史和深厚的法理基础，应当对其进行客观而公正的评价，而不应过分的从意识形态的角度对其不当批判和采取拒斥的态度。为此，必须消除对其所产生的诸如该原则只注重和追求形式真实、不顾客观真实、仅有利于保护强者等种种误解。

（2）大陆法系民事诉讼理论中关于辩论原则的发展趋势之讨论，确实存在着强调法院的阐明权和当事人之真实义务的倾向，但辩论原则并未因此而发生彻底的改变（根本性的修正）或者说被所谓的协同主义所取代。断言辩论原则已经过时，不应将其作为我国民事诉讼制度改革的基本参照物之观点是不可取的。

（3）我国现行《民事诉讼法》所规定的辩论原则，是一种处于职权主义之下的、当事人不具有主导权的、仅具形式意义上的"辩论权"的诉讼原则，其缺陷是多方面的，因而必须予以改造。而其完善的方向仍然应当是吸收和借鉴大陆法系中体现当事人之主导权的辩论原则之精髓。关于这一点，从辩论原则之根据论上讲，既有其实体法上的根据，也有其程序法上的理由。

（4）关于辩论原则的具体内容，通常的观点是将其分为三项，即：作为裁判基础的事实以当事人主张者为限，法院应受当事人的自认的约束，原则上法院不能依职权调查收集证据。但笔者认为，诉讼标的（诉讼请求）之提出和确定，实际上也涉及法院与当事人在诉讼中的权责划分问题，故也可以将其纳入辩论原则的视野内进行考察。

（5）对于间接事实是否适用于辩论原则的问题，理论上存在着不同的观点。笔者认为，在尊重当事人的自主权和发挥法院的阐明作用之条件下，间接事实也应当适用于辩论原则。

（6）对于自认问题，虽然最高人民法院在有关的司法解释中已经作出了一些规定，但仍有诸多地方需要完善。而关于间接事实的自认和权利之自认问题，笔者认为在一定条件下应当承认其效力。

（7）就法院的阐明权来说，实际上存在着职权主义诉讼体制下的阐明与当事人主义诉讼体制下的阐明之重要区别。我国在确立约束性的辩论原则之同时，必须对阐明权制度作出较为完善的规定。

（8）辩论原则与职权探知原则是诉讼中相互对立的两个原则，各自有其适用的领域和范围。因此，在对我国辩论原则进行改造时，应当对此有所区分。

（9）我国现行民事诉讼法所规定的辩论原则确实应当予以完善，但就我国的实际情况而言，现行辩论原则之重塑亦面临着诸多障碍。因此，只有充分认识到这些障碍并努力去予以克服，体现当事人之主导权的辩论原则才能真正得以确立。

本书将分七章对辩论原则展开讨论。

第一章主要从以下几个方面论述辩论原则的基础理论：一是分析辩论原则的历史渊源，指出其乃大陆法系国家和英美法系国家之民事诉讼所普遍遵循的一项基本原则，并论证了在当代尽管其内容发生了一些变化，但它仍然是指导各国民事诉讼法的基本准则，不存在被其他原则特别是所谓的协同原则所取代的问题。二是介绍了关于辩论原则之根据的各种理论，主张应当从实体和程序相结合的角度来探讨民事诉讼中实行辩论原则的理由，即认为其根据既包括私权自治、发现实体真实等实体方面的根据，也包括确保法官的中立性与公正性、凸显当事人的程序主体地位等程序方面的根据。三是对辩论原则与处分原则、当事人主义、职权主义、阐明权等相关范畴的关系进行分析和探讨。四是论证了辩论原则乃划分民事诉讼模式的基本标准，在辩论原则之下所构建的民事诉讼模式属于当事人主义的诉讼模式。

第二章主要是在介绍我国民事诉讼中辩论原则的渊源并与西方予以比较的基础上，分析其弊端并尝试对其重新予以界定。指出我国现行《民事诉讼法》规定的辩论原则的缺陷在于，一是其内容的"空洞化"使其难以契合于"基本原则"之属性，二是其对"客观真实"的不当理解和追求使其轻视了诉讼程序的公正性，三是法院裁判不受辩论内容的制约容易导致权力滥用和腐败，四是其运作的结果往往会造成法院的负担、责任过重并引发一些内在的程序矛盾。基于此，笔者主张应当在程序公正和程序保障的基础上，对我国辩论原则重新予以界定，并以此为基础，对我国民事诉讼基本结构予以重塑。在此过程中，应当以程序本位的理念为主线，突出当事人的程序主体地位和对抗性以及法官的中立性，形成由当事人来形成审判的对象并对程序的运行结果自负其责的程序结构。

第三章和第四章将就辩论原则的具体内容展开讨论。其中，第三章从诉讼标的、事实范围、证据资料的收集提供三个方面阐述辩论原则在民事诉讼中的体现。第四章则专门对辩论原则的另一重要内容即自认制度进行探讨，包括自认的分类、构成要件、效力、撤销、拟制的自认、间接事实之自认、权利之自认等。

第五章所阐释的内容是作为现代辩论原则之重要补充的阐明权制度。本章在对大陆法系国家和地区民事诉讼之阐明权制度和理论进行介绍的基础上，对我国民事诉讼中关于阐明权制度的立法、理论和实践进行了剖析，并就完善的措施及其应注意的问题进行了研讨。

以当事人主导为特征的辩论原则并非适用于民事诉讼中的所有事项，后者从反面界定了辩论原则的适用范围，因而本书的第六章将对辩论原则的例外——职权探知原则进行探讨。

最后，在第七章将对我国辩论原则之重塑所面临的障碍及其克服途径进行研析。笔者认为，观念上对私权自治或意思自治原则的不信任、对程序公正和程序保障论的重要性认识不足、对既判力问题的轻视等，使辩论原则的完善面临严重困难。而民事诉讼程序的分化程度较低、当事人的取证权利缺乏保障则使辩论原则之重塑面临着现实的制度障碍。因此，要真正确立符合民事诉讼运行规律的辩论原则，就必须采取有效的措施克服上述障碍。

第 一 章
辩论原则之基础理论

一、辩论原则之基本原则属性

"原则"这一词汇对于学习、研究法律和从事法律实务的人来说并不陌生，它不仅是法理学研究的重要课题，也是各个部门法学所关注的重要议题之一。几乎从公法到私法、实体法到程序法的各个法学领域里，都存在许多所谓的"原则"或"法律原则"、"法律的基本原则"。例如宪法里的"权力分立原则"、"人民主权原则"、"基本人权原则"，民法中的"私法自治原则"、"契约自由原则"、"所有权绝对原则"、"平等原则"、"诚实信用原则"，刑法中的"罪刑法定原则"、"无罪推定原则"、"从旧兼从轻原则"，程序法中的"法官中立原则"、"公开原则"、"言词原则"等。而原则之所以在法学中受到重视，不仅是因为法律规则在调整社会关系过程中存在着严重的不足，需要原则来加以弥补，而且是因为原则往往反映了特定法律的精神实质，是立法活动和司法活动的重要基础和依据，是法律推理的必要前提和保障。

就民事诉讼法而言，同样存在着大量的法律原则，例如处分原则、辩论原则、平等原则、公开原则、言词原则、直接原则等。我国 1991 年颁布的《民事诉讼法》的第一章即为"任务、适用范围和基本原则"，其中第 5～17 条被认为属于基本原则的规定。根据这些规定，各种版本的民事诉讼法学教材对我国民事诉讼法中的基本原则曾进行了各种各样的归纳。但是，对于立法上所规定的上述基本原则，近年来民事诉讼法学界进行了反思，认为其中的很多规定并非属于基本原则性质的规定，不能称之为民事诉讼法的基本原则，从而掀起了关于何谓基本原则以及基本原则体系应如何构成的争论。例如，有学者认为，基本原则在内容上应具有根本准则之属性，在效力上应具有一以贯之的统率特质，应当与基本制度有所区别，并且也不宜简单地将高层次部门法中的某些规定当然地作为低层次部门法的基本原则。基于此，民事诉讼法的基本原则体系应当由平等原则、辩论原则、处分原则和调解原则构成。① 有学者认为，民事诉讼法基本原则包括以事实为根据以法律为准绳原则、平等原则、处分原则和辩论原则。② 有学者则将民事诉讼法的基本原则归纳为平等原则、辩论原则、处分原则、诚信原则。③ 还有学者认为，应当将民事诉讼法的原则分为三个层次，即核心原则、基本原则和具体原则。核心原则是法律原则中位阶最高的一层含义，它是指民事诉讼法中直接体现诉讼程序价值要求或最低限度标准的价值准则，或者说核心原则就是程序价值的构成要素。具体原则是法律原则中位阶最低的一层含义，它是指民事诉讼法中诸多诉讼制度和审判制度的原则。基本原则则是法律原则承上启下的一层含义，它上承诉讼程序价值的要求，并在具体诉讼阶段中展开，在核心原

① 参见陈桂明：《诉讼公正与程序保障》，中国法制出版社 1996 年版，第 63～64 页。

② 林晓霞：《论市场经济条件下重新评价和构建我国民诉法基本原则》，载《法学评论》1997 年第 6 期。

③ 参见张卫平：《民事诉讼法教程》，法律出版社 1998 年版，第 69 页以下；马青波：《民事诉讼法基本原则分析》，载何文燕、陈刚、廖永安主编：《硕士论丛·民诉法学》，中国检察出版社 2002 年版，第 184 页以下。

则和具体原则之间起媒介和桥梁的作用。并认为，在现行《民事诉讼法》所规定的诸多"基本原则"中，真正属于基本原则的只有两个，即辩论原则和处分原则。① 另有学者认为，在现行民事诉讼法框架内，惟有第 8 条所确立的诉讼权利平等原则才是真正意义上的民事诉讼法基本原则。②

从学者们关于民事诉讼法基本原则的理论研讨来看，总体而言，具有以下几个方面的特点：一是认为现行《民事诉讼法》所规定的"基本原则"过于混乱和庞杂，很多条款的内容并不具有基本原则的特征和功能，不应当将其纳入民事诉讼法的基本原则体系当中。这一点在民诉理论界已基本达成了共识，而且实际上也是理论研究的一个进步。二是多数人认为，应当对民事诉讼法基本原则与具体原则有所区分。对于这一点，笔者也是赞同的。因为，某些规定之所以称为基本原则，主要就是相对于具体原则而言的，否则，将其称为"原则"即可，而没有必要称为"基本原则"了。三是对于民事诉讼法基本原则体系究竟应当包括哪些原则之问题，在理论界则存在着较大的分歧。由于学者们思考问题的角度不同以及所采用的判断标准的不同，因而这种争论在相当长的时期内还会继续存在。

因此，关于民事诉讼法基本原则体系的界定，其关键就在于以什么标准来对基本原则予以识别和判断。从学者们的讨论来看，主要有以下一些识别、判断标准：其一，是否将其限定为反映民事诉讼法的独特本质和规律。如作此限定，则基本原则的体系范围较窄，否则，基本原则的体系范围必定较宽。其二，是否将民事诉讼法基本原则与具体原则加以区分。如对二者加以区分，则基本原则的种类较少，如不加区分，则"基本原则"的种类必然较多。其三，是否从当事人的诉讼行为与法院的审判行为之间的互动关系来

① 参见肖建国：《民事诉讼程序价值论》，中国人民大学出版社 2000 年版，第 130、148 页。

② 参见占善刚：《对民事诉讼法基本原则之初步检讨》，载《法学评论》2000 年第 3 期，第 53 页。

把握和界定基本原则，或者说是否将基本原则界定为对当事人和法院之间相互关系予以高度概括或规范的基本准则。若从二者之间的关系来界定基本原则，则那些单纯规范法院或当事人行为的准则，或者单纯规范法院与外界的关系或当事人与案外人的关系的准则，或者与民事诉讼无关的准则，就不能作为民事诉讼法的基本原则。在此条件下，属于基本原则性质的规定必定较少。反之，对基本原则之范围的界定就必定较为宽泛。其四，是否将程序价值的构成要素与基本原则予以区别，也即是否将所谓的核心原则与基本原则予以区别。如对此予以区别，就会缩小基本原则的体系范围，如对此不予区别，则会相应扩大基本原则的体系范围。由于学者们在界定基本原则的体系时，可能是依据上述一项或几项标准来进行的，因而其得出的结论自然也就存在较大的差异。

但就总体而言，除了极个别的学者之外，① 辩论原则在我国基本上被公认为民事诉讼法的一项基本原则。之所以得到这种公认，乃是因为辩论原则符合学者们对民事诉讼法基本原则的属性之界定，例如效力的贯穿始终性、内容的根本性、反映民事诉讼法的独特本质和规律等，而且，从上述各种识别、判断民事诉讼法基本原则的标准来看，没有理由将辩论原则排除在基本原则体系之外。就我国民事诉讼立法来说，1982 年颁布的《民事诉讼法（试行）》及 1991 年修订的《民事诉讼法》均对这一原则作出了明确的规定。在民事诉讼理论界，尽管目前已有学者对现行民事诉讼法中的相关规定的合理性提出质疑，认为我国民事诉讼法中的辩论原则在内容上具有空洞化的特点，但无论是过去还是现在，应当将辩论原则确立为民事诉讼法的基本原则之观点是得到普遍承认的。在大陆法系和英美法系国家和地区，辩论原则也一直是民事诉讼法中所普遍遵循的一项基本原则，只不过其内容的界定与我国民事诉讼法中的规定存在着重大区别，即我国主要是从当事人的辩论权和辩论行为的角度来予以规定，而大陆法系与英美法系国家和地区则主要是

---

① 例如，占善刚先生在其《对民事诉讼法基本原则之初步检讨》一文中认为，惟有诉讼权利平等原则才是真正意义上的民事诉讼法基本原则。

从辩论资料的提出以及当事人和法院在提出辩论资料过程中的不同角色之定位的角度来予以解读。以下将先从西方国家民事诉讼理论的角度对辩论原则的基本含义、沿革、根据等问题展开论述，在此基础上再对我国民事诉讼中的辩论原则进行比较分析并予以检讨。

二、辩论原则的含义与沿革

（一）辩论原则的基本含义

在大陆法系国家和地区民事诉讼法及其诉讼理论中，一般将辩论原则称为"辩论主义"，其德文为 Verhandlungsgrundsatz 或 Verhandlungsmaxime，在日语中翻译为"辩论主义"，我国于清末引进西方民事诉讼制度和理论时亦采用了"辩论主义"这一概念。① 这一原则的基本含义是指，作为裁判基础的诉讼资料，应当由当事人提出，法院只能以当事人提出的并经过充分辩论的资料为基础进行裁判。② Verhandlungsmaxime 这一用语表现了一种观念，即"民事诉讼程序本质上就是当事者通过交换他们的不同意见来自主地形成审理对象及诉讼结果的过程"。③

"辩论主义"概念的创造归功于德国诉讼法学者肯纳（Gönner）。他在 1801 年公开出版的《德国普通法诉讼提要》一书中首次提出这一概念。这个名称来源于当事人必须在自己的辩论中提出相关事实和证明方法这一观念。肯纳认为："作为一般原则，

① 本书为求概念使用上的统一，在引用资料和阐述相关问题时，除了直接引用原文的情况外，一般将"辩论主义"表述为"辩论原则"。中华人民共和国成立后，基于意识形态等方面的原因，为了突出与旧中国民事诉讼制度和原则的区别，抛弃了"辩论主义"这一概念，而使用了"辩论原则"这一概念，并在内容上进行了质的改造。对此，下文将予以阐述。

② 参见［日］中村英郎：《民事诉讼理论の诸问题》（民事诉讼论集第三卷），成文堂 1978 年版，第 190 页。

③ ［日］谷口安平：《程序的正义与诉讼》，王亚新、刘荣军译，中国政法大学出版社 1996 年版，第 24 页。

当事人所提出的一切同样是当事人进行辩论的依据，因此可以称为辩论主义。"人们常常还会遇到的另一概念是"当事人提出主义"（Beibringungsgundsatz），这个概念看上去更合适，因为它让问题更加明了，即在诉讼中运用的作为判决之基础的事实，是作为当事人的任务而由其提出的。故而一些学者是将"辩论主义"与"当事人提出主义"这两个概念混用的。① 也有学者将德国法中的上述 Verhandlungsgrundsatz（或者 Verhandlungsmaxime）原则，称为"当事者主导原则"。②

　　一般认为，辩论原则的基本内容包括以下三个方面：（1）直接决定法律效果发生或消灭的主要事实（要件事实）必须在当事人的辩论中出现，法院不能以当事人没有主张过的事实作为判决的事实依据。（2）对双方当事人都没有争议的事实，法院应当作为判决的依据，不仅没有必要以证据加以证明，而且一般也不允许法院作出与此相反的认定，换言之，法院应当受当事人自认的约束。（3）法院对证据的调查，原则上仅限于当事人提出的证据，而不允许法院依职权主动调查证据。③ 除了这三个方面之外，有学者认为辩论原则还包括第四个方面的内容，即辩论原则只是对事实关系的处理原则，而对于法律上的判断，则是法官以国家的法律为尺度

---

① E. Becker - Eberhard：《辩论主义の基础と限界》，［日］高田昌宏译，载［日］《比较法学》第 35 卷第 1 号（2001 年），第 143 页。

② 参见［日］谷口安平：《程序的正义与诉讼》，王亚新、刘荣军译，中国政法大学出版社 1996 年版，第 24 页。

③ 参见［日］中村英郎：《民事诉讼理论の诸问题》，成文堂 1978 年版，第 194 页以下；［日］吉野正三郎：《集中讲义民事诉讼法》第三版（新法对应版），成文堂 1998 年版，第 48 页以下；张卫平：《程序公正实现中的冲突与衡平》，成都出版社 1993 年版，第 3 页；等等。对于上述辩论原则的第三个方面的内容，即"禁止法院依职权调查证据"，有学者认为不应当包含在辩论原则的内容之内，而应当作为与辩论原则相区别的证据当事人提出主义来予以把握。参见［日］谷口安平：《口述民事诉讼法》，成文堂昭和 62 年版，第 197 页。转引自［日］高桥宏志：《民事诉讼法——制度与理论的深层分析》，林剑锋译，法律出版社 2003 年版，第 330 页。

进行衡量的结果，所以不受当事人陈述和意见的约束。①

辩论原则对于法院与当事人在民事诉讼中的各自作用作了明确的分工，因而辩论原则也可以说是在诉讼中确定法院与当事人之间任务分担规律的原则。当然，对于事实的主张和证据的提出，如果实行彻底的辩论原则，即如果规定任何情况下都应当由当事人负责，而法院保持完全的消极、不作任何形式的介入，则在有些情况下，很可能会出现违背实体公正的后果。为了防止这种情形的发生，大陆法系民事诉讼法中一般都规定了法院（法官）的阐明权制度，以弥补辩论原则的缺陷。②

在英美法系国家的民事诉讼中，上述辩论原则的内容则体现在其"对抗制"（Adversary System）的诉讼程序当中。关于这一点，后文将予以探讨。

（二）罗马民事诉讼中辩论原则之雏形

辩论原则虽然是在近代的德、日等国加以系统化、理论化的，但这一原则所反映的诉讼程序上的某些特征则早在古罗马时期即有所表现，甚至存在于更早的古希腊时期，③ 因而从这个意义上说，罗马民事诉讼中已经存在着辩论原则的雏形。

众所周知，罗马法是简单商品经济高度发展的产物，与其他古代国家的法律所具有的重刑轻民、民事问题附属于刑事法规之中的

---

① ［日］兼子一、竹下守夫：《民事诉讼法》，白绿铉译，法律出版社 1995 年版，第 72 页。

② 关于阐明权制度，后文将详加讨论。

③ 根据希腊学者 P. Yessiou-Faltsid 的研究，在古希腊时期，当事人主义在诉讼进程中的绝大多数方面得到贯彻，处分权主义在诉讼进程中得到绝对的尊重，证据的提出也完全受到当事人提出主义和辩论主义的支配。无论是有关公共利益的案件，或是有关私人利益的案件，在绝大多数情况下都是由一方当事人启动，并且提出诉讼请求的目的和主张的范围也都由这一当事人予以明确化；举证方法的选择责任和证明责任完全由具有利害关系的一方当事人承担。参见陈刚、赖玉明：《古代雅典民众审判制度基本原则的现代意义》，载陈刚主编：《民事诉讼法制的现代化》，中国检察出版社 2003 年版，第 260 页。

特点不同，罗马法的重要特点之一是其私法规范特别发达，以至于"罗马法"一词在后世常常成为罗马私法的同义语。与此相对应，罗马诉讼制度的特色，也突出地表现于其民事诉讼当中，而刑事诉讼程序则因袭和附属于民事诉讼程序。① 在长期的发展过程中，罗马民事诉讼法中形成了一系列对后世具有重要影响的制度和原则，例如主张和抗辩的区别、举证责任理论、一事不再理原则等，辩论原则的精神也体现于其形式化特征和当事人之对抗性特征当中。

按照诉讼形式的不同，古罗马诉讼程序的历史沿革大体上可分为三个时期，即法定诉讼时期、程式诉讼时期和非常诉讼时期。② 多数学者认为，约在公元前 2 世纪以前，罗马以实行法定诉讼形式为主逐渐过渡到程式诉讼；其后到公元 3 世纪末，以实行程式诉讼形式为主并向非常程序过渡；再后则完全实行非常程序。这三个时期之间并无明确的分界。③

罗马民事诉讼程序的重要特征之一是它的形式化，即严格的形式主义特征。这一点在罗马法的早期即法定诉讼时期的体现尤为明显。在法定诉讼时期，原告必须根据法律规定的诉权起诉。法律按各种权利的性质分别规定应履行的方式和诉权，其数额是有限的，各有特定的名称，如"恶意欺诈诉"（actio de dolo malo）、"购买诉"（actio empti）等，并且各自有其适用的条件和程序，当事人须据此予以起诉。凡法律没有规定的，纵然其正当利益受到侵害，法官亦无权受理。反之，法官亦不得拒绝受理。诉讼的进行完全采取言词方式，当事人须严格遵守法定的言词和动作，稍有错误就会招致败诉。并且，由于严格实行"一案不二讼"的原则，对同一案件不得再次起诉，故原告因诉讼瑕疵而败诉的，即丧失司法救济的保护。在程式诉讼时期，则对此有所改革，例如：当事人可以自

---

① 参见周枏：《罗马法原论》，商务印书馆 1994 年版，第 10、857 页。

② 也有学者将这三个时期称为法律诉讼时期、程式诉讼时期与非常审判时期。参见黄风：《罗马私法导论》，中国政法大学出版社 2003 年版，第 21 页以下。

③ 周枏：《罗马法原论》，商务印书馆 1994 年版，第 857 页。

由地陈述意见，不须遵守法定言语和动作；由大法官制作的程式书状作为事实审理的基础，不再全凭言词。① 在诉讼的进行上，法定诉讼和程式诉讼都将诉讼划分为法律审理和事实审理（或称为法律审和裁判审）两个阶段，前一阶段由法官决定诉讼是否成立，后一阶段由承审员就事实问题作出判决。在非常程序时期，则取消了法律审理和事实审理的诉讼阶段划分，整个诉讼统一在法官的主持下进行，不再存在由当事人挑选的私人审判员，也不存在为私人审判员的审判制定"程式"的问题。② 因此，罗马诉讼程序在长达一千余年的变化发展中，其总的趋向是，"从自力救济占重要地位到比较完全的公力救济，从严格的形式主义到更多的注意实事求是，从法律审理和事实审理分阶段进行到由法官统一处理"③。但必须注意的是，古罗马后期的诉讼程序虽然抛弃了严格的、极端的形式主义倾向，但其诉讼程序的形式化特征仍然是存在的。对此，有学者指出，在非常诉讼阶段，虽然诉讼程序的形式化特征有所淡化，但经过此前两个阶段的长期积累，到这时一套完整的、类似现代诉讼程序的起诉、传唤、审判、执行制度已然形成，这实质上也是一种形式化，只不过它用一种更符合今人理性的形式取代了原有的形式而已。④

与诉讼程序的形式化特征相联系，罗马民事诉讼程序的另一个重要特征是当事人主导的诉讼程序结构。诉讼程序的主动权主要来自于当事人之间的主张和抗辩，而不是法官的职权行为。在法定诉讼时期，法律审理和事实审理都公开进行，实行"公开审理"原

---

① 周枏：《罗马法原论》，商务印书馆 1994 年版，第 856、862～864、879 页。

② 参见［意］彼得罗·彭梵得：《罗马法教科书》，黄风译，中国政法大学出版社 1992 年版，第 92 页以下；周枏：《罗马法原论》，商务印书馆 1994 年版，第 866 页以下；黄风：《罗马私法导论》，中国政法大学出版社 2003 年版，第 51 页以下。

③ 周枏：《罗马法原论》，商务印书馆 1994 年版，第 857 页。

④ 吴泽勇：《诉讼程序与法律自治——中国古代民事诉讼程序与古罗马民事诉讼程序的比较分析》，载《中外法学》2003 年第 3 期，第 364 页。

则。每一案件，须由原告先向法官提出，就讼争进行陈述，被告可进行申辩，双方可以互相反驳，这与后世诉讼法的"不告不理"和"言词辩论"原则是相类似的。另一方面，由法官决定诉讼在法律上是否可以成立，是否应当受理，如果是应当受理的讼争，再由选定的承审员审理，查明事实，作出判决。在此过程中，诉讼的主动权在于当事人而不在法官，法官完全处于被动地位，纯系机械地按法律规定办事，类似一个证人。甚至有关传唤和执行等诉讼事务，也是由当事人自行办理。①

程式诉讼，是指当事人的陈述经过大法官审查认可后作出程式书状（formula，简称程式），交由承审员并由其根据程式所载争点和指示而为审判的程序。由于有了程式书状，就不再需要邀请证人证明法律审理的经过。只要双方对法官拟定的程式交换意见，同意把它作为双方争议的根据即可。程式在经原告向被告建议采纳，在被告无异议后，"证讼"（litis contestatio）② 即行完成，也就是诉讼已正式成立。故此时的证讼已变为当事人在法官的监督下，约定把争议按程式中的规定交给承审员审理的一种要式契约（"诉讼契约"）。也就是说，证讼使得争议的解决具有重新缔结私人契约的特点，意味着原告和被告就所争议的问题达成协议，即按照一定的程式提交审判并且服从该审判的结论。其重要的效力就在于，这种要式契约界定了争议的事项和范围并确定了解决争议的程式，所有诉讼的内容和有关事实，都以证讼时为准，判决时不得变更，审判员也不得审查未在程式中提交给他的事项或议题。③

因此，无论是在法定诉讼时期还是在程式诉讼时期，法官的权力均相当有限，他们一般只能按照法律的规定进行相应的行为，自由取舍的范围非常狭小。承审员虽然按照"自由心证"原则判定

---

① 周枬：《罗马法原论》，商务印书馆1994年版，第863页。

② 有学者将 litis contestatio 翻译为"争讼程序"。参见黄风：《罗马私法导论》，中国政法大学出版社2003年版，第53页。

③ 周枬：《罗马法原论》，商务印书馆1994年版，第897页以下；黄风：《罗马私法导论》，中国政法大学出版社2003年版，第50、53页。

事实，但是他们的判断必须建立在当事人及其代理人之间的举证和辩论的基础上。在诉讼中，"法官要受到一系列规则的严格限制，这些规则准确地界定了法官是否起主导作用的一些情形以及在什么时候法官应当基于其责任而开始工作"①。

在非常程序时期，虽然取消了法律审理和事实审理的诉讼阶段划分，整个审判由法官全权为之，但法官仍然是基于双方的主张、答辩和反辩，根据双方的辩论和提出的证据作出裁判。

故此，在古罗马诉讼中，虽然还没有抽象出"辩论原则"这一概念，还没有进行系统化的深入研究，但应当说，辩论原则的一些内容在罗马民事诉讼中已经得到了初步的体现。

（三）大陆法系民事诉讼中辩论原则之确立

西罗马帝国灭亡后（公元 476 年），罗马法在西欧社会生活中虽然没有完全消失，但作为整体已经中断，法学作为一门学科也处于停滞、衰退状态。但随着 1135 年查士丁尼的《国法大全》原稿的发现并以此为契机，12 至 16 世纪，欧洲各国和自治城市开展了规模浩大的研究罗马法的典籍并将其基本原则和概念适用到法律实践中去的学术运动，即所谓的罗马法复兴运动。罗马法复兴，不是一件孤立的法律革新运动，而是适应中世纪末期社会经济生活的急剧变迁，特别是商品经济发展的产物。② 罗马法复兴的结果，促成了民法法系（罗马法系、大陆法系）的形成。

由于罗马法是简单商品经济条件下较为完善的法律制度，因而罗马法在发展过程中，能够随着商品经济的发展而不断地修正、完善，从而获得了强有力的生命力。近代资产阶级革命胜利后所建立的法律制度，特别是其中的民事法律制度，即在很大程度上渊源于罗马法。对于这一点，恩格斯曾在不同场合指出："罗马法是纯粹私有制占统治的社会的生活条件和冲突的十分经典的法律表现，以

---

① Ernest Metzger, A New Outline of the Roman Civil Trial, Clarendon Press, 1997, p. 142.

② 参见由嵘主编：《外国法制史》，北京大学出版社 1992 年版，第 133 页。

致一切后来的法律都不能对它做任何实质性的修改。"① "罗马法是简单商品生产即资本主义前的商品生产的完善的法，但它也包含着资本主义时期的大多数法权关系。"② 与此相对应，近代资本主义国家所确立的民事诉讼制度，贯彻了个人自由、平等、权利的可处分性、权力的受限制性等观念，而辩论原则正是一种与这些观念相吻合的法律原则和诉讼原则。因此，近代大陆法系国家所颁布的民事诉讼法典中普遍确立了这一原则的基础地位。③

在此有必要说明的一个问题是辩论原则的立法体例问题。一般认为，"法律原则"区别于一般的"法律规则"的重要特点之一在于，在立法表现形式上法律原则具有非确定性的特征，即法律原则不一定以明确的法律条文的方式规定于法典之中。这一特征同样适用于民事诉讼法中的辩论原则。换言之，从各国民事诉讼法的规定来看，辩论原则并不一定表现为严格意义上的法律条文，在立法体例上讲，它包括特定法律体制下长期的司法活动所认可的辩论原则以及学者们对特定民事诉讼体制进行归纳、抽象出来的辩论原则。事实上，大多数国家的民事诉讼法都是将辩论原则的内容和精神隐含于具体的民事诉讼规则、程序和制度之中，而非明确规定所谓的"辩论原则"条款。

1. 辩论原则在德、日等国民事诉讼中之贯彻

在德国，1877 年颁布并适用至今的民事诉讼法典中并没有明文规定辩论原则，但它一直被认为是德国民事诉讼法中的最基本的原则之一，因而有学者指出，将其看作是德国民事诉讼法典存在的基础并不过分，而欧洲的其他民事诉讼法典的制定也和这一原则不无关系。④ 至于德国《民事诉讼法》中为什么没有明确使用"辩论主义"这一表达，在德国学者看来，这并非不寻常，也并非难

① 《马克思恩格斯全集》第 21 卷，人民出版社 1965 年版，第 454 页。
② 《马克思恩格斯全集》第 36 卷，人民出版社 1974 年版，第 169 页。
③ 英美法系国家虽然受罗马法的影响较小，但其民事诉讼程序中同样贯彻了辩论原则。对于这一点，下文将予以探讨。
④ E. Becker-Eberhard：《辩论主义の基础と限界》，［日］高田昌宏译，载［日］《比较法学》第 35 卷第 1 号（2001 年），第 141 页。

理解。按照德国学者的解释，"清醒的立法者在与正常诉讼不同的地方说明应当遵循纠问主义而不是辩论主义，这也就足够。例如，《民事诉讼法》第 616 条第 1 款关于婚姻案件规定'法院可以依职权命令调查证据并在讯问配偶后也考虑其没有提供的事实'。人们只要将这句话反过来理解就能得到辩论主义的实质"①。

日本 1890 年颁布的民事诉讼法是仿效 1877 年的德国民事诉讼法而制定的，同时参考、吸收了法国民事诉讼法典的某些原则和制度，同样贯彻的是"当事人主义"。虽然该法典也没有对辩论原则作出明确的表述，但法典对辩论原则的遵循却是没有疑问的。日本学者指出，辩论原则"是一项不言自明的基本原则，因此法条对此并未作出直接的规定"。② 当然，日本的民事诉讼法在进行近代化的改造过程中，虽然 1890 年的民事诉讼法典已经确立了辩论原则，但其在实践中的真正贯彻也不是一帆风顺的，因为"从职权主义向辩论主义的转变并不仅仅体现在裁判所程序上的变更，这种转变还必须基于诉讼当事人的自觉，也即确立近代化的权利意识或诉讼意识来进行"，"为了创设基于这个原则之上的一系列制度，必须对国民展开长期的训练"③。

根据德、日两国民事诉讼法的规定以及学者们的解释和阐述，其民事诉讼法主要体现了三项基本原则：即辩论原则、处分原则和职权进行原则。前两项原则主要从本案审理的角度对民事诉讼中法院和当事人的角色分担进行定位，即从由谁来确定和形成审理的对象（包括请求、事实和证据三个层面）这一关键问题的角度来构建民事诉讼法的总体结构。后者则是从程序运行的角度来确定法院与当事人在民事诉讼中的地位，根据这项原则，在诉讼过程中，主要由法官来主持和负责程序的运行，法官的这种行为和权限称为

---

① ［德］奥特马·尧厄尼希：《民事诉讼法》，周翠译，法律出版社 2003 年版，第 124 页。

② ［日］高桥宏志：《民事诉讼法——制度与理论的深层分析》，林剑锋译，法律出版社 2003 年版，第 329 页。

③ ［日］染野义信：《转变时期的民事裁判制度》，林剑锋译，中国政法大学出版社 2004 年版，第 127 页。

"诉讼指挥权"。①

2. 辩论原则在法国民事诉讼法中之确立

法国于 1806 年 2 月 24 日完成了《民事诉讼法典》的制定，并于次年 1 月 1 日起实施。这部法典虽然还残存着不少旧制度的东西，但在基本原则问题上则是贯彻辩论原则的，它强调应保障当事人的民事权利平等和诉讼自主，体现了"当事人主义"的诉讼结构，限制法院的职权介入。② 现行的《法国新民事诉讼法典》所遵循的基本模式仍然是当事人主义，但是同时有兼采职权主义的倾向。这种"当事人主义"之模式，在《法国新民事诉讼法典》第一章所规定的"诉讼的指导原则"中有着突出的表现，而辩论原则可以说是该章的中心内容之一。

具体而言，《法国新民事诉讼法典》在第一编第一章规定了"诉讼的指导原则"，用 24 个条文对民事诉讼法中的一些重要方面作了原则性的规定。这些规定分为 10 节内容，依次为诉讼、系争标的、事实、证据、法律、两造审理、辩护、和解、辩论、克制态度。但正如有学者所指出的，"与我国民事诉讼法不同，法国民事诉讼法典有关诉讼指导原则的这一部分中，并非每一条表述都自然构成一个原则。实际上该章的其他内容更像是我国民事诉讼法中关于诉讼总则的规定"③。对于上述规定，有学者将其总结成以下一些基本原则，即：（1）处分原则；（2）对立辩论原则；（3）讼争一成不变原则；（4）口头与书面兼用原则；（5）要式主义与公开原则。④ 法国学者让·文森与塞尔日·金沙尔将法国民事诉讼法中的基本原则分为以下三类：一是保障诉讼民主运作的原则，主要包

① 参见〔日〕谷口安平：《程序的正义与诉讼》，王亚新、刘荣军译，中国政法大学出版社 1996 年版，第 24～27 页及第 101 页以下；〔日〕兼子一、竹下守夫：《民事诉讼法》，白绿铉译，"译者前言"部分。

② 由嵘主编：《外国法制史》，北京大学出版社 1992 年版，第 349 页。

③ 张卫平、陈刚：《法国民事诉讼法导论》，中国政法大学出版社 1997 年版，第 100 页。

④ 参见沈达明编著：《比较民事诉讼法初论》，中国法制出版社 2002 年版，第 137～142 页。

括"享有在独立的、不偏倚的法院进行诉讼的权利"和"享有在合理期限内公开进行公正诉讼的权利"两项原则。其法律渊源主要是《世界人权宣言》、《欧洲人权公约》、《联合国关于公民权利与政治权利的国际公约》以及法国《新民事诉讼法典》中的某些具体规定。二是有关当事人与法官各自作用的原则，主要包括推进诉讼的原则（或称为主动原则、控告原则）、处分原则和对审原则，以及与此相关的争议恒定原则与法官不得对争议进行处分的原则。三是与诉讼程序的特点有关的基本原则，主要包括两项，即一方面，民事诉讼程序既是书面程序又是口头程序；另一方面，民事诉讼程序是世俗程序。①

从法国学者关于民事诉讼法基本原则的讨论来看，德、日民事诉讼法学理论中的"辩论原则"的内容，主要体现在上述第二个方面的原则之中，即主要体现在法国民事诉讼法中的"推进诉讼的原则"、"处分原则"和"对审原则"中。特别是在处分原则和对审原则中，德、日民事诉讼理论中关于应当由当事人提出和形成审理对象之辩论原则的精髓得到了集中、全面的反映。

处分原则意味着"诸当事人对争议实体有支配权"，也就是说，有"确定争议各项要件的权力"。这种支配权体现在以下几个不同的层面：

（1）在系争标的问题上，《法国新民事诉讼法典》第 4 条与第 5 条规定："系争标的依据当事人各自的诉讼请求确定之。此种请求依据提起诉讼的书状及被告方的答辩意见书确定；但是，在附带之诉以某种充分联系附属于本诉请求时，系争标的得以附带之诉变更之。""法官应当对所有的请求事项并且仅对所请求的事项为裁判宣告。"因此，系争标的是由当事人来确定的，禁止法官在请求的范围之内漏于审理提出的请求的每一个争点，同时也禁止法官超出当事人的请求范围进行审理和裁判。

（2）在案件事实问题上，承认"事实领域"主要属于诉讼当

---

①　参见［法］让·文森、塞尔日·金沙尔：《法国民事诉讼法要义》（上），罗结珍译，中国法制出版社 2001 年版，第 545 页以下。

事人的权限范围。这一点主要体现在《法国新民事诉讼法典》第6~8条的规定上。该法第6条规定："诸当事人为支持其诉讼请求，有责任援引适于作为此种请求之依据的事实。"第7条第1款规定："法官不得以在法庭辩论中未涉及的事实为裁判依据。"第7条第2款与第8条则赋予法官对"事实"问题有某种程度的介入权。其中，第7条第2款规定："在辩论的各项材料中，法官得考虑当事人可能未特别加以援述、用以支持其诉讼请求的事实。"但这里所谓"法官得考虑当事人可能未特别加以援述、用以支持其诉讼请求的事实"，并非是指法官可以将法庭辩论中未涉及的事实作为裁判依据，而是指当事人"未特别援用的外在事实"，也就是当事人虽然有所援用，但并未从中引出任何法律上的结论的那些事实。①第8条则规定："法官得要求诸当事人提供其认为解决争议所必要的事实上的说明。"此条属于法官的阐明权的规定。

（3）在证据问题上，同样确认了当事人所具有的主导作用。依据《法国新民事诉讼法典》第9、10条等条款的规定，在民事诉讼中，"应当由每一当事人对其诉讼请求之胜局所必要的事实依法证明之。"尽管"法官有依职权命令采取法律准许的各项审前预备措施的权力"，但在任何情况下，法官均不得为弥补当事人提出的证据不足而命令采取审前预备措施。

（4）在法律问题上，则主要强调法官的主导作用，即"法官依据争议所适用的法律规则，对争议做出裁判"②。

显然，上述关于当事人与法官在事实主张和证据提供问题上各自的作用和分工，即是前文所述德、日民事诉讼理论中"辩论原则"的主要内容。

对审原则被认为是一种具有"自然原则"性质的基本原则，

---

① 换言之，《法国新民事诉讼法》第7条第2款中所规定的"事实"，是指已经在辩论中出现（或者说已经被当事人提出），但并没有被当事人援用以便支持其权利主张的事实。

② 上述几个方面的详细讨论，可参见［法］让·文森、塞尔日·金沙尔：《法国民事诉讼法要义》（上），罗结珍译，中国法制出版社2001年版，第533、585、588、604页。

系指每一方当事人应有机会就对方所提出的主张、论点与证据进行争论的原则。这一原则既适用于当事人之间，也适用于当事人与法院之间的关系。在任何情况下，法官都应要求各方遵守对审原则，同时，法官自己也必须遵守对审原则。在当事人之间，对审原则要求各方当事人应在有效时间内相互告知各自的诉讼请求所依据的事实上的理由、各自提出的证据材料以及援用的法律上的理由，以便各当事人能够组织其防御。在当事人与法官之间，对审原则要求，对于任何当事人，在未听取其陈述或未经传唤时，法院不得对其作出判决；对于当事人所援用或提出的理由、说明与文件，只有各方当事人能够进行对席辩论时，法官才能在其裁判中予以采用。① 因此，按照对审原则，法院的所有判决都应当是由一方当事人提出申请、经过双方当事人对作为判决依据的论据和证据进行辩论而产生的结果。其实质就在于，要求法院对争议裁决的事实依据应当是在双方当事人参加辩论的情况下得到的，只有在双方当事人参与诉讼程序，并对案件事实加以充分陈述的情况下所作出的裁决才是符合自然法的。② 由此可见，对审原则特别强调诉讼中双方当事人的平等：一方当事人有提出请求和进行攻击的权利，另一方当事人则应当具有防御的权利。这种"防御权利"，主要体现为诉讼中的对审原则。不过，从对审原则对法官的约束来看，它要求法官在裁判中所采用的诉讼资料应当由当事人所援用和提出并且必须经过双方的对席辩论，否则不能作为裁判的基础。因而这一方面的内容显然与德、日民事诉讼法学理论中的"辩论原则"的内涵具有相当的一致性。

因此，就总体而言，德、日民事诉讼理论中所讨论的"辩论原则"的实质内容，在法国民事诉讼法典中无疑是有着较为详尽的规定的，其民事诉讼理论也是予以认可和重视的，只不过法国学

---

① 参见罗结珍译：《法国新民事诉讼法典》第 14～17 条，中国法制出版社1999 年版。

② 参见张卫平、陈刚：《法国民事诉讼法导论》，中国政法大学出版社1997 年版，第 100 页。

者在进行讨论时，主要是从处分原则、对审原则、法官不得对争议进行处分的原则等角度予以阐释。

（四）英美法系民事诉讼中辩论原则之体现

在英美法系国家，并没有大陆法系民事诉讼理论中那种高度概念化、抽象化的"辩论原则"，但辩论原则的基本内容在英美法系民事诉讼中同样是得到贯彻实行的。在英美法系中，体现上述辩论原则内容的制度和法理是所谓的"对抗制原则"（adversary system 或 the adversarial principle），也有人将其称为"对抗式辩论原则"或"对抗制"。事实上，对于德国民事诉讼法中的辩论原则（Ver- handlungsmaxime），英美民事诉讼法学者在翻译时一般将其译为 "principle of an adversary hearing"（即对抗式听审原则、辩论式听审原则）。①

在英美法系国家中，"对抗性辩论原则在某种意义上被认为是民事诉讼程序的基石。这一原则的内容是多方面的，但其要旨则在于，法院应当作为旁观者并等待诉讼案件提交给其审判；并且在审判过程中，法官应当受到当事人所主张的事实和法律问题的约束。在程序进行上，除了那些显然涉及到公共利益的事项外，法官应当保持其次要地位。"② 对抗制原则的基本前提是公民个人的自治性和主动性，③ 其思想基础则是近代的自由主义和个人主义。④ 其中心含义在于：双方当事人在一种高度制度化的辩论过程中通过证据和主张的正面对决，能够最大限度地提供关于纠纷事实的信息，从而使处于中立和超然地位的审判者有可能据此作出为社会和当事人都接受的决定来解决该纠纷。因此，有学者指出，对抗性辩论原则

---

① Rarald Koch and Frank Diedrich, Civil Procedure in Germany, Kluwer Law International, 1998, p. 28.

② Neil Andrews, Principles of Civil Procedure, Sweet & Maxwell, 1994, p. 28.

③ ［美］史蒂文·苏本、玛格瑞特·伍：《美国民事诉讼的真谛》，蔡彦敏、徐卉译，法律出版社 2002 年版，第 29 页。

④ 参见张建伟：《司法竞技主义——英美诉讼传统与中国庭审方式》，北京大学出版社 2005 年版，第 18 页以下。

包括三个要素。首先是中立和尽量不介入辩论内容的审判者，其次是当事人的主张和举证，最后则是高度制度化的对决性辩论程序。① 在这种对抗制原则之下，请求、事实的主张和证据的提出理所当然地被认为属于当事人及其代理律师的权利和义务，审判者为确保其公正性而自然应当以中立者的身份来对当事人所提出的事实和证据予以评判。

在英美法系中，一般认为，对抗制原则具有以下几个显著特征：②

（1）对抗性冲突的存在（Presumption of Conflict）。审判的进行必须体现为相互对立的利益冲突的争论过程。除了极少数宣告性判决外，如果没有实实在在的纠纷提交给法院，法院是不能对公民的权利、义务或责任进行判决的。

（2）当事人主导原则（Party Control）。当事人主导包括两个原则。一是当事人自治原则（party autonomy）。按照这一原则，当事人有权以其认为合适的方式去寻求或处置其法律权利或者救济。当事人通过决定将什么纠纷提起诉讼而划定法院判决的范围。如果当事人希望法官裁判某一纠纷，那么法官就不得坚持要解决另一纠纷，即使法官认为后一纠纷是当事人之间冲突的真正诉因时也是如此。同样，法官不得通过增加有关联的争议问题的方式来扩大审判的范围，即使法官认为非常有必要强调与这些有关联的争议问题相关的公共政策时也不例外。

第二个原则是当事人进行原则（party prosecution）。也可以称为"当事人诉追原则"。根据这项原则，当事人选择提出事实主张和进行证明活动的方式，而不受法院的干涉。当事人控制着将哪些诉讼资料提交给裁判者。一般而言，证人证言和其他所有证据完全

---

① 转引自［日］谷口安平：《程序的正义与诉讼》，王亚新、刘荣军译，中国政法大学出版社 1996 年版，第 27 页。

② Franklin Strier, Reconstructing Justice, Greenwood Publishing Group, Inc., 1994, pp. 13-16. 另，可参见汤维建：《美国民事司法制度与民事诉讼程序》，中国法制出版社 2001 年版，第 227 页以下。

由当事人引入和提出。而且，尽管法官有权独自地探寻所要适用的法律，但法院通常会采纳一方当事人的法律理由。大多数人通常会将当事人进行原则与当事人主导原则的含义相等同，而当事人自治则被看作是理所当然的事情。

（3）热情而积极的律师代理（Zealous Advocacy）。与行政程序不同，在诉讼程序中，当事人通常都会由律师来代理诉讼。《美国律师协会职业行为示范规则》的序言是这样描述美国律师代理的传统性质的："作为代理人，律师应当依照对抗制的规则，竭尽全力维护委托人的权益。"简而言之，律师不仅能够，而且应当实施一切可能实施的行为，增进其委托人的权益。否则，就有被认为对其委托人违反了信任义务（fiduciary obligation）的风险。

（4）法官的公正性（Judicial Impartiality）。在当事人面前，法官必须保持其中立性。根据美国的司法行为法和最高法院发布的行为准则的规定，法官的党派性也是明令禁止的。在对抗制之下，法官从本质上来说是一位仲裁人，其主要作用就在于监督律师们遵守程序规则，法官的角色是以其被动性为特征的。

（5）非专业性的陪审团（The Lay Jury）。虽然并非所有的案件都实行陪审团审判，但美国宪法第6条和第7条修正案为刑事诉讼和民事诉讼的当事人规定了广泛的陪审团审判的权利。在陪审团参与审判时，对事实予以裁决的责任，是由没有受过法律训练且也没有特殊的事实认定技巧的陪审团来承担的。

（6）胜败分明的救济方式（Zero Sum Remedies）。对抗制下的冲突模式是以当事人各方都想获取同一样东西为假定前提的。因此，一方当事人之所获往往恰恰是另一方当事人之所失。

就对抗制的上述各特征来说，大陆法系民事诉讼意义上的辩论原则的内容，主要体现于其中的"当事人主导原则"和"法官的中立性"这两个特征当中。

就立法体例而言，同大陆法系国家和地区一样，英美法系国家民事诉讼法一般也不直接规定辩论原则等民事诉讼法基本原则。事实上，"普通法制度中的原则是法庭大量的具体判例上归纳发展起来的，或是法学研究者总结拟订的。"① 从英美法系国家民事诉讼法的规定来看，对抗制原则贯穿于英美法系国家民事诉讼法的始终，从诉答程序（Pleading）到发现程序（Discovery），从审前会议（Pretrial Conference）到法庭审理中的交叉询问制度（Direct-examination and Cross-examination），从第一审到上诉审，整个诉讼过程都贯穿着这一原则所体现的"当事者主张"（Party Presentation）之法理。对抗式辩论原则不仅体现在审理对象的确定之问题上，而且亦体现于诉讼程序的进行上。

（五）辩论原则的发展趋势

辩论原则的核心内容在于确定当事人和法院在诉讼资料提供和收集方面的相互关系和权责划分，这种相互关系和权责划分并非是绝对不变的。在不同的社会背景和条件之下，辩论原则的内容也会发生相应的变化。最初，在诉讼法与实体法没有明确区分、诉讼法理论依附于实体法理论、私权诉权说盛行、自由主义和个人主义观念被推到极致的条件下，辩论原则被认为是私权自治原则的体现和组成部分，诉讼中辩论资料的提出被认为是当事人的自由和权责，而法官被要求保持完全消极的地位。这就是古典的辩论原则。由于这种古典的辩论原则具有过分注重形式真实、忽视实体真实之嫌，并且因忽视法院的职权作用而很可能导致诉讼的延滞，因而近代德国、日本等国家和地区的民事诉讼立法和理论中，在界定辩论原则的内容时，往往将其与法院的阐明权与当事人的真实义务联系起来予以规定和进行考察、论述。这就是通常所说的对古典辩论原则予以修正后的辩论原则。而随着福利国家、福利社会等观念的出现，一些学者对自由主义的民事诉讼观又进一步进行了反省和批判，提出了所谓的"社会性民事诉讼"的观念，并进而认为应当继续加强和扩大法院的职权作用，用协同原则取代辩论原则。② 因此，就

---

① 《牛津法律大辞典》，光明日报出版社 1988 年版，第 717 页。
② 协同原则，其德文为 Kooperationsmaxime，也翻译为协同主义、协动主义、协动原则、合作主义等。

其发展趋势而言，现代辩论原则反对古典辩论原则的僵硬性，而要求加强法院的阐明作用并对当事人课以一定的真实陈述义务，但在理论上则存在着辩论原则修正论、辩论原则替代论等不同的观点。①

1. 关于对辩论原则进行修正的观点

德国于二次大战后，有很多学者探讨了辩论原则的修正问题，其代表人物有贝伦赫特、尼克逊、先格、连特等。

德国诉讼法学者贝伦赫特（Bernhardt）教授于1949年，在罗森贝克（Rosenberg）70岁诞辰纪念论文辑中所著《在民事诉讼中如何使事实关系明了》一文，就辩论主义、真实义务、阐明权等有详尽的叙述，主张应对辩论原则予以修正。② 其主要观点是：

（1）贝伦赫特反对瓦哈等古典辩论原则倡导者所主张的"民事诉讼在性质上属私权纷争，国家没有必要直接加以干涉"，以及"发见真实并非民事诉讼之目的，只属偶然之结果"的观点，认为诉讼并非仅以解决当事人间纷争即达目的，而应当是实现符合正义及社会目的之状态。所谓符合正义的裁判，就是指与真实相符合的裁判而言。因此如何使真实的事实关系明了，乃诉讼程序的中心目标。这是贝伦赫特理论的主要基点。

（2）贝伦赫特认为，私人间因利害冲突而欲寻求对自己有利的裁判时，必定能促使其自动提出利己的诉讼资料，法院因此不必

---

① 关于辩论原则的发展趋势，德国和日本在"二战"后有所不同。在德国，总的趋势是试图削弱辩论原则在民事诉讼中的地位，强调法院的阐明义务，带有较强的修正主义色彩；而在日本，战后初期的倾向是当事人主义之因素进一步加强与法院职权的弱化，似有古典形态辩论主义之复原的味道，但后来法院的阐明作用又重新得以强调。参见张卫平：《诉讼架构与程式》，清华大学出版社2000年版，第195页以下；杨建华主编：《民事诉讼法论文选辑（上）》，台湾五南图书出版公司1984年版，第378页以下；〔日〕三ケ月章：《日本民事诉讼法》，汪一凡译，台湾五南图书出版公司1997年版，第194页以下。

② Bernhardt, Die Aufklarung, des Sachverhalts im Zivilprozess（in der Festgabe fiir Rosenberg, 1949），转引自王甲乙：《辩论主义》，载杨建华主编：《民事诉讼法论文选辑（上）》，台湾五南图书出版公司1984年版，第378页以下。另参见张卫平：《诉讼架构与程式》，清华大学出版社2000年版，第197页。

操劳而能明白真实的事实关系，辩论原则乃是以此经验上的必然性为其立足点而采取的制度。所以，辩论原则只为便于发现真实而设，而与私法上权利自由处分原则（个人自治之原则）在理论上毫无密不可分的关系。辩论原则之所以得以正当化，原因就在于它便于发现真实，并且符合民事诉讼的目的，因此，民事诉讼应以谋求当事人互相提出真实的诉讼资料为己任，否则即失其立足之点，辩论原则因之势必减退其作用。

（3）对于辩论原则，贝伦赫特认为，期望当事人提供的只是作为裁判基础的具体生活现象，而不是法律上的价值判断，争议的生活现象应由当事人提出，其法律上的判断权限则在于法院。当事人所作的事实上的陈述与法律上的陈述不能混淆。法院受当事人事实上陈述的拘束，但不受当事人法律上意见的拘束。

（4）为了补充辩论原则并发见真实，贝伦赫特认为应重视当事人的真实义务和完全陈述义务，其结果是，古典辩论原则中占有重要地位的自认对法官之拘束力的理论，其效力在某一限度内应予否定。

（5）贝伦赫特认为，为了补充辩论主义的缺陷，除强调当事人的真实义务外，还应当加强法院阐明权的行使。并认为，阐明权范围的逐渐扩大是基于时代的要求，所谓加强阐明义务必与辩论原则发生矛盾的概念法学之理论，显系不符合时代的落伍观念。为达成上述诉讼之目的，更应重视阐明权的效能，加强其运用。

由此可见，贝伦赫特学说的理想在于，要追求与实体真实相一致的民事裁判，为达成此项目的，一方面增强当事人的真实义务，另一方面加强法院阐明权的行使。因此，应严格限定辩论原则的界限，尤其应注重对辩论原则妥适范围的限定。

与贝伦赫特观点相近的还有尼克逊（Nikisch）。尼克逊也主张加强真实义务和阐明权，主张应对辩论原则予以限制，但他仍承认带有职权主义色彩的辩论原则，并谓须维持薄弱的辩论主义制度。①

先格（Scherke）则认为，诉讼须基于当事人的声明而开始，于其声明范围内解决纷争等，固应维持辩论原则，但当事人既已特定纷争的范围，那么，法官为明了该事件，可以自由为必要的行为。因此，应扩充法院职权调查证据的范围。此种辩论原则已修正为接近职权主义的辩论原则，其面目已非古典之辩论原则，不宜称为辩论原则，但为了与职权调查主义有所区别，似应称为自由调查主义（Freie Forschungsmaxime）。②

连特（Lent）也主张，民事诉讼系以确定真实权利状态为其目的。符合实质真实的裁判，为民事诉讼所要求的观念，法官对当事人在诉讼上的纷争不得袖手旁观。因此，连特主张，辩论原则不得复旧为古典之辩论原则，亦不得转变为职权调查原则，而应当是以法官与当事人之协力为中心思想，加强阐明义务的辩论原则。③

上述贝伦赫特等学者的学说，对于是否维持辩论原则之问题，均一致持积极的态度。但他们所构想中的辩论原则，已非古典形态的辩论原则，而是以义务观念的阐明权之加强行使、过去被认为与辩论原则不相容的真实义务之采用及增强、现行法上依职权调查证据的承认及其范围的扩张等为内容的经修正为接近职权主义的辩论原则，申言之，依据先格的主张，已不适宜称为辩论原则，而应称为自由调查主义。

---

① Nikisch, Zivilprozessrecht, 2. Aufl.（1951），转引自王甲乙：《辩论主义》，载杨建华主编：《民事诉讼法论文选辑（上）》，台湾五南图书出版公司1984年版，第382页。

② Scherke, Lehrbuch des Zivilprozessrechts 7. Aufl.（1951），S. 30ff，转引自王甲乙：《辩论主义》，载杨建华主编：《民事诉讼法论文选辑（上）》，台湾五南图书出版公司1984年版，第382页。

③ Lent, Zivilprozessrecht, 3. Aufl.（1949）s. 22ff，转引自王甲乙：《辩论主义》，载杨建华主编：《民事诉讼法论文选辑（上）》，台湾五南图书出版公司1984年版，第383页。

2. 关于以协同原则（协同主义）取代辩论原则的观点

一些学者从所谓福利国家和福利社会的角度出发，提出了"社会性民事诉讼"的观念，认为应当对自由主义的辩论原则予以否定，并以协同原则取而代之。

最早提出民事诉讼的社会性观念，并对民事诉讼立法产生重大影响的学者当数奥地利学者弗兰茨·克莱恩（Franz Klein）。① 他极力主张民事诉讼具有一种社会性，基于这种社会性，就不能放纵当事人对权利的自由处分。② 克莱恩强调指出："对于不精通法律而又没有熟知法律的朋友可供委托的穷人而言，当事人的权限及其对诉讼材料的支配权根本就是一个很容易伤害到其自身的武器。因为当事人不知道如何使用这些武器，所以当他希望运用这些武器成功地反对对手时就常常会伤害到自己。"③ 因此，克莱恩从"社会福利诉讼观点"出发，把诉讼看作是"一个不可缺少的国家福利机构"和"社会救助的一个环节"，并且认为与现代国家观点相适应，权利保护从程序开始起就是国家的帮助。在克莱恩看来，"诉讼是并且必须是确认实体权利的一个手段"，因而为了使这一手段尽可能有效地发挥作用，他主张应"解除对法官权力的束缚，从而使其像其他国家机关一样为法律、公共利益和社会和平服务"。④

由于克莱恩是当时奥地利民事诉讼法的主要起草人，他的观点对奥地利民事诉讼法产生了很大的影响。在此基础上，德国一些学者进一步予以系统化，并提出了"协同原则"的理论。德国学者贝特曼（Bettermann）于 1972 年最早使用协同原则（Kooperation-

---

① 一些学者将 Franz Klein 翻译为弗朗茨·克莱因。参见［德］米夏埃尔·施蒂尔纳编：《德国民事诉讼法学文萃》，赵秀举译，中国政法大学出版社 2005 年版，第 89 页以下。

② 张卫平：《诉讼架构与程式》，清华大学出版社 2000 年版，第 71 页。

③ ［德］鲁道夫·瓦瑟尔曼：《社会性民事诉讼——社会法治国家中民事诉讼的理论与实务》，载［德］米夏埃尔·施蒂尔纳编：《德国民事诉讼法学文萃》，赵秀举译，中国政法大学出版社 2005 年版，第 91 页。

④ ［德］奥特马·尧厄尼希：《民事诉讼法》，周翠译，法律出版社 2003 年版，第 5 页。

smaxime）这一概念，之后，鲁道夫·瓦瑟尔曼（Rudolf Wasser-mann）① 教授于 1978 年发表的《社会的民事诉讼——社会法治国家中的民事诉讼的理论与实践》一书，比较系统地阐述了他关于社会性民事诉讼的观点，是倡导"社会性民事诉讼"和协同原则的主要代表。②

　　瓦瑟尔曼认为，他所认识的社会性民事诉讼作为一种模式既不是当事人主义的，也不是职权主义的，而是一种新的模式。这种模式的实质是法官应当更多地介入原来属于当事人自由处分的领域，扩大法官对当事人诉讼权利行使的干预范围。法官在诉讼中不再是被动和消极的，法官与当事人之间是一种互动或协动关系，民事诉讼不再是过去那种由当事人支配和主导的作业体制，而是一种依靠法院指挥和扶助形成的"作业共同体"③，即法院和当事人应当通过共同合作以完成诉讼任务。瓦瑟尔曼认为，社会性民事诉讼模式与社会性国家的基本特点是相适应的，在这种诉讼模式下，尽管当事人仍然有承认、放弃、和解、撤回诉讼请求的权利，但当事人不能任意操纵、摆弄诉讼。这是社会性国家诉讼模式新的基本特点，它与自由资本主义下的民事诉讼模式是完全不同的，代表了一种"诉讼的时代潮流和精神"。④ 据此，瓦瑟尔曼断言："从自由的民事诉讼向社会的民事诉讼的转变——即从竞争、从在诉讼中自由进行力量角逐转变为在法官的指挥和照顾下进行诉讼的合作——严重

---

　　① 又译为鲁道夫·瓦塞尔曼。张卫平教授在其《诉讼架构与程式》一书中则将其译为鲁道夫·巴萨曼。

　　② 张卫平.《诉讼架构与程式》，清华大学出版社 2000 年版，第 71 页；民事诉讼法研究基金会：《民事诉讼法之研讨（九）》，台湾三民书局 2000 年版，第 350 页；[德] 米夏埃尔·施蒂尔纳编：《德国民事诉讼法学文萃》，赵秀举译，中国政法大学出版社 2005 年版，第 76 页以下及第 361 页以下。

　　③ 德文为"Arbeitsgemeinschft"，也有学者将其翻译为"工作共同体"、"工作组"。

　　④ 参见张卫平：《诉讼架构与程式》，清华大学出版社 2000 年版，第 72 页。

地动摇了辩论主义的适用。"① 因此可以说，瓦瑟尔曼所构想的诉讼模式是一种"协同原则"的模式，主张应当以协同原则取代辩论原则，并认为德国民事诉讼法正在从传统的辩论原则走向协同原则。

3. 关于将现代辩论原则等同于协同主义的观点

我国台湾诉讼法学者邱联恭等认为，台湾地区新修订的民事诉讼法所采用的辩论原则即为协同原则。一方面，现行法规定当事人负有真实义务及陈述义务，要求其就两造之事实主张为陈述（否认、自认或抗辩），借以发现真实、促进诉讼。并且，受诉法院应运用诉讼指挥及阐明权，促使当事人所为事实上主张或否认更加具体化，并使其依辩论原则所负的主张责任、举证责任等行为责任更加明确化。在此情形下，当事人有关事实主张的权能之行使及责任之具体化，系在获得法院积极协力的程序过程中所促成。从此角度观之，上述法律状态下所采取的有关事实主张之审理原则可以称为协同原则或协动原则。另一方面，现行法容许法院于不能依当事人声明的证据形成心证或者认为必要时，可以依职权调查收集证据。此项规定，系一方面要求法院原则上应先就当事人所声明的证据为调查，一方面则不禁止其在一定范围内依职权调查证据。因此，辩论原则的第三个命题，即"法院不得依职权调查证据"，也只是部分采认而已。由此来看，新规定已然强化法院积极协同搜集事实、证据的可能性，并扩大了不容许当事人自由不主张、不开示事实或证据的范围，所以可谓其系走向于凸显协同原则，而不采用以容许当事人有该项完全自由为程序内容的审理原则。②

4. 本书对辩论原则之发展趋势的分析

上述考察表明，大陆法系民事诉讼理论中关于辩论原则的发展趋势之讨论，确实存在着强调法院的阐明权和当事人之真实义务的

---

① ［德］米夏埃尔·施蒂尔纳编：《德国民事诉讼法学文萃》，赵秀举译，中国政法大学出版社2005年版，第361页。

② 参见邱联恭：《处分权主义、辩论主义之新容貌及机能演变》，载邱联恭：《程序选择权论》，台湾三民书局2000年版，第103、105、112页。

倾向，但能不能说辩论原则因此而发生了彻底的改变或者说被所谓的协同原则所取代了呢？笔者认为答案应当是否定的。辩论原则并没有发生根本性的改变，而只是部分地发生了修正或者说因阐明权的强化和真实义务的设定而得到了一定的补充。辩论原则在过去和现在是调整和规范民事诉讼的基本原则，在可以预见的将来，它仍然是构建民事诉讼程序制度的基本原则。

就我国的情况而言，近年来有学者认为大陆法系民事诉讼中的辩论原则具有以下几个方面的先天缺陷：一是辩论原则不利于案件事实的真实发现；二是辩论原则所宣扬的形式平等掩盖了严重的实质不平等；三是辩论原则本身无法直接体现法院在尊重当事人权能的同时应负的权能和责任。由此而认为辩论原则已经岌岌可危和走向黄昏，应当对辩论原则予以否定而以协同原则取而代之。① 也有学者从诉讼模式的角度出发，认为我国应当建立"协同型民事诉讼模式"，在民事诉讼中应最大值地充分发挥法院和当事人的主观能动性和作用，由法院和当事人协同推进民事诉讼程序和促进案件真实的发现。② 还有学者认为，不管是英美法系还是大陆法系国家都进行了民事司法改革，加强了法官的职权，并对当事人的处分权进行一定限制，使法官与当事人在事实主张与举证方面通力协作，共同促进诉讼，从而从辩论原则走向协同原则；并认为我国民事诉讼体制发展的趋向同样是协同原则，要使法官与当事人协同促进诉讼。③

笔者认为，这些讨论对于认识古典辩论原则的缺陷、完善民事诉讼程序制度具有重要的参考价值，但是就我国的实践情况而言，在体现西方辩论原则之内容的程序制度根本没有确立过、理论上对辩论原则和所谓的协同原则的关系又缺乏充分的了解和论证之情况

---

① 参见孟涛：《走向黄昏的辩论主义》，载陈刚主编：《比较民事诉讼法》2001～2002 年卷，中国人民大学出版社 2002 年版，第 131 页以下。

② 参见田平安、刘春梅：《试论协同型民事诉讼模式的建立》，载《现代法学》2003 年第 1 期，第 83 页。

③ 参见张珉：《试论辩论主义的新发展——协同主义》，载《新疆社会科学》2004 年第 6 期，第 74、78 页。

下，断言辩论原则已经过时并认为我国民事诉讼法不应确立辩论原则的基础地位，显然是不合适的。我国未来民事诉讼制度的完善，仍然应当以现代辩论原则为其基本的指导原则，也即应当以吸收了阐明权和真实义务为其重要补充的现代辩论原则为构建民事诉讼制度的基本原则，不存在这一原则被协同原则取代的问题。为此，必须对协同原则及其相关问题进行必要的剖析。

（1）无论是外国还是在我国，对辩论原则所具有的缺陷的认识存在着夸大化的倾向。特别是我国一些学者在批判辩论原则的缺陷时，其论证尚欠缺充分性。

首先，现代大陆法系各国民事诉讼法中所贯彻的辩论原则，皆已经是对古典辩论原则进行过适当修正的辩论原则（主要是阐明制度的引入），并非是实行彻底的、绝对的当事人主义，而很多学者在分析和批判辩论原则的缺陷时，则是以古典辩论原则为靶子的。

其次，关于"辩论原则不利于发现案件的实质真实"的指责，其实是很不准确的。从发现案件的实体真实的角度来说，辩论原则和职权原则可以说都是发现真实的一种手段。在当事人的程序主体地位得到充分保障并赋予双方平等的、充分的攻击防御手段和机会的条件下，辩论原则是有利于案件实体真实的发现的，因为无论是哪一方当事人，都会尽力提出有利于自己的案件事实并且对于对方提出的可能不真实的事实极力予以反驳。对于这一点，无论是在大陆法系国家还是在英美法系国家的民事诉讼中，由于当事人及其代理律师的调查收集证据的权利能够得到较为充分的保障并且相对来说律师代理制度较为发达，因而在多数情况下，能够达到查明案件实体真实的目的。正因为如此，很多学者才会据以认为民事诉讼应当采取辩论原则，或者说认为"发现真实"是民事诉讼中之所以要贯彻辩论原则的一种根据。既然辩论原则在多数情况下能够发现真实，那么，为什么还存在认为辩论原则不利于发现真实的批判性观点呢？这里涉及到辩论原则的"美中不足"和人们对发现真实的理想追求问题。换句话说，虽然辩论原则在多数情况下能够达到发现真实,但在某些时候不能发现真实的情形也确实存在,① 而最大限度的发现实体真实则是司法活动的理想追求,故此也就存在着对辩论原则的批评,存在着要求适当强化法院的职权作用以更好地发现真实的理论和实践。但必须强调和应当分清的问题是,批判辩论原则在发现真实方面的美中不足与断言"辩论原则不利于发现真实"是性质完全不同的两个问题,后者显然系对辩论原则与发现真实之间关系的一种误解。

最后,关于"辩论原则以形式的平等掩盖了严重的实质不平等"的批评,更存在着夸大化的倾向。事实上,辩论原则所宣扬的形式平等及其所体现的程序公正价值,是现代各国特别是西方国家民事诉讼制度所普遍重视和强调的,因而也是其基本特征之一。抽掉这一基本特征,其民事诉讼制度将难以存在。在当事人及其代理律师的诉讼权利能够得到充分的程序保障之条件下,辩论原则之下的形式平等、程序公正与实质平等、实体公正往往是相吻合的,在总体上并不会发生严重背离的现象。当然,由于现实生活中当事人在知识水平、个人能力、经济状况等方面的差异,在个案中也可能会产生双方当事人实质上的不平等。正因为如此,所以一些学者对于过分注重形式平等的古典辩论原则提出了批评,但可以肯定的是,这种批评并不是要抛弃辩论原则所体现的形式平等和程序公正,而是追求如何在形式平等和程序公正的基础和前提下更好地实现实质平等和实体公正。因此,尽管在实行辩论原则的国家中存在着对形式平等下的实质不平等的批评,但这种批评远没有像我国一些学者所认为的那么严重。从其程序制度的发展来看,消除这种实质上的不平等的途径和措施并不是主要通过否定辩论原则来实现,而是通过下列多种方式来体现的,包括加强法院的阐明权责、强化当事人调查收集证据权利方面的程序保障、推行法律援助(法律扶助)制度、实行由败诉方负担诉讼费用的讼费补偿制度等。

(2)协同原则在其产生地即德国仍然是学者的一种理想或构

---

① 事实上,即使采取职权主义,由法院广泛地调查收集证据,也同样存在不能发现实体真实的情形。

想，并没有成为理论和实践的主流。在德国，虽然有学者认为辩论原则已经不适应现代性民事诉讼的需要而趋于衰落和走向死亡，并认为大陆法系国家的民事诉讼已经迎来了新的诉讼基本原则——协同原则，民事诉讼已经告别辩论原则的时代而走向协同原则的时代，但实际上更多的学者只是认为辩论原则有所修正或辩论原则在诉讼中的规制作用有所缓和而已。协同原则不过是辩论原则的修正主义者，而并非辩论原则的革命者。协同原则理论的积极主张者也不得不承认该学说在德国仍然属于"少数说"。①

对于这一点，德国诉讼法学者尧厄尼希教授也指出："双方当事人的自我负责在今天的民事诉讼中仍具有优先性。它通过辩论主义得到保障。因此其适用并不仅仅基于立法者的相宜衡量。由于其在我们的法律秩序的整个系统中的意义，更有理由将其视为现行法律的主要原则。不存在任何用所谓的'合作主义'（Kooperationsmaxime）来代替辩论主义的理由。"② 对于协同主义理论关于诉讼参与人之间的"工作共同体"这种说法，尧厄尼希教授认为："应当避免'工作共同体'（Arbeitsgemeinschft）这一表达。这一表达或者毫无意义，或者是误导。毫无意义，如果其只意味着诉讼参与人不互相依赖而处于平行状态。具有误导性，如果它促使人们产生下列想法：认为普遍利益（法院代表该利益）与原告的利益以及被告的利益之间不存在任何对立。这种利益和谐的观点是社会主义民事诉讼的特征，其存在于认为个人利益和社会需要是一致的声称中。这一原则对我们的法律规范而言是陌生的，因为其承认利益对抗的存在并尽力去解决这种对立。"③ 贝特尔曼教授也认为，不应将合作主义理解为辩论主义和职权探知主义的混合物或者是与辩论

---

① 参见［德］佩达·凯勒斯：《西德诉讼制度的课题》，［日］小岛武司编译，中央大学出版部1991年版。第363～364页。转引自张卫平：《诉讼架构与程式》，清华大学出版社2000年版，第76～77页。

② ［德］奥特马·尧厄尼希：《民事诉讼法》，周翠译，法律出版社2003年版，第137页。

③ ［德］奥特马·尧厄尼希：《民事诉讼法》，周翠译，法律出版社2003年版，第138页。

主义和职权探知主义并列的标准；到目前为止，涉及的只是对辩论主义进行修订。①

　　针对协同原则思想和德国民事诉讼法第 139 条规定的阐明权问题，有学者指出："承认法官的合作权以及合作义务不应该说成是在现代民事诉讼中必须考虑'协同主义'。法官的合作不能超出当事人对事实陈述进行补充的范围，决不能自行在诉讼中提出事实。这是法官的中立性所必须的，也是辩论主义的重要优点所在。在这个意义上，辩论主义或者处分权主义被认为是法治国家保持必要的法官中立的有效工具。"② 因此，在德国，虽然"民事诉讼法修正的历史过程确实可以归结为对辩论主义作了一定的限制，但决没有被一般的协同模式所取代。当事人依然有权提出裁判上的重要事实，法院不能依职权而代替当事人把新的事实带入到诉讼中，这些基本点都没有改变"③，"法官与当事人协同作业的观念有时被错误的利用而歪曲了德国民事诉讼实际的构造。在优先适用辩论主义的前提下，法官尽量与当事人协同作业以推动正当的事实陈述，这是法官的任务，但与上面所说的作业协同体是不同的"④，"直到现在，大部分的法官也认为，协同行动是对他们的无理要求，接受新的作用使他们感觉活动价值降低"⑤，"尽管人们今天一再地声称，通过有关法官对当事人的教导和责问的义务、法官与当事人讨论事实情况和法律情况的义务的规定，辩论主义同职权探知主义之间的

---

　　① ［德］卡尔·奥古斯特·贝特尔曼：《民事诉讼法百年——自由主义法典的命运》，载［德］米夏埃尔·施蒂尔纳编：《德国民事诉讼法学文萃》，赵秀举译，中国政法大学出版社 2005 年版，第 70 页。

　　② Eberhard Schilken：《ドイツ民事诉讼における裁判官の役割》，［日］高田昌宏，载《比较法学》第 34 卷第 2 号，第 125 页。

　　③ Eberhard Schilken：《ドイツ民事诉讼における裁判官の役割》，［日］高田昌宏译，载《比较法学》第 34 卷第 2 号（2001 年），第 121 页。

　　④ Eberhard Schilken：《ドイツ民事诉讼における裁判官の役割》，［日］高田昌宏译，载《比较法学》第 34 卷第 2 号（2001 年），第 125 页。

　　⑤ E. Becker-Eberhard：《辩论主义の基础と限界》，［日］高田昌宏译，载［日］《比较法学》第 35 卷第 1 号，第 161 页。

对立已经被磨平了或者失去意义了，但是这是错误的。辩论主义的根本性要素依然被保留了下来：只有当事人主张的事实才需要阐明，才是对裁判重要的"①。总之，德国民事诉讼法第 139 条关于阐明权的规定，"并没有限制辩论原则，而是通过法官指示当事人事实陈述中的不明确之处、矛盾之处和漏洞而补充了该原则"②，"即使在进一步扩大《德国民事诉讼法》第 139 条上的权限之情况下，这一规定实际上也没有限制辩论主义在民事诉讼中的统治地位"③。

（3）所谓协同原则，其实主要强调的是在程序性问题上法院与当事人之间以及当事人相互之间的"协同"，而对于请求的提出、诉讼资料的收集提供等问题的职能分工和权责划分，仍然坚持的是辩论原则。虽然存在强调法院的阐明权和当事人的真实义务的倾向，但无论是法院阐明权的行使还是当事人真实义务的设定，都不存在从实质上改变或修正辩论原则的问题，辩论原则并没有发生根本性的变化，而只是在新的条件下的发展。换句话说，辩论原则在民事诉讼中的基础性地位并没有发生改变。就阐明权而言，尽管法院可以对当事人进行阐明，甚至于在某些情形下有义务对当事人进行阐明，并且在多数情况下当事人也会接受法院的阐明，但当事人并没有接受法院阐明的义务。④ 在法官发问和说明之后，当事人依然消极不陈述时，法院应以现有的事实资料为基础作出裁判。就当事人之真实陈述义务的设定而言，德国 1933 年修订的《民事诉讼法典》虽然增设了真实义务的条文，但正如德国学者所指出的，

①　［德］卡尔·奥古斯特·贝特尔曼：《民事诉讼法百年——自由主义法典的命运》，载［德］米夏埃尔·施蒂尔纳编：《德国民事诉讼法学文萃》，赵秀举译，中国政法大学出版社 2005 年版，第 69 页。

②　［德］汉斯-约阿希姆·穆泽拉克：《德国民事诉讼法基础教程》，周翠译，中国政法大学出版社 2005 年版，第 64 页。

③　［德］汉斯·普吕汀：《改革压力下的民事诉讼建构和欧洲的趋同》，载［德］米夏埃尔·施蒂尔纳编：《德国民事诉讼法学文萃》，赵秀举译，中国政法大学出版社 2005 年版，第 636 页。

④　关于这一点，后文将进一步予以讨论。

真实义务的引入并没有构成对当事人提出主义的限制。① 对于德国民事诉讼法第 138 条所规定的当事人之真实陈述义务，德国的通说达成了以下一致的解释，即它"只是使诉讼上的真实义务有一个法律上的基础，既不要求当事人作客观上的真实陈述，也不要求当事人对自己陈述的事实确信无疑，即连主观的真实陈述都不要求，当事人只是负有不违反良心提出事实主张和不对对方的事实主张进行违反良心的争论的义务，即只是为了禁止诉讼虚伪而要求必要的主观诚实"。因此，真实义务的界限在于，当事人不得主张自己明知是不真实的事实，或者在明知对方提出的事实是真实的时，则不得予以否认。德国的通说是，通过对真实义务的解释，对辩论主义和由此产生的当事人对事实资料的处分权利作最小限度的限制，而不是尽量限制甚至于否定辩论主义。②

（4）协同原则如取代辩论原则的基础性地位，则其缺陷更为严重。协同原则如果不是对辩论原则彻底加以改造，而仅仅是对辩论原则进行某种程度的修正（例如要求法院在必要时对当事人进行阐明），则更换名字是多余的，而且极易使人对民事诉讼的基本原则和基本结构造成误解。如果是彻底抛弃辩论原则的基础性地位并以所谓的协同原则取而代之，要求法院全面协同当事人发现和提出事实、证据，不受当事人的主张的约束，则实际上实行的不是当事人主导的诉讼结构，而是意味着法院对民事诉讼的全面的职权干预。然而，以此种协同原则取代辩论原则之基础性地位，其本身所具有的缺陷较之于实行辩论原则将会更为严重。表现在：

第一，协同原则没有合理地划分法院与当事人在事实主张和证据提出问题上的权限与责任，当事人与法院之间的权责将极为模糊化，其结果会导致当事人试图将责任推向法院，而法院又尽量想将责任推向当事人。

---

① ［德］E. Becker-Eberhard：《辩论主义の基础と限界》，［日］高田昌宏译，载《比较法学》第 35 卷第 1 号（2001 年），第 153 页。

② ［德］E. Becker-Eberhard：《辩论主义の基础と限界》，［日］高田昌宏译，载《比较法学》第 35 卷第 1 号（2001 年），第 149 页以下。

　　第二，用协同原则取代辩论原则的基础性地位，将会使协同原则难以逃脱职权主义的窠臼。在中国，其结果很可能是用"协同原则"这一"新瓶"去装"职权主义"之"旧酒"，又回到已受到广泛批评的职权主义诉讼模式的老路上去。

　　第三，协同原则将会使法院（法官）的中立性和程序的公正性难以有效地维持，使法院审判权之行使在很大程度上脱离裁判权的本质属性。

　　第四，协同原则在操作上具有极大的难度和复杂性。与辩论原则相比，协同原则对法官提出了近乎完美的更高要求：法官必须大公无私，必须极为公正，必须具有极高的法律素养、道德素养，必须能够准确界定什么时候应当"协同"、什么时候不应当"协同"，必须能够正确把握"协同"的具体程度。否则，法官的"协同"作用就难以做到公正、合理和恰当。这一点在我国的表现极为突出。因为，基于各种复杂原因，目前我国法官的个人情况千差万别，其素质上的参差不齐乃不争的事实，在此情况下，法官的个体化因素将会导致协同原则在实践中的操作过于流动化、随意化。

　　由以上讨论可知，在大陆法系国家和地区，辩论原则尽管由于强调法院的阐明权和当事人的真实义务而得到了部分的修正，但在民事诉讼中其仍然具有基础性的地位。如果说存在所谓的"协同原则"，那么这种"协同"也是在辩论原则范围之内的协同，是一种"阐明权"意义上的协同，而不是超越辩论原则之基本界限的协同。取代辩论原则之基础性地位的"协同原则"只是个别学者的一种理想，在西方既没有被立法所认可，也不是理论和实践的主流。因此，学者们讨论的协同原则，充其量只是辩论原则的某种补充或修正，不可能取代辩论原则在民事诉讼中的基础性地位。所以，必须消除对协同原则的种种误解，特别是应当消除"协同原则已经取代辩论原则的基础性地位而成为构建民事诉讼基本结构的基本原则"之误解。我国即将修订的民事诉讼法，应当参照大陆法系的一般做法，以辩论原则为基础来划分当事人和法院的权责和地位，并以此来构建民事诉讼的基本结构，① 否则，如果认为辩论原则的基础性地位应当让位于协同原则，要求法院应当全面协同当事人主张事实和收集证据，则多年来所进行的理论研究和实践改革在很大程度上就会变得毫无意义，符合民事诉讼的本质要求并切合于程序公正理念的现代民事诉讼制度也将难以真正建立。从近年来学者们对《民事诉讼法》所提出的修改建议稿的内容来看，也是主张确立辩论原则在民事诉讼中的基础性地位的。②

三、辩论原则的根据

（一）辩论原则的根据之主要观点

如前所述，在西方国家民事诉讼法中，按照辩论原则的要求，作为裁判基础的主要事实，应当由当事人提出（应当在当事人的辩论中出现），当事人自认的事实，法院应当作为裁判的根据，法院原则上不能主动调查收集证据。那么，西方国家的民事诉讼为什么要坚持以辩论原则作为民事诉讼的基本出发点呢？或者说，在诉讼资料的收集和提供问题上，为什么在当事人与法院的角色和权限上要作这种形式的划分呢？这实际上涉及到在通常的民事诉讼中为什么要实行辩论原则的根据问题。围绕这一问题，西方民事诉讼法学者进行了广泛讨论，特别是在大陆法系国家和地区中，形成了各

---

① 我国一些学者所主张的应当以"对话与沟通"为内容建立一种"法院与当事人协同发现案件真实、协同促进诉讼进行"的诉讼构造，实际上仍然是主张在坚持辩论原则的基础性地位之条件下，加强法官对诉讼的引导和促进作用并强调当事人之间的合作。参见唐力：《对话与沟通——民事诉讼构造之法理分析》，载《法学研究》2005 年第 1 期，第 42 页以下。

② 参见江伟主编：《〈中华人民共和国民事诉讼法〉修改建议稿（第三稿）及立法理由》，人民法院出版社 2005 年版，第 4 页。

种不同的观点。总体而言，主要有以下几种观点：①

1. 本质说

该说认为，民事诉讼是关于私权的争议，民事诉讼的对象是当事人能够自由处分的私法上的权利或者法律关系。对于这种私法上的权利或法律关系，应当充分尊重当事人的自由处置。即使是当事人要求国家通过诉讼来解决他们之间的这种私权性的纠纷时，国家仍然应当最大限度地尊重当事人自由处分自己权利的自律性。这种私法自治的原则就要求，在民事诉讼过程中，诉讼资料的收集也应该由当事人来进行，不允许法院的积极干涉。因此，把诉讼资料的收集之权限和责任委任给当事人，是民事诉讼的当事人自治之本质所致的结果。日本学者兼子一、小山升等主张这一观点。

2. 手段说

该说认为，辩论原则乃系利用当事人利己之心以发现客观真实的有效手段。因为，对于提交审判的民事争议，当事人均具有利害关系，这种利害关系使当事人抱有一种尽可能求胜的心理状态，由当事人收集诉讼资料必定较为尽力，法院可以利用当事人的这种心理，把提供诉讼资料的责任交给当事人，让当事人去收集诉讼资料。此其一。其二，作为案件当事人的原告和被告是最可能知道案件经过的人，把诉讼资料的收集之权责委任给当事人，对于案件事实真相的查明是最合理的。其三，在民事诉讼中，假如法院采取积极行动，全面、自主的收集诉讼资料，则由于法院力量的有限性，很难对全部的案件进行彻底的审理，其结果是，或者导致不同的案件在审理上的厚此薄彼，或者导致案件的审理半途而废，于是就不

---

① 参见［日］高桥宏志：《民事诉讼法——制度与理论的深层分析》，林剑锋译，法律出版社 2003 年版，第 332 页以下；［日］吉野正三郎：《集中讲义民事诉讼法》，成文堂 1998 年版，第 51 页以下；［日］谷口安平：《程序的正义与诉讼》，王亚新、刘荣军译，中国政法大学出版社 1996 年版，第 109 页以下；邱联恭：《司法之现代化与程序法》，台湾三民书局 1992 年版，第 221 页以下；张卫平：《诉讼架构与程式》，清华大学出版社 2000 年版，第 158 页；等等。

可能形成正确解决当事人之间纠纷的制度。① 其四，规定由当事人收集诉讼资料，在当事人如果因未尽力提出事实、证据而招致败诉时，不至于责怪法院的不公平。总之，由当事人提出诉讼资料来解决其相互之间的纠纷，而不是由法院积极、主动地收集诉讼资料，能够最大限度地利用人们一般都具有的趋利避害心理来促进案件真相的发现。故此，辩论原则被认为是发现案件真实和推进诉讼程序展开的一种手段。菊井维大、斋滕秀夫等学者支持这一学说。

3. 防止意外打击说

上述本质说和手段说都既有长处又有短处，在这些学说的对立中又产生了新堂幸司教授等为代表的防止意外打击说。在日本，最初明确提出这一学说的是田边公二法官。他是"战后"日本派往美国留学的法官之一，受到美国法关于正当程序思想的很深影响。他认为只有在当事人之间经过了充分的攻击防御的事实和证据才能作为法院判决的基础或根据，而法院依职权来确定审理对象或收集证据往往带来先入为主的问题，结果是剥夺了当事人充分地陈述自己观点或进行反驳防御的机会。辩论原则正是为了防止这种情况发生而确立的法理。

新堂幸司教授则认为，在以裁判的三段论为前提的场合，裁判的基本构造是法律规定、事实关系和法律结论，如果不承认作为案件当事人的原告、被告关于资料收集的支配权，就会在适用法律的法官和提出资料的当事人之间产生分歧，对当事人产生意外打击的危险性。因此为了防止该意外打击，就应该允许当事人对事实和证据有支配权。依此观点，防止意外打击就是采用辩论原则的根据。

防止意外打击说随着程序保障理论影响的扩大越来越受到重视，目前在学术界已占有了一席重要位置。

4. 程序保障说

程序保障说认为，辩论原则是为了保障当事人的攻击防御机会而承认的诉讼原理。这种观点认为，辩论原则包括两种意义上的辩

———————

① 参见［日］中村英郎：《民事诉讼理论の诸问题》，成文堂1978年版，第193页。

论原则，一种是本来意义上的辩论原则，是指作为判决基础的事实由当事人收集提供。这是从当事人责任和权能的角度来认识的。而当事人没有提出的事实，法院就不能加以认定，则应是功能意义上的辩论原则。前者对于阐明权的范围、职权证据调查的禁止方面起着作用。这种意义上的辩论原则是为了给当事人提供程序上的保障，在心理上使当事人得到满足，并进一步实现真实的目的。功能意义上的辩论原则则是为了保障当事人平等地进行攻击或防御。其代表人物有小林秀之教授等。

5. 多元说

在关于辩论主义的学说对立的胶着状态中，出现了扬弃对立的理论，即多元说。该学说认为，试图用上述某一个方面来说明为什么采用辩论主义是很困难的，辩论主义的根据包含本质说、手段说、防止意外打击说等所有学说所强调的根据。也就是说，在民事诉讼中之所以采取辩论原则，是出于尊重私人自治、高效率地发现真实、防止出其不意的攻击、确保对裁判高度公平的信赖等多元根据。它是在漫长的诉讼历史发展过程中逐渐形成的。日本的竹下守夫等学者是"多元说"的倡导者。近年来，"多元说"已经成为一种十分有力的学说。

除了上述学说之外，还存在法探索主体说、法探索协同说、信赖真实协同确定说等观点。

(1) 法探索主体说。该说的基本观点是，当事人在诉讼上乃法探索的主体，对"法"自有其价值判断权，因此其所主张之事实系经其自行法评价以后之事实，而非活生生的生活上具体事实。所以，民事诉讼中实行辩论原则，其根据在于当事人乃法探索的主体。

具体来说，该说认为，民事诉讼制度的目的是依法解决纠纷，因此，必须在制度上确立诉讼当事人的地位以保障其法探索的主体性，而辩论原则则是这种法探索主体性的固有保障。这是因为，诉讼是与具体的案件有关，必须通过诉讼实现的法是与具体的生活事实相适应的法，不是抽象的法律命题。所以，假如不承认当事人对事实及证据的支配，就不能保障当事人的法探索主体性。在通常的民事诉讼中，诉讼当事人也就是案件的当事人，所以应承认他们对判断资料的支配权，不存在任何赋予法院在判断资料收集上享有主导权的根据。但在人事诉讼和刑事诉讼中，由于应确证的不是规制私人与私人之间关系的法，而是规制社会和个人之间，或者国家和个人之间的法，所以不能只承认诉讼当事人对判断资料的支配。①

（2）法探索协同说。该说系以协同主义来解说法官与当事人在诉讼上的关系，主张法院应有"法的观点指出义务"及"与当事人讨论的义务"，认为在程序上系先由当事人依其对实体法的自行判断（法的评价），基于私法自治原则，提出有利于己且符合法律所规定的构成要件之事实，但是，由于事实的最终认定乃属法院的权限，因而为了保障当事人的听审请求权和程序主体地位，在当事人的法律评价与法院的法律评价不同的情况下，法院关于法律之评价的判断必须考虑当事人对法的判断，对于当事人有所忽略但系作为裁判基础的重要法律观点，应给予当事人陈述的机会。因此，所谓辩论原则，就狭义而言，系指资料的收集与提出是当事人的责任，而就广义而言，则包括当事人提出主义与协同主义。② 辩论原则乃是当事人和法院协同发现事实的手段。

（3）信赖真实协同确定说。该说认为，辩论原则之采用应系同时为了防止发生来自对方当事人及法院的突袭，而且，不但要防止发生发现真实的突袭，也要防止发生促进诉讼的突袭；乃追求确定值得当事人信赖的真实之手段。我国台湾学者邱联恭等主张这一观点。

具体而言，该说认为，在诉讼上，当事人系处于程序主体的地位，享有相当的程序主体权及程序处分权，可据此比较衡量实体上利益与程序上利益的大小，并进而决定是否或如何提出特定事实、

---

① ［日］伊东乾：《辩论主义》，第 63 页。转引自汪振林：《辩论主义法理在本案审理中的作用和意义》，载陈刚主编：《比较民事诉讼法》2001～2002 年卷，中国人民大学出版社 2002 年版，第 115 页。

② 黄书苑：《民事诉讼审理上法院之权限与责任》，来源于 http：//www. ntpu. edu. tw/law/paper/03/2000a/8971003A. PDF.

证据，协同法院寻求"法"之所在，以平衡追求该二种利益。此种意义上的当事人主体地位，尚非仅凭私法自治原则所能尽其底蕴。基于此，之所以认为依据辩论原则，法院不得以当事人所未主张的事实作为判决基础，系为了防止一方当事人遭受他方当事人的突袭，以及防止来自法院的突袭，藉以保障当事人在一定范围内可能享有的程序处分权。就此而言，诉讼当事人在程序上所处地位，系同时关涉其程序上利益的追求、处分，而非仅仅关涉其争议的实体上利益。

从而，应从信赖真实说即信赖真实协同确定说的观点，阐述辩论原则的根据。亦即，辩论原则之所以被采用，应系为了追求确定值得当事人信赖的真实。在此目标追求之下，辩论原则的运用，应与自由心证主义的运用相衔接配合，而指向追求达成既无发现真实的突袭、又无促进诉讼的突袭之事实认定。在此种程序上，系由法院与当事人协同确定发现真实与促进诉讼这两个基本要求之平衡点上的真实，即：循此协同而去寻求、发现"法"之所在。而且，此处所谓"法"，乃系存在于实体上利益与程序上利益之平衡点上的"法"；尽管其多有切合于客观存在之"法"的可能，但并非自始以此意义上的"法"为寻求、发现的首要目标。因为，在程序上，法官与当事人已充分同时衡量程序上利益与实体上利益的大小轻重，而非自程序之始就专以追求实体上利益为首要任务。另者，于此种程序上，当事人应当是在受保障对于法院审理活动（含心证及法律见解）有预测可能性的状态下，于一定范围内可自行决定是否或如何提出事实或证据，并决定其究竟要偏重于追求实体上利益（如：因当事人针对法院所公开的心证或法律见解，进一步提出事证使法院就某待证事实形成较正确的心证所可能取得的利益），抑或优先追求程序上利益（如：当事人在预测法官的心证或法律见解以后，乃提出可资迅速裁判的资料或未再提出事证时所获致的劳费节省）。因此，法院系在当事人受充分的听审请求权保障之程序上即在值得当事人信赖的程序上，认定事实，并寻求、发现、适用法律。①

（二） 对辩论原则诸根据论之评论

上述关于辩论原则之根据的诸种观点，是从不同角度来进行说明和论证的，都有其合理性，但同时也存在不周全之处。

关于本质说，有学者认为，本质说的内容很有说服力，在多种多样的根据论中，本质说大概是最根本的部分，是绝对不能被排除的内容。② 有学者则指出，不管学者对辩论原则的根据认识有多大的差异，但有一点是明确的，即辩论原则充分反映了诉讼中的自由主义和个人主义，这种自由主义和个人主义的基础是私权自治。基于自由主义和个人主义的思想，法官在诉讼中的作用就只能是被动的和消极的。③

尽管如此，对本质说的批评还是存在的。有学者认为，本质说过分偏向于强调保障实体上利益，而未充分意识到亦应同时保障当事人程序上之处分权及追求程序上利益的机会，因而显然有商榷的余地。④ 也有学者认为，本质说关于辩论原则妥适范围的划定完全没有产生作用，其在各个诉讼进行的具体情况下，并未说明法院和当事人之间的责任分担乃是尊重当事人的意思。在诉讼的过程中，关于主要事实和间接事实的区别、证据资料和狭义的诉讼资料的区别，已经超过本质说的说明范围，本质说的说明方法并未将之予以区别。⑤ 还有学者认为，本质说以权利处分自由之私权自治为基础，并据此导出对诉讼资料的处分也委任给当事人支配是民事诉讼

---

① 邱联恭：《司法之现代化与程序法》，台湾三民书局 1992 年版，第 221～222 页。

② ［日］谷口安平：《程序的正义与诉讼》，王亚新、刘荣军译，中国政法大学出版社 1996 年版，第 111 页。

③ 张卫平：《诉讼架构与程式》，清华大学出版社 2000 年版，第 161 页。

④ 邱联恭：《司法之现代化与程序法》，台湾三民书局 1992 年版，第 224 页。

⑤ 黄书苑： 《民事诉讼审理上法院之权限与责任》，来源于 http：//www.ntpu.edu.tw/law/paper/03/2000a/8971003A.PDF.

的本质，但该说法在理论上存在跳跃，因为由权利处分的自由推导出对诉讼资料处分的自由，这中间缺少一个必要的起说明作用的媒介项。①

手段说也包含着令人首肯的内容。但是，如果目的仅仅在于查明案件真相，许多情况下恰恰需要对当事人没有主张的事实也作出认定。考虑到更加强调查明案件真相的家事审判采用的是职权调查原则，不得不说辩论原则有时候会与查明真相的要求相抵触。所以，尽管辩论原则确实有助于发现案件的真相，但发现真相却很难作为辩论原则的全部根据。② 对于这一点，有学者进一步指出，手段说认为辩论原则更符合查明案件事实真相的目的，但是在行政诉讼和人事诉讼中采取职权探知原则也是为了查明案件事实真相，这样一来，二者不是没有什么区别吗？手段说实际上先设定为什么采用辩论原则的问题，而这如果不与职权探知原则相比较来进行讨论就没有什么意义，因此说辩论原则更符合查明案件事实真相的目的并不能与职权探知原则产生积极的区别。③

对于防止意外打击说，有学者认为，该说虽然具体地揭示了辩论原则的功能，但却存在不全面的问题。例如，原告的请求如果想得到法院承认，还必须再提出一个事实主张。然而，无论法院怎样向原告进行释明，原告最终还是没有作出这项事实主张的话，在辩论原则下他的请求就得不到承认。可是如果不存在辩论原则的拘束，法院认定了原告并没有主张的事实，作出承认原告请求的判决，一般来说并不构成对原告的"不意打击"。所以，这样的情况下对原告来说，辩论原则一般并不能发挥防止不意打击的功能。但是，这种功能对于对方当事人来说却是切切实实地存在着的。因为只有一方明确地加以主张的事实才可能引起另一方的高度重视并进

---

① ［日］吉野正三郎：《集中讲义民事诉讼法》，成文堂1998年版，第52页。

② ［日］谷口安平：《程序的正义与诉讼》，王亚新、刘荣军译，中国政法大学出版社1996年版，第111页。

③ ［日］吉野正三郎：《集中讲义民事诉讼法》，成文堂1998年版，第52页。

行充分的反驳和防御，如果是对方没有在意的不利事实却不知不觉地被法院所认定，当然就构成了对于这一方当事人的不意打击。①

　　还有学者认为，防止意外打击说在观察问题时把原因和结果颠倒了，即在讨论为什么采用辩论原则的时候，由于不让当事人收集诉讼资料会导致意外打击之裁判的产生，因此，为了防止裁判上的意外打击，就应该采用辩论原则，这实际上是把原因和结果颠倒了。换言之，由于采用辩论原则可以防止意外打击之裁判的出现，因此为了防止意外打击裁判，故而应该采用辩论原则，这完全是逆向的思考。防止意外打击说是循环理论，不能说明为什么要采用辩论原则。②

　　对于程序保障说，有学者指出，该说所谓对当事人攻击防御机会的保障，系以赋予有关发现真实的程序保障为着力点，而未同时从赋予有关促进诉讼的程序保障之角度予以说明，对于兼顾保护程序上利益之平衡追求欠缺考虑，实有忽略促进诉讼的突袭及来自法院的突袭等问题之嫌。③

　　对于多元说，有学者认为，多元说乍一看好像是扬弃了学说之间对立的非常和平主义的观点，但它把本质说、手段说、防止意外打击说都作为辩论原则的根据，实际上等于放弃了对辩论原则之根据的讨论，因此多元说的观点仍然是不可取的。④

　　法探索主体说将当事人看作是诉讼上的法探索主体，认为其所主张的事实系经其自行法评价后的事实。但是，该说忽略了在诉讼上当事人所提出的事实未必均是经过其自为法评价的事实；而且，该说也忽略了在诉讼程序中，当事人系同时一方面衡量程序上利益

---

　　① 〔日〕谷口安平：《程序的正义与诉讼》，王亚新、刘荣军译，中国政法大学出版社 1996 年版，第 110 页。

　　② 〔日〕吉野正三郎：《集中讲义民事诉讼法》，成文堂 1998 年版，第 52 页。

　　③ 邱联恭：《司法之现代化与程序法》，台湾三民书局 1992 年版，第 225 页。

　　④ 〔日〕吉野正三郎：《集中讲义民事诉讼法》，成文堂 1998 年版，第 53 页。

与实体上利益之大小，而另一方面与法院协同探寻"法"之所在等现实。对于法探索协同说，有学者指出，该说系以贯彻实体法规及片面遵循私法自治为首要理念，未完全摆脱实体真实说的阴影，没有充分意识到：在诉讼过程中，不仅应防止发现真实的突袭，而且须同时防止促进诉讼的突袭，以保障当事人有平衡追求程序上利益之机会。其结果，按照该说所践行的公开心证或表明法律见解等程序，充其量仅属发现客观真实之手段，而且，并未被意识为系同时用以防止促进诉讼的突袭之手段。①

　　上述争论使辩论原则的根据究竟为何的问题变得更加突出。笔者认为，探讨和界定辩论原则的根据时，须理清如下问题：

　　第一，按照传统民事诉讼理论，辩论原则乃是确定法官和当事人在诉讼过程中如何分担任务的基本原理，即作为裁判基础的事实、证据之收集的任务由当事人承担，以此为基础，适用法律的任务则由法官承担。这样，事实、证据的收集与法律的适用相区别，当事人与法院各自承担自己的任务。基于此，对于当事人收集事实和证据、法官适用法律的过程，可以从理论上区分为两个阶段，即事实和证据的收集是诉讼的出发点，也可以看成是诉讼的基本阶段，然后，法律的适用是诉讼的后半阶段。

　　如果将由谁把诉讼资料带入到裁判中的问题与在法律适用过程中谁是主角的问题分别考虑的话，可以看出把诉讼资料带入到裁判中是基于当事人的自我决定权，即禁止法院自行收集必要的事实和证据，而只能以当事人在诉讼中提出的资料为基础进行裁判，换个角度说，法官判断资料的范围是通过当事人的自我决定权来决定的。这就需要运用私权自治原则来加以说明，即在关于应由谁向法院提出诉讼资料这一事关辩论原则之根本内容的问题上，应尊重以私权自治为基础的当事人的自我决定权。从这个角度讲，本质说对辩论原则之根据的说明具有相当程度的妥当性。

　　但是，如果将辩论原则的根据完全归结为以私法自治为特征的

---

　　①　邱联恭：《司法之现代化与程序法》，台湾三民书局 1992 年版，第 225 ~ 226 页。

本质说，则与诉讼法之公法性质并不完全吻合。而且，在有些时候，当事人之所以没有提出某种事实，特别是没有提出有利于自己的某些事实，并非是其"自由处置"权利的结果，而是由于欠缺法律知识或缺乏必要的调查收集证据的手段等原因所导致的违心的、违背真实意志的非自由处置，在此情况下，将辩论原则的根据完全归结为本质说显然与现实情况并不相符。所以，辩论原则的根据除了本质说之外，还必定存在着其他方面的原因，例如更好地查明案件事实、程序公正的理念等。

　　第二，传统辩论原则的理论认为，适用法律属于法官的权限，当事人不能染指。但是，现代社会的裁判理论则认为，讨论辩论原则的价值就意味着尽量承认当事人的主体性，即便在法律适用的阶段，当事人仍然应该是程序的主体，应该具有对法律展开讨论的权利。也就是说，在具体的裁判过程中，虽然应该是由法官来适用法律和宣告法律结论，但是忽视了当事人在这一过程中的作用却是不合适的，应当允许原告和被告就对自己有利的法律的适用、或者法律上的问题展开讨论。例如，日本民事审判中对环境权、日照权的认可，即在很大程度上源于原告和被告就环境权、日照权的主张对各自有利的法律充分展开讨论的结果。①

　　这样一来，古典的三段论式裁判论则应当有所修正。古典的三段论认为，由于法律适用是法官的任务，当事人只要简单的提出事实和证据就可以了，然后默默的等待法官的裁判，就像孟德斯鸠在《论法的精神》中所论述的"法官是宣告法律的自动机器"一样。但是，现代的裁判论则认为，法律适用过程不再是法官和当事人之间任务的分担，而是应该理解为为了发现正确的法律而由法官和当事人进行法的观点的讨论之结果。因此可以说，在法律适用过程中，不再是受古典辩论原则的支配，而是受现代辩论原则的支配。法官在适用法律的过程中，应当保障当事人的参与权，通过允许当事人对法官的看不见的内心作业展开法律讨论，或者在法律适用过

_____

　　① ［日］吉野正三郎：《集中讲义民事诉讼法》，成文堂1998年版，第54页。

程中允许当事人与法官讨论以便使法官的自由心证公开，从而使当事人对法律适用过程产生影响。

由于现代辩论原则在内容上涉及到法律的适用问题，并不仅仅限于古典辩论原则所划定的事实和证据之范围，因而针对古典辩论原则的根据问题所进行的讨论就需要重新予以思考，其中特别应当考虑到当事人的程序主体地位和程序主体权。

第三，在考察辩论原则的根据时，学者们往往是站在不同的角度进行论述的。例如，防止意外打击说就总体而言是把重点放在了法律适用阶段的辩论原则的价值上，与此相对，本质说则把重点放在由谁把诉讼资料带入到诉讼中来的诉讼资料之提出阶段，手段说则把在整个裁判过程中，谁有查明案件事实的任务、赋予谁有提出裁判基础事实的权限更符合目的作为重点。这样一来，可以说，曾经关于辩论原则根据论的争论都是由于没有认识到各自不同的舞台而导致了对立。从这个意义上而言，多元说在主张辩论原则的根据是多元的这一点上，可谓是切中要领。

第四，现代民事诉讼的价值理念不仅要追求诉讼的实体公正，而且要追求诉讼的程序公正，特别是强调应当通过公正的程序机制及其运作来达到实体的公正。这就要求，无论是界定辩论原则的内容，还是探寻其根据或原因，都应当从实体公正和程序公正相结合、当事人的实体利益和程序利益相兼顾的角度来进行。从这个意义上来说，我国台湾学者邱联恭等所主张的"信赖真实协同确定说"具有相当的合理性。

第五，即使认为辩论原则的根据是多元的，但这些根据对辩论原则的说明作用，在不同国家、不同法律环境下也是存在差异的。例如，以手段说来论证辩论原则的根据时，其说明作用和论证的充分性在有律师代理诉讼时要强于无律师代理诉讼时；在当事人及其律师的调查收集证据的权利得到充分保障的情形下要强于其调查收集证据的权利得不到充分保障的情形。因此，在律师代理制度比较发达，并且当事人及其代理律师的调查收集证据的权利能够得到充分保障的诉讼制度之下，手段说对于辩论原则的根据的解释应当说具有较强论证作用。又例如，就程序保障说而言，在注重程序价值和程序公正的诉讼制度中，其对辩论原则的论证力度明显要强于那些对程序价值和程序公正不够强调和不够重视的诉讼制度。这就要求，在考察辩论原则的根据时，应当注意不同国家的法律环境的差异。

（三）　本书对辩论原则之根据的理解

基于上述分析，笔者认为，讨论辩论原则的根据，既不能忽视案件的实体问题，也不能忽视案件的程序问题，应当将实体问题和程序问题结合起来，从保障和平衡当事人的实体利益和程序利益的角度来考察辩论原则的根据。以此为基点，辩论原则的根据应当包括实体因素和程序因素两个大的方面，是以实体和程序为基础的多元化因素的统一。也就是说，辩论原则的根据应当是多元的，将其归结于任何一个单一的方面都难免有所偏颇。

之所以要求应当从实体法和程序法两个方面来考察辩论原则的根据，是由民事诉讼活动本身的特点所决定的。民事诉讼活动并不仅仅是依据民事诉讼法所进行的纯粹的"程序性活动"，而是民事诉讼法和民事实体法共同作用的"场"，在民事诉讼领域适用的法律不仅包括民事诉讼法，而且包括民事实体法，两者在民事诉讼领域处于相互协动的关系，因此对诉讼问题的研究也就不能仅仅局限民事诉讼法本身，而应当将民事诉讼法和民事实体法结合起来进行研究。事实上，在民事诉讼中，由于不仅要考虑当事人之间的关系，而且要斟酌法院与当事人之间的关系，不仅要考虑实体法上的利益关系，而且还要顾及劳力、时间、费用等诉讼法上的程序利益，因而创建任何一个民事诉讼法学理论，必须能同时兼顾当事人的实体利益和程序利益，兼顾当事人之间以及当事人与法院之间的关系。[①] 正因为如此，民事诉讼法和民事实体法在诉讼过程中的交汇和相互作用就自然而然地成为民事诉讼理论研究的基轴。探讨和研究辩论原则的根据，也应当注意协调和整合民事诉讼法和民事实

① 参见江伟、刘学在：《中国民事诉讼基本理论体系的阐释与重塑》，载樊崇义主编：《诉讼法学研究》第五卷，中国监察出版社 2003 年版，第 77 页。

体法在民事诉讼活动中的对立统一关系，兼顾和平衡当事人的实体利益和程序利益，而不应抛开一方并只对另一方作孤立的研究，否则必然会导致研究的片面性、矛盾性和整体上的不周全性。

把程序性问题和实体性问题的交互作用作为探讨辩论原则及其根据的基轴，在理解上并不存在困难。其实，在诉讼制度发展的早期，对诉讼问题的研究从来都是将实体性问题和程序性问题结合起来予以考察的，只是到了近代，随着社会生活关系的日趋复杂化以及法学研究的不断深化和分化，立法体例上出现了民事诉讼法与民事实体法的分离，学科研究上发生了民事诉讼法学与民事实体法学的分野。但是，这种立法体例和学科分类上的变化，并不意味着民事诉讼理论研究可以完全脱离实体性问题而孤立地发展为一个完全"自给自足"的封闭体系，① 因为即使在立法体例和学科分类高度精细化的现代法治社会，民事诉讼领域仍然是而且也必定是诉讼法和实体法相互交错、共同作用的"场"。从静态上说，民事诉讼是诉讼当事人和法院遵从法定的诉讼程序和依据实体法解决民事纠纷的国家制度；从动态上讲，民事诉讼则是当事人和法院依照诉讼法和实体法进行诉讼和作出裁判的活动。显然，尽管存在学科的分类，但在实际的民事诉讼领域，所适用的法律规范必定包括两个方面，一是规范民事诉讼过程尤其是审理过程的程序法，二是作为裁判规范的实体法。没有程序法，作为诉讼主体的当事人和法院的诉讼活动就无法进行或无章可循；没有实体法，判决则无根据，而不对实体问题作出裁判就不能解决民事纠纷。所以，民事诉讼法学必须抛开传统的诉讼法一元论来对待自己的研究，将实体问题纳入自己的研究领域，即采用"诉讼＋实体"的二元论来重新构造民事诉讼法学理论体系。②

基于上述道理，笔者认为，民事诉讼中实行辩论原则，有其实

---

① 同理，那种完全抛开实体法的诉讼功能而单纯从"实体"的角度进行民事实体法学的研究，在方法论上也是错误的。

② 参见江伟、邵明、陈刚：《民事诉权研究》，法律出版社2002年版，第86页。

体法方面的根据和程序法方面的根据，包括私法自治、发现案件的
客观真实、程序公正、提升裁判的既判力等多个因素。

1. 辩论原则的实体法根据

辩论原则的实体法根据主要包括私法自治原则和发现案件的客
观真实两个方面。

（1）私权自治原则

从实体法的角度来说，在民事诉讼中，之所以强调作为裁判基
础的诉讼资料，应当由当事人予以主张和提出，这一点与民事纠纷
的性质不无关系。即民事关系采取的是私法自治的原则，民事主体
可以自由地处分其民事权利，只要其处分行为不违背法律的强行性
规定。在此延长线上，当民事主体发生了纠纷时，是否将该纠纷诉
诸法院、在什么范围内诉诸法院以及主张什么样的事实和提出什么
样的证据，原则上应当遵循当事人的自愿，法院应当尊重当事人的
意志而在当事人所主张的范围之内予以裁判。这一点也就是前述所
谓辩论原则之根据论中的本质说。在诉讼中，尽管法院可通过行使
阐明权敦促当事人对某事实进行主张，但如果当事人拒绝主张该事
实，那么法院就不能以该事实作为判决的基础，对于这一点，几乎
是不存在异议的。[1] 即使是在《社会性的民事诉讼法》一书中极力
主张协同原则（即主张法官与当事人应当协同致力于收集事实）
的巴萨曼教授，也仍然承认，对事实的最终性判断还是应当委诸于
当事人，对于法官的阐明是否遵循之决定权也在于当事人。[2] 显
然，从实体法的角度而言，辩论原则把作为裁判对象和基础的请
求、事实和证据之提供、收集的权限和责任委任给当事人，在根据
上将其理解为是由私权自治为基础的当事人自己决定权而推导出来
的原理，是很有道理的。

（2）发现案件的客观真实

---

① 参见［日］高桥宏志：《民事诉讼法——制度与理论的深层分析》，林
剑锋译，法律出版社 2003 年版，第 335 页。

② 转引自［日］高桥宏志：《民事诉讼法——制度与理论的深层分析》，
林剑锋译，法律出版社 2003 年版，第 336 页。

如前所述，手段说认为，民事诉讼之所以采辩论原则，是因为辩论原则乃查明案件真实情况的最佳手段。这一点在律师代理制度较为发达以及当事人及其代理律师的调查取证权利得到充分保障的诉讼制度之下具有很强的说服力。也就是说，在充分的程序保障之条件下，利用当事人的趋利避害和追求胜诉的心理，可以促使当事人竭尽全力地主张、收集和提出诉讼资料，并可有力的反对对方提出的诉讼资料，从而能够最大限度促进案件真相的发现。

需要强调的一点是，现代辩论原则改变了古典辩论原则要求彻底由当事人提供诉讼资料、法官不作任何形式的介入的做法，而是规定应当由当事人提供诉讼资料并且法官在必要时应当（或可以）对当事人进行阐明，以协助和促使当事人提出诉讼资料。而之所以产生这种变化，重要的原因就在于为了更好地发现案件的客观真实，保护当事人的合法权益。具体而言，由于当事人在能力、知识（特别是法律知识）、财力等方面存在着区别，以及在某些情况下欠缺必要的调查收集证据的手段，因而在实际的诉讼中，当事人对于应当予以主张和提出的请求、事实和证据却没有予以主张和提出，或者其提出的请求、事实和证据有所不当或不充分时，表现于外部的"处分行为"可能并非是当事人真实意愿的处分行为。因此，在民事诉讼中，在尊重私权自治原则之同时，还必须注意当事人的真实意图问题，在兼顾程序公正的前提下，应尽量探寻当事人的真实意图和按照案件的本来面目进行裁判，避免诉讼的结果不当地偏离实体法所追求的目标。正是基于这种考虑，古典的辩论原则才有必要转变为吸纳了阐明权制度的现代辩论原则。

2. 辩论原则的程序法根据

从私权自治和发现真实的角度来论证辩论原则的根据，应当说是有其合理性的，但是，如果将辩论原则的根据完全归结于实体法方面，而忽视了程序法和程序理论方面的因素，则在方法论上显然是错误的。因为，现代辩论原则之所以要求应当由当事人主张和提出诉讼资料，并且要求法官在必要时行使阐明权，甚至于要求当事人应负真实陈述义务，并非仅仅是出于实体法的角度之考虑，而是同时考虑到了程序法上的一系列基本要求。特别是在程序公正

（正当程序）、程序效益和效率、程序利益等程序价值观念已经得到广泛重视的条件下，更有理由认为，辩论原则的确立和实行，在很大程度上系出于程序上的种种要求。

（1）法官中立性与消极性

法院所要解决的问题是双方当事人发生争议的要求其加以裁判的事项，因此，从本质上来说，法院之审判权（司法权）是一种裁判权，是针对申请者向其提交的诉讼案件，按照事先颁布的法律规则和原则，作出一项具有法律约束力的裁判结论，从而以权威的方式解决争议各方业已发生的权益争执的国家权力。这种性质必然要求法院与双方当事人应当保持相等的距离，也即要求司法权应当是一种中立性的权力、法官应当保持其中立性和公正性。因此，关于法院的设立、司法权的赋予、司法活动和法官行为的进行等方面，应当尽量体现出对争议双方的中立性和公正性。这就要求，在民事诉讼中，法官不应当偏向任何一方，不仅不应当发生有偏向性的行为，而且不应当有使一方当事人足以怀疑其有偏向另一方的可能性。这是正当程序或程序公正观念的必然要求，也是程序保障的重要内容。

另一方面，法官的中立性是与其消极性紧密相关的，法官在裁判对象的确定、案件事实的主张、证据的调查收集等方面的消极性是维持其中立性的重要保障。因为，如果法官在这些方面采取积极的态度，则很可能会在有意或无意之中偏离其中立性，或者即使没有偏离中立性，但却难以消除当事人对其中立性产生怀疑。

为了保持法官的中立性、消极性，在民事诉讼制度的架构上，就应当合理地界定当事人和法官的各自地位和权责。在诉讼资料的提出和收集问题上，实行由当事人负责的辩论原则，正是使法官保持中立和超然地位的一种技术性措施。而且，在现代民事诉讼中，虽然为了尽量实现实体公正而要求法官应当于必要时对当事人行使阐明权，但即便如此，法官的阐明也应以不违背其中立性和公正性为界限。

（2）当事人的程序主体权与程序选择权①

我国台湾学者邱联恭等指出，基于国民主权的原理、法治国家原理及尊重人的尊严的原则，并依宪法上保障诉讼权、平等权、生存权、财产权、自由权等基本权的旨趣，应肯定国民的法主体性。在关涉其权益、地位的审判中，均应尊重其程序主体地位（程序主体权），使其有机会参与该审判程序，充分地进行攻击防御并陈述事实上、法律上的意见，藉以影响裁判内容的形成，而不应使其沦为法院审理活动的客体。此即所谓的当事人之程序主体权或程序主体性原则，它是立法者从事立法活动、法官运用现行法及当事人等程序关系人为程序上行为时，均应遵循的指导原理。

基于程序主体性原理，作为程序主体的诉讼当事人，既可以请求法院实现其实体利益，也可以请求法院维护其程序利益（因程序利用得当而节省的劳力、时间和费用等）。为此，立法者在设立程序制度、受诉法院在运作诉讼程序时，必须兼顾当事人的实体利益和程序利益，一方面应赋予其发现实体真实（追求实体利益）的机会，另一方面则应同时赋予其追求程序利益的机会，使其享有平衡追求此二种利益的选择权。这就要求，作为程序主体的当事人，不仅应具有实体法上处分权，而且应被肯定享有相当的程序法上处分权，藉以一方面基于其实体法上处分权，决定如何处分各系争的实体利益（实体权利），另一方面则本于其程序处分权，在一定范围内决定如何取舍程序利益，以避免因程序的使用、进行而招致减损、消耗、限制系争实体利益或系争标的外财产权、自由权的结果。

上述程序主体权和程序选择权理论表明，在诉讼资料之提供和收集问题上采取由当事人负责的辩论主义，不仅是基于私法自治原则的贯彻，而且系基于程序主体权和程序选择权的要求。换句话说，由于当事人享有程序主体权和程序选择权，因而在提出什么样

---

① 关于当事人的程序主体权和程序选择权，请参见邱联恭：《程序制度机能论》，台湾三民书局1996年版，第207页以下；《程序选择权论》，台湾三民书局2000年版，第5页及第33页以下。

的诉之声明和诉讼标的、主张什么样的要件事实、提出什么样的证据等问题上，就应当确认当事人有最终的决定权，承认其可基于程序利益的考虑而主张和提出什么样的诉讼资料。故而从此角度而言，辩论原则也可以认为是当事人之程序主体权的一种保障手段。

（3）突袭性裁判之防止

现代民事诉讼制度和民事诉讼理论特别强调应当为当事人提供充分的程序保障，并在此基础上进行裁判。对于事关当事人切身利益的事实和证据，在未为当事人提供充分的程序保障以便其进行有效的攻击防御时，法院不得将其作为裁判的基础。否则，即可能对当事人造成突袭性裁判而有违程序保障之基本要求。现代辩论原则要求应当由当事人提出请求、事实和证据，并且要求法院于必要时进行阐明，甚至于要求法院应公开其心证并和当事人进行讨论，其重要原因之一就在于以便更好地为当事人提供程序上的保障，防止对当事人造成突袭性裁判。①

关于程序保障的内容，有学者指出，应当兼具以下两个方面：

一是"发现真实的程序保障"，即有关发现案件的客观真实、追求达成慎重而正确的裁判，以追求实体上利益的程序保障。此种意义上的程序保障要求，立法者和法院应当为当事人提供完备的程序，使其有机会受较严密而慎重的审理，防止发生发现真实的突袭，以作成更正确的实体裁判。

二是"促进诉讼的程序保障"，即有关追求达成迅速而经济的裁判，以促进诉讼程序，追求程序上利益的程序保障。这里所谓"促进诉讼"，是指当事人或法官致力于促使程序的利用、进行或运作更为有效、更加迅速，以减少在程序上付出劳力、时间或费用而言。此种意义上的程序保障要求，应当为当事人提供可节省劳力、时间、费用的程序和机会，使案件得到迅速而有效率的审理，避免当事人付出不必要或不合算的劳力、时间和费用而遭受程序上

---

① 前文所述"防止意外打击说"或"防止不意打击说"，从法院作出裁判的角度来看，实际上也就是要防止突袭性裁判。

不利益。①

与上述两个方面相对应，在当事人未得到充分的程序保障时，则可能在以下两个方面对当事人造成突袭性裁判。

第一，发现真实的突袭。发现真实的突袭是指，在言词辩论终结前，未能使当事人充分认识、预测法院有关发现真实之心证形成过程，致使当事人就发现真实（确定某事实之存否）方面未能进行充分的攻击防御活动。此种突袭性裁判又可细分为以下两种形态：其一，认定事实的突袭。即未使当事人在言词辩论终结前，充分认识、预测法院所要认定的事实或该事实的具体内容，致使当事人在未能就不利于己的事实进行充分攻击防御的情况下，受法院的裁判。其二，推理过程的突袭。即未使当事人在言词辩论终结前，充分预测法院就某事实存在与否的判断过程，致使当事人在未能适时提出充分的资料或陈述必要的意见等情况下，而受法院的裁判。

第二，促进诉讼的突袭。此种突袭性裁判是指，法院未适时使当事人预测裁判内容或判断过程，致使在程序上支出不必要的劳力、时间和费用或者不当地节省那些本不应当节省的劳力、时间和费用等情况下，而对本案作出裁判。申言之，在审判过程中，如果不必额外地支出劳力、时间、费用即可发现真实和达到正确裁判时，应尽可能节省此等不必要的支出；反之，如再支出一定劳力、时间、费用将更能接近、发现真实和达成正确裁判时，则不应无故节省这些必要的支出。据此，如果没有使当事人适时预测法院的裁判内容或判断过程，造成不必要的程序支出或者不应有的节省，从而使当事人遭受程序上不利益或实体上不利益，则对当事人构成促进诉讼的突袭。②

辩论原则在民事诉讼中的贯彻，重要的理论根据就在于上述防

---

① 参见邱联恭：《司法之现代化与程序法》，台湾三民书局 1992 年版，第126 页。

② 参见邱联恭等：《突袭性裁判》，载台湾民事诉讼法研究会：《民事诉讼法之研讨（一）》，台湾三民书局 1986 年版，第 39 页以下；另参见邱联恭：《程序制度机能论》，台湾三民书局 1996 年版，第 5 页以下。

止突袭性裁判之程序法上要求，以便为当事人提供充分的程序保障。特别是古典辩论原则向现代辩论原则的转变，更是基于这种为当事人提供充分程序保障的要求。例如，辩论原则之所以将案件审理对象的形成、事实的主张、证据的提出等方面的权责赋予当事人，并要求法院应当在当事人提出的诉讼资料的范围内裁判，就是为了尽量避免法院依职权提出诉讼资料的过程中对当事人（特别是对其中的一方）造成认定事实的突袭。又例如，阐明权制度的确立，重要原因之一也是为了防止法院在事实认定、法律推理及促进诉讼等方面对当事人造成突袭性裁判。

（4）既判力效果之提升（提升裁判的可接受度）

民事诉讼中之所以实行辩论原则，与维护和提升判决的既判力效果也有很大的关系。

在有关判决效力的理论体系中，既判力处于更为核心的地位。所谓既判力，又称为判决的实质上的确定力，是指确定判决在实体上对于当事人和法院所具有的强制性通用力，表现为判决确定后，当事人不得就判决确定的法律关系另行起诉，也不得在其他诉讼中就同一法律关系提出与该判决相矛盾的主张，同时，法院亦不得作出与该判决所确定的内容相矛盾的判断。

之所以承认和要求确定判决应当具有上述既判力效果，原因在于：第一，既判力制度是维护司法权威的必然要求，承认判决的既判力效果可以有效地维护司法裁判的权威性。在法治社会中，特别是在具有西欧法律文化传统背景的国家及其诉讼制度中，社会冲突和纠纷通过诉讼途径由法院予以裁判后，便被认为得到了最终的解决，这种终局性不仅表现为经法院裁判过的事项不再受到其他部门和机关的审查，而且表现为经过法院裁判的事项也不应再次受到法院的审判（依照审级制度进行上诉审和极少数情况下的再审除外），因此司法裁判的权威性被特别予以强调和重视，这就要求必须赋予判决以既判力效果，否则，司法裁判的权威性就会受到损害。第二，既判力制度是实现国家一次性的彻底解决纠纷和维护"法安定性"即法律状态的稳定性的必然要求。如果没有既判力制度，那么已经发生法律效力的判决随时都可能被推翻，已经有了结论的纷争事实随意可以再行审查，势必造成纠纷长期不能获得彻底的解决。而纠纷不能解决则意味着法律关系的长期不稳定，并会造成恶性循环。显然，这种状态应当得到有效的遏制和消除，而既判力制度正是扮演了这种维护"法安定性"的角色。[1] 也正因为如此，有学者指出，既判力最重要的功能作用就在于通过判决终局性的达成，来帮助人们在观念上确立一种规范的秩序并使其相对地固定下来，进而诱导社会生活空间内的秩序形成。[2]

　　那么，采取什么样的程序原则和程序结构才能更有利于维护和提升判决的既判力效果呢？笔者认为，辩论原则以及体现这一原则的"对抗·判定"式的程序结构，是既判力获得正当化的重要根据，对于维护判决的既判力效果、提高当事人和社会公众对判决的接受度具有不容忽视的重要作用。

　　按照辩论原则的要求，诉讼资料的主张和提出，应当由当事人予以负责，并且应当经过双方当事人的充分辩论，而法官则以中立的第三者的身份对当事人的争议事项作出具有约束力的终局性裁判。在具体的诉讼结构和诉讼程序上，辩论原则就必然表现为一种"对抗·判定"式的诉讼结构和程序特征。按照一些学者的解释，所谓"对抗·判定"式的诉讼结构，其中"对抗"是指诉讼当事人的双方被置于相互对立、相互抗争的地位上，在他们之间展开的攻击防御活动构成了诉讼程序的主体部分；而"判定"则意味着由法官作为严守中立的第三者，对通过当事人双方的攻击防御而呈现出来的案件争议事实做出最终裁断，且这个裁断具有一经确定即不许再轻易更动的强烈的终局性。这两个要素相互结合相互规定，就构成了诉讼程序的基本结构。一方面，当事人之间在诉讼内的对立抗争被纳入一整套以达到或获得终局性判断为目标的制度性程序框架之中。另一方面，法官的终局性判断受到直接来自于当事人活动本身的种种约束和限制，且在原理上作为当事人双方攻击防御的

---

[1]　参见刘荣军：《程序保障的理论视角》，法律出版社 1999 年版，第 280 页。

[2]　参见王亚新：《对抗与判定——日本民事诉讼的基本结构》，清华大学出版社 2002 年版，第 348 页。

结果而由当事人自身对此承担责任。①

在这种程序结构之下，能够最大限度地促进、刺激双方当事人尽量提示并努力证明有利于自己的论点及事实，从而使纠纷解决的正确性、妥当性在实体上获得尽可能有力的支撑。而且，更为重要的是，这种结构具有保障程序公正的内涵和外观，发挥了尊重当事人的程序主体性的独特功能，能够通过当事人自行负责的机制成功地终局性地解决纠纷。在此条件下，判决被视为当事人自身努力的结果，不仅判决内容直接由双方提出的主张及证据所形成，而且胜负也被理解为对抗的必然归结。在双方当事人对等地提出主张和证据的机会得到最大限度尊重和保障的同时，他们也必须为没有充分地利用这种机会或未能有效地实施攻击和防御的后果自行负责。这就意味着，当事人在判决确定之后，除非有真正合理的理由要求改变或废弃该判决，必须接受判决既判力的束缚。②

由此可见，诉讼制度使用者，即诉讼当事人，对于诉讼程序及其运行结果的信服度、接纳度是确立民事诉讼法的基本原则以及设计和运作程序制度所必须考虑的因素之一。而由当事人主张和提出诉讼资料、法官尽量保持其中立性的辩论原则，可以使程序公正的要素得到更大程度的凸显，在此条件下所获得的裁判结果，较之程序公正的要素不充分的诉讼机制下所获得的裁判结果，就会更容易得到当事人的认同，从而提升诉讼制度使用者对裁判过程及其结果的信服度、接纳度，强化判决的既判力效果。

四、辩论原则与相关范畴的关系

（一）辩论原则与处分原则的关系

在大陆法系民事诉讼理论中，辩论原则在狭义上是指有关事实

---

① 参见王亚新：《对抗与判定——日本民事诉讼的基本结构》，清华大学出版社 2002 年版，第 57 页。

② 参见王亚新：《对抗与判定——日本民事诉讼的基本结构》，清华大学出版社 2002 年版，第 70、351 页。

主张和证据提出应当由当事人主导的原则，而处分原则则是指当事人对诉讼对象或曰诉讼标的享有自由处分的原则，也即是指在有关诉讼的开始、审理对象（诉讼标的、诉讼请求）的确定、诉讼的终了等问题上，承认当事人享有主导权和自由处分权的原则。但是，关于辩论原则与处分原则的关系，民事诉讼法学理论界实际上存在着不同的理解和认识。

1. 从广义上理解辩论原则，将处分原则包含在辩论原则之内

对于辩论原则，一些学者是从广义的角度来进行理解的，即认为辩论原则包括了处分原则，"系指当事人未声明之事项，法院不得加以裁判，当事人所未提出之事实、证据，法院不得加以斟酌，当事人不争执之事实，无待于心证，即迳以之为裁判之基础。"我国台湾地区有不少学者是从这种广义角度来认识辩论原则的。①

2. 从广义上理解处分原则，将辩论原则包含于处分原则之内

关于辩论原则与处分原则的关系，也有学者认为，处分原则有广义与狭义之分，广义的处分原则与当事人主义相同，其内容除了狭义的处分原则之含义外，还包括所谓当事人进行原则和辩论原则之意义在内。② 从处分原则和辩论原则的关系来说，处分原则可以说是辩论原则的上位概念。处分原则本系于私法自治原则而来，在私法自治原则之下，处分原则包括两个方面内容：一是权利处分的问题，即要不要行使或主张权利，乃当事人的自由；二是诉讼资料的收集问题，即一旦发生了诉讼，当事人要自己想办法提出证据、资料，法院不会替当事人去收集，在此意义下，就产生了辩论原则的问题。③

3. 从狭义上进行理解，对辩论原则与处分原则作出明确的

---

① 杨建华：《问题研析 民事诉讼法（一）》，台湾广益印书局 1996 年版，第 174 页；王甲乙：《辩论主义》，载杨建华主编：《民事诉讼法论文选辑（上）》，台湾五南图书出版公司 1984 年版，第 358 页。

② 陈荣宗：《民事诉讼之立法主义与法律政策》，载陈荣宗：《民事程序法论文集》第四册，台湾三民书局 1993 年版，第 3 页。

③ 参见陈荣宗在台湾民事诉讼法研究会第 39 次研讨会上的发言，载《民事诉讼法之研讨（四）》，台湾三民书局 1993 年版，第 190 页。

区分

在德、日等大陆法系国家和地区民事诉讼法学中，多数学者将辩论原则与处分原则作了明确的区分，认为辩论原则是相对于事实和证据而言的，而处分原则是相对于诉讼请求或曰诉讼标的而言的。

一般认为，对辩论原则和处分权原则之区别的认识是随着时间的推移而逐渐开始的。在德国普通法时期，还没有认识到处分原则和辩论原则有明确的区别，二者都被认为是当事人自治原则在诉讼上的表现和形式。例如，最先使用"辩论主义（辩论原则）"这一词语的诉讼法学者肯纳（Gönner），即在包括处分权主义在内的比较广泛的意义上使用"辩论主义"的概念。① 在当时的德国，私法诉权说在民事诉讼理论领域占据统治地位，民事诉讼法的任务被视为保护私权，因此，在民事诉讼法中有关保护私权的规律得到了广泛的应用。肯纳尊崇自然法的基本原理，认为在民事诉讼中市民仍然有权自由处分其私权利，在民事诉讼中同样要贯彻司法领域内的私人自治原则。故此肯纳具体指出：在诉讼进行过程中，必须由当事人提出事项之场合，法官应当停止活动。法官仅仅认定事实，而事实问题及范围完全受争执之当事人所提出的内容拘束。②

辩论原则与处分原则的区分，是在随着实体法和诉讼法的明确分离，加上当时逐渐抬头的公法学理论的影响而推行公法诉权学说之过程中，而逐渐被认识的。有学者认为，二者之间的主要区别在于：处分原则应在与实体法的关系上来把握，即诉讼的实体关系、程序的开始、发展、终了以及其内容范围任由当事人自由处分；与此相对，辩论原则具有程序性质，在诉讼系属中，裁判资料（诉讼资料）的收集任由当事人作为诉讼主体的活动来完成。这就是二者本质的不同。具体而言，由于当事人处分原则是与作为诉讼目

---

① E. Becker-Eberhard：《辩论主义の基础と限界》，［日］高田昌宏译，载［日］《比较法学》第 35 卷第 1 号（2001 年），第 144 页。

② 参见孟涛：《走向黄昏的辩论主义》，载陈刚主编：《比较民事诉讼法》2001～2002 年卷，中国人民大学出版社 2002 年版，第 123 页。

标的实体关系相关的原理，因此与私法自治原则具有密不可分的关系。现代诉讼法是以原告、被告对立的双方当事人主义来进行构造的，在这种诉讼构造中，私法自治原则就表现为从程序的开始、发展、终了到诉讼目标的内容和范围之界定都完全由当事人自由处分的处分原则。因此处分原则是关系到现代私法及民事诉讼本质的原则。与此相对，辩论原则则完全是关于诉讼资料收集的原则，具有诉讼技术的性质，与作为诉讼目标的实体关系没有直接的关联。辩论原则虽然与私法自治原则有密切关系，但这种关系并不是不可分的，并不排斥在必要时职权主义的介入，在关于诉讼行为理念的公法诉权学说中二者是平行的关系。私法诉权学说认为，民事诉讼的理想是，以当事人提出的诉讼资料为基础发现形式的真实。而公法诉权学说认为，诉讼有其公法的一面，民事诉讼不仅仅是当事人私权的实现，还是国家的制度，因此，应就实体真实做出正确的裁判。由于辩论原则要就事实真实进行认定，因而还被认为是诉讼资料收集的最佳方法。①

（二）　辩论原则与当事人主义的关系

所谓当事人主义，是指对于民事诉讼审理所需的内容、资料以及诉讼程序的运行，由当事人居于支配和主导地位的原则。从内容上来看，当事人主义包括狭义的辩论主义（辩论原则）、处分权主义（处分原则）和当事人进行主义（当事人进行原则）。也就是说，当事人主义在内涵上包括：作为法院裁判基础的案件事实、证据，应当由当事人予以主张和提出；作为法院裁判对象的诉讼标的和请求，应当以当事人提出的为限；在程序的运行上，也主要应当由当事人来主导；法官对于审理的对象、诉讼资料以及诉讼程序的运行则处于消极、被动和中立的地位。如果对辩论原则采广义的理解，将处分原则包含在内，则当事人主义在内容上包括辩论原则和当事人进行原则。

---

① 参见［日］中村英郎：《民事诉讼理论の诸问题》，成文堂 1978 年版，第 191～192 页。

因此，辩论原则与当事人主义的关系在于，辩论原则是当事人主义的重要内容之一，是关于诉讼资料提出问题上的当事人主义，也即"当事人提出主义（当事人提出原则）"。实践中，一些学者有时用辩论原则来指称当事人主义，实际上是指有关诉讼资料提出方面的当事人主义，并不能涵盖当事人主义的全部内容。

在大陆法系国家之近代民事诉讼程序制度形成的初期，由于受自由主义思潮的深刻影响，整个民事诉讼程序当中都十分强调当事人支配的要素，法、德等国的民事诉讼法即是其代表。但是，随着实践的发展，人们又开始认识到，诉讼制度的运作并非仅仅涉及私人，其间还包含着如何更加有效地加以运行这一国家所关心的内容。如果过分地承认当事人在诉讼程序中的自由和支配权、主导权，则很可能造成诉讼的延滞。故此，又出现了对当事人主义（特别是其中的当事人进行主义）予以一定限制以适当强化法院职权主义要素的倾向。例如，晚于德国民事诉讼法 20 年制定的奥地利民事诉讼法，就鲜明地强调了这一方向，德国、日本等国后来对民事诉讼法所作的修订也在很大程度上参照了奥地利的民事诉讼法。①

在英美法系国家民事诉讼中，对当事人主义的贯彻较之于大陆法系国家更为全面和彻底，主要表现在程序的运行上，当事人也起着主导的作用。从其实质内容来看，英美法系民事诉讼中之当事人主义，实际上也就是前文所述的"对抗制原则（adversary system）"，或者说，就英美法系民事诉讼而言，当事人主义和对抗制原则实质上指的是同一问题。

（三）辩论原则与职权主义的关系

所谓职权主义（职权原则），是指诉讼审理所需的诉讼资料应当由法院依职权予以调查收集、诉讼程序的运行亦应当由法院来指挥和主导的原则。职权主义是与当事人主义相对应的法理和原则。

---

① 参见［日］三ケ月章：《日本民事诉讼法》，汪一凡译，台湾五南图书出版公司 1997 年版，第 178 页。

与处分原则、辩论原则和当事人进行原则相对应，职权主义在内容上包括干涉主义（干涉原则）、职权探知主义（职权探知原则）、职权进行主义（职权进行原则）。干涉原则是指在审理对象的确定、诉讼程序的启动和终了等方面，法院可不受当事人处分权的限制而予以干涉的原则。职权探知原则，是指法院可以依职权认定当事人没有主张的事实、调查收集当事人没有提供的证据的原则，也有学者将其称为职权调查原则（职权调查主义）。职权进行原则，则是指由法院依职权来指挥、主导和控制程序的运行的原则。

如果对辩论原则采广义的理解，则与辩论原则相对应的法理包括法院对审理对象的干涉原则和法院对事实、证据的职权探知原则。

如果对辩论原则作狭义的理解，即将辩论原则界定为诉讼审理所需要的主要事实及证据资料应当由当事人主张和收集的原则，那么，与辩论原则相对立的诉讼法理则是指职权探知原则，即由法院负责收集提供诉讼审理所需要的主要事实及证据资料。在此意义上，职权探知原则包括下列三个方面的内容：第一，法院对于当事人未主张的事实，也可以采为裁判的基础。第二，法院对于当事人间不争执的事实，不论其是否明确地予以自认，均可以调查事实之真伪，而决定将其采为或不采为裁判的资料。第三，法院于调查证据认定事实时，除当事人声明的证据外，可以依职权调查其他未声明的证据。在大陆法系国家和地区中，辩论原则与职权探知原则系对立的两种诉讼原则，各自有其适用和支配的范围，也即在财产权诉讼的领域，原则上适用辩论原则，而在人事诉讼方面，则以适用职权探知主义为原则。另者，在财产权诉讼中，关于诉讼要件之事实资料，原则上也依照职权探知原则，由法院负责审理该诉讼是否合法。①

上述三个方面的职权探知之内容，也可称之为诉讼资料收集方面的职权原则。对于这种意义上的职权原则，在日本也有学者对其

---

① 参见陈荣宗、林庆苗：《民事诉讼法》，台湾三民书局 1996 版，第 43 ～ 44 页。

进行细化，即将其区分为职权探知原则（其含义和内容较之上述对职权探知原则的界定为窄）、职权调查原则和依职权调查证据。即认为，与辩论原则关于诉讼资料收集的各个阶段，即"事实的提出"、"决定是否需要证据"（即自认）和"证据的提出"相对应，诉讼资料收集中职权主义的介入也可分为三个阶段来考察，即职权探知、职权调查和依职权调查证据三个阶段。

首先是职权探知。职权探知是相当辩论原则的第一个方面的内容而言的。在辩论原则下，作为判决基础的直接事实（主要事实）的提出，完全是当事人的责任。法院不得以当事人没有提出的事实作为裁判的基础。但是，在案件的性质不仅有关当事人的利益，而且涉及到广泛的公共利益时，法律特别作出规定，允许法院对当事人没有提出的事实作为判决的基础。这就是"职权探知"。例如，在人事诉讼程序法中，为了维持婚姻关系，"可以对当事人没有提出的事实进行斟酌"就是一个例子。① 在属于"职权探知"的事项上，全面排除辩论原则对法院职权的抑制，法院可以不受当事人自认事实的拘束而进行必要的调查（职权调查），也可以对当事人没有提出的证据进行调查（依职权调查证据）。

其次是职权调查。在辩论原则下，对于对方自认的或者没有争议的事实，可以不用进行证据调查，即可予以认定。但是，在案件不仅涉及个人利益，而且有关公共利益的场合，基于法律的特别规定，法院可以不受当事人自认的拘束而依职权进行调查证据，这就是"职权调查"，也即在决定对当事人主张的事实是否需要证据予以证明的阶段，法院依职权介入的情形。职权调查限于法律有特别规定的场合，即仅限于"职权调查事项"，例如日本《人事诉讼程序法》第10条规定的婚姻案件、第26条规定的收养案件、关于诉讼要件的事实等。另外，在可以进行职权探知的场合当然也可以进行职权调查。对于职权调查事项，当事人也应该提供调查所需要的证据，但是法院可以对当事人没有提出的证据进行调查。

最后是依职权调查证据。作为事实认定资料的证据，以当事人

———————

① 参见日本《人事诉讼程序法》第14条。

提出为原则。但是，在法律有规定的情况下，可以依职权调查当事人没有提出的证据，这就是"依职权调查证据"。依职权调查证据的范围要较职权探知和职权调查的事项范围为广。换句话说，属于职权探知、职权调查的事项，当然也可以依职权调查证据，但对于职权探知、职权调查事项以外的其他事项，如果有特别规定，法院也可以依职权调查证据。在法律规定可以依职权调查证据的场合，如果并非属于职权探知或者职权调查的事实，则法院也不能依职权调查证据来认定当事人所没有主张的事实。①

（四）辩论原则与阐明权的关系

辩论原则体现的是诉讼资料收集和提供方面的当事人主义，法院不应依职权主动予以介入。但是，如果将这一观念绝对化，要求当事人像运动员一样凭自己的"实力"进行"诉讼竞技"，而法院像"足球裁判"一样保持完全消极的地位，则在有些情况下造成的结果可能是享有权利的本应胜诉的当事人却因为自己力量的弱小而不能获得胜诉。这样一来，就可能对当事人造成实体上的不公平，使诉讼程序的运行及其结果脱离国民的正义情感，并使诉讼带上某些投机性的色彩。为了尽量避免这种现象的发生，在程序制度的设计上就有必要赋予法院一定的权限，以促使当事人能够适当地、完全地进行主张和举证，这种权限就是法院的阐明权（或称为释明权），② 即在言词辩论及准备程序中，为了明了诉讼关系，法官就事实上或法律上的有关事项向当事人发问或者促使其证明的权利。现代德、日等大陆法系国家和地区的民事诉讼法中，一般均对阐明权问题作出了明确的规定。③

对于辩论原则与阐明权的关系，大陆法系学者主要有两种理

---

① 参见［日］中村英郎：《民事诉讼理论の诸问题》，成文堂1978年版，第202页以下；另参见［日］中村英郎：《新民事诉讼法讲义》，陈刚、林剑锋、郭美松译，法律出版社2001年版，第179页以下。

② 从法院的职责角度来说，有时也称为法院的阐明义务或释明义务。

③ 关于阐明权制度及其理论的具体内容，将在本书第五章中进行阐述，这里主要就辩论原则和阐明权的关系问题展开讨论。

解。一种观点认为，阐明权的规定是辩论原则的例外。这种理解以为，民事诉讼的对象是私法上的权利，诉讼就应当尊重当事人的意志，由当事人自由处分实体权利和诉讼权利，自主地、适当地解决涉及私权的争议。法院根据当事人所提出的事实、主张来进行判决，是民事诉讼本质的要求（这种见解可称为本质论）。而在诉讼中，法院反过来要求当事人被动地提出主张、提出证据、陈述案件的事实则是辩论原则的例外。另一种观点认为，在民事诉讼中，把收集资料的权限和责任委以与诉讼胜败有直接利害关系并且熟知争执事实的当事人，将比职权探知原则更能适当、便利、迅速地发现真实。因此，民事诉讼中之所以采用辩论原则，就是因为辩论原则是一种易于发现真实的方法（手段）。而阐明权的规定，也是为了发现真实，因此阐明权是对辩论原则的补充，而不是例外。①

　　也有学者认为，阐明权与辩论原则是对立统一的关系。一方面，阐明权与辩论原则具有对立性，它们之间存在一定的紧张关系。按照辩论原则，法院不得就当事人未主张的事实进行裁判，即使通过其他证据来看，当事人未提出的主张完全能够得到法院的支持，但由于当事人未提出主张，法院也不能启发当事人提出主张，从而判其胜诉。而阐明权制度则要求法院应当在必要的时候对当事人进行阐明，以促使当事人适当地进行主张和陈述。另一方面，阐明权与辩论原则也有统一的一面，表现在：第一，根据手段说，辩论原则乃发现真实的手段，而阐明权行使的目的也是为了发现案件之真实，阐明权实际上也是发现案件真实的手段，在此意义上，阐明权与辩论原则具有统一性。第二，为了更好地贯彻辩论原则的精神，法官必须明确当事人陈述的意图，但是由于案件之复杂，法律之疑难，当事人往往不能陈述清楚其真实的主张，法院因之便不能明了其真实意思，在这种情况下所作的裁判难免有悖于辩论原则之基本精神，因此，法院有必要行使阐明权，促使当事人为适当之陈

---

　　① 参见张卫平：《诉讼架构与程式》，清华大学出版社2000年版，第191页。

述，从而根据当事人的真实主张进行裁判。①

　　另外，与主张阐明权是"对辩论原则的修正及补充"的观点相对立，有学者主张，应当让阐明权相对地脱离辩论原则，并从辩论权的角度来看待阐明权。该观点认为，与其将阐明权与辩论原则结合起来，毋宁探究阐明权原有的含义，这样一来可以更好地实现口头辩论主义或对审构造这一目的，一方面对于法院而言，阐明权有助于解决案件，另一方面对于当事人而言，也有助于进行充实且充分的辩论。②

　　笔者认为，就其实质来说，阐明权实际上是一种发问权、指示权（或者称为发问义务、指示义务），其目的仅仅是为了弥补当事人的辩论能力的不足，消除实行彻底的辩论原则所可能带来的缺陷，但无论怎样，阐明权也并不具有改变或否定辩论原则的作用。换句话说，即使存在法院的阐明，但对该事项的最终决定权仍然在于当事人，如果当事人就该事项不听从法院的阐明，则法院并不能以自己的观点代替当事人的主张，也即法院不能超出当事人的主张而"例外"地认定自己所阐明的内容。从这个角度来说，将阐明权看作是辩论原则的一种补充，应当是比较妥当的观点。

　　另一方面，由于阐明权是法院依职权对当事人进行发问、指示的权力，因而在性质上具有职权主义的色彩，但是，阐明权制度的确立仍然处于辩论原则的框架之内，并不具有改变辩论原则的作用。也就是说，尽管阐明来源于职权主义，进而对辩论原则形成限制，但阐明并不是弱化或消除辩论原则的敌对物，而是从保护正当权利者利益的角度出发来限制辩论原则的弊端并弥补其缺陷的一个概念。③

---

　　①　江伟、刘敏：《论民事诉讼模式的转换与法官的释明权》，载陈光中、江伟主编：《诉讼法论丛》第 6 卷，法律出版社 2001 年版，第 331 页。

　　②　[日] 高桥宏志：《民事诉讼法——制度与理论的深层分析》，林剑锋译，法律出版社 2003 年版，第 359 页。

　　③　[日] 矶村义利：《释明权》，载《民事诉讼法讲座第二卷》，有斐阁，昭和二十九年，第 477 页。转引自 [日] 高桥宏志：《民事诉讼法——制度与理论的深层分析》，林剑锋译，法律出版社 2003 年版，第 359 页。

五、辩论原则与民事诉讼模式

民事诉讼模式问题,① 是近年来我国民事诉讼理论界讨论的一个热门话题,② 也是实务部门在民事审判方式改革中积极探索的一个问题。关于其含义,一般认为系指对特定民事诉讼体制之基本特征的综合表述,是关于法院与当事人在诉讼中的地位、作用及相互关系的基本概括。对于各国民事诉讼模式的分析和界定,最常见和最基本的分类方法就是根据法院与当事人在诉讼中的相互地位之不同,将其分为当事人主义诉讼模式和职权主义诉讼模式,③ 以此为基础,有主张我国民事诉讼模式应当采取当事人主义模式的,有主张应采取职权主义模式的,也有主张应实行亚当事人主义模式、亚职权主义模式或混合主义模式的,还有主张应建立协同主义(协动主义)模式的。鉴于学者们对民事诉讼模式已经有了较为深入、全面的研究,故而笔者在此不想过多地谈论这一话题,而只是强调一点,即辩论原则是划分民事诉讼模式的一项基本原则,以此原则为基础所构建的民事诉讼模式是一种由当事人来形成审理对象和提出诉讼资料的当事人主义之民事诉讼模式。

正如前文在探讨"辩论原则与当事人主义、职权主义的关系"时所指出的,从完整的意义上讲,所谓当事人主义民事诉讼模式,是指对于民事诉讼审理所需的内容、资料以及诉讼程序的运行,由

---

① 对于这一问题,学者们在进行探讨时,往往还使用了其他一些不同的表述,例如民事诉讼基本模式、民事诉讼结构或民事诉讼基本结构、民事诉讼构造或民事诉讼基本构造、民事诉讼中法官与当事人的角色分担(分配)等。但以民事诉讼模式或民事诉讼基本模式之表述最为常见。

② 对民事诉讼模式进行探讨的论著很多,限于篇幅,恕不在此一一列举。

③ 国外有一些学者根据法院和当事人在民事诉讼中各自的作用之不同,将民事诉讼体制分为"对抗制"与"司法能动主义"两种基本类型。这实际上也是对民事诉讼模式的一种划分。参见〔意〕莫诺·卡佩莱蒂:《比较法视野中的司法程序》,徐昕、王奕译,清华大学出版社 2005 年版,第 342 页以下。

当事人居于支配和主导地位的诉讼模式。而所谓职权主义诉讼模式，则是指诉讼审理所需的诉讼资料应当由法院依职权予以调查收集、诉讼程序的运行亦应当由法院来指挥和主导的诉讼模式。当事人主义与职权主义在诉讼模式上的区别和对立主要体现在以下两个方面：一是在程序运行方面的当事人进行原则与职权进行原则的对立；二是在审理对象方面的处分原则、辩论原则与干涉原则、职权探知原则的对立。以此相对应，民事诉讼模式的划分实际上可依据以下两个基本标准来进行：

第一，在诉讼程序的运行方面谁起主导作用之标准。就民事诉讼程序的运行来说，当事人和法院都是其中必不可少的诉讼主体，但二者的作用却并非是等量齐观。也就是说，依据起主导作用的主体不同，有"当事人进行主义"与"职权进行主义"的区别。前者是指在诉讼程序的运行方面把主导权交给当事人，虽然法院对于程序的运行负有一定的组织、指挥作用，但当事人是程序运行的主要主体；后者是指主要由法院负责程序的运行，一旦进入诉讼，当事人必须通过法院来向对方提出自己的要求和主张，法官拥有主持程序进行的广泛的"诉讼指挥权"。

第二，在审理对象的确定方面谁起主导作用之标准。在民事诉讼中，审理对象是当事人行使诉权和法院行使审判权的客体，在诉讼中，谁有权确定审理对象，就意味着其在诉讼中处于支配的地位。如果诉讼的开始及终结、诉讼请求的范围由当事人来确定，事实和证据也应当由当事人予以提出，并且法院受当事人所划定的请求范围、事实范围的约束，那么诉讼模式体现的是当事人主义之特质。如果法院对于诉讼的开始和终结具有决定权，其裁判可以不受当事人所主张的请求范围、事实范围的约束，并且可以广泛地依职权调查收集证据，则体现的是职权主义模式之特征。

在上述民事诉讼模式的划分标准中，第一项内容对民事诉讼模式的分类仅具有量的规定性，因为在各个国家的民事诉讼中，既没有完全由当事人决定诉讼程序运行的，也没有完全由法院支配诉讼程序运行的，而是由当事人与法院共同推进诉讼的运行，只不过二者在程序的运行中所起的作用不同而已。因此，以这一标准作为民事诉讼模式的界定依据时，仅仅涉及的是程序运行的形式特征问题。而第二项内容，即在审理对象的确定方面何者占主导地位则对民事诉讼模式的分类具有质的规定性。因为审理对象的确定即是对进入诉讼的实体内容的确定，而当事人和法院这二者之间谁拥有对诉讼的实体内容的确定权，则意味着其处于支配诉讼的地位，取得了诉讼的主动权。所以，以当事人与法院何者在审理对象的确定方面占主导地位为标准，可以从实质上将民事诉讼模式分为两种基本类型，即当事人主义与职权主义。①

　　从上述分析可以看出，辩论原则实际上就是一种划分民事诉讼模式的基本原则，辩论原则之确立和贯彻，也就意味着当事人主义之诉讼模式的确立和贯彻。当然，由于辩论原则主要是从实质的角度确立民事诉讼中的当事人主义，并非是在程序运行上要求贯彻当事人进行主义，因此，从诉讼制度的构建上来说，并不排除将辩论原则所体现的当事人主义与程序运行上的当事人进行主义分离开来。换句话说，在诉讼制度的建设上，可以将辩论原则与职权进行主义（职权进行原则）结合起来。事实上，德、日等大陆法系国家和地区的民事诉讼法正是体现了这种辩论原则之下的当事人主义与程序运行方面的职权进行主义相结合的诉讼理念。

---

　　① 参见张卫平：《民事诉讼基本模式：转换与选择之根据》，载《现代法学》1996 年第 6 期；熊跃敏等：《民事诉讼模式的划分标准探究》，载《辽宁师范大学学报（社会科学版）》2000 年第 3 期。

第二章

我国辩论原则之检讨

一、我国辩论原则的含义及其渊源

（一）我国民事诉讼立法与理论中辩论原则的一般含义

对于辩论原则，我国 1982 颁布的《民事诉讼法（试行）》（以下简称《试行法》）和现行《民事诉讼法》，都在有关"基本原则"的一章中对其作了明确规定。1982 年的《试行法》第一章即为"任务和基本原则"，其中第 10 条被认为是关于辩论原则的规定，即"民事诉讼当事人有权对争议的问题进行辩论"。1991 年颁行的《民事诉讼法》仍在第一章规定了"任务、适用范围和基本原则"，其中第 12 条对辩论原则作了规定，即"人民法院审理民事案件，当事人有权进行辩论"。

在诉讼理论上，辩论原则也一直被认为是我国民事诉讼法中一项重要的基本原则，同时也是民事诉讼法所特有的一项原则。有关民事诉讼法学的教科书对辩论原则之含义的阐释一般为："辩论原则，是指在人民法院主持下，当事人有权对案件事实和争议问题，各自陈述自己的主张和根据，互相进行反驳和答辩，以维护自己的合法权益。"① 辩论原则的主要内容被理解为包括以下几个方面：（1）辩论权是当事人所享有的一项重要的诉讼权利，只有当事人（或其授权的诉讼代理人）才能行使辩论权。（2）当事人辩论的内容，既可以是实体问题，也可以是程序问题，还可以是如何适用法律问题。（3）辩论的形式既可以采取书面形式，也可以采取口头形式，辩论的方式有否认、抗辩、反驳、反诉等。（4）辩论原则贯穿于诉讼的全过程，在一审、二审和再审程序中，当事人都享有辩论权。（5）辩论原则是社会主义民主在民事诉讼中的体现。一方面，它是人民法院审理案件应当遵循的准则，表现了人民法院审判活动的民主性；另一方面，它又是当事人在诉讼中享有的一项重要的民主权利。② 而且，从我国长期以来的理论观点来看，辩论原则往往是同绝对的"客观真实"观念或"客观真实原则"紧密相关的，即法院为了达到其所认为的客观真实，可以不受当事人辩论内容的约束，可以不顾公正程序的要求而去"帮助"一方当事人。在此观念之下，本来意义上的辩论原则之合理内核被抛弃了，取而代之的是，作为法院判决基础的事实可以不受当事人主张范围的限制，当事人自认的事实对法院没有约束力，③ 法院拥有广泛的依职

---

①　柴发邦主编：《民事诉讼法学新编》，法律出版社 1992 年版，第 93 页；常怡主编：《民事诉讼法学》，中国政法大学出版社 2002 年版，第 113 页。

②　参见常怡主编：《民事诉讼法学新论》，中国政法大学出版社 1989 年版，第 83 页；柴发邦主编：《民事诉讼法学新编》，法律出版社 1992 年版，第 93 页；谭兵主编：《民事诉讼法学》，法律出版社 1997 年版，第 103 页。

③　最高人民法院 2001 年 12 月 21 日发布的《关于民事诉讼证据的若干规定》第 8 条、第 74 条等已对自认制度的内容及其效力作出了规定，但由于其合法性尚存在不足以及欠缺观念上的支撑和制度上的配套等原因，在实践中难以得到充分地贯彻。

权调查收集证据的权力。① 因此，就总体而言，过去我国民事诉讼立法和理论对辩论原则的界定，主要是单纯地从当事人享有和行使"辩论权"的角度来进行的，这一点与前苏联的民事诉讼理论相似而与大陆法系国家和地区的理论存在较大区别。事实上，我国关于民事诉讼辩论原则的理论直接渊源于前苏联的相应理论。

（二）我国辩论原则的渊源

如前所述，按照大陆法系国家和地区民事诉讼理论和立法规定，辩论原则实际上即是"当事人主导原则"或"当事人提出"原则。根据这一原则的要求，就诉讼资料的主张和提出而言，应当由当事人来划定其范围并对其结果负责，而法官则应当在保持公正、中立的地位之基础上，在该范围内予以裁判。因此，辩论原则对当事人和法院的这种角色划分和定位使当事人的程序主体地位得到了充分的尊重，同时也使法院更能处于中立的第三者地位，程序公正的理念因之得到充分的展示，实体的公正也因双方当事人对诉讼资料的积极提供和法院地位的中立而得到了更加充分的保障。正因为如此，这一原则遂成为市场经济条件下大多数国家民事诉讼法所普遍遵循的一项基本原则。但我国 1982 年颁布的《试行法》及 1991 年修订的《民事诉讼法》所规定的辩论原则却并未以此为参照来确定其内容，相反，其法学上的渊源则是具有强烈职权干预色彩的前苏联民事诉讼理论和立法。

对于前苏联的民事诉讼制度，有学者称其为绝对职权主义的民事诉讼模式。② 这种诉讼模式是在否认"私权"的存在、强调法院和检察机关的职权干预、轻视程序和程序公正的条件下确立的，与

---

① 《关于民事诉讼证据的若干规定》第 15 条等条款虽然对法院主动依职权调查收集证据的范围进行了限缩性解释，但在实践中，由于相当多的法官对主动依职权调查收集证据有着自己的"偏好"以及对该条款仍然可以作扩大化理解，因此法官对于什么情况下才应依职权调查收集证据并没有形成基本一致的共识，而是具有相当的随意性。

② 参见张卫平：《绝对职权主义的理性认知——原苏联民事诉讼基本模式评析》，载《现代法学》1996 年第 4 期。

西方国家传统的民事诉讼体制存在重大区别，这一点在民事诉讼处分原则和辩论原则中有着较为集中的体现。虽然从法律渊源和法律的形式特征来看，原苏联民事诉讼体制的建构也可以说是对大陆法系民事诉讼体制的一种继承，但这种继承是一种不合理的"扬弃"，是对大陆法系民事诉讼体制的基本原则——辩论原则和处分原则予以重新阐释而实现的。① 也就是说，前苏联民事诉讼理论中虽然也存在所谓的辩论原则，但该辩论原则的基本含义与大陆法系民事诉讼中的辩论原则（辩论主义）在本质上大相径庭。按照前苏联学者的解释，辩论原则是指"双方当事人都有权提出证据和说明法庭应当查明的事实，参加对事实的调查，对案件作出书面或口头的解释，向法庭提出自己的证据和理由"，并且认为，"在苏维埃民事诉讼法中，辩论原则是同客观真实原则密切联系在一起的。法院不应当只是依靠双方当事人提出的材料。如果当事人不能指明全部具有法律意义的事实，或者当事人提出的证据材料不足，法院应积极主动补充作为证明对象的事实和收集缺少的证据"②。

　　为了突出和强调其民事诉讼体制的优越性及其与西方民事诉讼体制的区别，前苏联民事诉讼法学者从法的本质论和阶级斗争法学观点出发，对西方民事诉讼理论和制度进行了尖锐的批判。与此相对应，西方国家民事诉讼中所确立和遵循的辩论原则，后来在前苏联与东欧地区等社会主义国家的民事诉讼法及其理论中也遭到了无情的批判，并在实质内容上被加以否定。在前苏联，西方国家所实行的辩论原则被认为是保护私有制的产物，"是帮助富人来反对穷人的"③，它所追求的仅仅是形式真实。对于这一点，维辛斯基院士指出："资产阶级诉讼中的辩论原则是依据于狭隘的形式，因为诉讼的结果只是来确定依据当事人的力量的相互关系决定的形式真

---

① 相关论述，参见张卫平：《诉讼架构与程式》，清华大学出版社 2000 年版，第 17 页。

② ［苏］阿·阿·多勃罗沃里斯基等：《苏维埃民事诉讼》，李衍译、常怡校，法律出版社 1985 年版，第 34 页。

③ ［苏］克林曼：《苏维埃民事诉讼法的民主原则》，载《民事诉讼法参考资料》，西南政法学院诉讼法教研室编，1982 年 11 月，第 59 页。

实；苏维埃诉讼中的辩论原则是以最完美和最详尽的规定形式达到确定实质真实的手段，而追求这种实质真实也正是真正的审判工作所具有的特征。"① 因此，为了达到"实质真实"，前苏联对大陆法系国家的辩论原则进行了质的改造，完全抽掉了辩论原则的内核，并以阶级斗争法学为理论基础对其重新加以诠释："苏维埃民事诉讼的辩论原则同资产阶级辩论制的区别就在于，苏维埃法庭是积极帮助诉讼双方当事人从事提供证据的活动的。"② 所以，"法院在审理案件时不能只局限于当事人提出的事实和证据。为了查明案件的客观真实，查明当事人在所争执的法律关系中的真实权利和义务，法院应当去调研当事人没有提出但对于案件有重要意义的其他事实，应当主动查询证据"③。这样，辩论原则就从根本上发生了变异：当事人没有主张的事实，法院可以作为裁判的基础；当事人没有提出的证据，法院可以调查收集，检察长亦有权提出证据；当事人作出的承认，对法院没有约束力，诉讼上的自认被认为是"距离真实的审判太远了"的形式上的真实。④ 因此，虽然前苏联民事诉讼中也承认辩论原则，但该"辩论原则"实际上已经抽掉了辩论原则的实质内容，因而与大陆法系中本来意义的辩论原则存在着根本的区别。

前苏联的民事诉讼体制、诉讼理论和诉讼理念对我国民事诉讼体制的形成具有极大的影响。中华人民共和国成立后，我国对旧法制及其理论进行了彻底的摧毁和批判，然而，摧毁旧法制的革命行为在客观上造成了中国法律制度和法律文化的中断。民事诉讼制度同其他法律制度相类似，由于暂时没有自己成熟的理论，又没有自

---

① 〔苏〕克林曼：《苏维埃民事诉讼法的民主原则》，载《民事诉讼法参考资料》，西南政法学院诉讼法教研室编，1982 年 11 月，第 59 页。

② 〔苏〕阿·阿·多勃罗沃里斯基等：《苏维埃民事诉讼》，李衍译、常怡校，法律出版社 1985 年版，第 34 页。

③ 〔匈〕L·涅瓦伊等：《经互会成员国民事诉讼的基本原则》，刘家辉译，法律出版社 1980 年版，第 57 页。

④ 〔苏〕阿·阿·多勃罗沃里斯基等：《苏维埃民事诉讼》，李衍译、常怡校，法律出版社 1985 年版，第 40 页。

己的经验，因而不得不在很大程度上照搬和移植前苏联的理论和经验。即便是这样，民事诉讼法学同其他法学学科一样，在 20 世纪 50 年代经过短暂的苏式"繁荣"之后，在接下来的 20 余年的时间里便基本上消失了。

1982 年的《试行法》的颁布实施，开始了我国民事诉讼制度及理论的新的历史时期，但《试行法》的基本诉讼结构却仍是以前苏联的模式为蓝本的，对这一结构的说明、论证和阐释仍然是——在当时的历史条件下也只能是——以前苏联的民事诉讼理论为注脚的。就民事诉讼基本原则而言，《试行法》确立了"苏式"的辩论原则，① 仅仅是对抽象层面的"辩论权"的一种宣示，② 而不是确立类似于大陆法系的具有实质内容的辩论原则，当事人的辩

---

① 值得注意的是，前苏联民事诉讼法典后来经过了多次修改，现在的《俄罗斯联邦民事诉讼法》第 14 条已经修正了原来的"客观真实原则"之内容，规定了"以双方辩论和平等为基础进行诉讼程序"的原则，即："民事诉讼在辩论原则和双方权利平等原则下进行。双方拥有平等的举证和质证权利。法院应本着公正的原则，创造必要条件以便全面充分地调查案件情况；向诉讼参加人说明他们的权利和义务，提醒他们实施或不实施诉讼行为的后果，并按照法典的规定协助他们行使自己的诉讼权利。"与这一条款相联系，俄罗斯的新《民事诉讼法典》第 50 条针对证明和提供证据的责任问题还规定："每一方当事人都应当证明他用以论证自己请求和反驳的情况。法院决定，哪些事实对案件具有意义，应由哪一方当事人来证明和提起辩论，甚至双方当事人对该事实未作援引的情况下也可以。证据由当事人和其他诉讼参加人提出，法院可以建议他们提供补充证据。当双方当事人或其他诉讼参加人在搜集补充证据过程中遇到困难时，应其请求法院应协助收集证据。"从新旧法典的规定之比较来看，新法典已经弱化了法院在查明事实和收集证据方面的职权。事实上，这些条款已经使辩论原则在俄罗斯民事诉讼法中得以重新确立，被认为是采纳了"折中的方式"规定了合理的辩论原则和法院的特定作用，因而辩论原则的落实也被认为是 1995 年的民事诉讼法修订内容中最重要的变化之一。参见徐青森：《俄罗斯民事诉讼立法改革》，载陈光中、江伟主编：《诉讼法论丛》第 4 卷，法律出版社 2000 年版，第 419 页以下；张西安、陈丽庄译：《俄罗斯联邦民事诉讼法民事执行法》，第 6、19 页。

② 俄罗斯现行民事诉讼中的辩论原则已不再局限于以往那种抽象层面，而是具有更实质性的内容。"抽象"的辩论在现行俄罗斯民事诉讼中已不复存在。参见张家慧：《俄罗斯民事诉讼法研究》，法律出版社 2004 年版，第 85 页。

论内容完全不能制约裁判者，这一特征在 1991 年颁布的新民事诉讼法中被继续加以保留和贯彻。

二、中外辩论原则之比较

（一）辩论原则之含义界定上的不同

根据日本学者兼子一教授的解释，辩论原则的概念有三种含义：最广义的辩论原则是指在诉讼中给予当事人主张其利益并进行辩论的对等的地位和机会，并且在此基础上进行审理和作出判决；第二种广义上的辩论原则除了狭义的辩论原则之外，还包括承认当事人对审判对象具有处分权限的处分原则，表示当事人对诉讼有主动权，这个意义上的辩论原则在基本内涵上近似于英美诉讼的当事人主义；第三种含义是指狭义的辩论原则，即是指法院只能从当事人的辩论中采纳作为判决基础的事实和证据的原则，这种狭义的辩论原则，是从事实和证据的角度，要求应当尊重当事人的陈述和意见的诉讼原则。①

如果以上述三种含义为参照系，那么我国传统民事诉讼理论的主流观点对辩论原则的界定是与上述第一种含义较为接近的。如前所述，在我国，辩论原则的含义一般是指"在人民法院主持下，当事人有权对案件事实和争议问题，各自陈述自己的主张和根据，互相进行反驳和答辩，以维护自己的合法权益"。与诉讼权利平等原则联系起来考察，这种辩论权应当具有平等性，并且人民法院应当保障和便利当事人平等地行使辩论权。显然，我国民事诉讼法学界对辩论原则的一般理解，与上述最广义的辩论原则之含义，即应当"给予当事人进行辩论的对等的地位和机会"之意思基本相同。然而，这种最广义上的辩论原则，在内容上是较为笼统和抽象的，如果不在诉讼程序的具体内容中进行充实和提供必要的制度保障，

---

① ［日］兼子一、竹下守夫：《民事诉讼法》，白绿铉译，法律出版社 1995 年版，"译者前言"部分及第 71 页。

则难免会出现形式化和空洞化的现象。

在德、日等大陆法系国家和地区中，对辩论原则的理解，主要是从上述第三种含义即狭义上的辩论原则进行界定。在这种意义上，辩论原则主要是从法院与当事人在诉讼资料（即事实和证据）的提出过程中的角色定位和权利义务之划分的角度来进行界定的，即在诉讼过程中，应当由当事人来主张事实和提出证据，法院不能以当事人所没有主张的事实作为判决的基础，当事人自认的事实，法院应当作为认定事实的根据，法院原则上不能依职权主动调查收集证据。因此，从诉讼资料（或曰辩论资料）的收集和提供这一角度来说，大陆法系民事诉讼中的辩论原则显然是当事人主义的重要体现。但从程序运行的角度来说，大陆法系国家的民事诉讼法并不是以辩论原则为主导，而实行的是职权进行原则，即主要由法院（法官）负责程序的运行，例如关于期日的指定、诉讼文书的送达、法官对开庭审理的指挥和主动向当事人发问或提出建议等。

在英美法系国家，并没有与大陆法系国家民事诉讼中之"辩论原则"相对应的概念，但该原则的实质性内容在英美法系民事诉讼的相关原则即"对抗制原则"中同样是得到充分体现的。① 不过，对抗制原则是一个比辩论原则更为宽泛的概念，其内容比辩论原则要更为丰富，特别是在界定当事人与法院的角色和地位时，其强调当事人的主导作用更为全面。换句话说，在诉讼请求、事实、证据问题上，对抗制原则不仅包含大陆法系中狭义辩论原则的主要内容，而且包含着大陆法系中处分原则的主要内容；在程序运行问题上，英美法系民事诉讼中起主导作用的是"当事人进行原则"，而不是"职权进行原则"，主要由当事人及其代理律师来控制程序的进行，法官在诉讼过程中的地位和作用较为消极。在民事诉讼中，有时人们将英美法系民事诉讼称为对抗制（adversary system）或对抗式程序（adversarial procedure），而将大陆法系民事诉讼称为纠问制、审问制（inquisitorial system）或纠问式程序、审问式程序（inquisitorial procedure），主要就是从程序运行的角度而言的。

---

① 参见第一章中的相关论述。

另外，须注意的一点是，就事实和证据问题来说，虽然大陆法系的辩论原则与英美法系的对抗制原则都可以归结为当事人主义，但二者的侧重点和考虑问题的角度仍有一定差异。大陆法系的辩论原则更加侧重于调整当事人与法院之间的关系，而不是原告与被告之间的关系。也即它强调当事人与法院在诉讼资料的提出和认定问题上的权限与责任的划分（分配），强调当事人没有提出和主张的案件事实，法院不得作为裁判的基础。只要该事实在当事人的辩论中出现，不论该事实是由负主张责任的当事人所提出的，还是由不负主张责任的当事人所提出的，法院都可以将其作为裁判的基础。这就是所谓的"主张共通原则"。至于某事实应当由哪一方当事人主张，则不是辩论原则的调整范围，而是主张责任的分配问题。①在证据问题上，与此相类似，存在着所谓的"证据共通原则"，即只要该证据在当事人的辩论中出现，不论是哪一方当事人所提出的，法院都可以予以调查和认定，至于该证据应当由哪一方当事人提供，也不属于辩论原则的调整范围，而是当事人之间举证责任的分配问题。相比较而言，英美法系的对抗制原则更加侧重于强调当事人之间的对抗性，通过当事人之间对抗性地提出请求、事实和证据来推动程序的进行和展开，而法院则保持其中立性和消极性，根据当事人提出的事实和证据进行裁判。在法院应当受当事人主张的事实之约束这一问题上，英美法系的对抗制原则反而没有大陆法系的辩论原则要求得那样严格。②

（二）对民事诉讼程序是否具有基本的指导作用之区别

在国外，特别是在大陆法系国家，辩论原则直接界定了当事人和法院在诉讼中的地位和作用，要求诉讼资料应当由当事人予以提出，并且必须经过双方的充分辩论才能作为法院裁判的基础，其核

---

① 参见［日］高桥宏志：《民事诉讼法——制度与理论的深层分析》，林剑锋译，法律出版社 2003 年版，第 332 页。

② 参见［日］谷口安平：《程序的正义与诉讼》，王亚新、刘荣军译，中国政法大学出版社 1996 年版，第 28 页。

心就在于当事人的辩论内容对法院裁判的制约。因而其辩论原则从实质上界定了法院与当事人在民事诉讼中的权责分工，可称为是一种实质性的辩论原则。正因为如此，其对整个民事诉讼程序的架构就具有基本的指导作用。

而在我国，辩论原则乃系赋予当事人于案件审理时有形式上的"辩论"之权，着眼于当事人在诉讼上之权利，并不涉及当事人与法院在事实主张和证据提出问题上的角色定位与权利（权力）义务之分工，因而其对民事诉讼程序很难具有基本的指导作用，这一点与上述关于法院对于事实的认定应当以当事人主张为准之意义上的辩论原则存在重要区别。事实上，在过去相当长的时期内，我国的民事诉讼立法和司法实践中，辩论原则仅仅局限于对当事人辩论权的认可，其辩论的内容只是法院判断的一个信息渠道，甚至不是主要的信息渠道，法院对实体问题的判断可以依自己的调查结果为根据，不受当事人辩论内容的限制。正是由于存在这种区别，故而有学者将大陆法系国家和地区民事诉讼中的辩论原则称为"约束性的辩论原则"，而将我国民事诉讼中的辩论原则称为"非约束性的辩论原则"。① 笔者认为，这种概括和定性是很有道理的。

（三）如何为辩论权提供保障之观念上、方式上的差异

与上述区别相联系的另一区别是，关于辩论权的保障，我国与西方在观念上以及方式上是存在差异的。在西方，辩论权的保障是通过确立当事人双方在诉讼中的平等的诉讼地位、赋予其对等的攻击防御手段和机会、确保法院（法官）的中立性和程序的公开性、透明性、自治性等内容来实现的，十分强调辩论权保障过程中的正当程序要求。

而在我国，由于受前苏联民事诉讼理论的影响，在相当长的时期内，上述辩论权之保障的观念和方式，被认为"是与生产资料的私有制相联系的，是为了全面维护资产阶级的私有制度才建立的

---

① 参见张卫平：《我国民事诉讼辩论原则重述》，载《法学研究》1996 年第 6 期，第 46～56 页。

辩论式诉讼，它保障着法庭上形式上的平等和事实上的不平等"。①
故此，为了与西方民事诉讼中辩论权之保障模式相区别，我国同前
苏联相类似，特别强调辩论权保障过程中法院的职权作用，强调法
官应当像"父母官"一样对当事人提供帮助，法官在认为当事人
一方提供的辩论资料不足时，可以主动去调查收集证据并且主动去
补充和认定当事人所没有提出和主张的事实。因此，我国民事诉讼
中对当事人辩论权的保障，往往忽视了法官的中立性和程序的公正
性，其侧重点不是考虑如何从程序制度的设计上更好地使双方当事
人具有对等的攻击防御手段并为这种攻击防御提供充分的、完善的
程序保障和制度保障，而是过分地仰仗法官的个人品质。

三、现行《民事诉讼法》规定的辩论原则之缺陷分析

从上文的讨论来看，我国民事诉讼法对辩论原则的界定主要是
规定当事人在诉讼中享有"辩论权"，而不涉及依据辩论原则来对
当事人与法官在诉讼的角色、地位进行划分和界定的问题。从诉讼
法理上说，赋予当事人辩论权，允许当事人对诉讼中的事实、证据
和法律问题广泛地展开辩论，这当然是应当加以肯定的。因此，立
法上规定当事人"享有辩论权"，可以对有关问题进行"辩论"，
其本身并不存在不合适或不合理的问题。但问题在于，如何保证双
方当事人对等地、公平地予以辩论，如何约束法官的行为以确保其
中立性、公正性，以及如何通过辩论程序的设置和运作来促使裁判
结果的正当化。在这些方面，我国民事诉讼法单纯从"当事人有
权进行辩论"的角度所规定的辩论原则显然存在着严重不足，由
此而造成诸多方面的弊端。

（一）内容的"空洞化"使其难以契合于"基本原则"之属性

诉讼资料应当由当事人予以提出，并且必须经过双方的充分辩
论才能作为法院裁判的基础，可以说，这种辩论程序的设置集中反

---

① 柴发邦主编：《民事诉讼法学新编》，法律出版社 1992 年版，第 95 页。

映了实现程序公正和实体公正的统一要求。① 在这种开放的辩论程序中，双方当事人对各自的提出的主张进行辩论，原告依据自己掌握的事实材料和对法律的理解，对被告提出诉讼请求，被告则针对原告的诉讼请求和依据的事实材料进行防御，原告再针对被告的防御予以攻击。诉讼请求、案件事实、证据材料都应当在辩论程序中出现并经过双方的充分辩论，最后由作为中立的裁判者的法院根据当事人双方提出的主张和事实作出公正的判决。这正是公正的程序保障的必然要求。反之，如果法院可以主动收集和提供证据，可以认定当事人所没有主张的事实，可以裁判当事人没有主张过的请求，那么，民事诉讼的辩论程序就会被虚化，辩论原则就会变得空洞化而对民事诉讼结构和民事诉讼活动失去其基本的指导作用。

从我国过去的立法和司法实践来看，辩论原则的重要特征即在于其内容的空洞化，在实践中流于形式而不具有基本的指导性。虽然现行民事诉讼法对辩论原则既有原则性的宣示又有具体的规定，但是这些规定只是规定了当事人有权对争议的问题进行辩论，而没有规定相应的法律后果。也就是说，当事人虽然享有"辩论权"，但是当事人的辩论内容及结果却对法院没有约束力，从而使辩论权的规定事与愿违的成为一句空洞的口号。在诉讼实践中，开庭审理、当事人双方激烈的言词辩论常常会变形为一种"话剧表演"而流于形式。而且，由于辩论程序本身在整个民事审判程序中具有核心的地位，因此，辩论程序的空洞化就导致了整个民事审判程序的空洞化。也正是由于这种"空洞化"使当事人对辩论程序的结果难以预期和失去信心，因而当事人双方往往求助于、热衷于大量的庭前或庭后的非公开活动，以非程序化、非正当的方式影响法官对案件的客观判断。②

---

① 参见张卫平：《绝对职权主义的理性认知——原苏联民事诉讼基本模式评析》，载《现代法学》1996 年第 4 期，第 65 页。

② 参见张卫平：《我国民事诉讼辩论原则重述》，载《法学研究》1996 年第 6 期，第 46 页。

（二）对"客观真实"的不当理解和追求使其轻视了诉讼程序的公正性

探寻案件的客观真实并尽可能地实现实体裁判的公正，应当说这是任何民事诉讼制度都孜孜以求的诉讼目标之一，但问题是应当通过什么样的程序去追求这一目的以及对"客观真实"和"实体公正"本身的含义应当如何界定。对于这一问题，有两种基本的路径可供选择，一种是通过公正程序的运行去达到这一目标，并且在某些可能难以达到实体公正或难以判断实体公正的情况下，通过公正的程序而使判决结果得以正当化。另一种则是不注重或较少关注程序本身的公正与否，可以由法院及其法官采取一切可能的措施和手段去达到"客观真实"和"实体公正"。总体而言，西方国家民事诉讼中的辩论原则体现的是第一种方式，而我国民事诉讼中的非约束性的辩论原则体现的则是第二种方式。就前者来说，辩论原则对当事人与法院的权责划分，确保了法院的中立性和程序的公正性，并且，通过辩论原则所认定的事实即被认为是案件的"真实事实"，尽管该事实在有些情况下可能并不符合所谓的"客观真实"。

而我国民事诉讼法所确立的非约束性的辩论原则，则是构建在追求绝对客观真实的理念之上的，往往片面地强调发现实体真实而轻视程序公正。为了达到法院所认为的案件的客观真实，对于当事人没有主张的事实，法院也可以作为裁判的基础；当事人没有提出的证据，法院可以主动调查收集；当事人作出的自认，对法院没有约束力。① 从表面上看，我国民事诉讼法所确立的这种非约束性的辩论原则似乎有利于发现"客观真实"，但是，由于漠视了程序公正的独立价值，因而在实践中所产生的结果是，非约束性辩论原则

---

① 随着 2001 年 12 月 21 日最高人民法院《关于民事诉讼证据的若干规定》等司法解释的颁布实施，法院主动调查收集证据的范围已经有所限制，自认的效力也有所规定，但正如前文所指出的，实践中的操作仍然具有极大的随意性和流动性。

不仅对当事人会造成严重的程序不公，而且实体公正因之也很难得到保障，在很多情况下甚至于是适得其反。

（三）裁判不受辩论内容的制约容易导致权力滥用和腐败

在非约束性辩论原则之下，当事人的诉权对法院审判权的约束力极弱，诉权与审判权的应然关系被严重扭曲，其结果必然会为审判权的滥用和司法腐败现象提供较为广阔的"用武之地"。道理不难理解，根据非约束性辩论原则，法官在事实的认定和证据的调查收集上都享有极大的自由裁量权，这种几乎不受限制的自由裁量权极易变异为法官的随心所欲和武断专横。换句话说，由于不受当事人主张的制约，因而各种偶然性因素，例如法官的主观好恶、道德品质、个人情感、业务水平等都可能使法官对事实的认定出现较大偏差；而且，对于应由法院主动调查收集的证据之范围的理解及其在个案中的实际操作也会因法官的个体差异而呈现出千变万化的姿态。显然，在事实认定和证据的调查收集过程中，非约束性辩论原则为法官有意或无意的滥用职权的行为提供了极大的"自由"空间，同时也为司法腐败现象提供了极易侵入的无数裂隙。事实上，审判权的运作过程中当事人的制约力越弱，其滥用的倾向和腐败的可能性就越大，这是一条被理论所证明同时亦被实践所证实的权力运作之"规律"。

（四）造成法院的负担、责任过重并引发一些内在的程序矛盾

非约束性的辩论原则赋予了法官在诉讼过程中较大的自由裁量的权力，法院为了达到"客观真实"和"实体公正"，可以不受当事人主张的限制而采取其认为适当的方式对案件作出处理。这种方式的优点在于纠纷的处理可以根据具体情况灵活掌握程序或处理方式，从而获得更为切合实际的解决。然而，审判人员事实上享有很大的裁量权能这个特点也意味着，法官及法院对程序的展开和纠纷处理的结果负有全面的责任，从我国民事诉讼法的规定和司法实践以及人们的思想观念来看，也确实反映了这种倾向。由此而会引发

一系列的难以解决的程序问题。①

第一，由于法官及法院对程序的展开和纠纷处理的结果负有全面的责任，因而当事者往往可能认为法院对案件的处理太慢或处理的方式有问题，也可能认为解决方案不妥或最后的解决结果不准确，从而产生不满。这种不满一般总是针对具体承办的审判人员，因为在审判人员享有广泛的裁量权能，可以根据实际情况随机应变地调整处理方法和处理结果的审判方式中，纠纷是否通过及时而妥当的处理并达到准确的解决，很大程度上取决于具体承办人员的能力和经验、职业道德和素质以及他能投入的时间、精力等资源。

第二，程序的展开和处理结果在审判人员的裁量下高度个别化，从而缺少某种外在的客观标志来判断是否具有妥当性、正确性，由此而引起一种"黑箱效应"：当事人以及社会上的一般人总可能怀疑纠纷的处理因审判人员的能力、素质或人格方面的问题而遭到扭曲，并因此感到不安，而这种怀疑或不安既很难得到证实，也很难消除。换言之，审判人员在对纠纷处理负有全面责任的同时，事实上又负不起这过于沉重的责任。仅仅强调提高审判人员素质并不能真正解决这种矛盾，而加强内部的监督制约至多只是分散责任而不能减轻责任，同时还会加剧"先定后审"、拖延案件处理和弱化承办人员责任心等现象。在相当的程度上正是由于这种效应，民事、经济审判工作的某些方面才陷入了怪圈：在"送法上门"、审判向后延伸的同时却存在着"告状难"和积案；一方面强调及时判决，另一方面又不得不重视调解；一方面是加强法官权力的要求，另一方面却是限制这种权力的呼声，等等。

---

① 　这里参考了王亚新：《论民事、经济审判方式改革》一文中的论述。在该文中，王亚新教授将"调解型"审判与"判决型"审判进行了比较，认为"调解型"审判模式存在使法院的负担过重、责任过重而法院又难以承担该责任的矛盾。由于我国的非约束性辩论原则的某些特征与"调解型"审判极为相似，故在此对该文中的一些观点予以引用。参见王亚新：《社会变革中的民事诉讼》，中国法制出版社 2001 年版，第 25 页以下。

四、辩论原则之重新界定

　　根据上文对各国辩论原则的含义考察、对辩论原则之根据的探讨以及对我国过去所实行的辩论原则之缺陷的分析，笔者认为，在界定辩论原则的含义和内容时，应当抛弃过分地、单纯地追求绝对客观真实和实体公正的观念，而应当以程序公正为其基本的价值准则，通过公正的程序使裁判的结果得以正当化。因此，必须对我国现行的辩论原则进行以突出当事人之主体地位和作用为特征的改造。在此过程中，一方面，应当适当收缩法官的裁量权能和职权作用，并减轻其在诉讼中所承担的责任，另一方面，在注重程序公正和加强程序保障的前提下，应当大力扩充当事人的权利，使当事人成为划定审判的范围和推动程序展开的主体，从而为当事人和法官在诉讼中的行动及角色分工提供一个外在的、较为客观的标准。在此条件下，能够促使法官更加保持其中立的裁判者地位，也使当事人的程序主体地位更加得以尊重。这样一来，在诉讼程序的进行过程中，无论是实体裁判范围的界定还是程序的形式和顺序，都相对的固定化、一般化，整个纠纷处理过程表现出较为明显的透明度和客观性。

　　因此，笔者主张，应当在程序公正和程序保障的基础上，对我国辩论原则重新予以界定，并以此为基础，对我国民事诉讼基本结构予以重塑。在此过程中，应当以程序本位的理念为主线，突出当事人的程序主体地位和对抗性以及法官的中立性，形成以当事人来形成审判的对象并对程序的运行结果自负其责的程序结构；同时，考虑到当事人的辩论能力的差别，为更好地促使实体公正的实现，法官于必要时应当对当事人进行阐明，但法官的阐明应以不违背其中立性和公正性为界限。基于此，笔者认为，我国辩论原则应作如下界定，即：对于作为法院裁判对象和裁判基础的诉讼资料（诉讼标的、案件事实和证据），原则上应当由当事人予以提出并且必须经过双方当事人的充分辩论，否则，法院不得据以作为裁判的基础。

对于辩论原则的理解，应当从以下思路进行：

1. 辩论原则的本质在于辩论权的确认和保障。所谓辩论权，是指当事人在民事诉讼中所享有的，为了各自的利益而提出请求、主张案件事实、提供证据并就这些问题彼此进行辩驳和争议的权利。换句话说，辩论权是指当事人对案件的请求、事实、证据、法律适用等方面能够充分地提出自己的主张、意见、看法，并对对方当事人的主张、意见和看法提出反驳和异议的权利。这些权利只有得到立法上的确认并得到充分的程序上的保障，才能实现程序的公正性并进而更好地保护当事人的实体权利。法院在未为当事人之辩论权提供充分的保障之条件下所获得的诉讼资料，不应当作为裁判的基础。因此，辩论权可以说是公民诉讼权、当事人之程序基本权、诉讼法上之基本人权的重要体现。

2. 辩论权的保障，首先涉及的是应当如何将辩论的对象即辩论资料（辩论内容）引入到诉讼中来的问题。对于这一点，笔者认为，辩论资料的提出和引入应当能够使当事人得到充分的辩论，并且应当兼顾当事人的实体利益和程序利益，避免对当事人造成诉讼突袭、在实体上对当事人造成严重不公或在程序上背离公正价值准则。其次涉及的是与辩论权紧密关联的一系列诉讼权利的确立与保障。最后涉及的是言词原则、直接原则、公开原则等保障辩论权得以充分行使的诉讼原则以及有关具体诉讼制度的充实和完善。后两个方面乃属于具体的诉讼权利、诉讼原则、诉讼制度问题，其之确立和保障较为具体也较易操作，而第一个方面即辩论资料或曰诉讼资料应当由谁予以提出之问题，则是事关民事诉讼结构的基本问题，从而使其成为辩论原则所要解决的主要内容和重点内容。基于此，本书关于辩论原则的讨论，将集中于当事人与法院在裁判资料的提供和收集问题上的角色定位和职能分工。

3. 辩论原则的主要内容在于，对于作为法院裁判对象和裁判基础的辩论资料，即诉讼标的、案件事实和证据的主张和提出之义务与责任，应当如何在当事人与法院之间进行合理地分配和界定。对此，笔者认为，裁判对象和诉讼资料原则上应当由当事人主张和提出，法院应当在当事人的主张范围之内进行裁判。之所以作如此要求，不仅是因为民事诉讼所要解决的纠纷之私权性使然，而且是实现程序公正并进而实现实体公正的应然选择。①

因此，辩论原则要求，法院应以当事人声明的请求范围和提供的诉讼资料，作为裁判的基础，当事人未声明的事项，法院不得予以裁判，当事人所未提出的事实和证据，法院不能作为判决的基础，当事人之间不争执的事实无须证明，法院应将其作为判决的根据。

4.辩论原则与处分原则具有紧密的关联并存在着某种程度的交叉。大陆法系的民事诉讼理论一般认为，辩论原则只是关于事实和证据的原则，而关于审判的对象即诉讼上的请求及其范围问题，则属于处分原则的范畴。本书在这里并没有作这种严格意义上的区分，认为二者在内容上存在着某种程度的交叉。辩论原则是关于裁判资料（或曰辩论资料、诉讼资料）的提出之权责应当如何在当事人与法院之间进行分配的原则，即应当由当事人确定审判的对象及其范围，并且提出事实主张和收集、提供证据资料，法院应当在当事人的主张范围之内进行裁判的原则。从这个意义上来说，辩论原则的适用范围包括诉讼标的（诉讼请求）、案件事实、证据等几个不同的方面。因此，本书关于辩论原则范围的界定，类似于我国台湾地区一些学者所主张的广义上的辩论原则。

本书之所以从诉讼标的、案件事实和证据等几个层面来界定辩论原则的内容，而不仅仅从事实和证据的角度进行界定，其理由在于：

第一，将辩论原则的适用范围限定于案件事实和证据，而将处分原则的适用范围限定于审判对象或诉讼请求，只是大陆法系一些学者观察、分析和讨论问题的一种方法、方式，这种一分为二的思维方式并非是绝对不能变动的。

第二，辩论原则与处分原则本身是从不同的角度来进行考察和论证的。处分原则是直接基于私法自治原则，在私法自治原则之下，是否主张权利及主张权利的范围应当由当事人自己决定，应提

---

① 这一点涉及到辩论原则的根据问题，本书第一章对此已有详细讨论。

出哪些事实和证据一般也应当由当事人自己决定。而辩论原则则是关于当事人与法院在裁判对象和诉讼资料的提出、收集问题上谁应居于主导地位、各自具有什么样的权责的原则。前者主要应从实体法的关系上来把握，是与实体关系紧密相关的原理，与私法自治原则具有密不可分的关系；而后者具有程序性质，主要应从程序法的关系上来把握，在此意义上，辩论原则虽然与私法自治原则有密切关系，但这种关系并不是不可分的，并不排斥在必要时职权主义的介入。进一步而言，从当事人对实体权利的支配之角度来看，当事人是否提起诉讼、其诉讼标的（包括诉之声明或诉讼请求）如何，应当尊重当事人的自由处分，被告为诉讼标的之认诺，或原告为诉讼标的之舍弃，或双方达成和解，也应遵循私法自治的大原则，这些自然属于处分原则的范畴。但是，从当事人和法院在提出裁判资料上的相互关系来说，在诉讼过程中，有时候当事人所提出的诉讼请求和诉讼标的可能不当，可为了避免在实体上造成诉讼不公，并且为了诉讼效率等因素的缘故，法院并非是简单地驳回诉讼，而是在必要时行使阐明权，以促使当事人适当地提出其权利主张。在此意义上，关于裁判对象这种辩论资料的提出，也有必要纳入辩论原则的范围予以考察。对于事实和证据来说，在诉讼中当事人主张什么样的事实、提出什么样的证据，原则上也应尊重当事人的意愿，取决于当事人的自由，这属于处分原则的含义所涉及的范围。但是，从当事人和法院的关系角度来说，就事实主张和证据之提出，谁应具有主导权以及各自应当负有什么样的权责的问题，则属于辩论原则所要解决的问题。

第三，就具体的案件而言，诉讼标的和诉之声明往往与当事人所主张的主要事实（即法律要件事实）具有紧密的甚至难以分开的关联性，将案件事实和证据归入辩论原则的调整范围之同时，显有必要将诉讼标的和诉之声明的提出和主张也纳入辩论原则的射程之内。例如，原告基于借贷关系对被告主张返还请求权与其主张的支持返还请求权的主要事实之间即存在紧密的关联。

5. 辩论资料的提出原则上应当以当事人为主并且经过当事人的充分辩论，才能作为判决的基础，法院应当在当事人主张的范围之内予以裁判。但是，如果彻底地、严格地要求必须以当事人所主张和提出的事项进行裁判、法官保持完全的消极，则在某些情况下可能出现明显违背实体公正的后果，因此，为了更好地实现诉讼公正，法院（法官）在必要时应当行使阐明权，以促使当事人适时、适当地提出诉讼资料。所以，阐明权制度就成为克服古典辩论原则的重要补充，甚至可以说阐明权制度已经成为现代辩论原则所不可分割的一个重要方面。特别是就我国的实际情况来说，由于当事人的辩论能力较弱、律师代理制度的不普及以及当事人及其代理律师调查收集证据的权利严重缺乏保障，因而在诉讼中法官合理地进行阐明就显得更为重要。

6. 法院裁判应当以当事人所主张和提出的辩论资料为基础，不能超出当事人主张和提出的诉讼资料范围之外进行裁判，这种意义上的辩论原则之内容，并非适用于民事诉讼法的全部，而仅以当事人可处分者为限；当事人不得处分的事项，并无此种意义上辩论原则的适用。

第 三 章

辩论原则的内容（一）

如前所述，辩论原则从整体上划分了当事人和法院在案件的诉讼标的、事实和证据之提供问题上的权限和责任，要求作为裁判对象和裁判基础的诉讼标的、事实、证据应当由当事人予以提出和主张，法院应当在此范围之内进行裁判，从而形成了以"当事人主张"为特征的诉讼基本结构。但仅仅局限于这种宏观性的界定和考察是远远不够的，要充分理解辩论原则的内涵和功能，还必须从不同层面上对辩论原则的具体内容进行分析和阐述。

关于辩论原则的具体内容，大陆法系民事诉讼理论中一般是从三个方面进行阐述的，即：一是关于法院应当受当事人主张的事实的约束，该"事实"的含义和范围应当如何予以理解和界定的问题；二是法院与当事人的自认之关系问题；三是证据调查收集问题上当事人和法院的权责分配问题。而对于诉讼标的，则认为是属于处分原则的适用问题。但是，基于前文笔者的观点，处分原则与辩论原则实际上存在某种程度的交叉现象，而且处分原则在一定意义上也可以看作民事诉讼中实行辩论原则的一种根据。就诉讼标的之提出以及其范围和内容的界定问题来说，当然涉及到当事人和法院之间在民事诉讼中的权责划分和角色定位问题，并且与事实问题往往具有紧密的关联。从此角度而言，也可以将诉讼标的纳入到辩论原则的视野之中进行考察。有鉴于此，本书对辩论原则具体内容的探讨将包括以上四个方面。另者，由于辩论原则的具体内容较为丰富，特别是关于自认问题，已经形成了较为完善、相对独立的理论体系，故本书在体例上将分两章对此问题展开论述，即在本章中就"辩论原则与诉讼标的"、"辩论原则所适用的事实范围"、"辩论原则与证据资料的收集提供"这三个方面进行讨论，然后在下一章中就自认问题予以专门探讨。

一、辩论原则与诉讼标的

（一）法院裁判应当受当事人主张的诉讼标的之约束

诉讼标的是法院审理和裁判的对象。原告在起诉时，应当在起诉中指明其诉讼标的，法院亦应基于原告主张的诉讼标的而为裁判。也就是说，按照辩论原则，法院所裁判的诉讼标的，应当受当事人主张的约束，法院判决的诉讼标的应当与当事人主张的诉讼标的具有同一性。

关于辨认诉讼标的是否同一的标准事项，以诉状内因表明诉讼标的所应举示的事项为准。例如，诉状表明的诉讼标的为债权的，那么债权发生的原因，就属于辨认债权是否同一的标准事项，而其他事实及其原因事实在法律上属于何种性质的主张，则非关于辨认债权是否同一的标准事项。与此不同，如诉讼标的为物权的，则权利的种类属于辨认物权是否同一的标准事项，而权利的发生原因，则非关于辨认物权是否同一的标准事项。①

据此，主张债权的原告，如并未变更债权发生的原因，仅先称

---

① 王甲乙：《辩论主义》，载杨建华主编：《民事诉讼法论文选辑（上）》，台湾五南图书出版公司1984年版，第371页；张卫平：《诉讼架构与程式》，清华大学出版社2000年版，第168页。

其契约为雇佣，后称该契约在法律上的性质为承揽，或者先主张其契约为使用借贷，后又主张该契约在法律上的性质为租赁，法院依据承揽或租赁关系加以裁判时，应当认为是基于原告表明的诉讼标的而进行的裁判。对于物权，则以是否改变其种类为辨认的标准事项，例如，原告主张所有权，以其动产失窃丧失占有为原因，请求返还该动产，法院认为其系行使所有权，基于物上请求权提起诉讼，而为判决，不应认为非本于当事人表明的诉讼标的而为裁判。

但是，在审理过程中，如果法院认为适合于本案的"正确"的"诉讼标的"与当事人所主张的诉讼标的不同时，法院不得以该"正确"的"诉讼标的"满足原告的请求。例如，原告在诉状中主张的诉讼标的为侵权损害赔偿法律关系，实际上当事人之间并不存在侵权损害赔偿法律关系，但却存在不当得利法律关系。在此条件下，如果法院经审理认为并非存在侵权行为，而是不当得利时，法院不得易以不当得利为诉讼标的，而判令被告返还不当得利以满足原告的请求。又例如，原告基于不当得利返还请求权请求返还不当得利，经审查认为并非不当得利而是契约履行问题时，法院亦不得易以履行契约请求权，准许原告的请求。再例如，原告依侵权行为请求权请求损害赔偿，法院审查认为并非侵权行为而系债务不履行之损害赔偿时，也不得将诉讼标的变为债务不履行损害赔偿请求权，以满足原告的请求。

对一个具体的诉而言，要求原告不仅仅是轮廓式地说明诉讼标的，他还应当详细地引证他所追求的判决应当包括哪些内容，即应当提出确定的申请，否则，诉是不合法的，不允许对之进行实体辩论和作出实体裁判。① 在诉讼理论上，提出确定的申请，一般称为诉的声明，具体来说，是指原告将权利主张的内容、范围、特质加以具体特定的陈述，即原告请求法院对于被告为如何判决的具体的请求内容。诉的声明应当在诉状中予以表明和明确记载。在我国的民事诉讼理论和司法实务中，一般将诉的声明称为诉讼请求。日本

---

① ［德］奥特马·尧厄尼希：《民事诉讼法》，周翠译，法律出版社2003年版，第120页。

民事诉讼中，一般则将其称为"请求旨意"或"请求的宗旨"。

按照辩论原则的要求，除有特别规定的外，法院在作出判决时，应限于当事人声明的范围。未经当事人声明的事项，法院不得加以裁判，否则即构成"诉外裁判"。诉之声明在内容上涉及量和质的问题，相应的，法院裁判的范围应当受到诉的声明在量和质这两个方面的限制。而且，从审级制度上来说，不仅在第一审程序，而且在第二审程序，法院裁判的范围都应当受到当事人声明的限制。①

1. 法院裁判的范围受诉的声明之量的限制

根据辩论原则，法院裁判的对象应当由当事人予以主张和提出，并且受当事人的主张的约束。从量的角度来说，就要求法院不得超越当事人声明的数量而为判决，即应当在诉讼请求的数量范围内进行裁判。例如，原告只请求法院判令被告给付 10 万元，法院不得判令被告给付 20 万元；原告仅诉求被告偿还本金的，法院不得判令被告在偿还本金的基础上增加一定数额的利息。又例如，原告请求共同被告平均清偿债务时，法院如判决各被告连带清偿全部债务，即为超越当事人声明范围而为判决；但是，如原告请求共同被告连带给付一定金额，法院认为被告应负担该笔债务，但未成立连带债务的，则应在平均分担金额的范围内，准许原告的请求，此时并未超出当事人声明的范围。

在一般的情况下，审理对象在量上的范围是较易确定的，法院应当在此范围内进行裁判。但是，在下述两种情况下，对于当事人申请事项的范围，法院在处理时则容易出现问题，故应引起注意：②

一是对于原告提出的无条件给付请求，是否允许法院作出以对

---

① 参见王甲乙：《辩论主义》，载杨建华主编：《民事诉讼法论文选辑（上）》，台湾五南图书出版公司 1984 年版，第 365 页以下；张卫平：《诉讼架构与程式》，清华大学出版社 2000 年版，第 164 页以下。

② 参见［日］吉野正三郎：《集中讲义民事诉讼法》，成文堂 1998 年版，第 45～47 页。

等给付为条件的附条件判决的问题。例如，原告对被告提起无条件让出房屋的诉讼请求，而法官在审理的过程中发现原告提出的无条件让出房屋的请求是不合理的，即从公平的观点出发，原告应向被告支付一定金额的搬家费用以作为被告交出房屋所附的条件，此即是否允许法院为了对等给付的履行而作出附条件的判决问题。

由于原告提起的是无条件的让出房屋的请求，在判决原告对被告履行一定的对等给付作为交出房屋的条件的场合，即使胜诉也只是部分的支持原告的诉讼请求，因为对无条件让出的否定可以看作是对原告请求的部分支持。问题是，原告请求无条件的判决，而法院的判决却以对等给付作为条件，这不是对没有申请的事项作出了判决吗？对这种情形，法院能否作出附条件的判决，取决于在审理的过程中被告方或者原告方是否提出申请，即被告提出对等给付的申请，即如果支付搬家费用就可以搬家，或者原告提出希望通过支付搬家费而让被告交出房屋。如果双方都没有提出申请，法官仍然强调依照公平的观点而作出支付搬家费的附条件判决，在日本即认为是构成违法判决。①

二是消极的确认之诉问题。例如，债务人请求确认与对方（债权人）不存在300万元以上的债务，对于这种请求确认一定数额以上的债务不存在的诉讼，法院是能够认定500万元的债务，还是能够认定200万元的债务呢？在请求确认300万元以上的债务不存在时，由于作为原告的债务人的意思是承认存在300万元的债务，即债务额的上限为300万元，如果法院说只存在200万元的债务，其判决就超出了原告申请的内容，即对没有申请的事项作出了判决。但是，如果认定债务是400万元或者500万元，就成为部分支持判决，此判决并没有超出当事人的请求范围。也就是说，即使原告认为只存在300万元的债务，审理的结果也许是400万元的债务或500万元的债务。

这一点比较难理解，但我们从一个相反的形式来思考就可以明

① 日本《民事诉讼法》第246条规定："对当事人没有申请的事项，法院不得作出判决。"

白。在被害人对加害人提出 300 万元的损害赔偿请求时，法院可能认为损害额是 200 万元或者 500 万元。如果对 300 万元的损害赔偿请求判令支付 500 万元，则是对没有申请的事项作出了判决，由于该判决支持的范围超出了原告的意思，在日本即被认为构成对其《民事诉讼法》第 246 条的违反。但是，在判决认定损害额是 200 万元的时候，该判决就构成了部分支持判决。债务不存在的确认之诉与此例正好相反，即原告请求确认不存在 300 万元以上的债务而认定债务是 200 万元时，就类似于在积极的损害赔偿请求中对 300 万元的请求却判决支付 500 万元，显然是对原告意思的超越。相反，在请求确认 300 万元以上的债务不存在时，却认定 400 万元、500 万元的债务，相当于在积极的损害赔偿之诉中，部分支持原告的 300 万元的请求而判决被告偿付 200 万元或者 100 万元。

因此，当事人所声明的范围始终是审理对象的范围，虽在该范围以内允许作出部分支持的判决，但却不允许超越该范围而对当事人没有申请的事项作出判决。

2. 法院裁判的范围受诉的声明之质的限制

根据辩论原则的要求，法院的裁判还应受到诉的声明在质上的限制，即法院不得作出与当事人所声明的事项在性质上相异的判决。例如，在给付之诉中法院判决给付的标的物应与当事人所主张的标的物在质上同一，不得在当事人主张 A 时，法院判决给付 B。在要求对方为一定行为的诉讼中，法院判决对方所为的行为应以当事人主张所为的行为为限。

对于双务合同纠纷，原告诉请被告履行债务，如果被告未援引同时履行抗辩权，那么即使法院认为该抗辩权存在，也不得作出对待给付的判决，而仍应按照原告声明进行判决。

3. 上诉审中诉的声明之限制问题

辩论原则在诉的声明问题对当事人和法院各自权责的界定同样适用于上诉审，即在上诉审程序中，原则上法院亦应当在上诉声明的范围内进行裁判。例如，在原告受一部败诉的判决而上诉时，除被告就其败诉部分提起上诉或附带上诉外，对于原告于第一审胜诉部分，即使上诉审法院认为其请求无理由，亦不得将该部分废弃而判决驳回该原告在第一审关于该部分之诉。又例如，原告就财产权之损害请求被告赔偿 600 元，同时就精神上所受痛苦请求被告赔偿慰藉金（抚慰金）1000 元，第一审法院仅判决命被告赔偿慰藉金 1000 元，而驳回其余部分之诉，原告未声明不服，而只有被告上诉，在此情况下，第二审法院不得判决在原 1000 元的基础上命被告（上诉人）再增加给付慰藉金 200 元，或者在该 1000 元慰藉金的基础上再判令其给付财产赔偿金若干元。

在涉及诉的预备合并时，当事人不服第一审法院判决而提起上诉的情形，上诉审法院的审理范围如何？以下分别不同情况进行介绍。

（1）原告的主位请求（主位声明）与预备请求（预备声明）均遭败诉判决时，原告对两请求均为上诉，上诉审法院在认定主位请求有理由时，应同时废弃第一审所为主位请求及预备请求的判决外，仅就上诉人（原告）的主位请求为有理由的判决即可，不必更就预备请求为判决。若上诉审法院认为主位请求无理由时，则必须就预备请求为判决。

（2）在原告的主位请求败诉，但预备请求获胜诉的情形，若原告、被告均为上诉，上诉审法院必须同时就主位请求和预备请求为审判。

若提起上诉者仅为原告，被告并未上诉，此时，原告声明不服之意旨在于，希望上诉审法院废弃原法院的全部判决，改以主位请求为有理由的判决，至于预备请求，上诉审法院不必更为审判。

如上诉者仅为被告，原告并未上诉，此时被告仅系对于预备请求的判决为上诉，对于主位请求不能声明不服，所以，上诉审法院不得就主位请求为审判，仅能就预备请求为审判。①

（3）第一审法院认为原告的主位请求有理由而判决原告胜诉，对预备请求未审判的情形，被告提起上诉，如上诉审法院认为主位请求无理由时，应否对预备请求予以审判？对此，民事诉讼法学界

---

① 参见陈荣宗、林庆苗：《民事诉讼法》，台湾三民书局 1996 版，第 355 页。

存在着争论。一种观点认为，第一审判决既已将预备声明驳回（但实务上并未驳回预备声明，此系部分学者之主张），第二审法院应待原告提起附带上诉才能对预备请求进行裁判。第二种观点认为，诉之预备合并系以主位声明无理由被驳回为停止条件提起预备之诉，不论于第一审或第二审，原告均有就预备声明请求裁判的意旨，第二审法院自应就预备声明加以裁判。第三种观点认为，第一审法院就主位声明所为的判决，乃全部终局判决，经合法上诉后，该诉讼事件全部生移审的效果，如第二审法院认为第一审法院的判决不当时，应即就预备声明予以审理和判决。第四种观点认为，原则上第二审法院仅能就主位声明为审理裁判，不得就预备声明为审理裁判；于当事人双方合意由第二审法院就预备声明为审理的情形，始例外对其予以审理裁判。①

（二）诉讼标的理论对法院裁判范围的影响

在民事诉讼中，诉讼标的理论有传统理论（旧理论）和新理论之区别。在新旧理论之下，其识别诉讼标的的根据或基准是不同的，而根据不同的识别根据或基准，在判断法院裁判的范围是否超出当事人请求的诉讼标的之范围时就会存在差别。

依据旧诉讼标的理论，诉讼标的乃原告所主张的特定的权利或法律关系。诉讼标的系记载于诉状，可由诉的声明和请求的原因事实加以特定。诉的声明是指原告将权利主张的内容、范围、特质加以具体特定之陈述，与法院的判决主文相对应的部分。请求原因事实系指，将诉讼标的内容的权利或法律关系，加以识别、特定所必要的法律构成要件事实而言。请求原因事实系为识别特定诉讼标的之日的始有必要，若就诉的声明已能识别特定诉讼标的时，即无记载于诉状的必要。对于确认之诉，其诉讼标的是指具体的权利或法律关系之主张，此项具体的权利或法律关系，在诉的声明中已经明

---

① 参见王甲乙：《辩论主义》，载杨建华主编：《民事诉讼法论文选辑（上）》，台湾五南图书出版公司1984年版，第370页；陈荣宗：《举证责任分配与民事程序法》，台湾三民书局1979年版，第124页。

确被表示，无须另外在诉状将请求原因事实为记载，其诉讼标的即已特定。因此，主张旧理论和主张新理论的人，对于确认之诉的诉讼标的，其识别、特定的方法和标准是相同的。

但是，对于给付之诉与形成之诉，主张旧理论与主张新理论的学者之见解则颇有差异。依旧理论的见解，给付之诉或形成之诉的诉讼标的系具体的权利或法律关系。使此项权利或法律关系发生的具体原因事实，即成为决定诉讼标的的重要因素。仅凭诉的声明所为的表示而无请求原因事实的表明，无法识别、特定其诉讼标的。例如，原告诉求被告交付特定物的给付之诉，原告基于所有权与基于租赁契约解除为请求的情形，两者的诉讼标的各不相同。前者系以物权之返还请求权为诉讼标的，后者的诉讼标的则为债权之返还请求权。由此可知，即使在诉的声明中，被告应交付之物已特定，若无更进一步于请求原因事实中，将基于所有权的事实理由或将租赁契约解除的原因事实予以表明，则无从特定识别其诉讼标的。

依据新理论的见解，给付之诉或形成之诉的诉讼标的，是指原告请求给付的法律地位或原告要求变动法律状态的权利地位。在诉的声明中，此项待给付的标的物或待变动的法律状态既然已经表明，其诉讼标的即已特定，无须利用请求原因事实以特定、识别其诉讼标的。从而，在请求原因事实中所表明的具体给付请求权或形成权或形成要件事实，仅仅成为法院适用法律进行裁判时的法律观点而已，其性质属于原告的攻击方法，并非旧理论所谓的诉讼标的。①

由于新旧理论对于诉讼标的概念的界定在范围方面存在上述差异，因而关于法院裁判的事项是否超出原告所主张的诉讼标的之范围，亦因所采的理论为旧诉讼标的理论抑或新诉讼标的理论而在解释上发生相异的结果。例如，原告诉求被告迁让房屋之给付诉讼，其事实理由为对房屋享有所有权，基于物上请求权而提出请求，法院则以租赁契约解除为原因事实，判决被告迁让房屋，在此情形下，如依据旧诉讼标的理论，可以认定法院的裁判超出了原告主张

---

① 陈荣宗、林庆苗：《民事诉讼法》，台湾三民书局1996年版，第360页。

的诉讼标的范围，但依据新诉讼标的理论，则法院的裁判并没有超出原告主张的诉讼标的的范围。

（三） 法院裁判应否受原告法律上见解的约束

尽管法院在诉讼标的方面应当受到当事人的主张的约束，但一般认为，法院就原告所主张的起诉原因之事实，判断其法律上的效果时，并不受原告所述法律上见解的拘束。① 例如，原告主张其与被告间订立的合同，为恶意串通，损害第三人利益，请求法院对该合同予以撤销，但依我国《合同法》第 51 条的规定，该合同属于无效合同，并非可撤销合同，而原告起诉的本旨亦在于请求判令使该合同自始无效，因此，法院以双方恶意串通，损害第三人利益为事实原因，确认该合同自始无效时，不得认为是就当事人未表明的诉讼标的而为判决。又例如，原告基于一定的原因事实，认为双方当事人之间存在联营合同关系，法院经审查认为原因事实属实，但该法律关系实际上是租赁关系，而并非是联营关系，在此情况下，法院对法律关系性质的判断认定就不受当事人主张的约束。因为，一般而言，法院对权利或法律关系的认定，属于其自由判断的权力，当事人的意见并不能最终地约束法院的判断。

不过，对于法院的法律上见解或判断，涉及到法院应否向当事人阐明及与当事人进行讨论的问题。对于这一点，传统理论认为，适用法律属于法院的绝对权限，但新理论则认为，法院负有公开其法律见解并和当事人进行讨论的义务，以便更好地保障当事人的辩论权。这就是所谓的法官之法律观点指出义务。也就是说，"当法院欲适用当事人未注意之法的观点时，法院就负有如下一种义务，即应当向当事人开示这种法的观点，并让当事人在其与法院之间就法的观点或法律构成进行充分的讨论"②。

---

① 王甲乙：《辩论主义》，载杨建华主编：《民事诉讼法论文选辑（上）》，台湾五南图书出版公司 1984 年版，第 372 页。

② ［日］高桥宏志：《民事诉讼法——制度与理论的深层分析》，林剑锋译，法律出版社 2003 年版，第 367 页。

另一方面，在所谓权利自认的场合，即当事人就作为诉讼标的的权利关系之前提的法律关系之主张予以承认时，当事人实际上不是针对事实本身，而是对于对方当事人就法的效果或法适用结果作出的于己不利之陈述予以承认，关于这种承认是否具有拘束法院的效力，则是存在争论的。① 对于这一点，后文将予以讨论。

二、辩论原则所适用的事实范围

（一）民事诉讼中事实的分类

根据辩论原则，法院裁判所依据的事实，应当是当事人在辩论中所主张的事实，当事人所未主张的事实，法院原则上不能将其作为判决的基础。那么，在诉讼中是否所有的事实都应当由当事人提出和主张？法院对当事人未主张的事实是否均不得予以认定？当事人对各种事实的自认是否都具有拘束法院的效力？对于这一点，传统辩论原则的一般理论认为，应当由当事人予以主张的、作为法院判决基础的事实是指本案的主要事实，而对于间接事实和辅助事实，则不受当事人主张范围的约束。显然，这种界定涉及对民事诉讼中的"事实"之分类和理解问题，故探讨辩论原则适用的事实范围时，首先有必要对民事诉讼中的"事实"的分类及其含义予以梳理。

1. 主要事实

所谓主要事实，又称为直接事实。对于主要事实的界定，理论上有两种不同的理解。

（1）将主要事实等同于要件事实

这种观点对主要事实与要件事实不加区分，认为主要事实就是

---

① 参见［日］高桥宏志：《民事诉讼法——制度与理论的深层分析》，林剑锋译，法律出版社 2003 年版，第 409 页以下；吕太郎等：《所谓权利自认》，载民事诉讼法研究基金会：《民事诉讼法之研讨（六）》，台湾三民书局 1997 年版，第 257 页以下。

关于法规构成要件的事实，是指对于权利发生、变更或消灭之法律效果有直接作用的，并且是必要的事实。换言之，是指构成适用法律规范内容的要件事实，或者说法律条文中规定的要件事实。① 例如，基于消费借贷契约而产生的返还请求权，关于借贷物已转移给借用人、双方具有返还的约定等事实就是请求权得以成立的主要事实。又例如，基于买卖合同而产生的付款请求权，关于标的物的所有权已转移给买受人、买受人负有付款义务等事实，就是该请求权得以成立的主要事实。再如，基于侵权行为而请求损害赔偿，关于被告实施了侵权行为、给原告造成损害后果、侵权行为与损害后果之间具有因果关系等事实，就是该侵权损害赔偿请求的主要事实。

主要事实大致可以分为以下几种情况：一是构成请求原因的法律要件的事实，例如，在依据买卖合同请求支付货款的诉讼中，关于付款的约定、标的物所有权已转移等事实。二是请求所不可缺少的附随要件的事实，例如条件的成就、期限的到来等事实。三是导致该请求不发生、变更或者消灭的抗辩事实，例如清偿、时效等事实。原则上，请求原因事实与原告利益有关，应由原告主张并证明；抗辩事实与被告利益有关，应由被告负责主张并证明。②

（2）对主要事实与要件事实予以区别

这种观点主张区分主要事实与要件事实，认为，如果要适用一定的法律规范，则成为该规定组成部分的要件必须作为事实而存在，这样的事实称为"要件事实"，常以"过失"等抽象的法律概念来表达。而法官适用法律意味着必须判断现实生活中发生的某一具体的事实是否合乎这种要件，或者说是否相当于要件事实。这种现实生活中的具体事实因为能够被用来确定要件事实是否存在，所

---

① 张卫平：《诉讼架构与程式》，清华大学出版社 2000 年版，第 176 页；[日] 三ケ月章：《日本民事诉讼法》，汪一凡译，台湾五南图书出版公司 1997 年版，第 187 页。

② [日] 中村英郎：《民事诉讼理论の诸问题》，成文堂 1978 年版，第 195 页。

以被称之为"主要事实"或"直接事实"。① 也就是说，主要事实是指直接符合法律后果之发生、变更、消灭的规范要件的具体事实，即是指作为法规适用的直接原因的事实。在规范要件是以抽象的形式来陈述事项时，主要事实是能够对该抽象事项做出适当评价的具体事实，它的存在使该规范要件充足化（在规范要件以抽象的形式来陈述某事项是不存在时，主要事实是使该事项不存在的具体事实）。所有的要件都充足时，就能够发生法律后果。符合这些要件的具体事实就是主要事实，一般是以"何时、何地、与谁、什么理由、做了什么、怎样做的"的形式来陈述具体事实。②

将要件事实和主要事实这两个概念加以区别，是随着研究的发展而逐渐被认识的。这个意识转变的契机来自法律中的一般条款问题。例如不动产法规中所规定的"正当理由"就属于具有一般条款性质的要件，而能够作为正当事由的现实生活中的具体事实，如因为与父母同居、所以非常需要住房等事实却不能简单地等同于要件事实。这就使学者们认识到应该将两者加以区别，"正当事由"是要件事实，而现实生活中的具体事实则作为主要事实。③

对于要件事实与主要事实之间的关系，可以从两个方面予以考察：

一是不需要对要件事实进行具体化的场合。例如，按照日本学者的解释，《日本民法典》第 587 条是关于基于消费借贷契约而产生的返还请求权的发生要件的规定。④ 根据该条规定，贷款返还请求权的发生要件与适用该要件所需要的具体事实（主要事实）可用如下例子予以说明：

---

① ［日］谷口安平：《程序的正义与诉讼》，王亚新、刘荣军译，中国政法大学出版社 1996 年版，第 119 页。

② 参见［日］栗田隆：《民事诉讼法讲义·审理的框架》，来源于 http：//civilpro. law. kansai-u. ac. jp/kurita/procedure/lecture/trialFrame1. html#3

③ ［日］谷口安平：《程序的正义与诉讼》，王亚新、刘荣军译，中国政法大学出版社 1996 年版，第 119 页。

④ 《日本民法典》第 587 条规定："消费借贷，因当事人一方约定以种类、质量及数量相同之物返还，并从相对人处受取金钱或其他物，而发生效力。"

法律所规定的要件：金钱的授受（当事人一方从对方接受金钱）与返还的约定（双方约定当事人一方向对方返还金钱）。

主要事实：1998 年 5 月 1 日在某地 A 借给 B 现金 100 万元；约定 B 于 1998 年 6 月 1 日之前以年利率 10% 返还所借现金。

在上述情况下，对主要事实的陈述，常常可以用法规所列举的要件事实来予以代替，或者说，对于主要事实的陈述，往往可以简化为规范要件。

二是需要对要件事实进行具体化的场合。例如，《日本民法典》第 1 条第 3 款是对"禁止滥用权利"的规定，其要件是抽象的，对此可以从以下两个方向予以说明。

其一，抽象的要件事实必须具体化，因而能够使抽象的要件事实具体化的具体事实就成为主要事实（规范的具体化是法律解释的问题，由法院来负责进行）。以基于所有权的妨害排除请求的权利滥用的"宇奈月事件"为例，被告的温泉导水管对原告产生轻微的损害，而要拆除该导水管则要花费巨大的费用，这就是对权利滥用要件的具体化。被告必须提出对原告产生的损害程度和拆除导水管的费用的具体主张。而对原告的损害是否轻微、拆除费用是否巨大则是由法院来进行评价的（规范的适用）。在需要对要件事实更加具体化的场合，能够使该要件事实更加具体化的事实就是主要事实。

其二，在实际的诉讼中，原告都提出一定的事实群，以这些事实群为基础就能够认定权利滥用的主张。这些事实群中能够成为对权利滥用做出评价的直接根据的具体事实就是主要事实。①

2. 间接事实与辅助事实

间接事实是指借助于经验规则、理论原理能够推定主要事实存在与否的事实。例如，通过对当事人一方多次催促对方返还金钱的事实，可以推定对方接受过另一方当事人金钱这一主要事实。

在诉讼实践中，有时很难获得足够的证据来直接证明主要事实

---

① 参见［日］栗田隆：《民事诉讼法讲义·审理的框架》，来源于 http://civilpro. law. kansai-u. ac. jp/kurita/procedure/lecture/trialFrame1. html#3。

是否存在，很多情况下，需要通过证据证实一定的间接事实，再通过间接事实来推断主要事实。间接事实作为能够推定主要事实存在与否的事实，其存在方式比起主要事实来更为广泛。例如，在请求返还借款的诉讼中，被告辩称并未借款而且也不存在能够直接证明借款这一主要事实的证据时，在相当于原告诉称借款给被告的时期，被告的资金周转突然大有改善等事实就属于可能推定主要事实的间接事实，因为与被告当时并无其他渠道的资金来源等种种事实联系起来，从上述的事实可以在一定的程度上推定存在借款的事实。通过一定数量的有内在关联的间接事实来认定主要事实是审判实践中最常见的情况，也是使法官煞费苦心的地方。①

辅助事实，是指能够明确证据的证据能力和证据力的事实，或者说对证据能力和证据的可信性有影响的事实。例如，能证明该证人是否一贯撒谎或者证明证人是当事人的朋友、配偶等此类事实。

（二）辩论原则所适用的事实范围之争论

1. 辩论原则适用的事实范围之传统理论及其存在的问题

传统理论认为，辩论原则只适用于主要事实，而不适用于间接事实和辅助事实。换言之，当事人不主张间接事实和辅助事实时，法院也可以予以认定，而对于当事人没有主张的主要事实，法院则不能将其作为裁判的基础。之所以将辩论原则适用的事实范围界定为主要事实，而将间接事实和辅助事实排除在外，其主要理由源于对间接事实和辅助事实性质的分析与结论。因为，由间接事实推定主要事实，和由证据推定事实的机能是一样的，都应当受自由心证主义的支配，属于法官的内心确信即形成自由心证的问题，所以不应该适用辩论原则。② 也就是说，在诉讼中，判断权利义务存在与否的事实是主要事实，而主要事实存在与否需要依靠证据予以证明

---

① ［日］谷口安平：《程序的正义与诉讼》，王亚新、刘荣军译，中国政法大学出版社 1996 年版，第 120 页。

② ［日］吉野正三郎：《集中讲义民事诉讼法》，成文堂 1998 年版，第 60 页。

或者运用间接事实予以推定，因而判断主要事实存在与否的间接事实，就处在与证据相同的位置。例如，证明对方接受过金钱的证据和曾经催促对方尽快返还金钱的间接事实，实质上具有相同的性质和作用。既然对于证据的评价是根据自由心证原则进行的，那么，对间接事实存在与否的判断也应当适用自由心证原则。法院无须等待当事人对间接事实加以主张，便可直接自由地予以认定。如果把间接事实也作为辩论原则的适用对象，在一定程度上就会成为对法官自由心证主义的限制。因此，传统理论主张，只有主要事实才是辩论原则的对象，间接事实不得作为辩论原则的对象。同理，既然间接事实与证据具有等质性，而不适用辩论原则，那么，辅助事实与证据也具有等质性，自然也不适用辩论原则。①

由于传统理论认为辩论原则只适用于主要事实，而不适用于间接事实，因此，对主要事实和间接事实合理地予以区分就显得特别重要。但主要事实与间接事实并不总是很容易区别的。特别是在传统理论之下，由于对要件事实和主要事实往往并不作明确的划分，而将"过失"、"正当事由"等事实看作既是要件事实，也是主要事实。在此情况下，对主要事实和间接事实的划分和界定，在实践中就会存在很大的问题。对于这一点，在日本，学者们常以其《民法典》第 709 条的规定为例来加以说明。该条款是关于侵权行为的损害赔偿请求权的规定，即："因故意或过失侵害他人权利时，负因此而产生损害的赔偿责任。"② 在认定侵权行为时，第 709 条规定的构成要件包括故意或过失等归责事由、权利侵害即违法性、损害的发生以及因果关系，这些要件为人们所熟悉。但问题是，由于"过失"或者"因果关系"这样的要件事实非常抽象，而且是法律规定的要件，所以在适用第 709 条时的主要事实是什么就常常成为问题。

例如，对于因交通事故而请求损害赔偿，作为主观方面的要件，要证明过失的存在，只能通过司机驾驶时未注意前方或醉酒驾

---

① 张卫平：《诉讼架构与程式》，清华大学出版社 2000 年版，第 177 页。

② 王书江译：《日本民法典》，中国法制出版社 2000 年版，第 126 页。

驶等具体的事实。那么，行为人开车时东张西望、未注意前方的事实，或者哼小曲的事实，或者醉酒状态下驾车的事实等，是认定案件的主要事实呢，还是仅仅乃构成"过失"这一要件事实（主要事实）的间接事实呢？对于这些事实，以前常常被作为推断主要事实是否存在的间接事实，即把"过失"这一抽象概念作为主要事实，而将上述事实作为推定过失是否存在的间接事实。但这样一来，由于间接事实不适用辩论原则，法官具有从间接事实推定主要事实的自由，因而即使把当事人没有主张的事实作为判决的基础，也不构成对辩论原则的违反。而且，当事人即使提出了具体的事实，法院也可以不受这种主张的约束。据此，在原告主张的具体事实是被告未注视前方而引起了事故时，法院却可以认定事故是由于没好好修理汽车而造成的。然而，这种认定对被告可能会构成不意打击，因为，被告一直在针对不注视前方的主张进行防御，法院却突然以汽车的修理为由而判定其败诉。

但是，如果把开车时东张西望或哼小曲的事实、醉酒驾车的事实都作为主要事实的话，则一旦法官把当事人没有明确主张的事实作为判决的基础，就构成对辩论原则的违反，在此情况下，判决可以成为撤销的对象。

对于法律上所规定的"正当事由"，在界定主要事实和间接事实时可能会存在更为困难的问题。因为正当事由一般并不仅仅包括一件两件事实，而是很多事实的复合体，本质上具有非讼的特征。例如请求租房者让出房屋的诉讼，作为其根据的正当事由不仅包括如必须接年老的双亲来同住，而且还有对方当事人的具体情况和退出房产时支付的补偿费用等等事实。把这些事实全部综合起来才能最终认定是否存在正当事由。这样看来，与主要事实一般都比较限定的过失相比，什么是正当事由中的主要事实确实是很难确定的，对方当事人的抗辩防御也因此而多种多样。实践中，往往缺乏能够明确正当事由结构的理论指导，只能根据具体情况要求当事人必须主张可能是重要的事实。如果在重要或不重要的问题上，法院与当事人的认识发生分歧，则可以通过阐明来予以调整。①

可见，传统理论存在的问题在于：其一，由于将辩论原则的适用严格限定于主要事实，而主要事实与间接事实之间的界限有时又较为模糊，因而对主要事实和间接事实的不同划分和不同理解，将会影响辩论原则的适用效果。其二，如果坚持间接事实一概不适用辩论原则，法院不受当事人之主张的约束，则会给当事人特别是因此受到不利影响的一方当事人造成诉讼突袭。

2. 辩论原则适用的事实范围之新主张

由于传统理论关于辩论原则适用于何种事实的解释并不能很好地解决问题，因此围绕何为主要事实、何为间接事实以及辩论原则适用的事实范围究竟如何等问题，在学说上、见解上存在激烈的争论。② 从大陆法系国家和地区的讨论来看，关于辩论原则适用的事实范围，主要有以下几种不同的主张：

（1）重新考虑主要事实和间接事实之划分基准

辩论原则原来的适用基准是考虑当事人主张的事实是主要事实，还是间接事实，即主张主要事实的，适用辩论原则，主张间接事实的，不适用辩论原则，而主要事实的界定本身又存在上述问题，因此很多学者认为，应该重新思考这个基准。在日本，关于新基准的确定，主要有如下三种观点：③

第一种观点，不区分该事实是主要事实还是间接事实，只要该

———————

① 参见〔日〕谷口安平：《程序的正义与诉讼》，王亚新、刘荣军译，中国政法大学出版社1996年版，第121页以下；〔日〕吉野正三郎：《集中讲义民事诉讼法》，成文堂1998年版，第57页以下。

② 由于辅助事实乃是关于证据能力或证据价值的事实，属于对证据的审查判断问题，因而学说上和实践中对于该事实不适用于辩论原则、法院可不待当事人主张而主动予以适用这一点并无大的争议，争论的焦点集中于主要事实和间接事实的划分及其适用问题。故以下的介绍和讨论，主要就辩论原则之适用是否有必要区分主要事实和间接事实及其相关问题而展开。

③ 参见张卫平：《诉讼架构与程式》，清华大学出版社2000年版，第179页；〔日〕高桥宏志：《民事诉讼法——制度与理论的深层分析》，林剑锋译，法律出版社2003年版，第345页。

事实是影响诉讼胜败的重要事实，就适用辩论原则。这些重要事实没有被当事人提出的，法院不能加以认定。这种观点避开了主要事实和间接事实的划分问题。

第二种观点，不论是主要事实还是间接事实，所有的事实都必须经由当事人主张才能作为判决的基础，即所有的事实都应当适用辩论原则。因为，间接事实同样会对诉讼的胜败产生极大的影响，如果这些间接事实在当事人没有主张的情况下，就作为法院裁判的依据，势必会给当事人以意想不到的打击，从而剥夺相对方的防御权。其结果自然有悖于人们对裁判公正的信赖。①

第三种观点，仍以主要事实为适用辩论原则的必要，但在主要事实的认定上，主张该事实是指针对具体类型，通过归纳而认为需要当事人主张的事实。也就是说，这种观点对主要事实的界定不再是按照传统的观点，即不再以法律规定的要件为标准，认为需要当事人主张的主要事实并不是由法律形式性作出规定的事实，而是在考虑该法律的立法目的为何、当事人的攻击防御方法是否明确、从促进审理的角度来看应认定事实的范围是否明确等方面之基础上，针对具体类型来归纳性地予以决定的事实。

例如，日本的新堂教授主张，应从机能性和实质性的观点出发，通过利益衡量来区别主要事实和间接事实。新堂教授认为，何为主要事实，应从对裁判重要的事实这一观点出发来加以确定，并批判把构成法规适用的要件事实作为主要事实、把推定主要事实的事实作为间接事实的区别方法过于形式。即新堂教授的学说认为，对裁判重要的事实就是主要事实，不重要的、能够推定主要事实的事实就是间接事实。但是，即使按照新堂说对各个要件事实进行检讨，大部分作为构成要件的事实仍然是对裁判重要的事实，在这一

---

① 不过，当双方当事人对于主要事实的存在与否发生争议时，该主要事实就成为证明的主题，在法院直接针对此证明主题（主要事实）实施的证据调查过程中，偶尔有可能在证据资料中出现推定该事实存在与否的间接事实，在这种情形下，该间接事实即便未被当事人主张，也可以成为主要事实的判断资料。参见［日］高桥宏志：《民事诉讼法——制度与理论的深层分析》，林剑锋译，法律出版社 2003 年版，第 346 页。

点上，新堂说和通说并没有什么区别。但新堂说的妙处在于能够对下面的情形发挥作用：在民法 709 条（指日本民法）的不法行为中由于过失和因果关系是非常抽象的要件，是不加以法律评价就不能认定的要件事实，对于这样的极其抽象的事实，按照新堂说的观念，任何对适用法规重要的事实都可以确定为主要事实，则可以说是正确的。①

在日本，学术界的评价普遍认为，在上述几种新基准学说中，第一种观点的思路比较正确，第二种观点过于宽泛，第三种观点不易掌握，而且也颇有些不好理解。但在德国，上述第二种观点则是通说。就日本而言，虽然传统辩论原则适用基准的学说受到激烈的冲击，但还未被人们所抛弃，甚至还有些学者仍然坚持原来的适用基准，有的则对原来的适用基准进行了改良，其改良体现在不绝对排斥适用间接事实，但也未把间接事实全部纳入辩论原则的约束范围。可以说是以适用主要事实为原则，适用重要的间接事实为例外。②

此外，关于新基准的探讨，还有如下两种观点：一种是主张"将主要事实与间接事实的区别作为辩论原则适用之大致基准"的学说。该说主张，在适用这一大致标准的基础上，对于某些重要的间接事实也适用辩论原则，反之，对于某些主要事实，如果该事实对于诉讼而言是不重要的事实，那么就不适用辩论原则，在具体判断过程中，通过作为辩论原则机能的"防止突然袭击"之观点予以调整。③ 另一种观点则认为，应当将主要事实与间接事实的区别作为是否适用辩论原则的标准，但对于主要事实和间接事实的认定，可采用"该事实是抗辩事实还是积极否认事实进行判断"之

---

① 参见［日］吉野正三郎：《集中讲义民事诉讼法》，成文堂 1998 年版，第 60 页。

② 参见张卫平：《诉讼架构与程式》，清华大学出版社 2000 年版，第 180 页。

③ 参见［日］小岛武司：《辩论主义》，载林屋礼二等编：《民事诉讼法研讨》，第 231 页以下。转引自［日］高桥宏志：《民事诉讼法——制度与理论的深层分析》，林剑锋译，法律出版社 2003 年版，第 348 页。

考察方法，这样可能会减少混乱的产生。具体而言，如果判断为抗辩事实，那么其就是主要事实，反之，若属于积极否认事实，则属于间接事实。①

（2）将支撑抽象性构成要件的具体事实称为"准主要事实"，在辩论原则的适用上与主要事实同样对待

这种观点认为，辩论原则只适用于主要事实，而不适用于间接事实。关于主要事实，在法规的构成要件是单纯并具体的情形（例如消费借贷发生争议时的款项授受事实及清偿事实）时并不产生问题，但对于故意、过失或正当事由等抽象规范，如被视为主要事实，其他事实均被视为间接事实而排除于辩论原则适用范围之外，则会产生问题，因而是不合适的。此点已如前述。因此，为了解决这一问题，该说主张，对于支撑抽象性构成要件的具体事实，可以称为"准主要事实"，在辩论原则的适用上与主要事实同样对待，即该准主要事实应当由当事人予以主张，如果不出现在当事人的辩论之中，则不得作为判决的基础而加以采用。②

（3）对要件事实和主要事实进行区分，以划清主要事实和间接事实的界限

关于辩论原则适用的事实范围问题，有学者主张仍应当对主要事实和间接事实予以区分，并且辩论原则只适用于主要事实，但为了解决在适用"过失"、"正当事由"等抽象法律规范时存在的问题，应当对要件事实和主要事实予以区别。按此观点，"过失"、"正当事由"等规范只是对主要事实进行法律评价的要件事实，其本身并非是主要事实。这样一来，主要事实和间接事实的区分仍然是清楚的，在适用时并不存在困难，从而可以消除因对要件事实和主要事实不加区别而致使在区分和适用主要事实和间接事实时存在

---

① ［日］铃木正裕：《主要事实与间接事实》，载三ケ月章等编：《民事诉讼法演习第一卷》，第231页以下。转引自［日］高桥宏志：《民事诉讼法——制度与理论的深层分析》，林剑锋译，法律出版社2003年版，第350页。
② 参见［日］三ケ月章：《日本民事诉讼法》，汪一凡译，台湾五南图书出版公司1997年版，第188页。

的缺陷。关于要件事实和主要事实的关系，前文在介绍主要事实的含义之界定时已经有所讨论，此处不赘述。

（4）采取协同主义的观点，对辩论原则适用的事实范围重新予以界定

协同主义，有可称为协同原则、协动主义，是指在民事诉讼中，法院与当事人应当协同整理事实，并积极地进行法律讨论。按照协同主义，关于辩论原则所适用的事实范围问题，与传统辩论原则有所不同。例如，有学者主张，依据协同主义，在本案中法官对什么是裁判上重要事实的考虑，应向当事人公开，并给予当事人陈述反对意见的机会，使裁判上重要事实的观念也成为讨论的对象，通过法官和当事人的商量来取得认识上的一致，并以此事实作为裁判的基础。这就要求，在诉讼中应当提倡法官的心证开示义务，对任何事实，法官是否认为是主要事实，都应当在进行主张和证明的原、被告面前公开，并接受当事人的批判，这一点是很重要的，这也正是对当事人程序权的保障。①

我国台湾有学者亦认为，台湾"民事诉讼法"所采用的辩论主义（辩论原则）即协同主义。一方面，当事人所未主张的事实，不论其为主要事实或间接事实，为防止发生突袭性裁判的必要，法院均不得以之为判决基础；另一方面，在可认为不以某主要事实或间接事实作为判决基础，将不足以保护实体利益或程序利益，而难免使当事人遭受发现真实的突袭或促进诉讼的突袭的情形，为保护该利益，亦应责由法院运用诉讼指挥权为必要的阐明以防止发生该类突袭。因此，"经法院协同当事人搜得的事实，纵非属当事人在起诉时或程序前阶段所自始自发主张者，如经法院在程序上对当事人予以晓谕，使其有机会陈述意见或辩论而无不予主张的表意，可认为不致发生突袭（来自法院的突袭）时，应亦可成为判决的基

---

① ［日］吉野正三郎：《集中讲义民事诉讼法》，成文堂1998年版，第62页。

础，而不问其为主要事实或间接事实"①。

（三）本书的观点

1. 对上述若干观点的简短评论

传统辩论原则从形式上来区别主要事实和间接事实，并认为辩论原则只适用于主要事实，而不适用于间接事实，法院对间接事实的认定，不受当事人主张的约束。因此，传统理论在作为裁判基础的主要事实问题上贯彻当事人意思自治原则（处分原则）比较彻底，并且在法的安定性上具有一定优势。但是，其缺陷在于，一方面，如果将间接事实排除在辩论原则的适用范围之外，法院可以任意地认定当事人未主张的间接事实，就可能使当事人遭受无防备的攻击，也即遭受来自法院的认定事实的突袭。而且，由于人们对法律规定的理解不同，在主要事实和间接事实的区分和识别问题上也会存在很大问题。另一方面，即使是对于主要事实，如果绝对地要求应当由当事人予以提出和主张、法院不得有任何形式的介入，则有时可能会明显地违背真实，造成诉讼结果偏离实体法所设定的目标，特别是在双方当事人的力量相差悬殊或者当事人对法律的理解与法院对法律的理解不一致时尤其如此。

传统观点的立论依据也是存在一定问题的。按照传统观点，辩论原则之所以仅适用于主要事实而不适用于间接事实，其主要的立论依据系为了维持自由心证主义，认为如果间接事实也应当适用辩论原则，则会对法官的自由心证形成限制。然而，这种立论根据实际上对自由心证主义存在着某种误解，因为"自由心证主义适用的重点应该在，法官认定事实与适用法律之时不受任何个人主观意志的左右，而是客观地依经验法则及论理法则将事实涵摄于法律之中，且自由心证主义并不区分何种事实，皆得由法官依法加以适

---

① 邱联恭：《处分权主义、辩论主义之新容貌及机能演变》，载邱联恭：《程序选择权论》，台湾三民书局 2000 年版，第 103、108 页。

用"①。辩论原则适用的重点在于，当事人与法院之间应当如何分配提供案件事实的责任。法官自由心证主义并不能推导出主要事实应适用辩论原则而间接事实不适用辩论原则的结论。换言之，无论是间接事实还是主要事实，实际上都存在自由心证主义的适用问题，例如，就主要事实来说，关于该事实是否真实，双方的主张矛盾时应如何认定，当事人主张的事实与众所周知的事实相冲突时应如何认定，自认的事实是不可能的事实或者与众所周知的事实相矛盾时应如何处理等，都存在法院依法适用自由心证主义予以认定的问题。既然如此，以维持自由心证主义为由而主张辩论原则只适用于主要事实而不适用于间接事实就不具有充分的说服力。

关于辩论原则适用的事实范围的新主张，也都有其各自的优劣。例如，不区分主要事实和间接事实，认为其都应适用于辩论原则的主张，虽然在充分尊重当事人的自主意志和防止法院裁判的不意打击（特别是防止认定事实的突袭）等方面具有优越性，但是，如果要求任何主要事实和间接事实都应当由当事人提出和主张，法院保持绝对的消极并完全受当事人主张事实的限制，则显然会大大加重当事人的主张责任，可能会对当事人实体权利的充分保护造成不利。

又例如，从机能性和实质性的观点出发，在具体案件中通过利益衡量来区别主要事实和间接事实的观点，虽然在处理"过失"、"正当事由"等抽象条款时，可以将任何对适用该规范重要的事实认定为主要事实，从而试图解决传统理论中将该事实作为间接事实看待时可能给当事人带来的不意打击，但是，正如有学者所指出的，该说把如何认定裁判上重要的事实全部委托给法官通过自由心证来决定， 定程度上反而增强了对当事人意外打击的危险性，因为当事人认为的那些在裁判上重要的事实与法官认为的在裁判上重要的事实可能并不一致。例如，在交通事故诉讼中，如果法官认为在本案中应把开车时东张西望、不注意前方的事实作为对裁判重要

① 王铭裕：《间接事实与辅助事实于辩论主义之适用可能性》。来源于：http：//www.ntpu.edu.tw/law/paper/03/2000a/8971303B.PDF

的主要事实，而当事人则认为司机开车时是否哼小曲、是否超速是重要的事实而展开主张和证明时，就会产生法官对裁判上重要事实的观念和当事人对裁判上重要事实的观念完全不同的问题。① 其他的关于辩论原则"适用于主要事实和重要的间接事实"、"适用于影响诉讼胜败的重要事实而不区分主要事实和间接事实"等观点，同样存在着法院与当事人就某项事实是否属于重要的事实或重要的间接事实而在理解上可能不一致的问题。

对传统辩论原则予以发展的协同主义，强调通过当事人和法院的协同作用来搜集和确定作为判决基础的事实，这种观点对于防止对当事人造成裁判突袭，平衡当事人的实体利益和程序利益，具有其他观点所不具有的优越性。但是，协同主义的问题在于，在诉讼的运作过程中，它对于法官提出了更高的要求。因为在诉讼中，法官什么时候应当协同当事人发现和主张事实，如何协同当事人发现和主张事实，在什么范围内协同当事人发现和主张事实等问题，都需要法官认真考虑和对待，如果法官处理不当，则可能会违背程序公正之价值准则的要求。

2. 本书关于辩论原则适用的事实范围之观点

从其本来意义上讲，辩论原则是关于当事人与法院在事实提供问题上的分担规律的原则，即"当事人双方应当提出判决的事实基础（包括证据手段）；他们对此负全部责任。因此法院的判决只允许以当事人在诉讼中提起的那些事实为基础"②。这种事实提供问题上的分担原则，并没有将"事实"仅仅限定于主要事实或要件事实而排除间接事实的适用。而之所以实行由当事人负担的原则，是因为私权自治原则之贯彻、发现真实的最佳手段之选择、法院中立性和程序公正性的维护等方面的客观要求。③ 因此，界定辩

---

① ［日］吉野正三郎：《集中讲义民事诉讼法》，成文堂1998年版，第61页。

② ［德］奥特马·尧厄尼希：《民事诉讼法》，周翠译，法律出版社2003年版，第124页。

③ 这实际上涉及辩论原则的根据问题。关于这一问题，本书第一章已有所阐述。

论原则适用的事实范围时，既应考虑私权自治原则和当事人实体利益的保护，也应注意当事人之程序选择权与程序利益的保障，还应确保法院的中立性和程序的公正性。这就要求，无论是主要事实还是间接事实，都应当实行由当事人负责的原则予以处理。基于此，笔者认为，辩论原则应当既适用于主要事实，也适用于间接事实。无论是主要事实还是间接事实，在采纳为判决的基础时都不应随意地超出当事人主张的范围；在当事人予以自认时，都应当产生相应的法律后果。同时，在不违背法官的中立性和程序的公正性的前提下，法官应尽量发挥其阐明作用或协同作用，以促使当事人充分地、适时地主张和提出事实。

具体而言，对于事实的提出和主张问题，辩论原则要求，当事人和法院之间的相互关系和权责分配应当是：①

第一，当事人已主张的事实，应当成为判决的基础，以尊重其处分自由，保障其程序参与权，并使其就主张该事实的结果自负其责。

第二，当事人未予主张，且法院于程序上也未对当事人阐明以使其有机会决定是否主张的事实，不管该事实是主要事实还是间接事实，都不得直接成为判决的基础，以免发生突袭性裁判，并确保法院的中立性，同时，也使该当事人就其未主张的事实之法律后果负责。

第三，对于当事人所未主张的事实，虽然法院于诉讼程序上对当事人予以告知（即予以阐明），但如果双方当事人均表示不予主张时，则无论是主要事实还是间接事实，法院不得将其作为判决的基础。

第四，根据当事人所提出的证据，法院如果能够认识当事人尚未主张但却与本案审理相关联的事实，为防止法院裁判对当事人造成突袭，确保法院的公正性及可信赖性，应当加以阐明以使当事人

---

① 这里参考了邱联恭：《处分权主义、辩论主义之新容貌及机能演变》一文中的论述。参见邱联恭：《程序选择权论》，台湾三民书局2000年版，第109页。

有机会表示是否予以主张。当事人由此而主张该事实的，则也可以将其作为判决的基础。

上述观点与主张辩论原则仅适用于主要事实的传统观点以及主张其适用于主要事实和重要的间接事实等观点的区别在于：

（1）它并不对主要事实和间接事实作严格的区分，主张无论是主要事实还是间接事实，原则上都应当适用辩论原则，当事人未予主张时，法院不得采为裁判的基础；当事人予以自认时，该自认对当事人和法院应当产生相应的法律后果。①

（2）它强调法官在诉讼中的阐明作用，对于当事人未予主张的事实，法院可对当事人予以阐明，以便当事人决定是否予以主张。② 通过法官适当地行使阐明权，可以有效地消解当事人的主张责任过重的问题，尽量避免当事人因欠缺法律知识而不能提出有利于己的事实主张和实体上遭受不利裁判的情形发生。

（3）上述观点虽然强调法官的阐明作用，要求法官应"协同"当事人来发现事实，但这种"阐明"或"协同"仍然处于辩论原则的框架之内，是对传统辩论原则的发展，而并非有人所主张的乃是对传统辩论原则的反动和否定。③ 因为即使存在法官的阐明和协同，作为法院裁判基础的事实，仍然应当由当事人予以主张并限于当事人主张的范围之内，只不过为了更好地保护当事人的实体利益

---

① 我国有学者认为，从要件事实出发将事实区分为主要事实、间接事实和辅助事实，并将辩论原则适用于主要事实的理论方法，具有充分的合理性和较强的可操作性，我国也应当采用这一理论方法解决辩论原则适用的事实范围问题。参见翁晓斌：《职权探知主义转向辩论主义的思考》，载《法学研究》2005 年第 4 期，第 55~56 页。笔者认为，从当事人的主体性、法官的中立性、中国的现实性等方面来说，对于辩论原则适用的事实范围，在我国并不适合作上述严格的区分，理由已如文中所述。

② 关于民事诉讼中法院行使阐明权的必要性问题，后文将作进一步的探讨。

③ 例如，有人主张协同主义是对辩论原则的否定，它强调法院职权在民事诉讼活动中的作用，与辩论原则所追求的当事人主导思想是格格不入的。参见孟涛：《走向黄昏的辩论主义》，载陈刚主编：《比较民事诉讼法》2001~2002 年卷，中国人民大学出版社 2002 年版，第 135 页。

和程序利益，它要求法院应当或可以在必要的时候行使阐明权，以协助和促使当事人提出和主张事实。在法院进行阐明之后，如果当事人对有关的事实仍然坚持不予主张的话，则法院不能将该事实作为判决的根据。可见，由当事人主张事实并且法院受该事实范围的约束在诉讼中具有根本性的意义，法院协同当事人发现事实的合理界限则在于，既要促使当事人能够充分地履行其主张责任、提出有利于己的事实主张，也应避免法官在事实主张和认定问题上出现"当事人化"而有违程序公正观念的现象。

（4）上述观点对主要事实和间接事实不作严格区分，认为间接事实也应当适用于辩论原则，这与法官自由心证主义并不矛盾。将间接事实纳入到辩论原则的适用范围，强调的是间接事实也应当由当事人予以主张，法院不能认定当事人没有主张过的间接事实，而对间接事实的自由心证则强调的是对间接事实的审查判断过程，这二者是可以并存的。换言之，当事人提出某间接事实后，如果没有其他可以否定该间接事实的事实，则法院应受该间接事实的拘束；如果当事人还提出其他间接事实，特别是各间接事实之间存在矛盾时，则法院需要对该各间接事实进行判断，认定其中的某些间接事实并据此推断主要事实。法院可以对间接事实进行审查判断和形成心证，这也是其职责之要求，但作为心证基础的该间接事实，却应当由当事人予以主张和提出，法院不应当代替当事人提出主张。

就我国的实际情况而言，在吸收大陆法系的辩论原则之合理内涵而对我国现行民事诉讼法中的非约束性的辩论原则予以改造时，将主要事实和间接事实皆适用于辩论原则，还有如下特别的理由和现实意义：

其一，对主要事实和间接事实明确予以区分并就前者适用辩论原则而后者不予适用，其重要的前提和基础在于，实体法方面的规范较为完善并且民事诉讼理论和实践中对实体法的理解相对定型化，主要事实（或者说要件事实）与间接事实的区分虽然在某些方面存在着模糊性，但在大多数情况下二者之间的界限已经做到了明确化和类型化，因而法官和当事人之间对其有着极大的认同感，操作起来不会出现特别的困难。而在我国，民事诉讼理论和实践中历来对哪些事实是主要事实，哪些事实是间接事实的问题并没有作严格区别，法官在这方面也缺乏相应的理论背景和实践经验，因而如果对主要事实和间接事实严格区分，并认为间接事实不适用于辩论原则，则难免出现适用上的混乱和操作上的困难。

其二，在事实认定问题上，我国一直存在强职权主义问题，即无论是主要事实还是间接事实，法院均可以对当事人未予主张和提出的事实予以认定。正是由于这一问题的存在，理论上才主张对辩论原则的内容进行改造，实践中则进行以当事人主义为倾向的审判方式改革，以便确立当事人对诉讼对象具有主导权的民事诉讼结构。在此过程中，如果认为间接事实不适用于辩论原则，法院可以对当事人未主张的间接事实予以认定，则由于以往的职权主义所具有的强大惯性、法官的程序公正意识的严重欠缺、理论和实践中对间接事实与主要事实历来缺乏明确的界定等因素的影响，法院不受当事人事实主张的限制来认定事实的范围必定存在扩大化的倾向，其结果将会导致约束性的辩论原则和体现程序公正的诉讼结构难以真正确立。

三、辩论原则与证据资料的收集提供

（一）证据资料的收集提供属于当事人的权限和责任

在辩论原则之下，收集和提供证据的权限和责任也在于当事人，法院认定争议事实所需要的证据资料，原则上必须是从当事人提出的证据方法中获得的，而不允许法院依职权调查收集证据。这一点无论是在大陆法系国家还是在英美法系国家都是公认的诉讼法理。尽管在某些情况下，也存在法院可以依职权调查证据之情形，但证据资料原则上应当由当事人予以提出并且由当事人承担因缺乏证据资料而使案件事实不能得以证明的风险则是毫无疑问的。作为辩论原则的重要内容之一，将收集和提供证据的权限和责任赋予当事人，这是维持法院及其法官的中立性、当事人的平等性、法院工作负担的均衡性与合理性等诉讼目标的必然要求。对于这一点，前文在探讨辩论原则的根据以及反思我国民事诉讼法的辩论原则时已经有所讨论。

当事人对证据的收集提供之权责，在诉讼中主要表现为当事人的主张责任和举证责任。一方面，当事人要想获得有利于自己的裁判，首先必须对民法上所规定能够带来一定法律效果的要件事实作出主张，此即当事人的主张责任。因当事人未作主张，法院未认定一定事实而带来的不利，只能由对该事实负有主张责任的当事人来承受。另一方面，事实上的主张是否真实，通常均须以证据来予以证明，法院不能仅因有此主张即予以确信，此种对主张的事实予以证明的责任，通常是由当事人来予以负担的，在该事实的存在与否不能得到确切的证明时，一方当事人应承担因此带来的不利法律后果，此即所谓的当事人之举证责任。

（二）　法院对证据的调查收集问题

当事人举证和法院调查收集证据的关系问题，是民事诉讼证据制度中的一个关键问题，它在很大程度上制约和影响证据制度中其他问题的立法界定和司法操作，因而如何处理二者之间的关系是民事诉讼理论研究的重要问题之一，也是我国民事审判方式改革中不断探索的热点问题。从外国的立法和实践来看，在英美法系国家，一般不存在法院依职权调查收集证据的问题，证据的收集提供被认为是当事人及其代理律师的当然权责；在大陆法系国家，虽然其立法上一些条款规定了法院可以依职权调查收集证据，但一般来说，这种调查收集并非是法院的义务，法官基于其中立性和公正性的考虑，一般也很少主动地依职权调查收集当事人所没有主张和提供的证据。因而总体而言，无论在英美法系国家还是在大陆法系国家，关于当事人举证和法院调查收集证据之关系是较为清晰的，其责任在于当事人而非法官。但就我国的立法和司法实践来说，过去在相对长的期间内，当事人举证与人民法院调查收集证据的关系处于较为混乱的状态，不符合辩论原则的基本要求。

1. 人民法院调查收集证据之范围的立法沿革及其弊端

中华人民共和国成立后，由于受前苏联证据制度的影响以及计划经济体制的实行，在民事诉讼中逐步建立了以法院为主导的证据制度，法院可以在当事人的请求范围之外依职权主动调查收集证据并将其作为认定案件事实的根据，而当事人之举证反倒成了法院依照其调查收集所得之证据认定案件事实的一种辅助手段。[1] 1982 年颁行的《民事诉讼法（试行）》即典型地反映了这一以法院调查收集证据为主导的证据制度。该法第 56 条第 1 款虽然规定，"当事人对自己提出的证据，有责任提供证据"，但紧接着在第 2 款又规定，"人民法院应当按照法定程序，全面地、客观地收集和调查证据"。在实践中这导致法院背上了调查取证的沉重包袱，并进而造成诉讼效率的低下，阻碍诉讼公正的实现。也许是认识到法院全面调查收集证据之规定的非合理性，1991 年颁布的《民事诉讼法》将其改为有限度的调查收集之规定，即在第 64 条第 1 款"当事人对自己提出的主张，有责任提供证据"之规定的基础上，在第 2 款规定："当事人及其代理人因客观原因不能自行收集的证据，或者人民法院认为审理案件需要的证据，人民法院应当调查收集。"从这一款的规定来看，人民法院只有在以下两种情况下才可主动依职权调查收集证据：一是当事人及其诉讼代理人因客观原因不能自行收集证据；二是人民法院认为审理案件需要的证据。但是由于这一规定在内容上的含混模糊，特别是"人民法院认为审理案件需要"之规定显然具有无限弹性，因而在实践中并不能合理地区分当事人举证与人民法院调查收集证据之间的界限，造成法院的调查收集证据之活动极其紊乱。[2]

为了消除现行《民事诉讼法》在人民法院调查收集证据范围上的含混不清并借以克服由此而在审判实践中所生成的种种弊端，

---

① 参见赵钢、占善刚：《也论当事人举证与人民法院查证之关系》，载《法商研究》1998 年第 6 期，第 73 页。

② 相关论述请参见赵钢、占善刚：《也论当事人举证与人民法院查证之关系》，载《法商研究》1998 年第 6 期，第 74 页。

最高人民法院 1992 年公布的《关于适用〈民事诉讼法〉若干问题的意见》（以下简称《适用意见》）第 73 条试图对其作出补充性解释，即规定："依照《民事诉讼法》第 64 条第 2 款规定，由人民法院负责调查收集的证据包括：（1）当事人及其诉讼代理人因客观原因不能自行收集的；（2）人民法院认为需要鉴定、勘验的；（3）当事人提供的证据互相有矛盾、无法认定的；（4）人民法院认为应当由自己收集的其他证据。"1998 年公布的《关于民事经济审判方式改革问题的若干规定》（以下简称《审改规定》）第 3 条对人民法院调查收集证据的范围所作的界定，与《适用意见》第 73 条的内容基本相同，只是在语言表述上略有区别。上述解释性规定，除了第（3）项之外，实际上是《民事诉讼法》第 64 条第 2 款的如实"复印"而已；对于第（3）项解释内容，其实本应适用举证责任规则作出处理，而没有必要由法院去调查取证。

由于上述司法解释并没能够合理界定法院调查收集证据的范围，加之实践中法院调查收集证据之传统方式的强大惯性，因而法院调查收集证据活动的混乱状况并没有多大改观。其主要表现是：一方面，不少法院及其法官常常以现行民事诉讼法已对当事人应负举证责任作了明确规定为借口，对本来应当由其调查收集的证据采取敷衍塞责的推诿态度；另一方面，一些法院及其法官往往凭借其在调查取证方面所拥有的自由裁量权而按照自己的主观擅断随心所欲地"调查收集证据"，甚至与一方当事人"联手"收集证据以反对另一方当事人。这种混乱状况必然会导致违背程序正义并进而妨碍实体正义的实现，特别是法院随意地依职权调查收集证据之行为，显然使其难以保持中立、公正和清廉，并使质证程序、庭审程序成为走过场而难以发挥其应有功能。[①]

2. 《关于民事诉讼证据的若干规定》（以下简称《证据规定》）

[①]　详细论述可参见赵钢、占善刚：《也论当事人举证与人民法院查证之关系》，载《法商研究》1998 年第 6 期，第 76 页；王利明：《审判方式改革中的民事证据立法问题探讨》，载王利明、江伟、黄松有主编：《中国民事证据的立法研究与应用》，人民法院出版社 2000 年版，第 28 页。

对法院调查收集证据之范围的界定

（1）《证据规定》关于法院依职权调查收集证据的范围

针对上述立法罅漏与司法混乱之现状，各地法院在进行审判方式改革时，一直将强化当事人的举证责任、弱化和规范人民法院调查收集证据的职能作为一个重要的方面。最高人民法院在制定《证据规定》时充分考虑了这一情况，力图对《民事诉讼法》第64条第2款所规定的"人民法院认为审理案件需要的证据"和"当事人因客观原因不能自行收集的证据"这两种情况作出明确、具体的解释，并对调查收集证据程序的启动是依职权开始还是依当事人的申请开始作出明确的界定。

根据《证据规定》第15条和第16条的规定，《民事诉讼法》第64条规定的"人民法院认为审理案件需要的证据"是指以下情形：（1）涉及可能有损国家利益、社会公共利益或者他人合法权益的事实；（2）涉及依职权追加当事人、中止诉讼、终结诉讼、回避等与实体争议无关的程序事项。对于这两类事实，人民法院应当主动依职权调查收集证据，而对于除此之外的其他情形，人民法院调查收集证据，必须依据当事人的申请进行。这些规定将法院依职权调查收集证据的情形限定在较小的范围之内，以便于实践中的具体操作。对于上述规定，有学者认为，其已经接近于大陆法系国家关于法院职权调查事项的规定。在大陆法系中，法院依职权调查的事项，在实体上主要是涉及公共利益的事项，在程序上则主要是案件判决所必须具备的诉讼要件（例如当事人能力、诉讼能力、法院的管辖、当事人适格等）。这些事项在理论上称为"职权调查事项"，法院应当依职权进行调查，以确定这些事项是否成立或存在。《证据规定》对人民法院依职权调查收集证据之范围的界定，在实体上与大陆法系的规定基本相似，在程序方面的事项范围则较大陆法系为宽。① 但亦有学者对上述规定持批评态度，认为法院的调查取证权行使的范围应当限定在程序性事项范围之内，而不应当

---

① 参见李国光主编：《最高人民法院〈关于民事诉讼证据的若干规定〉的理解与适用》，中国法制出版社2002年版，第182页。

超越这一范围去涉及当事人的实体权利义务的争议，并认为法院能否主动依职权调查收集实体权利义务争议的证据，并将该证据作为实体权利义务争议之裁判的根据，是当事人主导型的诉讼体制与职权干预型的诉讼体制的重要区别，即在当事人主导型的诉讼体制下，法院不应当拥有依职权主动调查收集该类证据的权利，而在职权干预型的诉讼体制下，法院依职权主动调查收集关于实体权利义务的证据则是其权利的体现。①

对于上述规定，值得注意的几个问题是：

第一，关于国家利益和社会公共利益的理解问题。根据《证据规定》，对于涉及可能有损国家利益和社会公共利益的事实，人民法院应当依职权调查收集证据，这是很有必要的。但"国家利益"、"社会公共利益"本身亦是一个极富弹性的词语，在解释上应当准确，在操作上应当慎重，而不能随便将那些其实并不是国家利益和社会公共利益的事项界定为"国家利益"和"社会公共利益"。在当前的司法实践中，特别应当加以注意的是，不能将"地方利益"和"部门利益"解释为国家利益和社会公共利益，它们在内涵上是根本不同的。在以往的诉讼实践中，一些法院及其法官假借国家利益和社会公共利益之名行保护地方利益和部门利益之实的现象并不少见，因此严格区分二者的界限实乃《证据规定》关于此项规定能否取得良好效果的关键。

第二，依据《证据规定》，对"涉及可能有损国家利益、社会公共利益或者他人合法权益的事实"，人民法院应依职权调查收集证据，这里使用的是"可能有损"之表述，主要是"考虑到当事人的有些行为是否损害国家利益、社会公共利益或者他人合法权益，在证据的调查、收集以及判断上存在相当的困难，法官难以快速而明确地对它作出正确的判断"。② 但在理解上及实际操作上，

---

① 参见张卫平：《论人民法院在民事诉讼中的职权》，载《法学论坛》2004年第5期，第14页以下。

② 参见毕玉谦主编：《〈最高人民法院关于民事诉讼证据的若干规定〉释解与适用》，中国民主法制出版社2002年版，第159页。

应当认为，必须是已经有证据或迹象初步证明"可能有损"于国家利益、社会公共利益或者他人合法权益，而不是无端的怀疑和毫无根据的揣测。

第三，对"涉及依职权追加当事人、中止诉讼、终结诉讼、回避等与实体争议无关的程序事项"之规定的理解问题。其一，法院对依职权对有关程序事项的调查取证，应当是与实体争议无关的程序事项，如果是有关实体争议的事项，例如放弃诉讼请求、承认诉讼请求等，法院不应去调查收集证据。其二，尽管《证据规定》对有关的程序事项采取的是列举不穷尽的方法，但从该条款的整体内容来看，应当认为，对于没有列举的程序事项，也必须是在《民事诉讼法》中明确规定法院可依职权主动调查取证的事项之条件下，法院才可主动予以调查取证。

（2）人民法院依当事人申请而调查收集证据的范围

除了《证据规定》第15条所规定的两种情形外，对于其他情形，只有在当事人提出申请的条件下，人民法院才可调查收集证据。所谓其他情形，根据《民事诉讼法》第64条和《证据规定》第3条第2款和第17条的规定，是指当事人及其诉讼代理人因客观原因不能自行收集证据之情形。对于"当事人及其诉讼代理人因客观原因不能自行收集的证据"之问题，《民事诉讼法》第64条第2款仅仅是规定"人民法院应当调查收集"，而未规定"客观原因"的具体情形、调查程序的启动方式、申请形式、申请期限、法院的处理程序等内容，《证据规定》则分别对这些问题作出了解释性规定。

首先，当事人及其诉讼代理人因客观原因不能自行收集证据时，关于法院调查程序的启动方式，依据《证据规定》第3条第2款和第16条的规定，应当由当事人向人民法院提出调查收集证据的申请，人民法院不能主动依职权调查收集证据。对于这一点，《民事诉讼法》和最高人民法院1992年公布的《适用意见》皆没有予以规定，1998年公布的《审改规定》第3条则要求当事人应当向法院提出调取证据的申请和该证据的线索。

其次，对于当事人及其诉讼代理人因客观原因不能自行收集的证据的范围，《证据规定》第 17 条规定："符合下列条件之一的，当事人及其诉讼代理人可以申请人民法院调查收集证据：（1）申请调查收集的证据属于国家有关部门保存并须人民法院依职权调取的档案材料；（2）涉及国家秘密、商业秘密、个人隐私的材料；（3）当事人及其诉讼代理人确因客观原因不能自行收集的其他材料。"这里需要注意的几个问题是：第一，档案材料作为证据时，并非都需要由人民法院调查收集，只是那些不对外界公开、当事人无法从有关部门调取而必须由人民法院调取的档案材料，当事人才可申请人民法院来调取。第二，对于需要鉴定和勘验的事项，当事人可以依法申请法院启动鉴定程序和进行勘验，因此，应当认为，对于需要鉴定和勘验的事项，也属于当事人可以申请调查收集的证据的范围。但应当注意的是，对于需要鉴定或勘验的事项，《适用意见》和《审改规定》将其规定为法院依职权调查收集证据的范围，而依据《证据规定》，则不属于法院依职权调查收集证据的范围。第三，对于"当事人双方提供的证据互相有矛盾，经过庭审质证无法认定其效力的"情形，《适用意见》和《审改规定》曾规定属于人民法院调查收集证据的范围，故此有学者认为在《证据规定》公布后，这种情形仍应当属于当事人可以申请法院调查收集的证据的范围。① 其实，对于这种情况，应当适用举证责任分配规则进行裁判，而不应再作为法院调查收集证据的一种情形，特别是与《证据规定》第 73 条第 2 款的内容联系起来考察，上述观点的不可取性更为明确。② 第四，关于当事人申请法院调查收集所得的证据之归属问题。当事人申请法院调查收集的证据材料，应当归属于申请方当事人的诉讼证据材料，无论是在庭审中还是在法官认定证据的过程中，这些证据材料均应作为申请方当事人的举证内容。

---

① 参见李国光主编：《最高人民法院〈关于民事诉讼证据的若干规定〉的理解与适用》，中国法制出版社 2002 年版第 185、192 页。

② 《证据规定》第 73 条第 2 款的内容是："因证据的证明力无法判断导致争议事实难以认定的，人民法院应当依据举证责任分配的规则作出裁判。"

最后，对于当事人及其代理人申请法院调查收集证据的形式和期限，以及法院对其申请的处理程序，《证据规定》亦作了补充性解释。对于申请形式，《证据规定》第18条规定："当事人及其诉讼代理人申请人民法院调查收集证据，应当提交书面申请。申请书应当载明被调查人的姓名或者单位名称、住所地等基本情况、所要调查收集的证据的内容、需要由人民法院调查收集证据的原因及其要证明的事实。"对于申请期限，《证据规定》第19条第1款规定："当事人及其诉讼代理人申请人民法院调查收集证据，不得迟于举证期限届满前7日。"关于法院对当事人或其诉讼代理人的申请之处理问题，《证据规定》第19条第2款则规定："人民法院对当事人及其诉讼代理人的申请不予准许的，应当向当事人或其诉讼代理人送达通知书。当事人及其诉讼代理人可以在收到通知书的次日起3日内向受理申请的人民法院书面申请复议一次。人民法院应当在收到复议申请之日起5日内作出答复。"

《证据规定》对于当事人之举证权责的规定以及对法院调查收集证据的范围之界定，无疑是向辩论原则迈进了一大步。但是能否真正按照辩论原则的要求予以操作，则受到诸多因素的制约，例如法官是否能够做到本着公正的观念依法调查收集证据、当事人收集提供证据的权利和手段能否得到保障等。

第 四 章
辩论原则的内容（二）

按照辩论原则的要求，当事人自认的事实，法院应当作为裁判的基础，而无须举证证明，这是传统辩论原则的三大命题中的第二层命题。因此，探讨辩论原则的界限时，应当对自认制度及其法理进行剖析。

一、自认的含义、分类与构成要件

（一）自认的含义

日本民事诉讼法学者兼子一、三ケ月章等认为，裁判上的自认是指："在口头辩论或准备程序中，当事人做同对方当事人的主张相一致的、对自己不利的陈述。"① 新堂幸司教授在其教材中则指

---

① ［日］兼子一、竹下守夫：《民事诉讼法》，白绿铉译，法律出版社 1995年版，第 103 页；［日］三ケ月章：《日本民事诉讼法》，汪一凡译，台湾五南图书出版公司 1997 年版，第 425 页。

出，自认是指"在作为辩论的陈述中，表明对对方所主张的，于己不利的事实认可（没有争议）的意思"。① 这一定义与兼子一教授的定义稍有差异，重点在于意思表示这一要素。新堂教授还特别指出这种陈述与当事人对某一事实的主张属于同一形态。与此相比，兼子一的定义就没有考虑新堂定义中的意思要素，而重点在于对方主张的事实与己方主张事实的一致性。从事实的一致性上去把握，将自认作为一种观念上表示的认识在日本则处于通说地位。②

在我国台湾地区，大多也是从事实主张的一致性的角度来界定自认的含义。例如，有学者认为："诉讼上自认，系指当事人对于他造主张不利于己的事实，于准备书状内或言词辩论时，或在受命法官、受托法官前承认其为真实的陈述。"③ 也有学者认为，诉讼上自认是指"当事人一造所主张之事实于他造当事人不利，而他造于准备书状或于言词辩论时，或在受命法官或受托法官前，承认此事实之诉讼上观念表示。所谓不利系指其事实之举证责任，由他造负担之意而言"④。还有学者认为，自认是指"当事人对于他造主张不利于己之事实，于诉讼中承认其为真实之陈述"。⑤

根据笔者的理解，所谓自认，狭义上是指在诉讼过程中一方当事人对于另一方当事人主张的不利于己的案件事实，承认其为真实的意思表示。在广义上，除了上述含义之外，还包括诉讼外的自认以及对权利的自认。

（二）自认的理论分类

在诉讼理论上，从不同的角度，依据不同的标准，可以对自认作出不同的分类。明确这些分类，可以科学地揭示出不同类型的自

---

① ［日］新堂幸司：《民事诉讼法》，第二版，弘文堂 1990 版，第 358 页，转引自张卫平：《诉讼架构与程式》，清华大学出版社 2000 年版，第 414 页。

② 张卫平：《诉讼架构与程式》，清华大学出版社 2000 年版，第 414 页。

③ 雷万来等：《诉讼上自认之法理及其效力》，载民事诉讼法研究基金会：《民事诉讼法之研讨（九）》，台湾三民书局 2000 年版，第 119 页。

④ 陈计男：《民事诉讼法论（上）》，台湾三民书局 1994 年版，第 413 页。

⑤ 陈荣宗、林庆苗：《民事诉讼法》，台湾三民书局 1996 年版，第 489 页。

认的特点，加深我们对自认制度的理解，从而便于司法实践中对自认制度加以正确的运用。

1. 诉讼上的自认与诉讼外的自认

学者们常说的自认，一般是指在诉讼过程中一方当事人对另一方当事人主张的事实予以承认，但如果从更广泛的意义上讲，自认可分为诉讼上的自认与诉讼外的自认。即根据自认作出的时间与场合的不同，可以将其分为诉讼上的自认与诉讼外的自认。诉讼上的自认，是指当事人或其代理人在诉讼过程中向法院所作的承认对方所主张的事项为真实的表示，因而又称为裁判上的自认或审判上的自认，在英美法系国家，也称其为诉讼上的合意或正式的自认。从法律效力上来说，诉讼上的自认具有免除对方当事人举证责任的作用，并对法院和当事人具有拘束力。诉讼外的自认是指在诉讼过程之外所作的自认，因而也称为审判外的自认或裁判外的自认，英美法系国家通常称之为证据的自认，或者仅仅称之为自认。事实上，英美法系国家的法学书籍及司法判例所用自认一词，大多系指诉讼外之自认而言。① 就其作用和效力等方面来说，诉讼外的自认都有别于诉讼上的自认。各国的诉讼理论与审判实践一般都不承认诉讼外的自认具有免除举证责任的效力，但是可被容许作为证据加以使用。在长期的诉讼实践中，英美法系国家形成了一系列的自认法则，这些自认法则构成了英美证据法则的一个重要组成部分。相比较而言，大陆法系国家对诉讼外的自认基本上没有什么法则可言，法律上一般仅对诉讼上的自认加以规定，至于诉讼外的自认，通常仅作为法官依自由心证认定案件事实之证据资料，其证据力如何，由法官依具体情况加以判断。

2. 对事实的自认与对诉讼请求的自认

从广义上来讲，依自认的客体的不同，可以将自认分为对事实的自认与对诉讼请求的自认。前者是指当事人一方对他方所主张的不利于己的事实承认其为真实，后者是指被告（反诉被告亦同）

---

① 参见李学灯：《自认之比较研究——中国法例之论述》，载杨建华主编：《民事诉讼法论文选辑（下）》，台湾五南图书出版公司1984年版，第568页。

对原告的诉讼请求，即某种实体权利义务关系之主张予以承认。大陆法系国家的民事诉讼法一般对事实的承认以"自认"相称，而对诉讼请求的承认则称为"认诺"。我国民事诉讼法及诉讼理论在称谓上曾经对二者未加区分，而统称之为"承认"，例如，最高人民法院1992年7月14日发布的《关于适用〈民事诉讼法〉若干问题的意见》第75条在对无须证明的对象范围予以界定时即规定，"一方当事人对另一方当事人陈述的案件事实和提出的诉讼请求，明确表示承认的"，当事人无须举证。但2001年12月21日发布的《关于民事诉讼证据的若干规定》第8条则仅规定了对事实的承认问题，即："诉讼过程中，一方当事人对另一方当事人陈述的案件事实明确表示承认的，另一方当事人无须举证。但涉及身份关系的案件除外。"目前，在我国的民事诉讼理论中，一般也将这二者作了区分，认为自认是对事实而言的，而不包括对诉讼请求的承认。

3. 完全的自认与附加限制的自认

这是以当事人的自认是否附加有限制为标准而进行的分类。完全的自认是指当事人一方对另一方所主张的事实全部予以自认；附加限制的自认是指当事人一方承认对方所主张的事实时附加有一定的限制条件。附加限制的自认主要有两种情况：其一，当事人一方在承认对方所主张的事实时，附加独立的攻击或防御方法，例如，被告依原告之主张，自认有借款之事实，但同时又主张业已清偿，其业已清偿的主张即为附加的独立防御方法。其二，当事人一方对于他方所主张的事实，承认其中一部分而争执其他部分，例如，原告主张被告曾借款1 000元，被告只承认曾借款500元。在附加限制的情况下，仅在当事人双方之陈述相互一致的基础上方可成立诉讼上的自认。

4. 明示的自认与默示的自认

根据当事人是否作出明确的意思表示为标准，可以将自认分为明示的自认与默示的自认。明示的自认是指当事人一方对另一方所主张的事实，以口头或书面的形式明确表示承认；默示的自认又称拟制的自认或准自认，它是指当事人一方对另一方所主张的事实，既未明确表示承认，也未作否认的表示，而法律规定应视为自认的情况。德、日等国以及我国台湾地区的民事诉讼法对拟制的自认均作了明确的规定。例如，日本《民事诉讼法》第159条（旧法为第140条）第1款规定："当事人在口头辩论之中，对于对方当事人所主张的事实不明确地进行争执时，视为对该事实已经自认。但是，根据辩论的全部旨意，应认为争执了该事实时，则不在此限。"对于在口头辩论期日当事人缺席的情况下，除在缺席时视为陈述的准备书状中所记载的有争执的事实之外，对其他事实也适用拟制自认的规定，但在公告送达时，由于被传唤的当事人在通常情况下无法实际了解出席的对方当事人所主张的内容，因而不能视为自认。① 另外，对于当事人一方对他方所主张的事实作不知或不记忆之陈述应否视为自认的问题，我国台湾地区的民事诉讼法规定应由法院斟酌情形断定之，而日本民事诉讼法则规定不能视为自认。

5. 本人的自认与代理人的自认

根据作出自认的主体不同为标准，可以将自认分为本人的自认与代理人的自认，前者是指由当事人本人所作出的自认，后者是指由诉讼代理人所作的自认。法定诉讼代理人自然有权代理当事人作出自认。委托诉讼代理人对诉讼请求的自认（即认诺）必须有当事人（或法定代理人）的特别授权，而对事实的自认则一般不要求有特别授权，但是，如果经当事人（或法定代理人）撤销或更正的，则不发生自认的效力。

6. 后行自认与先行自认

这种分类的标准在于，它是根据自认者对于"于己不利"的事实的自认是在对方当事人主张之后作出，还是自认者先主动陈述了该事实，然后对方当事人援引该陈述，从而构成自认。据此，所谓后行自认，是指自认者在对方当事人主张了对自己不利的事实之后，对该事实予以承认。在一般情况下，诉讼中的自认大多是在对方当事人先提出事实主张，然后自认者对该事实主张作出承认的表示。所谓先行自认，又成为自发的自认，是指在诉讼过程中，自认

---

① ［日］兼子一、竹下守夫：《民事诉讼法》，白绿铉译，法律出版社1995年版，第104页。

者先陈述了对自己不利的案件事实，然后对方当事人援引该事实，从而构成自认的情况。一般认为，先行自认与后行自认在效力上有所不同，如果自认当事人在先行自认后，对方当事人没有引用或在引用前，自认当事人可以自由撤回该先行自认；一旦对方引用先行自认，则自认人就必须受到自认的约束，不得撤回。①

先行自认与后行自认的划分，是与将"于己不利"作为自认成立的一个构成要件分不开的，即一方先承认了于己不利的事实，经对方援引后从而构成自认。但如果依照某些学者的观点，在界定自认的构成要件时舍弃"于己不利"这一要件，则没有必要作出先行自认与后行自认这种分类，因为在此情况下，是根据后陈述的一方当事人来界定自认的主体以及自认是否成立的。

另外，根据不同的标准，还可以将自认分为书面的自认与口头的自认，原告的自认与被告的自认，对主张事实的自认与对抗辩事实的自认，言词之自认与行为之自认等。

（三）诉讼上自认的构成要件

1. 自认之构成要件的一般观点

关于诉讼上自认的构成要件，在大陆法系民事诉讼理论中存在不同的认识。例如我国台湾地区有学者认为，诉讼上的自认的构成要件有三个，即：（1）自己的主张与对造的主张两者一致。至于何方先为陈述并非重要，自己先为不利于己的陈述，对方对之加以援用时，亦能有效成立自认。（2）必须于准备书状内或言词辩论时或在受命法官、受托法官前为之。且诉讼上的自认，须针对现在的诉讼事件为之，当事人在他案件之陈述，虽可作为本案认定事实的根据，但不得视为本案的自认。当事人在刑事案件所为不利于己的陈述，亦不可与民事诉讼法中所谓的自认同视。（3）必须系就对自己不利的事实为真实之陈述。所谓不利，系指其事实之举证责任，由他造负担之意而言。②

---

① 张卫平：《诉讼架构与程式》，清华大学出版社 2000 年版，第 420 页。
② 陈荣宗、林庆苗：《民事诉讼法》，台湾三民书局 1996 年版，第 489 页。

在日本，学者们一般认为，诉讼上的自认的构成要件有以下四个：①

（1）自认必须是当事人对事实的陈述。这一要件就将自认与当事人对作为法律上的主张、法律适用所生的法律效果的陈述区别开来。当事人关于法律效果的承认性陈述只是一种纯粹的陈述，而不是诉讼上自认。

（2）自认必须是在口头辩论或准备程序中作为当事人辩论的陈述。这一要件强调的是：既然是诉讼上或者说裁判上的自认，那么就必须是在一定的诉讼程序（口头辩论或准备程序）中进行的，如果是在这些程序以外当事人对对方当事人的主张作出了自认，也只能是诉讼外或裁判外的自认，不具有诉讼上自认的法律效力。

（3）必须与对方当事人的事实主张一致。所谓事实的一致性是指自认人所承认的事实与对方当事人所主张的事实没有矛盾。通常是自认人对对方主张的事实的简单认可或承认，因此，只要自认人认可即能保证一致性。关于"与对方主张的事实一致"的理解，通说认为，只要当事人进行援用即可，而在时间上不论两种主张的先后关系。也就是说，无论是在对方先进行主张之后再作出自认，还是自己先进行了某种不利于己的陈述，而后对方当事人予以援引，都是符合"一致性"之要件的，都能够成立诉讼上的自认。但也有学者认为，当一方当事人主动（先行）作出于己不利的事实陈述时，其在大多数情形下并未对"这种不利陈述在诉讼中究竟具有什么样的意义"之问题作出很好的认识，如果不顾及这一点而认为"一旦对方当事人进行援用，就立即成立自认，进而不允许其撤回其不利陈述"，那么容易给先行自认当事人造成一种"突然袭击"的感觉。因此，在这种情形下，即便对方当事人进行援用，自认也不能立即成立，而应当给予先行自认当事人进行"是否继续维持该不利事实陈述"之考虑时间，这样一来，既可以

---

① 张卫平：《诉讼架构与程式》，清华大学出版社 2000 年版，第 418 页以下；[日] 三ケ月章：《日本民事诉讼法》，汪一凡译，台湾五南图书出版公司1997 年版，第 425 页。

使自认方当事人对"自认的成立"心悦诚服，也有助于防止产生错误。①

（4）自认是一种于己不利的陈述。关于自认人所自认的事实是否属于"于己不利的事实"，其识别方法主要有举证责任说和败诉可能性说。将"于己不利"作为自认成立的要件，意味着尽管一方当事人就对方当事人主张的某一事实予以承认，但因为该事实对作出承认行为的当事人不存在不利后果或影响，该承认也就不能成为自认行为。

对于上述诉讼上自认的构成要件，在大陆法系民事诉讼理论中，存在争论的主要问题在于，一是自认的对象问题，二是是否必须以"于己不利"作为构成要件的问题，以下主要对这两个问题展开讨论。

2. 关于自认的对象之构成要件

对于自认的对象，通说认为，诉讼上的自认，其对象（内容）限于具体的事实，法规、经验法则、法规之解释、法律问题均不生自认的问题。而具体的事实之中，得生自认效力者，仅限于主要事实，对于间接事实或辅助事实，不生自认的效力。② 但也有学者认为，自认的对象并不仅仅限于事实，对于作为请求（或所谓为诉讼标的之法律关系）前提的权利或法律关系存在与否的陈述，也可以成立自认。③ 对于这一点，笔者是持赞同意见的。④ 关于作为自认对象的事实范围问题，亦有学者认为，凡构成诉讼标的法律关系之发生、变更或消灭的一切直接事实或间接事实，均可以作为自

①　参见［日］高桥宏志：《民事诉讼法——制度与理论的深层分析》，林剑锋译，法律出版社 2003 年版，第 386 页。

②　参见陈荣宗、林庆苗：《民事诉讼法》，台湾三民书局 1996 年版，第 490 页。

③　参见吕太郎等：《所谓权利自认》，载民事诉讼法研究基金会：《民事诉讼法之研讨（六）》，台湾三民书局 1997 年版，第 256 页以下。

④　具体内容将在后文的"关于权利自认的问题"中予以阐述。

认的对象而承认可发生自认的效力。① 笔者由于主张辩论原则所适用的事实范围既包括直接事实，也包括间接事实，因此，在自认的对象问题上，笔者认为对于间接事实也应当可以适用自认的规定，发生自认的效力。②

3. 关于"于己不利"之构成要件

（1）认为应当将"于己不利"作为自认的构成要件之观点

在大陆法系中，一般将自认界定为当事人对于他造主张的不利于己的事实，于诉讼上承认其为真实的一致性陈述。因此，自认的事实"于己不利"或者说对自认人"不利益"，就被认为是构成自认的一个要件，甚至被认为是自认的本质要件。但"于己不利"或"不利益"的认定有时存在一定的困难。例如，原告基于所有权诉请被告返还房屋，被告以占有该房屋系自始即存有使用借贷的关系为抗辩，原告亦承认该事实后，被告撤回该项使用借贷之主张，另主张该屋系被告向原所有人 A 承租，原告则购自于 A。在此情形下，被告之使用借贷的陈述是否为不利益的陈述就会存在疑问。为了区分自认的事实是否属于"不利益"的事实，学者们主要提出了"举证责任说"和"败诉可能性说"两种理论。③

举证责任说认为，所谓不利的事实，应当认为是对方负有举证责任的事实。在解决纷争的过程中，已不争之事实，若容许再度争执，势必造成审理的混乱及滞延，同时对他造当事人亦属违背诚信的行动，此关系之存否，则以举证责任之所在为依归。在辩论原则的前提下，承认他造当事人应负举证责任的事实，该构成要件事实即因而确定，此"不利益"显而易见。因此，当事人就该事实为

---

① 参见吴明轩、邱联恭等在台湾民事诉讼法研究会第 70 次研讨会上的发言，载《民事诉讼法之研讨（九）》，台湾三民书局 2000 年版，第 157、177 页。

② 关于其具体理由的探讨，将在后文的"间接事实的自认"这一部分中进行讨论。

③ 雷万来等：《诉讼上自认之法理及其效力》，载民事诉讼法研究基金会：《民事诉讼法之研讨（九）》，台湾三民书局 2000 年版，第 136 页。

承认的陈述，即为自认。① 可见，举证责任说将不利与证明的负担联系起来，所谓"不利的陈述"，就是自认方当事人对应当由对方当事人加以证明的事实所作的陈述。更具体地讲，自己自认的事实，原本应当由对方举证加以证明，由于自己的自认，对方就无须再加以证明，这种结果自然是对自己的不利。那么，反过来也可以理解为，如果该事实原本由自己举证，则对该事实的陈述就不构成自认。②

然而对自己不利益的陈述，并非限于他造负举证责任的事实，更何况举证责任的分配有时并不明确，导致自认的概念亦趋不明确。例如提起确认所有权之诉的原告（X），主张标的物系属于其先人 A 所有，因继承关系由 B 传至 X。现登记为 Y 之名义，乃因亲属会议乘 X 未成年违法选任特别代理人，将该项财产让与 Y 之先人 C，让与处分行为应为无效。Y 对此主张则以让与标的物由 D 继承自 A，再由 D 让与 C，Y 为合法所有并否认 B 之所有权。第一审获得胜诉之 X 于第二审改变其主张，谓该项财产系由原告购自于 B，否定曾归属于 A。在此案例中，就该标的财产原告为"属于 A"之主张后，复又主张"购自于 B"。日本判例及学说皆认为 X 之先前的主张为自认。然而该项主张原应由 X 负举证责任的事实，何以能成立自认？因为，若贯彻举证责任说之原理，就自己负举证责任之事实所为陈述原不可能承认其成立自认。③

败诉可能性说则认为，不论举证责任之归属，该事实若一旦成为判决的基础，可能造成诉之全部或一部败诉时，即成立自认。据此，不但上述疑义获得合理的解释，而且自认的对象亦因不必拘泥于主要事实，间接事实、辅助事实亦可能成为自认的对象。与举证

---

①　雷万来等：《诉讼上自认之法理及其效力》，载民事诉讼法研究基金会：《民事诉讼法之研讨（九）》，台湾三民书局 2000 年版，第 136 页；[日] 三ケ月章：《日本民事诉讼法》，汪一凡译，台湾五南图书出版公司 1997 年版，第 425 页。

②　张卫平：《诉讼架构与程式》，清华大学出版社 2000 年版，第 421 页。

③　参见雷万来等：《诉讼上自认之法理及其效力》，载民事诉讼法研究基金会：《民事诉讼法之研讨（九）》，台湾三民书局 2000 年版，第 136 ~ 137 页。

责任说相比，败诉可能性说扩大了自认的事实范围。

（2）否定将"于己不利"作为自认的构成要件之观点

举证责任说与败诉可能性说虽然就"不利益"的内容在见解上有所差异，但以"不利益"作为自认的要件则并无二致。对此，日本学者松本博之等持反对观点，认为应当将"不利益"或"于己不利"排除在自认的构成要件之外，专就陈述的一致性作为判断是否成立自认的基准。其理由在于，自认制度的目的在于减少证据调查，简化诉讼，尽快结束诉讼，因此，基于此目的，应当放宽自认成立的要件。① 松本教授认为，事实之"利"与"不利益"，在各个具体诉讼中，因各个不同诉讼阶段的评价而有所变化。而所谓"不利益"的判断，不外以要件事实适用法规的结果为准据。但适用法规应以确定的事实为对象，以未确定的事实适用法规，并以之作为评价不利益之基准，其结果无非是拟制的操作。而以拟制的操作论断事实之陈述为自认，致使不能撤销其陈述，其妥当性颇令人质疑。自认的成立与否不应受偶然的因素所左右，亦不应受拟制的"利"与"不利益"的影响。只要事实陈述一致，那么就在双方当事人之间成立自认。至于有关当事人意思瑕疵的问题，则应属于自认撤销条件的问题。②

我国亦有人认为，将"于己不利"列入自认成立要件是不妥当的，主张应当抛弃这一要件。其理由是：第一，"于己不利"作为自认成立要件有赖于两个预设的前提：一是诉讼实践中一方当事人所作的事实陈述对于另一方是否不利是一目了然、清楚可辨的，至少也是能够判断的；二是当事人与法官对于某一事实是否对一方

---

① 参见［日］松本博之：《裁判上の白白法理の再探讨》，载《民诉法杂志》第20卷。转引自民事诉讼法研究基金会：《民事诉讼法之研讨（九）》，台湾三民书局2000年版，第137页；另，参见张卫平：《诉讼架构与程式》，清华大学出版社2000年版，第422页。

② 雷万来等：《诉讼上自认之法理及其效力》，载民事诉讼法研究基金会：《民事诉讼法之研讨（九）》，台湾三民书局2000年版，第136～137页；［日］高桥宏志：《民事诉讼法——制度与理论的深层分析》，林剑锋译，法律出版社2003年版，第389～390页。

当事人不利的判断是一致的、无分歧的。"于己不利"作为自认成立要件在这两个前提之下才具有可操作性，然而，上述两个前提并非是不证自明的，恰恰相反，在诉讼实践中，一方当事人所作的事实陈述是否对另一方不利有时难于判断，而且，一方当事人与法官对于某一事实陈述是否"于己不利"的判断也不尽一致。第二，"于己不利"要件的存在将增加裁判作出的不确定性。第三，"于己不利"要件于自认法理基础不合。① 也有学者认为，将自认看作是对不利于己之事实的承认的观点是不正确的，应将"于己不利"从自认的定义中排除。理由在于：首先，自认可以使当事人免除证明责任的原因在于自认事实本身的无争议性，而不是自认事实本身的真实性。其次，这种"不利说"也难以解释限制自认和先行自认的问题。再次，要求自认是对"于己不利"事实的承认，缺乏可操作性。最后，在德、日等各国之立法例中均未要求自认必须对自认人不利。②

（3）本书的主张

笔者认为，应当将"于己不利"作为自认的构成要件，即自认是指对他方当事人主张的不利于己的事实的承认，自认仅仅针对作出不利益陈述的一方当事人而产生。纵使双方当事人的事实陈述一致，但该事实对于于己有利的对方当事人而言并不成立自认。

第一，如果排除"于己不利"这一要件，则会使"主张"和"自认"这两个概念相混淆。从其本来意义上讲，自认是指承认对方当事人所主张的事实，而所谓事实主张，则是指当事人为了获得有利于己的裁判而提出的有利于己的事实。当事人在诉讼中对不利于己的事实之提出，不能称之为主张，否则，就会动摇民事诉讼中的主张责任和举证责任理论和制度。据此，"主张"是指向法院要求认定对自己有利的事实，而对方当事人对该事实的反驳和否定称

---

① 参见曹杰：《论"于己不利"并非自认成立之要件》，载《行政与法》2002年第7期，第95页以下。

② 参见宋朝武：《论民事诉讼中的自认》，载《中国法学》2003年第2期，第116～117页。

为"否认"，对该事实的承认即是"自认"，提出独立的、用以对抗主张事实的新事实则称为"抗辩"。① 既然如此，就应当将自认界定为对对方所主张的、于己不利的事实的承认，也即应当将"于己不利"或"不利益"作为自认的构成要件。如果抛弃"于己不利"这一要件，而只是以"事实陈述一致"作为自认的构成要件，并以作出相一致之事实陈述的先后顺序来界定自认者，也即将后作出陈述者认定为自认人，则势必混淆"主张"和"自认"这两个概念，并进而引起其他民事诉讼理论的混乱。

第二，反对将"于己不利"作为自认的构成要件的观点之主要理由在于：在诉讼中，某事实是否属于"于己不利"的事实之判断是困难的，而且会随着诉讼程序的发展而发生变化，因而"不利益要件"无法发挥其作用，而只是一种事后性的拟制操作。笔者认为，利与不利的判断，在大多数情况下是清楚的，而并非是一种事后性的拟制。自认系当事人的一种诉讼行为。虽然当事人的诉讼行为的效力发生与否，常有待法官的判断，因而使诉讼行为本身具有某种不确定性（由于法官具有自由裁量，且法官之事实或法律见解具有一定的主观性），但法规对法官的判决，仍具有普遍的拘束性，法官应依法来进行判断。另一方面，当事人为诉讼行为之际，当然也是以法规之规定作为准据。易言之，当事人决定为诉讼行为之际，以法规作为评估利与不利的基准应属自然的事理。而客观的一般人（包括对造当事人）于事后评估诉讼行为人的行为价值，亦应以法规为基准。因此，"不利益说"中之不利益的概念决非拟制，而系行为的评估。就一般而言，当事人为自己有利的陈述，不为不利于己的陈述应为当然的事理。当事人竟然为自己不利益的陈述，其真实性应具有极高的可信度。为促进诉讼程序的进行，以及解决纷争的当事人之自主性，该陈述不但应拘束当事人，法院亦应受其拘束。因此，自认的本质要件仍在于陈述之不利益性。若为自认的一造当事人，误解法规以致为不利于己的陈述时，

---

① 对抗辩事实的承认亦属于自认，因为抗辩事实属于主张事实的一种表现。

除能证明与真实相违背得撤销外，仍然成立自认。①

对于"不利益"要件的认定，较难判断的情形主要是先行自认的场合。但这一问题完全可以基于"先行自认调整说"理论予以解决，即基于"通过对先行自认无争议之意思再确认来予以调整"之学说的立场对是否真正成立先行自认进行判断。也就是说，在认定先行自认时，应考虑和注意"先行自认人在作出不利事实先行陈述的当时是否真正地具有不予争执的意思"。由于在很多情况下先行陈述的当事人是否真正不予争执该事实的意思是不明确的，因而在对方当事人进行援用的阶段就必须对自认人的意思进行再确认，换言之，在对方当事人提出援用后，如果先行自认人立即撤回自己的先行陈述进而主张其他的事实，则不成立先行自认。②在此情况下，法院的阐明权就具有十分重要的意义，即法院应当进行阐明以使当事人有机会表明是否维持其原主张，抑或欲更正其事实上之陈述。

第三，排除不利益性之要件，而仅以陈述一致作为认定自认成立的要件，这种方法虽然在认定自认时具有简单明了的特点，但却会使自认的认定过于宽泛，对于当事人而言则不免过于苛刻。如前所述，在将不利益性作为自认的成立要件时，对于自认与主张是作了明确区分的，自认是针对作出不利益陈述一方当事人而产生，而对于对方当事人而言并不成立自认，因此，该对方当事人可以按照"自由撤回主张的原则"撤回自己的事实陈述。之所以采取"于己有利的事实陈述可以撤回，而于己不利的事实陈述则不能撤回"之不同立场，主要基于"作出于己不利之事实陈述的当事人应当会对该陈述后果进行慎重的考虑"。而当事人可以撤回于己有利之陈述（主张）的根据则在于，由于"主张"在性质上是一项于己有利的事实陈述，即便当事人在一种慎重程度较低的状态下来提出

---

① 雷万来等：《诉讼上自认之法理及其效力》，载民事诉讼法研究基金会：《民事诉讼法之研讨（九）》，台湾三民书局2000年版，第138页。

② 参见［日］高桥宏志：《民事诉讼法——制度与理论的深层分析》，法律出版社2003年版，第386、391页。

主张，也是无可厚非的，而且，如果禁止当事人将自己提出的主张向更为有利的主张进行变更，则显然过于苛刻，当事人不免会抱有不满，因此采取允许当事人撤回于己有利的陈述的做法是较为妥当的。①

在将不利益性之要件予以排除时，只要双方陈述一致，就发生自认的法律后果，当事人应受其约束而不能撤回，这样一来，在当事人主张有误时也不允许其予以变更，这对当事人未免有过于残酷之嫌，与民事诉讼法之保护当事人合法权益的目的相违。

综上所述，笔者认为，诉讼上的自认的构成要件是：（1）自认的对象在狭义上是指案件事实，既包括主要事实（要件事实），也包括间接事实；在广义上，自认的对象也包括特定的权利或法律关系。（2）自认应当是在诉讼进行中作出。所谓"在诉讼进行中作出"，是指在本案言词辩论程序或准备程序中，以诉讼行为的方式作出，即应当在言词辩论程序或准备程序中对法院作出。如果是诉讼程序开始之前或诉讼结束之后作出，或者虽然是在诉讼进行过程中作出但却不是向法院作出，则该自认应当是诉讼外的自认，而不是诉讼上的自认。（3）自认须是一方当事人所作出的与对方当事人主张的事实相一致的陈述。这种相一致的陈述包括两种情况：一种是一方当事人对另一方当事人主张的事实全部地或部分地直接予以承认；另一种是自认的一方当事人的陈述与对方当事人的陈述在内容上是一致的，包括全部的或部分的一致。（4）自认是一种于己不利的陈述，即对对方当事人所主张的于己不利的事实的承认。

二、自认的效力与撤销

（一）自认的效力

诉讼外的自认仅仅是一种证据，其证据力如何，应由法院结合

---

① 参见〔日〕高桥宏志：《民事诉讼法——制度与理论的深层分析》，法律出版社 2003 年版，第 389 页。

本案其他证据，斟酌情形加以判断，且通常非经当事人援用，不得将其作为裁判的基础,[1] 对此，学者们没有什么争议。诉讼上自认的效力则与诉讼外自认的效力有着明显的不同，它具有拘束法院及当事人的效力。一方面，法院应当将自认的事实作为裁判的基础，不允许法院作出与当事人自认的事实相反的事实认定；另一方面，自认具有免除对方当事人举证责任的效果，同时，自认的当事人也应当受自认的拘束，而不能随意予以撤销。[2] 不过，这种效力也不是绝对的，在某些法定的情形下，法院可以不受当事人自认的拘束，当事人也可于一定情形下予以撤销。下面主要就诉讼上自认的效力进行论述。

1. 主要立法规定

日本新《民事诉讼法》第 179 条规定："当事人在法院自认的事实及显著的事实，无须进行证明。"德国《民事诉讼法》第 288 条也规定自认具有免除举证的效力，即："当事人一方所主张的事实，在诉讼进行中经对方当事人于言词辩论中自认，或者在受命法官或受托法官前自认而作成记录时，无须再要证据。审判上的自认的效力，不以（对方当事人的）承认为必要。"我国台湾地区新修订的"民事诉讼法"第 279 条第 1 款及第 3 款规定："当事人主张之事实，经他造于准备书状内或言词辩论时或在受命法官、受托法官前自认者，毋庸举证。自认之撤销，除别有规定外，以自认人能证明与事实不符或经他造同意者，始得为之。"

2. 自认对法院和当事人的效力

（1）自认对法院的效力

诉讼上的自认具有拘束法院的效力，经当事人自认的事实，法院应认其为真实，并将其作为裁判的基础，而无需另行调查证据去认定自认的事实是否真实。从审级上来说，诉讼上自认的事实，不

---

[1]　石志泉、杨建华：《民事诉讼法释义》，台湾三民书局 1987 年版，第 329 页。

[2]　关于自认的撤销，在表述上也有人称为自认的撤回。本书在相同的意义上使用"撤销"和"撤回"这两个术语。

仅对一审法院具有拘束力，而且对第二审法院和再审法院亦具有拘束力。

（2）对当事人的效力

诉讼上的自认具有免除对方当事人举证责任的效力，即当事人一方对于对方主张的事实予以自认时，对方因而也就免除了对该主张所负的举证责任。另一方面，自认的效力还表现在，作出自认的一方当事人应受其自认的拘束，除有法律规定的情形外，不得任意地予以撤销，即使案件属于二审或再审，亦不得随意地撤销其在一审中的自认。但是，对于拟制自认问题，大陆法系国家一般规定当事人可以追复，即允许当事人在言词辩论终结前，可以随时提出有争议的陈述，即使在第二审程序中亦然。经追复后，拟制自认即归于消灭，对于原来被视同自认的事实，负有举证责任的一方当事人仍有举证的必要。

3. 自认效力的限制

诉讼上的自认具有拘束当事人和法院的效力，但这种拘束力并非是绝对的。大陆法系国家的立法例与诉讼理论一般认为，在下列几种情形下，不能发生自认的效力：（1）人事诉讼程序不适用自认的规定。人事诉讼程序因与国家公益有关，故大陆法系国家和地区对此不采取辩论主义而采取干涉主义以限制当事人之处分权，一般均明文规定不适用自认的规定。①（2）法院应依职权调查之事项，也不适用自认的规定。例如，就诉讼成立要件之事项、当事人适格之事项等为自认的，均不生自认的效力，法院仍应依职权进行调查，不受当事人自认的约束。（3）共同诉讼人中一人所为之自认，显然属于不利于共同诉讼人的行为时，亦不产生自认的效力。同理，群体诉讼或集团诉讼中，诉讼代表人所为的自认，显然系不利于被代表的当事人时，也不能产生自认的效力。但上述所为之自认，如果事先得到特别授权或者在事后得到追认，则应该具有自认的效力。（4）自认的事实，如果与显著的事实或其他为法院应予司法认知的事实相反，或根本为不可能之事实，或自认之事实依现

————————

① 关于这方面的具体内容，将在后文中加以讨论。

有之诉讼资料，显与真实情形不相符的，则应认定其为无效，因为法院的裁判，不应以明显虚构的事实为其基础。

（二）自认的撤销

如前所述，诉讼上的自认，当事人不能任意地予以撤销，这是自认对当事人的拘束力的重要体现。之所以赋予自认这种效力，是因为如允许自认者可以轻易翻悔，则不仅增加法院认定事实的负担，而且可能使对方当事人难以顺利地组织攻击防御，并可能带来诉讼迟延的危险；同时，不出尔反尔也是展开公平而对等的辩论的必然要求。因此，自认作为一项重要的有拘束力的诉讼行为，要求当事人必须慎重而且负责地作出决定。①

但是，在当事人的自认行为有瑕疵时，如果绝对地不许其予以撤销，则不但会对因出于错误（重大误解）而为自认的当事人过于严苛，② 而且也有违当事人自主地解决纠纷之精神。因此，自认之不允许撤销的效力也不应是绝对的，立法上有必要赋予当事人在法定情形下有权撤销其业已作出的自认。就我国而言，最高人民法院 2001 年 12 月 21 日发布的《关于民事诉讼证据的若干规定》（以下简称《证据规定》）虽然对自认的撤销已经有所规定，但仍然存在不合理之处。有鉴于此，下文拟在比较大陆法系国家和地区有关自认之撤销的立法和理论之基础上，对如何完善我们民事诉讼法中的相关规定予以初步探讨。

1. 自认的撤销之主要立法例

在德国，其《民事诉讼法》第 290 条明确规定了自认的撤销问题，即："当事人撤回其在审判上的自认，只限于他证明其自认与真实不符，而且其自认是由于错误而发生的时，其撤回才影响自

---

① 参见［日］谷口安平：《程序的正义与诉讼》，王亚新、刘荣军译，中国政法大学出版社 1996 年版，第 128 页。

② 这里所谓"因错误而为自认"，是指将不真实的事实误信为真实而作出自认。德、日等大陆法系国家和地区的民事诉讼法中使用"错误"这一概念来表述行为人的内心意思与表示行为的不一致，我国民事诉讼法中使用的则是"重大误解"，而不使用"错误"这一概念。

认的效力。在这种情形，自认失其效力。"依此规定，自认之当事人欲撤回其自认，需要对以下两个要件进行证明：（1）该自认违背真实；（2）系出于错误。按照学者的解释，在当事人有真实的义务之前提下，当事人应可以主张该自认非真实，并要求予以更正。而当事人是否有意识地为违背真实的自认，并非法院所应顾虑之事项，重点在于是否违背真实。至于何以要求必须具备"错误"的要件？则系为了使当事人确实遵守真实义务的规定，对有意为违背真实的自认的当事人，以不能撤销的方式予以制裁。①

亦有学者认为，之所以将"违背真实"与"错误"并列作为撤销自认的要件，原因在于，一方面，可以证明违背真实的方式推定其"错误"；另一方面，若与"真实"相符，则即使错误也不得撤回其自认。换言之，一方当事人虽证明系出于错误，主张撤销自认，但对方当事人若证明其为真实，则不发生撤销自认的效力。②

在日本，无论是其旧《民事诉讼法》第 257 条，还是现行《民事诉讼法》第 179 条，皆只是规定自认的事实具有无须证明的效果，该条文的内容既未规定当事人为自认后能否撤销自认，亦未规定如允许撤销，则其要件为何，故与德国民事诉讼法之规定相比，显然过于简略。正因为日本民事诉讼法之规定过于简略，故日本学者在处理上述有关当事人为自认后能否撤销其自认的问题，以及如允许撤销，则其要件为何等问题时，存在着较多的争论。③ 法院的判决和判例也存在不同的处理。④ 但一般认为，允许自认人撤销自认的情形包括下述三种场合：（1）对方当事人同意撤回自认

① 参见〔日〕木川统一郎：《比较民事诉讼政策研究》，第 395 页。转引自雷万来等：《诉讼上自认之法理及其效力》，载民事诉讼法研究基金会：《民事诉讼法之研讨（九）》，台湾三民书局 2000 年版，第 144 页。

② 参见雷万来等：《诉讼上自认之法理及其效力》，载民事诉讼法研究基金会：《民事诉讼法之研讨（九）》，台湾三民书局 2000 年版，第 145 页。

③ 参见雷万来等：《诉讼上自认之法理及其效力》，载民事诉讼法研究基金会：《民事诉讼法之研讨（九）》，台湾三民书局 2000 年版，第 150 页。

④ 参见〔日〕福永有利：《裁判上的自认（二）》，载《民商法杂志》第 92 卷第 1 号，第 82 页以下。

的情形；（2）自认人因第三人对其实施应当受到刑法上处罚的行为而作出自认的情形；（3）自认被证明系"违反真实"且基于"错误"而作出的情形。① 另外，一些学者主张还包括第（4）种情形，即当事人行使更正权撤回诉讼代理人或辅佐人所作出的自认，也应看作是撤销自认的一种情形。②

《法国民法典》第 1356 条第 4、5 款规定："裁判上的自认，不得撤回，但如能证明此种自认系因事实错误而为，不在此限。裁判上的自认，不得以误解法律为借口而撤回。"③ 因而在法国，强调的是"自认人的错误"要件，即自认人须证明其自认行为系出于对事实认识错误而作出的。奥地利《民事诉讼法》第 266 条第 2款规定，关于诉讼上的自认，"就自认当事人附加的陈述及限制，影响到自认被撤销的范围或自认应发生的效果，以及自认当事人撤回自认时将发生何种效果时，法院应在慎重考虑有关事项后作出判断"④。可见，奥地利《民事诉讼法》虽然对自认的撤销问题有所规定，但并没有明确规定自认撤销的要件，而是规定由法院来加以判断。意大利、俄罗斯等国民事诉讼法也没有明确规定撤销自认的要件问题。

我国台湾地区"民事诉讼法"第 279 条第 2、3 款于 2000 年 2月修订之前规定："当事人对自认有所附加或限制者，应否视有自认及当事人撤销自认所及于自认效力之影响，由法院审酌情形断定之。""前项自认之撤销，除别有规定外，以自认人能证明与事实不符，且系出于错误者，始得为之。"因此，台湾地区"民事诉讼法"在修订前，关于撤销自认之要件，与德国《民事诉讼法》第290 条的规定基本相同，即自认者须证明自认之事实有违真实以及

---

① 参见 [日] 高桥宏志：《民事诉讼法——制度与理论的深层分析》，林剑锋译，法律出版社 2003 年版，第 402 页。

② 参见 [日] 福永有利：《裁判上的自认（二）》，载《民商法杂志》第92 卷第 1 号，第 92 页。

③ 罗结珍译：《法国民法典》，中国法制出版社 1999 年版，第 326 页。

④ 何家弘、张卫平主编：《外国证据法选译》（上卷），人民法院出版社2000 年版，第 496 页。

系出于错误而为自认这两项要件。上述条款中所谓"除别有规定外"，根据我国台湾学者的解释，系指台湾地区"民事诉讼法"第72条、第77条所规定当事人撤销诉讼代理人或辅佐人之自认情形而言，于此情形，其撤销自认不受第279条第3款的限制，即毋庸证明自认与事实不符且出于错误。而且，当事人在诉讼进行中如能证明其自认系受诈欺或强暴胁迫而为的表示，依台湾地区"民法"第92条第1款的规定，表意人原本就可撤销其意思表示，故应允许当事人撤销其自认。其经撤销者，与自始无自认相同，法院于将来裁判时，不得斟酌已经撤销的自认。①

修订后的台湾地区"民事诉讼法"第279条删除了第2款中关于"当事人撤销自认所及于自认效力之影响，由法院审酌情形断定之"的规定，而将该款修改为："当事人对自认有所附加或限制者，应否视有自认，由法院审酌情形断定之。"并对第3款作了修改，即规定："自认之撤销，除别有规定外，以自认人能证明与事实不符或经他造同意者，始得为之。"其"立法"理由在于，其一，自认的撤销，如符合撤销自认的规定时，对于自认的效力自然发生影响，实不必由法院另行审酌判断其撤销是否影响自认的效力。故新法中删除了上述相应规定。其二，对第3款予以修改的理由在于，自认与事实不符的情形，其出于错误者固有之，出于其他事由如诈欺胁迫等事由者，亦难谓绝无，且错误之有无属于内心之事实，举证原已不易，为避免造成撤销自认的困难，致浪费审判之劳力及时间，于是将原第3款中的"且系出于错误而自认"等字删除，以使法院的裁判符合"实质"的真实。另者，民事诉讼上各种诉讼资料的提出与否，依辩论主义的精神，完全委由当事人决定，故自认的他方当事人已同意自认人撤销自认时，应无再加限制的必要。②

---

① 参见陈荣宗、林庆苗：《民事诉讼法》，台湾三民书局1996年版，第492页。

② 参见邱联恭：《程序选择权论》，台湾三民书局2000年版，第362页。

2. 撤销自认须考虑的因素

关于自认能否撤销以及在何种情形可以撤销的问题，笔者认为，需要考虑自认制度的本质、自认制度的功能、当事人双方权益的平衡保护、程序的安定性和诉讼的效率性等诸多因素，在对其进行综合平衡的基础上予以合理的界定。

首先，从本质上来说，自认制度要求应当尽量承认其对法院和当事人的约束力，而不应随意地否定其效力。自认制度的本质在于对当事人自主意志的尊重，是意思自治原则的重要体现，也是实现当事人自主地解决纷争的必然要求。从实体上来说，自认制度尊重当事人对实体法律事实的支配和处分以及由此所可能带来的实体权利义务关系之后果；从程序上来说，自认制度体现了对当事人程序选择权的尊重，当事人可以借此避免可能发生的程序上的不利益（例如更多时间、费用、劳力的耗费等）。基于此，自认应当得到法院和当事人的充分尊重，法院不能随意地否定当事人的自认，自认人也不应随意地撤销其自认。

其次，从自认制度发挥的功能来看，一方面，它实现了当事人自律地解决纠纷的目的，保护了当事人的实体处分权和程序选择权；另一方面，它简化了诉讼程序，避免了不必要的举证和调查收集证据，显然有利于提高诉讼的效率，节省各项诉讼成本的支出。基于此，自认也应当得到法院和双方当事人的充分尊重，而不能随意地予以否定或撤销。

再次，从双方当事人权益的平衡保护之角度来讲，有必要规定自认人在法定情形下享有撤销自认的权利，但该种规定应当与自认制度的本质和功能相适应。一方面，虽然自认者的自认在大多数情况下系其真实的意思表示，但有时也可能并非是其真实的意思表示，而只是因为外界的因素或自己主观的因素而导致其违背自己真实意志予以自认，在此情况下，如果强求自认者必须接受自认的约束，绝对地不允许其撤销自认，则可能并不符合民事诉讼法之保护当事人合法权益的立法宗旨；另一方面，自认一旦作出，对方当事人可能会基于对自认行为的信赖而从事其后的诉讼行为，在此过程中，对方当事人一般不再去对自认的事实进行调查收集证据等举证活动，有关的证据可能因为当事人没有及时地去调查收集而发生毁损、灭失，这样一来，如果对自认者不加限制而允许其随意地撤销已经作出的自认，那么因信赖自认而从事诉讼活动的对方当事人可能再也难以收集到其本来可以收集到的证据，或者虽然可以收集到但却需要花费更多的诉讼成本，这对因信赖自认而从事诉讼活动的对方当事人就会构成诉讼上的不公平。故此，为平衡保护双方当事人的合法权益，即使允许自认者可以撤销自认，此种撤销行为也应当受到一定的限制。

最后，就程序的安定性和诉讼的效率性来说，如果允许自认者在作出自认后又可以随意撤销其自认，则势必会破坏程序的安定性，使已经进行的程序归于无效，并导致诉讼的迟延。基于这一点，对于诉讼上的自认之撤销，亦应当予以合理的限制。

综合上述因素，应当认为，除了某些特殊情况外，原则上应不允许当事人撤销自认。从德、日等国及我国台湾地区的立法规定和司法实践来看，对于撤销自认的情形，一是认为经自认者的对方当事人同意的情况下，应当允许自认者撤销自认。这一点是有其合理性的，因为它充分考虑了当事人意志之尊重、双方的权益保护之平衡等因素。二是在自认者能够证明自认与事实不符且系出于错误的情况下，应允许其撤销自认。例如，德国民事诉讼法与日本民事诉讼实务中均认可这种情况下的撤销自认，我国台湾地区 2000 年修订前的"民事诉讼法"也作了与此相似的规定，但修订后的条文则仅仅是要求证明"与事实不符"为已足，而法国则仅规定"如能证明自认系因事实错误而为"即可。可见，各国或地区在规定自认的撤销时，均设定了一定的限制条件，但考虑到上述各种因素的影响以及其侧重点的不同，所设定的限制条件在宽严程度上则存在一定的差异。

3. 我国民事诉讼法的规定及其完善

我国 1991 年颁布的《民事诉讼法》对自认及其撤销问题未作规定。2001 年公布的《证据规定》第 8 条第 4 款规定了自认的撤销问题，即："当事人在法庭辩论终结前撤回自认并经对方当事人同意，或者有充分证据证明其承认行为是在受胁迫或者重大误解情况下作出且与事实不符的，不能免除对方当事人的举证责任。"按照这一条款的规定，在我国，自认在下列情况下可以撤销：（1）经对方当事人同意。（2）有充分证据证明其承认行为是在受胁迫或者重大误解情况下作出且与真实情况不符。对于这一情形的理解，有学者认为，所谓"受胁迫"作出自认，"是指一方当事人以即将发生的物质性强制和精神性强制为要挟，迫使对方在违背自己真实意思的情况下所作的自认。胁迫也可以是胁迫者通过实施某种不法行为，给当事人及其亲友的精神和财产造成损害（如实施殴打、拘禁等暴力行为，或散布谣言、毁人名誉等）而迫使当事人自认。"① 所谓"重大误解"，"是指当事人对其自身行为的性质和后果发生错误的认识，使行为的后果与自己的意思相悖，并造成双方权利义务关系严重失衡的行为。"② 所谓"与事实不符"，"是指当事人自认的事实不符本案的真实情况，或者不符法官已获心证的事实，或者明显与本案其他证据证明的事实相悖。"③

对于上述第一种情形，笔者认为，自认之所以不得任意撤销，重要理由之一在于保护对方当事人的信赖利益，避免因随意撤销自认而给信赖自认的对方当事人造成不应有的损害，但对方当事人自可放弃此种信赖保护的利益，故而在经对方同意时，理应允许自认人撤销其自认。正因为如此，各国一般均认可此种情形下的自认之撤销。自认人在经过对方当事人的同意而撤销自认后，如按照举证责任的分配规则，该事实由自认者的对方当事人举证，则该对方当事人即应对该事实予以举证，此点也不存在疑义。但对于上述第二种情形，则存在下列诸多值得探讨之处：（1）"与事实不符"的证明是否意味着举证责任的转换？司法解释在规定自认者须证明其自认与事实不符之同时，又规定对方当事人仍需承担举证责任，二者

---

① 李国光主编：《最高人民法院〈关于民事诉讼证据的若干规定〉的理解与适用》，中国法制出版社 2002 年版，第 125 页。

② 最高人民法院民事审判第一庭：《民事诉讼证据司法解释的理解与适用》，中国法制出版社 2002 年版，第 81 页。

③ 李国光主编：《最高人民法院〈关于民事诉讼证据的若干规定〉的理解与适用》，中国法制出版社 2002 年版，第 125 页。

之间是何关系？是否存在一定的矛盾？（2）要求自认者需同时证明其自认是"在受胁迫情况下作出且与事实不符"，或者系"在重大误解情况下作出且与事实不符"，这种规定是否合理？对自认者是否过于苛刻？（3）自认人因受欺诈而为自认时是否允许其予以撤销？另外，《证据规定》第8条第4款对于撤销自认的要件之规定，与《证据规定》第74条的规定之间是否存在着一定的矛盾？以下对这些问题分别予以分析：

（1）"与事实不符"之证明是否意味着举证责任的转换

《证据规定》第8条第4款规定，自认人"有充分证据证明其承认行为是在受胁迫或者重大误解情况下作出且与事实不符的，不能免除对方当事人的举证责任"。可见，这里实际上是将自认者对"自认与事实不符（即自认与案件真实情况不符）"的证明与对方当事人对该事实的证明（即对案件真实情况）的证明并列予以规定，系同时要求"违反真实"的证明和"真实"之证明，因而实际上存在着一定的矛盾之处。为了说明问题，我们可以对照德国和我国台湾地区的相关规定予以探讨。

如前所述，德国《民事诉讼法》第290条明确规定："当事人撤回其在审判上的自认，只限于他证明其自认与真实不符，而且其自认是由于错误而发生的时，其撤回才影响自认的效力。在这种情形，自认失其效力。"依此规定，自认之当事人欲撤回其自认，需要证明：（1）该自认违背真实；（2）系出于错误。而要证明自认违背了真实，则实际上意味着举证责任的转换，即本来应由自认者的对方进行证明的事实，现在却由自认者就其自认的事实与真实情况相违背进行证明，如果其不能就此予以证明，即不能撤销自认，也即应当认定对方当事人所主张的事实。显然，在此情况下，事实证明的重点并不在于自认者的对方对其原先所主张的事实的证明，而在于自认者就其自认的事实与真实情况不相符合进行证明，实际上弱化了乃至于免除了自认者的对方所负有的举证责任。我国台湾地区"民事诉讼法"在2000年修订之前所规定的撤销自认之要件与德国的规定基本相同，2000年修订之后，撤销自认的情形分两种情况，一是经对方当事人同意，二是自认人能证明自认与事实不符。就第二种情形而言，实际上也是将举证责任进行了转换，即由自认人对自认的事实与案件的真实情况不符进行证明，而不是由对方当事人对案件的真实予以证明。

而按照《证据规定》的规定，对于自认的撤销，一方面要求自认人对自认与事实不符进行证明，另一方面又规定应当由对方当事人负举证责任，其间存在着内在的逻辑矛盾。要求自认人对自认的事实不符合案件的真实情况予以证明，也就意味着对方当事人不必就案件的真实情况进行证明；自认人不能证明其自认之事实不符案件真实情况时，其自认就不能撤销，而自认不能撤销时，就应当对自认的事实（即对方所主张的事实）予以认定。因此，如果规定欲撤销自认的自认人须对自认的事实与案件真实不符进行证明，就没有必要规定对方当事人就已经自认的事实再负举证责任；反之，如果规定对方当事人对已经过自认的事实仍须负举证责任，则仅规定欲撤销自认的自认人能证明受到胁迫、重大误解等情形即可，而没有必要同时规定其必须对自认的事实与案件真实情况不符予以证明。由此看来，将自认与案件事实不符之证明作为撤销自认的要件时，实际上会发生举证责任转换的效果，《证据规定》将自认者承担"违反真实"的证明与对方当事人承担"真实"的证明并列予以规定实属不当。

（2）既要证明受胁迫或重大误解又要证明与事实不符之规定是否合理

《证据规定》将"受胁迫"与"重大误解"相并列，规定自认人撤销自认须有充分证据证明是在受到胁迫或者重大误解情况下作出，并且须证明其自认与事实不符，笔者认为，这种规定没有针对"受胁迫"和"重大误解"的不同性质而区别对待，并且有过分加重自认人的举证责任之嫌，因而是不合理的。

第一，受胁迫与重大误解的性质有所不同，不应当规定对其适用相同的撤销要件。因为，受胁迫是在他人的作用下而导致当事人违背真实意思地予以自认，就该自认的作出来说，自认人并不存在过错，在此情形下，只要自认人能够证明胁迫的存在，就理应允许其撤销自认，而不应同时要求其须证明自认与真实不符。与受胁迫不同，重大误解则是由于自认者自身的因素而导致的，并非是他人作用的结果，于此情形下，在自认人欲撤销自认时，为保护对方当事人的信赖利益，则有必要规定其应当证明自认的事实违背真实。

第二，为防止自认人随意撤销自认而规定其应证明有关事实时，有必要考虑到诉讼的公平性，不宜让其承担过重的举证责任。如上所述，对于自认的撤销，《证据规定》要求自认者既要证明系受到胁迫或出于重大误解，又要证明自认与事实不符，这种规定的实际运作效果，将会大大加重自认者的举证责任，使其难以撤销自认，进而在很多情况下会使自认者的合法权益难以得到保护而有违诉讼的公平性。

就受胁迫之情形而言，如自认者能够证明胁迫的存在，即表明自认者本来即为一受害者。对于受害者，法律原本应当给予必要的、充分的保护，而不应当为其设置过多的障碍。故此，如自认者能够证明其是在受对方当事人或他人胁迫情况下而为自认，则为保护其合法权益，法律上理应认定其对于自认的撤销已经完成了相应的证明责任，而不应当再苛求其对其他事项承担证明责任。然而，按照《证据规定》的要求，自认者不仅要对"受胁迫而为自认"之要件进行证明，而且必须对"自认与事实不符"这一要件进行证明，从而使其承担了原本不必承担的证明责任（即承担了"违反真实"之要件的证明责任）。在此情况下，作为胁迫者的对方当事人却因为受胁迫的自认人证明了"违反真实"之要件而往往不必对案件的"真实"进行证明，这显然对自认者极为不公，而对胁迫者（实际上也是违法者）却极为宽容乃至于予以"特别"保护。显然，这种规定既有悖于法理，也难以契合于情理。从德、日、法等国和我国台湾地区的规定来看，也没有任何一个国家或地区的民事诉讼法规定，对于受胁迫而为自认的撤销，自认者须同时证明"受胁迫"和"违反真实"这两个要件，而往往是参照适用民法中有关受胁迫之意思表示可予以撤销的规定进行处理。

就重大误解之情形而言，要求自认者证明"自认系出于重大误解"和"自认与事实不符"这两个要件，虽然有其合理的一面，但由于重大误解乃一主观要件，证明起来较为困难，故规定自认者须证明同时存在重大误解和与真实不符这两个要件，对自认者仍稍显过于苛刻。笔者认为，此种情形下的自认之撤销，只需规定自认人证明其自认违反真实即可，而不必要求对重大误解之要件进行证明。理由在于：

其一，从实际操作来看，在要求自认人须证明其自认违反真实和出于错误（或重大误解）这两个要件的立法例中，关于是否存在"错误"，实践中往往需要运用"违反真实（与真实不符）"这一要件予以推定。例如在德国，其民事诉讼法虽然规定撤销自认需证明这两个要件，但其审判实务一般认为，如有违反真实之举证，则不严格要求有关"错误"要件之举证。① 在日本，由于其民事诉讼法没有明确规定撤销自认的要件，故理论上和实践中存在较多分歧。既有学说认为只要存在自认内容违反真实的证明就可以撤销自认，也有学说认为即使存在"违反真实"和"错误"的证明也不能撤销自认，还有学说认为如果存在违反真实和错误的证明就可以撤销自认，目前后者为通说。② 实践中，日本大审院当初只把"错误"作为撤销自认的要件，明治二十九年和明治三十九年的两个案例即采取这一立场，但是在大正四年的案例中又认为必须具备违反真实和错误两个要件，在此判决之后的有关案例中，也都采取了同样的立场，即认为自认的撤销必须具备违反真实而且存在错误两个要件。③ 尽管如此，关于违反真实与错误的关系，日本大审院在比较早的时候就采取这样的见解：如果存在自认违反真实的证明，除非存在特殊情况，否则就可以推定自认是由于错误而作出的。④ 由此可见，即使要求具备违反真实和存在错误这两个要件，其证明

①　参见雷万来等：《诉讼上自认之法理及其效力》，载民事诉讼法研究基金会：《民事诉讼法之研讨（九）》，台湾三民书局 2000 年版，第 160 页。

②　参见〔日〕福永有利：《裁判上的自认（二）》，载《民商法杂志》第 92 卷第 1 号，第 92～93 页。

③　参见〔日〕福永有利：《裁判上的自认（二）》，载《民商法杂志》第 92 卷第 1 号，第 84～85 页。

④　参见〔日〕福永有利：《裁判上的自认（二）》，载《民商法杂志》第 92 卷第 1 号，第 86 页。

的重点仍在于"自认违反真实"，并可根据对这一要件的证明去推断和认定"错误"之要件。

其二，自认者须证明自认与真实的事实不符之要件的适用，客观上会发生举证责任转换的效果，在此情况下，如进一步要求其必须证明系出于错误（重大误解），则很可能使自认的撤销过分困难，从而不利于自认人合法权益的保护。因为，如果仅仅是根据"违反真实"的证明去推定错误（重大误解），则错误（重大误解）之要件的规定似乎没有意义，而如果不是根据"违反真实"的证明去推定错误（重大误解），而是要求自认者另外举证对其进行证明，则对于此种属于人的内心活动之事实，自认人在进行证明时其难度是较大的，并可能会耗费较多的劳力、时间和费用，对自认人撤销自认的要求显得过于苛刻。

其三，如果要求必须证明"自认与真实不符"和"自认系出于错误（重大误解）"这两个要件，则在自认人已经成功地证明其自认与真实情况不符但却不能充分证明系出于错误（重大误解）时，其自认就不能被撤销，法院因之仍然应当对自认的事实予以认定，而不能认定真实的事实。这样一来，法院的裁判就会背离案件的实质真实。这样的结果在我国目前的司法实践中是难以接受的。

其四，不要求自认者必须证明存在重大误解之事实，而只规定能够证明"自认与真实不符"时即可撤销自认，通过"违反真实"之证明这一举证责任的转换措施，基本上即可防止自认者虚假自认和随意撤销自认的行为发生。而且，关于对方当事人因信赖自认人所为自认而有散失证据的危险之问题，规定自认人撤销自认时须证明自认的事实违反真实，已基本上能够为其提供足够保护。换言之，在自认人欲撤销其自认时，要求其证明自认的事实不符合真实，使自认者负"违反真实"之举证责任而为第二次之证明活动，这样一来，自认的撤销对对方即不致造成不利的影响。①

（3）因欺诈而为自认时是否允许撤销

---

① 参见许士宦在台湾地区"民事诉讼法"研究会第70次研讨会上的发言，载《民事诉讼法之研讨（九）》，台湾三民书局2000年版，第172页。

《证据规定》中只规定了因受胁迫和重大误解而为自认时，自认者可以撤销其自认，而没有规定因受欺诈而为自认时，是否能撤销自认的问题。从理论上讲，在受欺诈而为自认时，应当允许当事人予以撤销。而且，关于其撤销要件，应当与受胁迫时的撤销要件基本相同。

（4）《证据规定》第 8 条第 4 款与第 74 条之矛盾

如前所述，依照《证据规定》第 8 条第 4 款的规定，撤销自认的情形（及其要件）包括两种类型，一类是当事人在法庭辩论终结前撤回承认并经对方当事人同意；另一类是有充分证据证明其承认行为是在受胁迫或者重大误解情况下作出且与事实不符的。而《证据规定》第 74 条却规定："诉讼过程中，当事人在起诉状、答辩状、陈述及其委托代理人的代理词中承认的对己方不利的事实和认可的证据，人民法院应当予以确认，但当事人反悔并有相反证据足以推翻的除外。"依此规定，撤销自认的条件是"当事人反悔并有相反证据足以推翻"。① 不难发现，这两条规定之间显然是存在矛盾的，其对撤销自认的条件之规定并不一致。② 一方面，第 74 条所规定的"除外"情形中并不能涵盖"当事人在法庭辩论终结前撤回承认并经对方当事人同意"之情形；另一方面，相对于"有充分证据证明其承认行为是在受胁迫或者重大误解情况下作出且与事实不符"时可撤销自认之条件而言，第 74 条所规定的"当事人反悔并有相反证据足以推翻"之条件，显然更为宽松。这样一来，司法实践中在解决是否允许当事人撤销其自认之问题时，法院就会遇到适用法律上的两难困境。故此，为便于实践中的操作，

① 虽然《证据规定》第 74 条是从法院对自认的事实（以及证据）的审核认定的角度进行规定的，即"当事人反悔并有相反证据足以推翻"其自认时，法院即不再确认其效力，而不是直接从当事人撤销自认的角度来进行规定的，但从反面来理解，所谓"当事人反悔并有相反证据足以推翻"自认时其自认对法院即没有约束力，实际上就是规定在当事人反悔并有相反证据足以推翻其自认时，即可撤销其自认。

② 参见罗筱琦、陈界融：《最高人民法院"民事诉讼证据规则"若干问题评析》，载《国家检察官学院学报》2003 年第 1 期，第 26 页。

显有必要对《证据规定》第74条作出修改，以体现其与《证据规定》第8条第4款的一致性。①

综上所述，笔者认为，（1）因受欺诈、受胁迫而自认时，如果自认人能够证明欺诈或胁迫行为的存在，则可以撤销自认，而不必证明自认的事实与真实情况不符。② 在此情况下，不发生举证责任的转换问题，主张该事实的对方当事人仍须负举证责任。（2）如果主张因错误（重大误解）而撤销自认，则自认者如能证明自认的事实违反真实时，即应允许其撤销自认，而不必要求其对错误（重大误解）予以举证。在此情况下，关于自认与事实不符或曰违反真实情况的证明，实际上发生了举证责任的转换，即本来应由自认者的对方进行证明的事实，现在改由自认者就其自认的事实与真实相违背进行证明，如果其不能就此予以证明，则不能撤销自认，法院因此而仍然应当认定自认的事实，也即应当认定对方当事人所主张的事实。（3）在对撤销自认的要件予以完善的同时，《证据规定》第74条的内容也须适时地作出修订，以体现立法规定上的一致性。

三、拟制的自认、间接事实之自认与权利之自认

（一）拟制的自认

前文指出，对于自认，根据当事人是否作出了明确的表示，可以将其分为明示的自认与默示的自认，后者在理论上常常被称为

---

① 当然，正如上文所论证的，《证据规定》第8条第4款本身也是需要修改的。

② 有学者认为，自认者受对方当事人欺诈、胁迫或因他人有刑事犯罪行为而为自认的，皆不能作为撤销自认的条件，即不能据此请求撤销自认，理由是自认乃是一种事实证明方法，即事实行为，而非民事法律行为，不需要行为能力和意思表示要素。参见陈界融：《论自认的效力》，载《政治与法律》2003年第4期，第56页。笔者认为，这种观点过于绝对化，没有考虑到自认行为的复杂性和自认者的合法权益之应有保护，故而是不可取的。

"拟制的自认"，① 它是指当事人一方对另一方所主张的事实，既未明确表示承认，也未作否认的表示，而法律规定应视为自认的情况。对于拟制的自认，1991 年的《民事诉讼法》未作任何涉及，但随着民事诉讼理论研究的深入以及为了满足民事审判方式改革的需要，最高人民法院 2001 年发布的《证据规定》对此制度作了初步规定。尽管如此，该司法解释中所规定的内容仍然存在若干不足之处，故有必要进一步予以探讨。

1. 拟制的自认之立法例与特点

（1）拟制的自认之立法例

拟制的自认在法理上同样渊源于辩论原则，是基于私权自治、权利处分自由和程序主体权所作的一种合乎逻辑的拟制。设立拟制的自认制度，对于限缩争议焦点、提高诉讼效率、降低诉讼成本以及确保法官的中立性等方面具有重要的意义。② 故此，德、日等国以及我国台湾地区的民事诉讼法均对拟制的自认作了明确的规定。

德国《民事诉讼法》第 138 条是关于当事人的真实义务的规定，其中第 3 款和第 4 款的内容是："没有明显争执的事实，如果从当事人的其他陈述中不能看出有争执时，即视为已经自认的事实。对于某种事实，只有在它既非当事人自己的行为，又非当事人自己所亲自感知的对象时，才准许说'不知'。"③ 此即德国《民事诉讼法》中有关拟制的自认之主要规定。

日本《民事诉讼法》第 159 条分 3 款对拟制的自认问题作了规定，即："当事人在口头辩论之中，对于对方当事人所主张的事实不明确地进行争执时，视为对该事实已经自认。但是，根据辩论的全部旨意，应认为争执了该事实时，则不在此限。对于对方当事人所主张的事实，已作出不知的陈述的，则推定为争执了该事实。本

---

① 也有人称其为"准自认"。

② 参见刘红：《论默示自认》，载《福建政法管理干部学院学报》2003 年第 2 期，第 51 页。

③ 谢怀栻译：《德意志联邦共和国民事诉讼法》，中国法制出版社 2001 年版，第 36 页。

条第 1 款的规定，准用于当事人在口头辩论的期日不出庭的情况。但是，对该当事人以公告送达进行传唤的，不在此限。"①

　　奥地利《民事诉讼法》第 267 条亦规定了拟制的自认，即："1. 对方当事人对一方当事人主张的事实没有明示的自认时，是否应视为自认，法院应在慎重考虑对方主张的全部内容后作出判断。2. 关于当事人的陈述是否是排除认可自认的陈述或者是否属于应视为包含自认内容的陈述，法院应慎重考虑对方主张的全部内容后作出判断。"②

　　我国台湾地区"民事诉讼法"在 2000 年修订前，其第 280 条对拟制的自认之规定是："当事人对于他造主张之事实，于言词辩论时不争执者，视同自认。但因他项陈述可认为争执者，不在此限。当事人对于他造主张之事实，为不知或不记忆之陈述者，应否视同自认，由法院审酌情形断定之。"修订后，参照日本民事诉讼法中的相关规定，又增加了第 3 款，即"当事人对于他造主张之事实，已于相当时期受合法之通知，而于言词辩论期日不到场，亦未提出准备书状争执者，准用第一项之规定。但不到场之当事人系依公示送达通知者，不在此限。"

　　英美法系国家的民事诉讼法中也存在拟制的自认制度。例如，美国的《联邦民事诉讼规则》第 36 条规定了"要求自认"制度，即一方当事人可以向其他任何当事人送达自认要求书，要求其自认该要求书中关于事实或对事实之法律适用的陈述或意见是真实的。要求书送达后，如果受送达的当事人在规定期限内不向要求自认的当事人送达由自己或其律师签名的对该事项的书面答复或异议，则视为自认该事项。③

　　（2）拟制的自认之主要特点

---

　　①　白绿铉编译：《日本新民事诉讼法》，中国法制出版社 2000 年版，第 73 页。

　　②　何家弘、张卫平主编：《外国证据法选译（上卷）》，人民法院出版社 2000 年版，第 496 页。

　　③　参见白绿铉：《美国民事诉讼法》，经济日报出版社 1996 年版，第 98、221 页。

　　从上述有关国家和地区的规定来看，拟制的自认具有如下一些特点：

　　第一，从不同的角度来说，拟制的自认既可以看作是当事人放弃陈述权的一种推定，也可以看作是当事人不履行陈述义务的一种结果。一方面，从诉讼权利的角度来说，当事人对于对方所主张的事实有进行陈述的权利，他有权对其加以争执，也有权明确予以自认。在当事人予以争执时，主张事实的一方就必须完成举证责任。但如果当事人对于他方所主张的事实不为争执，则可推定其放弃了争执的权利，故而应当视为自认。另一方面，从保护主张事实的一方当事人的合法权益和确定争议焦点、提高诉讼效率的角度来说，有必要对当事人课以一定的陈述义务，即要求其对于他方主张的事实应为陈述，而不应保持沉默。据此，如果当事人对他方主张的事实既不明确地予以自认，也不予以争执时，则理应视同自认，以限缩双方的争议焦点、促进诉讼的进行。由此角度观之，拟制的自认与当事人的陈述义务（对事实的说明义务）是具有重要关联的。

　　第二，从德、日及我国台湾地区的立法规定和理论解释来看，拟制的自认，一般仅限于言词辩论时不为争执的情况。在准备书状内，或在受命法官、受托法官前不为争执，仅可作为法官心证时之参考，当事人在言词辩论时仍可予以争执，故在此情形下，自无发生视同自认的法律后果。①

　　但须注意的是，即使是在言词辩论时不为争执，也不当然地视为自认。是否成立拟制的自认，还需要结合当事人的其他陈述，或者说应当根据辩论的全部意旨来予以决定。例如，按照德国和我国台湾地区"民事诉讼法"的规定，对于某事实没有进行争执，并不当然成立拟制的自认，必须是从当事人的其他陈述中也不能看出有争执时，才能视为自认。日本民事诉讼法也规定，如果根据辩论的全部意旨，应认为争执了该事实时，则不能成立拟制的自认。奥地利民事诉讼法则规定，对方当事人对一方当事人主张的事实没有

---

　　①　参见李学灯：《证据法比较研究》，台湾五南图书出版公司1992年版，第110页。

明示的自认时，是否应视为自认，由法院予以判断，而法院在进行判断时，必须慎重考虑对方主张的全部内容后才能作出。之所以要求必须考虑当事人的其他陈述内容和斟酌言词辩论的全部意旨，目的在于更好地保护当事人的合法权益，避免轻率地认定拟制的自认。

第三，拟制的自认之效力与明示的自认之效力有所不同。按照大陆法系国家的民事诉讼立法和理论，当事人在诉讼中明确予以自认的事实，以后不得再行争执，非有一定情形，亦不得任意撤销。而对于拟制自认的事实，当事人在言词辩论终结前，可随时为争执之陈述，此项争执之陈述在控诉审程序中亦可为之。① 此即拟制的自认之追复效力。也就是说，在控诉审言词辩论终结前，当事人一旦追复其争执之陈述，视同自认的效力就因而丧失，主张该事实的对方当事人即应负举证的责任。②

第四，与明示的自认之适用相类似，对于拟制的自认，大陆法系与英美法系在适用要件上是存在区别的。在大陆法系，自认的要件之一是"在口头辩论或准备程序中向法院承认对方所主张的事实"，强调应当向法院作出。也就是说，当事人向法院明确表示承认对方所主张的事实时，即构成明示的自认，而当事人在法院面前不争执对方所主张的事实时，则视为自认。但在英美法系，无论是明示的自认还是拟制的自认，主要强调在当事人之间进行，被要求自认的一方当事人没有向要求自认的一方当事人作出争执或明示自认的表示时，即可视为自认。

2. "不知"或"不记得"之陈述应否视为自认

当事人一方对他方所主张的事实作"不知"或"不记得"之陈述时，应否视为自认？这一点所涉及的问题较为复杂，德、日及

---

① 在德、日等国民事诉讼法中，对判决的上诉审程序包括第二审和第三审，第二审程序称为"控诉"审，第三审程序称为"上告"审。

② 陈荣宗、林庆苗：《民事诉讼法》，台湾三民书局1996年版，第494页；[日]三ケ月章：《日本民事诉讼法》，汪一凡译，台湾五南图书出版公司1997年版，第430页；[日]中村英郎：《新民事诉讼法讲义》，陈刚、林剑锋、郭美松译，法律出版社2001年版，第202页。

我国台湾地区的规定也有所不同，故在此有必要单独作为一个问题予以探讨。

按照德国民事诉讼法的规定，当事人对于他方主张的事实于法定条件下可以为"不知"之陈述，且该陈述不被视为自认。德国《民事诉讼法》第 138 条规定："对于某种事实，只有在它既非当事人自己的行为，又非当事人自己所亲自感知的对象时，才准许说'不知'。"因此，当事人作不知之陈述是受到限制的，即仅得就非当事人本人之行为与非本人认识范围内之对象为之。这种不知之陈述将会当作是一种"争辩"，而不认为是拟制的自认。但是，对自己的行为和感受作不知之陈述则被认为是不合法的，并因而被看作是不争辩。①　于此情况下，该不知之陈述则会被视为自认。在理论上，该款规定一般被评价为系加重当事人的陈述义务，使不负主张或举证责任的当事人不可任意为不知之陈述。②

日本民事诉讼法规定，一方当事人对于他方当事人主张的事实，作出"不知"之陈述的，则推定为争执了该事实。因此，在日本，当事人的不知之陈述，不应视为自认。在解释上，日本的通说认为，"推定争执了该事实"之规定，应被视为具有否认的意思，除非将该陈述认定为否认时系不合理的，至于是否为"不合理"，则由法官斟酌证据调查的结果及全部辩论意旨而依其自由心证予以判断。③

我国台湾地区规定："当事人对于他造主张之事实，为不知或不记忆之陈述者，应否视同自认，由法院审酌情形断定之。"因而，并未明确、具体地设定许可要件，而是将是否许可当事人为不知或不记忆（即不记得）之陈述委由法院依自由心证加以判断。所谓"由法院审酌情形断定之"，系指审酌本案的一切情况而言。

---

①　参见［德］奥特马·尧厄尼希：《民事诉讼法》，周翠译，法律出版社2003 年版，第 238 页。

②　参见沈冠伶：《论民事诉讼程序中当事人之不知陈述》，载台湾《政大法学评论》第 63 期，第 389 页。

③　参见沈冠伶：《论民事诉讼程序中当事人之不知陈述》，载台湾《政大法学评论》第 63 期，第 389 页。

例如，当事人对于非其本人所经历的事情，答以不知，或对于非重大的事实，因历时过久，答以不记忆。于此情形，根据日常生活中的经验法则，系有不知或不记忆的可能时，自不得推论其有默示的自认。①如对于他方主张的事实，应当为其所知或可以为其所知，或者对于其所经历之事，历时并非久远而应为其所记忆，从而可以推论其系佯装不知或不记忆的，则可视同自认。①

对于我国台湾地区的上述规定，有学者认为，就当事人的不知或不记忆之陈述委由法院依其自由心证予以判断的规定，虽然不一定会招致宽认不知陈述的结果（因为法院可能会从严判断而使其接近于德国法上的规定），但是，法院在何种情形下应就当事人的不知陈述认定为争执，在何种情形下应视同不争执（自认），如未能于裁判前适时向当事人表明，使其对于法院的认定有表示意见的机会，则易产生突袭性裁判，而对当事人的诉讼权、证据权有重大影响。而在法院宽许当事人可为不知陈述的情形，则易导致争点整理上的困难，从而有碍于贯彻民事诉讼法审理集中化与促进诉讼的理念。基于此，该学者认为，不知之陈述应当具备下列许可要件：②

（1）不知或不记忆之陈述的主体应为不负主张责任的当事人。根据主张责任和举证责任的原理，并非所有的当事人对事实皆可为不知或不记忆的陈述。负有主张责任的当事人首先应当对有关的事实予以主张，并且应尽真实、完全陈述的义务和具体化陈述的义务，而不可为不知或不记忆的陈述，否则，会因未尽主张责任而遭受败诉判决。因此，为不知或不记忆之陈述的主体应为不负主张责任的一方当事人。

（2）不知与不记忆之陈述的主观要件是，当事人必须主观上就他造当事人主张的事实不知或不记忆。其与单纯否认的差别即在

---

① 李学灯：《证据法比较研究》，台湾五南图书出版公司1992年版，第110页。

② 沈冠伶：《论民事诉讼程序中当事人之不知陈述》，载台湾《政大法学评论》第63期，第390页以下。

于，当事人主观上就某一事实的真实性有无认识。若当事人表明，其因欠缺认识，因此无法就事实经过为进一步的说明，或无法确认对方的主张是否真实，则为不知之陈述。在有疑义时，法官应为阐明，使当事人表明其究竟是不知还是否认。若当事人明知，却借口不记忆而不为具体化陈述，则属于违背真实、完全义务与具体化义务，于此情形，将遭拟制自认之制裁效果。然而，不知与不记忆涉及个人主观活动，外界难以知悉，为避免当事人借口不知或不记忆而规避具体化陈述义务，应借由客观要件进一步予以判断。

（3）不知或不记忆之陈述的客观要件是，当事人应履行必要的资讯探知义务，在此基础上，才能为不知之陈述。具体来说，为不知陈述的当事人负有必要的资讯探知义务或具体化陈述的义务，亦即，不负主张责任、举证责任的当事人在事证收集、调查的过程中，并非可完全置身事外，而就他方的陈述一概为不知之陈述，在其就某事实为不知之陈述以前，即使该事实非关自身的行为或非属于其认识范围内的对象，而涉及他人的行为，但若该事实资料为不知陈述的当事人容易探知，或可期待由其探知时，则该当事人必须就该事实先行查明探知后，始可为不知之陈述。否则，其所为的不知陈述亦将被视为不合法，而具有拟制自认的法律效果。反之，即便是有关于自身的行为或认识范围内对象的事实，但若当事人已尽所有可能予以探知后，仍不知或不记忆时，则应许可当事人为不知之陈述。但应当说明的是，当事人所负的资讯探知义务并非毫无范围限制，而是仅在具有期待可能性时，始具有探知义务。一般而言，有以下情况者，应认为具有探知期待可能性，即：当事人毫无困难即可接近、取得或认识的事实及资料。

要求不知陈述的当事人践行必要的资讯探知义务的理由在于：其一，资讯探知义务并未使主张与举证责任的分配有所改变。在不知陈述的当事人就事实进行探知后仍无法得知，或欠缺探知期待可能性的情形，例如其所作成或保有的资料已因逾保存期限而销毁，或相关职员已因离职而丧失联系等，最后的不利益仍归负主张举证责任的当事人负担。其二，在资讯探知的过程中，可使当事人明了就何项事实不必再为争执，或使主张事实的当事人不再坚持其主张，以达到早期整理和确定争点、促进诉讼进行、减少证据调查的费用等目的，从而有助于当事人实体利益与程序利益的保障。其三，当事人是否践行资讯探知义务，乃客观上容易判断之事，如此可减轻法院判断当事人主观上是否果真不知的困难，或减少其判断时的恣意，从而亦有助于诉讼促进及发现真实。

因此，法院在判断应否许可当事人的不知陈述时，不仅要考虑到其主观的要件，而且应当以客观上探知义务的践行为标准。如当事人就某事实已尽其探知义务，但主观上仍不知或不记忆时，纵然该事实乃其所经历而情理（客观）上应知或应记忆，或属于当事人自己行为与认识范围内的对象，亦应许可其为不知之陈述。反之，如当事人未进行探知，纵然该事实为第三人的行为，则应认为未具备不知陈述的客观许可要件，此乃基于衡平原则，使接近某一事实资料的当事人不因此具有优势地位而不当操控诉讼的结果，另一方面，也是为了兼顾保障当事人的程序利益与实体利益。

3. 我国对拟制自认的规定及其完善

我国《证据规定》第 8 条第 2 款首次对拟制的自认作了规定，即：“对一方当事人陈述的事实，另一方当事人既未表示承认也未否认，经审判人员充分说明并询问后，其仍不明确表示肯定或者否定的，视为对该项事实的承认。”司法解释确立拟制的自认之理由在于，一是认为拟制的自认符合当事人维护自己利益的本性，即认为民事诉讼法赋予了当事人对于他方主张的事实进行陈述的诉讼权利，如对方主张了于己不利的事实，则一个正常的、有理性的人就会起而争执，不可能保持沉默而不予反驳，因此，在当事人不予争执时，应推论其承认不利于自己的事实的存在。[①] 二是认为拟制的自认之法理基础来源于民事诉讼的对抗性，认为诉讼以双方当事人利益对立为前提，如果当事人之间不能以对立的诉讼主张展开充分的诉答与控辩，司法的裁判功能便难以发挥，案件的真实也难以发现。为了避免因一方当事人的消极沉默而使案件事实因缺少对抗而

---

① 李国光主编：《最高人民法院〈关于民事诉讼证据的若干规定〉的理解与适用》，中国法制出版社 2002 年版，第 121 页。

出现真伪不明，法律上设立了拟制的自认制度，旨在促使当事人通过积极的陈述而使法官发现案件的真实。①

根据我国司法解释的规定，拟制的自认之成立须具备两个要件：一是一方当事人对另一方陈述的案件事实既未表示承认也未表示否认。二是必须经审判人员充分说明并询问后，其仍不明确表示肯定或否定。所谓"经审判人员充分说明并询问"，即审判人员应当进行阐明，以促使当事人能够充分地提出有利于己的事实和请求，并使其充分理解既不作肯定表示也不作否定表示时将会产生的法律后果。

最高人民法院在总结各地法院民事审判方式改革的基础上，参照理论研究的成果和有关国家和地区的立法例，对拟制的自认作出了上述规定，应当说是符合民事诉讼活动的本质要求的，其对于整理争议焦点、促进审理集中化、提高诉讼的效率等是具有积极意义的。但《证据规定》这一司法解释关于拟制自认的规定，仍存在以下问题值得研讨：

（1）立法上对不争执与不知或不记得之陈述有无必要予以区别

《证据规定》规定一方当事人对于另一方当事人的陈述既未表示承认也未予以否认时，视为对该事实的承认。那么，该规定是否既包括一方对另一方主张的事实不予争执的情形，也包括对其陈述的事实作"不知"或"不记得"之陈述的情形呢？所谓"既未表示承认也未否认"，从广义上讲，可以理解为既包括不争执，即保持沉默，没有作出任何表示；也包括作"不知"或"不记得"的陈述，即并没有完全保持沉默，而是作出了"不知道"或"不记得"的陈述，而此种陈述从其外观上看，仍然是"既未表示承认也未否认"的范畴。因此，《证据规定》并未对此明确予以区分。在解释上，也有学者认为，当事人回答不知道或不记得时，不管是客观不知或不记得，还是为回避某一事实而陈述不知或不记得，在

---

① 最高人民法院民事审判第一庭：《民事诉讼证据司法解释的理解与适用》，中国法制出版社 2002 年版，第 75 页。

经审判人员阐明后，当事人仍不明确表示肯定或者否定某一事实的，就作为拟制的自认处理。①

笔者认为，当事人不争执对方主张的事实与当事人为不知或不记得之陈述，在内涵上是有区别的。所谓不争执，是指对他方主张的事实，不陈述真否的意见，没有作出承认或否定的表示。而不知或不记得之陈述，并不当然等于不争执，因为当事人可能确实是不知道或不记得，但其内心意思却是对他方主张的事实持怀疑态度。所以，《证据规定》中关于"既未表示承认也未否认"之规定，应当理解为系不争执对方主张的事实，而并不包括一方当事人为"不知"或"不记得"之陈述的情形。故而笔者认为，立法上仍然有必要对当事人的"不知"或"不记得"之陈述是否应视为自认的情形作出规定。参考德、日和我国台湾地区三种不同的立法例，笔者认为以参照台湾地区的规定为宜，即规定此种情形应否视为自认，由法院根据该案的具体情况予以决定，但法院在认定构成拟制的自认时，同样必须对当事人进行充分的阐明。

（2）拟制的自认之认定阶段及效力问题

《证据规定》第 8 条虽然规定当事人一方对于他方主张的事实既未表示承认也未予以否认时可以视为自认，但并没有明确规定在哪个诉讼阶段可以认定成立拟制的自认。这一点与德、日及我国台湾地区等民事诉讼法的规定是存在区别的。按照后者，拟制的自认仅限于言词辩论时不为争执之情形，而在准备书状内，或在受命法官、受托法官前不为争执时，并不能发生视同自认的法律后果，因为当事人在言词辩论时仍可予以争执。而在我国，在哪个诉讼阶段可以成立拟制的自认呢？司法解释中并未予以明确，似乎可理解为既可以在开庭审理前的准备程序阶段，也可以是法庭审理阶段（即大陆法系中所谓言词辩论或口头辩论阶段）。

笔者认为，在法庭审理阶段之前即可认定拟制自认的成立是不合适的。因为在此之前，由于各种原因，当事人对于对方所主张的

---

① 李国光主编：《最高人民法院〈关于民事诉讼证据的若干规定〉的理解与适用》，中国法制出版社 2002 年版，第 123 页。

事实，可能难以准确地判断是进行自认还是予以否认。特别是就我国的实际情况来看，由于相当一部分的当事人的文化较低、法律知识欠缺以及未委托律师代理诉讼，因而欠缺对诉讼中的复杂事实作出准确判断的能力，有时难以准确分辨对方主张的事实中哪些将会给自己带来严重的不利后果。尽管法院对案件事实问题作必要的说明，可以帮助当事人了解各种事实的诉讼意义和作用，但并不能从根本上解决问题，在此情况下，如果贸然地认定拟制的自认，将会带来不公平的诉讼结果。① 所以笔者主张，在审前准备程序中，不能认定成立拟制的自认，只有在法庭审理中才能予以认定。具体来说，应当是在法庭辩论终结前，才可最终认定拟制自认的成立。

与认定拟制自认之成立的期限相联系，立法上应当规定，拟制自认的效力应当不同于明示自认的效力，即应当规定在言词辩论终结前（法庭辩论终结前）当事人随时可予以争执，此即当事人的追复。一旦当事人予以追复，则不能发生视同自认的效力。

（3）言词辩论（开庭审理）时不争执的事实是否当然应视为自认

如前所述，在大陆法系国家和地区中，当事人在言词辩论时即使对某事实不为争执，也不应当然地视为自认。是否视为自认，必须结合当事人的其他陈述，或者说应当根据辩论的全部意旨予以决定。据此，当事人对于某项事实虽未为争执，但如果结合其其他陈述，或者说根据辩论的全部意旨可认定为争执的，则不能视为自认。这一点对于保护当事人的合法权益是极为重要的，其理由已如前述。而对于这一点，我国现行法律恰恰未作规定。如果仅仅根据当事人对某事实未为争执而不充分考虑该当事人的其他陈述，则难免使其权益受到损害，造成不公平的诉讼后果。故此，立法上显然有必要就此问题作出明确规定。

（4）言词辩论（开庭审理）期日当事人缺席时能否适用拟制自认

---

① 李国光主编：《最高人民法院〈关于民事诉讼证据的若干规定〉的理解与适用》，中国法制出版社 2002 年版，第 128 页。

在言词辩论（开庭审理）期日，当事人无正当理由而缺席时，是否可以适用拟制自认的规定？对于这一问题，现行法律亦未予以规定。笔者认为，可借鉴日本和我国台湾地区的相关规定，在修订民事诉讼法时，规定一方当事人对于他方当事人主张的事实，在经法院合法通知而于言词辩论期日不到庭陈述意见，并且亦未在准备书状中予以争执或未提出准备书状时，应视为对该事实的自认。但如果对该应当到庭而没有到庭的当事人系采用公告送达方式进行通知的，为了保护其合法权益，则不能适用拟制的自认之规定，因为在公告送达时，被传唤的当事人在通常情况下可能无法实际了解出席的对方当事人所主张的内容。

（二）对间接事实的自认

按照传统辩论原则的理论，辩论原则的适用，仅限于主要事实，故关于主要事实以外的间接事实，虽有自认，对于法院亦无拘束力，因为"在对主要事实要求自由心证的条件下，承认法院对其抱怀疑态度的间接事实自认的羁束力，就等于限制了心证的形成，显然不合理"①。也就是说，通说一般认为，对事实自认的对象仅限于主要事实（即直接事实、要件事实），而间接事实的自认则对法院和当事人没有约束力，因为间接事实被认为是与证据具有等质的性质，是用来证明主要事实的一种手段，其作用与证据材料相同，法官可依自由心证原则对其加以取舍和判断。

当然，也有学者主张，当事人对间接事实的承认也不是完全没有任何法律上的效果。该间接事实属于承认不利的事实且在当事人之间具有一致性，那么，这样的陈述也同样可以免除法院对该事实的证据调查。不过，这种承认毕竟不同于对主要事实的自认，因此，对法院和当事人都没有法律的拘束力。对法院而言，如果法院通过其他的证据调查不能对该事实的存在形成心证时，就会妨碍将该事实作为裁判的事实依据。对当事人来讲，对间接事实的承认可

---

① ［日］三ケ月章：《日本民事诉讼法》，汪一凡译，台湾五南图书出版公司 1997 年版，第 427 页。

以自由撤回。①

在学理上，之所以当事人对间接事实的承认不具有等同于主要事实之自认那样的效力，其主要理由是，如果承认对间接事实之自认的拘束效力，将违背自由心证原则。因为根据自由心证原则，法官在案件的主要事实存在争议或不明时，可以在不受强制的情况下依据法官自己的良心对该主要事实存在与否进行判断。如果承认间接事实之自认的拘束力，就会因为间接事实的当然存在（当事人对间接事实自认后，就免除了法院对该事实的认定权），迫使法官不得不相应地认定相关的主要事实的存在与否。这实际上也就剥夺了法官对主要事实的自由心证权。法官的证据调查是基于对间接事实的真实性持怀疑态度，为了打消这种怀疑就要对间接事实进行调查，最终形成对主要事实存在与否的心证。也有学者对此有不同的观点，认为承认间接事实的自认效力并不违反自由心证原则。"即使主要事实存在争议，对作为表征的间接事实的自认，就免除了对其间接事实的证明。这并不妨碍法院根据其他间接事实通过自由心证来认定该主要事实的存在与否"，"只要没有其他的间接事实足以否定作为前提的自认事实，就可以通过自认的事实推论主要事实，这并非没有道理"。②

根据前文笔者的观点，辩论原则所适用的事实范围，既包括主要事实，也包括间接事实，无论是主要事实还是间接事实，原则上都应当由当事人予以主张，当事人没有主张的，法院不得将其作为裁判的基础。当然，在实际的诉讼中，这涉及法院应适当行使阐明权的问题。与上述辩论原则适用的事实范围之观点相对应，对于间接事实，也应当承认可以成立诉讼上的自认，从而对法院和当事人产生相应的约束力。主要表现为：对间接事实自认后，相应地就免除了主张该间接事实的一方当事人的举证责任，法院也没有必要再

①　参见张卫平：《诉讼架构与程式》，清华大学出版社 2000 年版，第 424 页。

②　[日] 新堂幸司：《民事诉讼法》，弘文堂 1990 年版，第 360 页。转引自张卫平：《诉讼架构与程式》，清华大学出版社 2000 年版，第 425 页。

对该间接事实调查取证；在没有其他间接事实足以否定当事人自认的间接事实时，则应当通过该自认的事实来推定主要事实；对间接事实进行自认后，当事人也不得随意撤销该自认。

认可间接事实的自认之效力的理由在于：

（1）自认之拘束力，乃根源于当事人一致的陈述，是根据当事人自己负责之原则及确保对方当事人的信赖，而在政策上所必须采取的制度。因此，只要是当事人一致陈述的事实，不论该事实是主要事实还是间接事实，都可成为自认的对象。① 而没有必要将间接事实排除在自认的范围之外。这是尊重当事人的程序主体地位、赋予当事人可根据具体情况而选择追求实体利益或程序利益之权益，以便实现当事人自主性地解决纠纷的必然要求。

（2）承认间接事实之自认的效力，有利于简化对事实的审查、认定程序，提高诉讼效率。

（3）如果法官通过其他证据和辩论而形成了与当事人关于间接事实的自认所不同的心证，那么在这种情况下，法官不受该自认的约束而作出不同的判断时，有其合理性。但是，如果法官并没有自然地形成其他的心证，那么法官只需根据当事人对间接事实的自认作出判断即可，而没有必要特意通过法庭调查等对此间接事实进行重新判断。② 否则，如果法院无视当事人的自认，而另行进行证据调查以排除当事人的自认，则显然既不符合尊重当事人程序主体地位之基本要求，也不利于及时、高效地解决当事人之间的纷争。

关于间接事实的自认之效力，需要注意的问题的是：

（1）间接事实之自认的效力虽然不同于主要事实之自认的效力，但并不等于其无法律约束力，不能因间接事实与主要事实的区别而否定承认间接事实之自认的价值。由于主要事实和间接事实在诉讼中的地位是不同的，因而对主要事实和对间接事实的自认的法

---

① 雷万来等：《诉讼上自认之法理及其效力》，载民事诉讼法研究基金会：《民事诉讼法之研讨（九）》，台湾三民书局 2000 年版，第 143 页。

② 参见 ［日］谷口安平：《程序的正义与诉讼》，王亚新、刘荣军译，中国政法大学出版社 1996 年版，第 131 页。

律效果就会存在区别：即对主要事实自认时，就排除了法院的另行认定权，法院应当将该自认的事实作为裁判的基础；而对间接事实予以自认时，并不排除法院根据其他间接事实通过自由心证来认定主要事实的存在与否，其效力的重要特点在于，免除对该间接事实的证明，并且在法院根据现有的其他间接事实并不能形成否定自认的间接事实而形成认定主要事实的其他心证和结论时，则应当根据当事人自认的间接事实来认定主要事实。因此，主要事实的自认和间接事实的自认具有各自的效力内容，没有必要强求对间接事实之自认的效力必须等同于对主要事实之自认的效力，不应当以主要事实的自认之效力为标准来判断是否应当承认间接事实的自认。

（2）由于对主要事实的自认排除了法院对事实的另行认定权，而对间接事实的自认并不排除根据其他间接事实来认定主要事实，因此，对于传统辩论原则的三大命题中的第二层命题——自认之拘束力问题，关于直接事实与间接事实的划分和界定就具有重要的意义。也就是说，同一事实如果依据不同的划分标准而被界定为直接事实或间接事实，那么对该事实的自认就会具有不同的效力。

（3）根据前文笔者的观点，辩论原则既适用于主要事实，也应适用于间接事实，也即不仅主要事实的提出和主张应当由当事人负责，而且间接事实在原则上也应当由当事人主张。对于有关的间接事实，如果在法院对当事人充分进行阐明后，当事人双方仍然不予主张或者表明放弃对该间接事实的主张时，法院不应当将该间接事实作为认定案件主要事实的基础。在此条件下，法院对事实的认定将更多地尊重当事人的程序选择权，同时也受到当事人的更多限制，并且有利于防止法院对当事人造成认定事实的突袭。这种辩论原则，赋予了当事人在间接事实的采用上的更大的决定权，从而在客观上亦有助于加强间接事实之自认对法院的约束力。

（三）关于权利自认的问题

1. 权利自认的概念与效力

权利自认是指当事人一方承认不利于己的对方当事人的法律上之陈述，换言之，当事人不是承认主要事实本身，而是越过该事实直接承认了这些事实所具有的法律效果。① 在诉讼中，当事人的法律上的陈述可以分成以下三类：第一类是关于法规及经验法则是否存在、其内容如何、怎样解释的陈述；第二类是对于特定的事实是否符合特定法规的构成要件之评价的表明；第三类是关于法的效果存在与否的陈述。其中第三类又包括对各个法条所规定的个别的效果是否存在的陈述和对法条规定所涉及的符合的权利或者法律关系是否存在的陈述。通常，第三类陈述相一致时，即对法的效果存在与否的陈述一致的情况，被称为权利自认。②

在日本，上述第一类陈述不能作为自认的对象是没有争议的。即使双方当事人关于法规、经验法则是否存在以及如何解释达成了一致的意见（主张），法院也不受此拘束。③ 同样，在第二类陈述中，即便双方当事人就"某一事实符合某一法规的构成要件（法规适用）"达成一致意见，这种陈述对于法院的拘束力一般也是被否定的，因为法规的解释及适用本来就是法院的职责。④ 但是，当事人关于第三类的"法的效果存在与否"的陈述则与此不同，因为这些陈述可以构成法的三段论中的小前提，如此一来，就会被提出这样一个问题，即"当事人对于构成诉讼标的权利关系之前提的权利关系或法律效果（这些权利关系或法律效果构成判断诉讼

---

① ［日］谷口安平：《程序的正义与诉讼》，王亚新、刘荣军译，中国政法大学出版社 1996 年版，第 130 页。

② 参见［日］福永有利：《裁判上的自认（三）》，载《民商法杂志》第 92 卷第 2 号，第 211 页。

③ 例如，昭和 8 年的一个判决显示，关于特定的经验法则是否存在（特定的商业习惯是否存在），双方当事人一致的陈述对法院没有拘束力。又例如，昭和 42 年的一个判决认定，关于意思表示的解释不能作为自认的对象，即该判决中认定："上告人虽然在原审中承认缔结了以代物清偿为停止条件的契约，但这作为关于契约解释的法律上的问题，即使当事人见解一致，也不妨碍法院作出与此不同的法律判断。"参见［日］福永有利：《裁判上的自认（三）》，载《民商法杂志》第 92 卷第 2 号，第 211～212 页。

④ 参见［日］福永有利：《裁判上的自认（三）》，载《民商法杂志》第 92 卷第 2 号，第 211 页以下。［日］高桥宏志：《民事诉讼法——制度与理论的深层分析》，林剑锋译，法律出版社 2003 年版，第 409 页。

标的存在与否之小前提的命题）作出予以承认的陈述"是否适用
自认的规则呢？在民事诉讼理论中，权利自认就是指当事人对于对
方当事人就这些权利关系或法律效果提出的主张予以承认之陈述。
例如，原告以被告所有的建筑物因设置有欠缺致其损害为理由，请
求被告赔偿其损害之诉中，被告承认其就该建筑物有所有权，即属
于这里的权利自认之情形。①

关于应否承认权利自认，或者说应否承认权利自认对法院和当
事人产生拘束力的问题，大陆法系国家和地区的民事诉讼理论和实
践中存在否定说和肯定说等不同的主张。

否定说认为，自认是一个仅仅关于事实的概念，是对具体事实
而言的，而对法律判断或经验法则，即使双方当事人的陈述相一致
也不能约束法院，所以不能成为自认，即不能认可权利自认的存
在。② 其主要理由在于，在"法官知法"之原则下，法的适用为法
院之职权，即法的适用不受当事人意思之拘束；当事人对法的适用
之判断有错误时，不应将其判断错误之结果令当事人承受。③ 而
且，如果法的适用可以由当事人决定，将有害于裁判之正确性，且
对于处理大量事件之民事诉讼程序而言，亦不见得可以促进诉
讼。④

肯定说则认为，在概念上应承认权利自认，当事人就作为请求
前提的法律关系所为之自认，亦有诉讼法上的拘束力。换句话说，

---

① ［日］高桥宏志：《民事诉讼法——制度与理论的深层分析》，林剑锋
译，法律出版社 2003 年版，第 409 页；吕太郎等：《所谓权利自认》，载《民事
诉讼法之研讨（六）》，台湾三民书局 1997 年版，第 256 页。

② 参见［日］兼子一、竹下守夫：《民事诉讼法》，白绿铉译，法律出版
社 1995 年版，第 103 页。

③ ［日］竹下守夫：《裁判上的自认》，载《民商法杂志》第 44 卷第 3 号，
第 453 页。转引自吕太郎等：《所谓权利自认》，载《民事诉讼法之研讨（六）》，
台湾三民书局 1997 年版，第 259 页。

④ ［日］木川统一郎：《民事诉讼法重要问题讲义（中）》，第 424 页。转
引自吕太郎等：《所谓权利自认》，载《民事诉讼法之研讨（六）》，台湾三民书
局 1997 年版，第 259 页。

如果关于作为法的三段论之小前提的法律关系成立自认，那么法院也可以无需进行证据调查而直接将其作为法的推论之基础。肯定说的理由主要有：一是认为可准用认诺的规定而承认权利自认；二是认为权利自认与事实自认本质上并无不同，应准用事实自认之规定；三是认为权利自认仍然属于小前提，应当承认其效力；四是可将权利自认看作中间确认之诉的诉讼标的，无禁止权利自认之理；五是认为权利自认符合私法自治的原理。①

介于否定说和肯定说之间的中间性处理的观点则认为，在当事人确实理解法律关系内容的基础上明显具有不予争执的意思时，应当认可权利自认的效力。反过来说，如果当事人同时提出与权利自认内容相矛盾的事实主张，那么也就不能说"当事人明显具有不予争执之意思"，在这种情形下，应当否定成立权利自认。②

对于权利自认的评价，有学者认为，应当考虑以下三个方面的因素，即"在纠纷解决基盘中，可以在何种程度上认可当事人在法律层面上的决定机能"之判断、"在纠正当事人错误之法的判断方面，应当在何种程度上认可负有法适用职责之法院的介入"之考量、以及"保护自认当事人与保护对方当事人之信赖利益"之衡量，权利自认可以说是一种在这三者之间寻求协调的作业。在当事人针对先决性法律关系提起确认之诉的情形中，当这一法律关系主张被对方当事人认诺时，法院就遵从这种认诺，因此，当事人在法律层面上的决定机能大致是应当获得承认的。故此，对于权利自认，那种不认可其任何效力的观点不免显得过于消极，如果当事人对于法的结论确实没有争议，那么也没有必要硬要让其提出事实。③

---

① 吕太郎等：《所谓权利自认》，载《民事诉讼法之研讨（六）》，台湾三民书局 1997 年版，第 257～258 页。

② 新堂幸司：《新民事诉讼法》，弘文堂，平成 10 年，第 472 页。转引自[日] 高桥宏志：《民事诉讼法——制度与理论的深层分析》，林剑锋译，法律出版社 2003 年版，第 412 页。

③ [日] 高桥宏志：《民事诉讼法——制度与理论的深层分析》，林剑锋译，法律出版社 2003 年版，第 413 页。

2. 本书关于权利自认的观点

笔者倾向于认为，在一定条件下承认权利自认具有自认的法律效力应当是可行的。这里的"一定条件"，主要是以下几个条件：第一，权利自认不得违反强行性法规的规定。如果承认权利自认会违反强行性法规的后果，那么就应当否定该权利自认。第二，当事人确实理解所自认的权利或法律关系的内容，明显具有不予争执的意思。第三，法院适当行使阐明权，促使当事人充分认识权利自认的法律后果。

在上述条件下，认可权利自认是具有合理性的。其主要理由在于：

（1）权利自认在性质上与认诺相似。在民事诉讼中，当事人对于诉讼标的之权利关系或法律关系作出认诺时，对法院和当事人就会产生约束力，其效力是得到普遍承认的。而实际上对于诉讼标的之法律关系的认诺与对于先决性的法律关系的自认（即对于为诉讼标的之前提的法律关系的自认），都属于当事人之法律上陈述，因此，从其实质意义上来看，认诺实际上就是一种权利自认。既然广泛地承认诉讼中认诺的法律效力，那么认可先决性权利关系或法律关系之自认的效力并无不妥。另一方面，在大陆法系民事诉讼法中，对于先决性的权利关系或法律关系，一般都允许当事人于诉讼中提起中间确认之诉，① 在提起中间确认之诉的情况下，如果当事人对该权利或法律关系予以认诺的话，就会对法院和当事人产生约束力。既然如此，在当事人就该先决性权利关系或法律关系予以自认时，自然没有不予认可之理。

（2）从当事人的立场来讲，认可权利自认的效力，既是私法自治原则的要求，也是维护其程序主体地位和程序利益的要求。一方面，在私法自治原则之下，私人间权益之追求与调整，原则上由系争当事人自行解决，法院不能亦不必介入，此原则运用于诉讼，就是"无诉即无裁判"之原则。在此原则下，除了就请求本身得

---

① 参见德国《民事诉讼法》第256条，日本《民事诉讼法》第145条，我国台湾地区"民事诉讼法"第256条。

因当事人的意思而排除审判权外，即使就请求基础之事实或法律关系，也应如此。另一方面，民事诉讼法的设计，应当符合当事人于法的利益的追求上具有主体性之要求，无论是就事实之主张而言，还是就权利关系或法律关系之决定而言，均应赋予当事人在衡量举证的难易、诉讼成本的高低等因素的基础上有自主决定权。因此，当事人对于先决性的权利或法律关系，在衡量实体利益和程序利益的基础上作出自认，理应得到法院的尊重。

（3）"法官知法"的原则并不意味着法官对法的判断具有绝对的垄断权。将自认的对象严格限定于事实，而否定权利之自认，其重要理论基础在于认为事实问题与法律问题的区分有明确的界限，并且认为在"法官知法"原则之下，法律问题的判断属于法官的专有权限，即所谓"你给我事实，我给你法律"。但实际上，法官对法律问题的判断权并不适宜作绝对化的理解。一方面，在诉讼中，法律问题和事实问题的区别常常是困难的，诉讼的主张与其说都是现实的、自然的事实，还不如说是经过法律过滤的事实。在法律概念已经变得相当日常化了的今天，承认当事人意思自治的领域在一定程度内及于法律问题领域是非常必要的，过分地强调法律问题严格有别于事实问题只能使纠纷难以得到恰当地处理。① 另一方面，长期以来，"法官知法"原则被推论为法官（法院）具有法的判断之专属权，但就其确立的历史背景考察，该原则之实质理由，乃在于防止当事人可能不知法律，若要求其必须证明法律存在，可能会使其正当的权利丧失之结果出现，即纯属为保护当事人而来，并非是让法官有专断的法的适用权。在诉讼过程中，让当事人于一定范围内决定法规范的内容，并非侵害法院适用法律的职权。当事人仍然可就法律的适用，表示其意见或判断，且依其对象或性质不同，亦有不同程度之拘束力。②

---

① 参见［日］谷口安平：《程序的正义与诉讼》，王亚新、刘荣军译，中国政法大学出版社 1996 年版，第 132 页。

② 参见吕太郎等：《所谓权利自认》，载《民事诉讼法之研讨（六）》，台湾三民书局 1997 年版，第 270～272 页。

关于权利自认的效力，其主要表现为以下几种情形：

第一，在双方当事人未提出事实而仅仅提出法的效果之结论并形成一致的情形下，如果法院实施"作为对当事人不予争议之意思进行简单确认"之阐明，那么就可以承认权利自认对法院的拘束力。也就是说，在此情况下，法院可对当事人予以阐明，以明确当事人确实具有不予争议的意思，即可成立权利之自认。但是，法院没有必要采取职权探知去查明当事人所没有提出的事实并核查该事实是否与权利自认是否一致，也没有必要要求当事人必须提供该事实。

第二，当事人提出了事实并且双方关于"该事实之法适用的结果"的一致判断与法院的判断相一致，在此情形下，也应当认定权利自认的成立。

第三，当事人提出了事实，但双方当事人关于"该事实之法适用的结果"的一致性判断与法院的判断存在差异，在此情形下，法院应当行使阐明权或就法律观点与当事人进行讨论。在多数情形下，通过这种阐明或法的讨论，会使当事人存在的误解等情况得以明确化，进而导致出现"权利自认本身不成立"之结果。不过在少数情况下，也可能出现"法院尽管进行了阐明但双方当事人仍然不改变其一致的陈述"之情形，在此情形下，是依据权利自认还是法院的判断来作出判决就会存在问题。对于这一点，考虑到纠纷毕竟是双方当事人之间的纠纷以及民事权利的可处分性，仍有必要优先考虑权利自认的效力。①

①　[日]高桥宏志：《民事诉讼法——制度与理论的深层分析》，林剑锋译，法律出版社2003年版，第414页。

第五章
辩论原则的补充——阐明权

一、阐明权制度与理论的主要内容

（一）阐明权的含义与必要性

1. 阐明权的含义

阐明权，又称为释明权，是指在言词辩论及准备程序中，为了明了诉讼关系，法官就事实上或法律上的有关事项向当事人发问或者促使其证明的权利。阐明权的原本含义是指使不明确的事项变得明确，在现代民事诉讼理论上，阐明权的含义较为广泛，一般是指在当事人的主张和陈述的意思不明确、不充分，或者有不当的诉讼主张或陈述，或者其所举的证据材料不足而误认为充足等情形下，法院对当事人进行发问、提醒或启发，以促使当事人把不明了的事项予以澄清，或对不充足的事项予以补充，或把不当的主张和陈述予以排除，或提出原来所没有提出的新诉讼资料。① 但须注意的是，对于阐明权问题，从法院的职权角度来说，可称为"阐明权"，从法院的义务（职责）的角度来说，又可称为"阐明义务"。②

2. 阐明权制度的必要性

一般认为，民事诉讼中之所以要确立法院的阐明权制度，其目的和功能就在于补救古典处分原则和辩论原则的缺陷。如果对辩论原则采广义的解释（即将处分原则的内容包含在内），则阐明权制度就在于补救古典辩论原则的缺陷。

按照处分原则和辩论原则的要求，当事人未声明的事项，法院不能判决，如果法院判决，就是诉外裁判，这被认为是违法的。但是有时候当事人的声明不够清楚或不够妥当，或者就他所主张并经证明的事实而言，他原本应该获得胜诉，但他所主张并经证明的事实，有时与其声明或权利主张（诉讼标的）不一致。在这种情况下，若判他败诉，则对该当事人而言，是很苛刻的，因为该当事人并非是没有理由，而只是由于没有把声明讲得很清楚，或者是把声明和其主张的事实没有叙述得相一致。如果据此就判决这种仅仅缺乏诉讼经验、不太懂法律的当事人败诉，是与设立民事诉讼制度的最初宗旨相违背的。故此，为了给当事人提供公正、合理的司法救济，在诉讼过程中，法院就有必要进行适当的阐明，以探讨当事人的真实意图，促使其作一个详细的、清楚的、正确的诉之声明。

另一方面，对于案件的事实和证据问题，按照传统辩论原则的要求，法院仅就当事人所主张的事实加以斟酌，就当事人所提出的证据加以调查，当事人没有主张的事实，法院不能将其采为判决的基础，当事人未提出的证据，法院不能加以调查，一般也没有义务

---

① 参见骆永家等：《阐明权》，载民事诉讼法研究基金会：《民事诉讼法之研讨（四）》，台湾三民书局 1993 年版，第 168 页；江伟、刘敏：《论民事诉讼模式的转换与法官的释明权》，载陈光中、江伟主编：《诉讼法论丛》第 6 卷，法律出版社 2001 年版，第 321 页。

② 为叙述方便，下文一般称"阐明权"。

与责任去替当事人搜集证据。但是，当事人因缺乏诉讼经验、欠缺法律知识等原因，有时他没有将法律要件事实主张得很充分，或者他所主张的事实不太清楚，或者不知提供哪些证据，在此情况下，如果法院采取彻底的消极态度，判决该当事人败诉或驳回其请求，则很可能造成实体上的不公平。于此情形，法院亦有必要进行适当的阐明，以促使当事人适当地、充分地主张事实和提供证据。例如：当事人根据侵权行为请求损害赔偿时，其侵权行为损害赔偿请求权的实现需要具备相应的要件事实，如因果关系、被告的加害行为、原告受到的损害等。若原告没有将这些要件主张得很充分，这时法院应该予以阐明，让他补充，或就所主张的事实提出证据，或在其所提的证据不够时，法院以发问或晓谕的方式，启发他再提供别的证据方法。正因为法院的阐明权对古典辩论原则的缺点具有补救的功用，所以有人称之为民事诉讼的大宪章，以保护当事人的合法权益。①

(二) 阐明权的立法沿革

近代资产阶级革命取得胜利之后，与经济领域实行的自由放任政策相对应，在民事法律领域贯彻的是自由主义的法律观，这不仅表现为民法领域的当事人意思自治原则，而且表现为民事诉讼领域的辩论原则（即当事人提出原则）。但正如上文所指出的，如果将辩论原则绝对化，则很可能会违背民事诉讼法的本来宗旨，因此，各国在确立以当事人主导为基本特征的辩论原则之同时，往往也规定了法院的阐明权责。

1. 法国民事诉讼法的规定

1806 年制定的《法国民事诉讼法典》确立了"当事人进行主义"的基本原则，法官在民事诉讼中扮演严守中立的角色，处于完全消极、被动的地位。法官的基本作用就只是诉讼中的旁观者，

---

① 参见〔日〕三ケ月章：《日本民事诉讼法》，汪一凡译，台湾五南图书出版公司 1997 年版，第 192 页；骆永家等：《阐明权》，载民事诉讼法研究基金会：《民事诉讼法之研讨（四）》，台湾三民书局 1993 年版，第 170～171 页。

单纯地为当事人双方平等地提供诉讼进攻和防御的"武器"。由于受当事人绝对主导的影响，使法国的民事诉讼一度产生了比较严重的迟延现象。到 19 世纪末，法国民事诉讼理论界对法院在民事诉讼中过于消极被动、完全受制于当事人的做法提出了批评，认为不能把诉讼的控制权完全交给当事人，法官也应该对诉讼的运行有一定的控制权，以发挥其能动作用。① 为此，《法国民事诉讼法典》在以后的修改中，扩大了法官的诉讼指挥权，例如，扩大和强化了审前准备程序中法官的权力。对于阐明权问题，现行《法国民事诉讼法典》也有诸多条款予以涉及。例如，该法第 765 条对大审法院诉讼程序的审前准备程序中法官的阐明权问题作了规定，即"审前准备法官得提请诸律师对他们可能未加陈述的理由作出答复。审前准备法官也可以要求律师提供为解决争议所必要的事实上与法律上的说明。审前准备法官可以要求向其通报提交辩论的文书、字据的原件，或者要求向其送交这些文书、字据的副本。"第442 条规定，在法庭辩论程序中，法官也可以行使阐明权，以明了有关的事实上或法律上问题，即"法庭庭长与法官可以提请当事人提出其认为必要的法律上与事实上的说明，或者提请当事人具体说明看来尚不清楚的问题"②。这是立法者强化法官行使阐明权的重要规定。但需注意的是，法官在辩论程序中和审前程序中行使阐明权的目的是截然不同的，因为在辩论程序中，不容许当事人提出新的主张或证据，所以这时法官行使阐明权的目的不是为了整理争点，而是为了正确理解当事人的辩论内容。③

2. 德国民事诉讼法的规定

在德国，1877 年制定的《民事诉讼法》即规定了阐明权制度。在制定该法时，对于"阐明"是法院的一种权利还是法院的一种

---

① 参见张卫平、陈刚：《法国民事诉讼法导论》，中国政法大学出版社1997 年版，第 32 页。

② 罗结珍译：《法国民事诉讼法典》，中国法制出版社 1999 年版，第 154、89 页。

③ 参见张卫平、陈刚：《法国民事诉讼法导论》，中国政法大学出版社1997 年版，第 219 页。

义务的问题，存在着争议。当时的《民事诉讼法》草案第 126 条第 1 款规定："审判长可以向当事人发问，阐明不明确的声明，促使当事人补充陈述不充分的事实，声明证据，进行其他与确定事实关系有必要的陈述。"该条第 2 款规定："审判长可以依职权要求当事人对应当斟酌，并尚存疑点的事项加以注意。"之后，立法委员会将"可以"修正为"应当"，强调了发问和要求当事人注意是法院的一种义务，而不是权利，并将此项内容规定在 1877 年德国《民事诉讼法》第 130 条第 1 款和第 2 款之中。经过 1898 年的修改，该内容又调整为第 139 条第 1 款和第 2 款。1909 年又在该法关于区法院审理程序的第 502 条中规定："法院在言词辩论中，应当对事实和争执的关系，与当事人讨论，命当事人对全部重要的事实作充分的陈述，并作适当的声明。"1924 年则废除了这一条，并对原来的第 139 条进行修改。其第 1 款规定："审判长应当命令当事人对全部重要事实作充分且适当的陈述。关于事实的陈述不充分的，法院应当命令当事人作补充陈述，声明证据。审判长为了到达此项目的，在必要限度内，与当事人就事实及争执的关系进行讨论，并且应当向当事人发问。"第 2 款规定："审判长应当依职权，要求当事人对应当斟酌的，并尚有疑点的事项加以注意。"① 这种立法上的调整使关于阐明的规定能够适用于整个诉讼程序。现在，在德国关于阐明究竟是权利还是义务已无争议，结论是阐明既是法院的一项权利，同时又是法院的一项义务。②

　　德国《民事诉讼法》于 2001 年 6 月 22 日再次进行了修订，并于 2002 年 1 月 1 日施行。法官实质诉讼指挥权的强化是此次德国《民事诉讼法》修正的重要内容之一，而关于法官在事实与法律上的阐明范围以及对公开心证的重视则是此次修正的重点。修正后的

---

　　① 谢怀栻先生翻译的《德意志联邦共和国民事诉讼法》将第 139 条第 2 款译为："审判长对于应依职权调查的事项中存在的可疑之处，应予注意。"

　　② 参见张卫平：《诉讼架构与程式》，清华大学出版社 2000 年版，第 186 页；王甲乙：《阐明权》，载杨建华主编：《民事诉讼法论文选辑（上）》，台湾五南图书出版公司 1984 年版，第 328 页。

第 139 条有 5 款内容。其第 1 款规定："如有必要，法院应与当事人自事实与法律面讨论实体及讼争关系并提出问题，法院应使当事人及时且完整地陈述所有重要事实，尤其系就补充主张事实之不完整陈述、声明证据及提出适当之声明。"第 2 款的内容是："就一造当事人显然忽略和认为不重要之观点，如非仅涉及附属债权，法院仅在曾经予以阐明且赋予当事人陈述机会之情形下，得引为裁判基础。就法院所持观点不同于两造者，亦同。"第 3 款规定："法院就依职权审酌事项所存疑虑应注意及之。"第 4 款为："本条文所规范之指示（阐明）应尽早为之，并记明笔录。法院所为阐明仅得以笔录内容证之。对于笔录之内容仅得以证明伪造予以推翻。"第 5 款又规定："一造当事人不能就法院之阐明为立即之陈述者，法院应依其申请定期令其补提陈述书状。"①

德国《民事诉讼法》第 139 条所规定的内容主要涵盖法院的指示义务、说明义务、发问义务、照顾义务等，乃有关法官义务之规定的核心条文。此一规定对于追求符合正义的审判、贯彻武器平等的观念、防止突袭性与恣意裁判、保障合法听审权以及促使审理集中化等具有重要意义。德国新《民事诉讼法》第 139 条之规定的修正，基本上系修正前《民事诉讼法》第 139 条、第 273 条第 1 款第 2 句及第 2 款第 1 项、第 278 条第 3 款等规定的整合与补充，其目的不仅在于使当事人能因法官的阐明而为及时与完整的陈述，而且具有因法院的阐明而可以令当事人知悉法院对案情所认为的重点，使其能针对争点为攻击、防御的意义。其中，新法第 139 条的第 1 款第 1 句与修正前第 1 款相当，第 2 句则与修正前第 273 条第 1 款第 2 句相当（并就修正前第 273 条第 2 款第 1 项为补充）；② 而新法第 139 条第 2 款第 1 句乃系修正前的第 278 条第 3 款之规定，

---

① 参见姜世明：《2002 年德国民事诉讼法改革》，载《月旦法学教室》创刊号（2003 年第 1 期），第 80 页。

② 第 273 条第 1 款为："法院应及时地采取必要的准备措施。在诉讼的任何阶段，法院都应该使当事人为及时而完全的陈述。"第 273 条第 2 款第 1 项为："为进行任何一种期日的准备，受诉法院的审判长或他所指定的法院成员可以：1. 命令当事人对其准备诉状加以补充或解释，命令当事人提出文书并将其他适当的标的物交存于法院，特别是定一期间命当事人对应予说明的一定争点加以说明……"

并作了更具体化的补充。此外，新法第 139 条第 2 款第 2 句为新增规定，至于其第 3 款则与修正前第 2 款相当，第 4 款和第 5 款均为新增设的规定。

值得一提的是，德国《民事诉讼法》第 139 条第 2 款关于阐明的规定，亦是防止突袭性裁判的重要条文。该款规定："就一造当事人显然忽略和认为不重要之观点，如非仅涉及附属债权，法院仅在曾经予以阐明且赋予当事人陈述机会之情形下，得引为裁判基础。就法院所持观点不同于两造者，亦同。"而修正前《民事诉讼法》的第 278 条第 3 款则规定："法院于当事人可辨识之忽略或认为不重要之法律见解，除非仅涉及附属债权者，若未赋予当事人表示意见之机会，不得据为裁判之基础。"自条文观之，新法第 139 条第 2 款系以修正前第 278 条第 3 款为本，其中修正者主要为加入了事实性观点，即修正前规定仅以法律观点为规范对象，而新法鉴于在审判上法律与事实观点难以区分，因而将事实层面亦予以规范，也即新法扩充了修正前《民事诉讼法》第 278 条第 3 项的范围；并且，新法明示了法院对于为当事人所忽视或认为不重要之观点有指示（阐明）义务；同时，还增订了一项新规定，即法院所持观点不同于两造者时，亦应予以阐明且赋予当事人陈述的机会，否则不得作为裁判的基础。[①]

关于法院违反阐明义务的后果，立法者于此次修正中亦有所注意。法院若违反《民事诉讼法》第 139 条的规定，即可能有下列救济途径，如新增《民事诉讼法》第 321 条之 1 所规定的合法听审权侵害之救济程序、上诉于第二审、于二审中提出新事实、二审或三审之发回程序与宪法诉愿等。此等救济程序中，值得一提的是新增的《民事诉讼法》第 321 条之 1 的规定。其第 1 款：基于受不利判决的当事人之异议，于下列情形，第一审诉讼程序应续行之：（1）依第 511 条第 2 款不得提起上诉者；（2）第一审法院以足以影响裁判结果之方式侵害合法听审权。第 2 款：异议以提出书状

----

① 参见姜世明：《2002 年德国民事诉讼法改革》，载《月旦法学教室》创刊号（2003 年第 1 期），第 82 页。

（异议状）为之。书状内容应包括：（1）请求续行诉讼之案号；（2）侵害听审请求权及侵害于裁判具重要性之陈述。异议状应于二周之不变期间提出于第一审法院，该期间自以完整形式作成之判决送达之日起计算。但于第 313 条之 1 第 1 款第 2 句之情形，自笔录亦送达之日起计算。第 3 款：如有必要，应使对造有表示意见之机会。第 4 款：法院应依职权审查异议本身得否许可及其是否依法定方式与期间提起之，不备前开要件者，应以不合法驳回该异议。异议无理由者，法院应予驳回。裁判以简附理由且不得声明不服之裁定为之。第 5 款：异议有理由者，法院应续行原程序以救济之。该程序回复至言词辩论终结前之状态，第 343 条准用之。

《民事诉讼法》第 321 条之 1 规定之新制，对于第一审法院侵害合法听审权的事件，显然可以为该法院提供一种依当事人申请而为判决之自我纠正的机会；同时，此一条文并有减轻第二审上诉及缓和宪法诉愿负担之意义。①

3. 日本民事诉讼法的规定

在日本，1890 年颁布的旧《民事诉讼法》对于法院的阐明问题作了与德国民事诉讼法相同的规定。1926 年日本对民事诉讼法进行了大修改，关于阐明权，一改旧《民事诉讼法》中将阐明规定为一种义务的做法，而将其视为一种权利，即规定"审判长为了释明诉讼关系，可以对事实上以及法律上的事项向当事人发问或促使当事人声明证据"。② 此后，立法上基本上保持了这样的表述。1998 年 1 月 1 日的新《民事诉讼法》施行之前，其第 127 条关于阐明权的规定是："审判长为了明了诉讼关系，可以对当事人就有关事实上及法律上的事项进行发问并促其证明。陪席审判官向审判长报告后，可以进行前款所规定的处置。当事人可以向审判长要求进行必要的发问。"1998 年的新《民事诉讼法》第 149 条又重申了

---

① 参见姜世明：《2002 年德国民事诉讼法改革》，载《月旦法学教室》创刊号（2003 年第 1 期），第 84 页。

② 参见张卫平：《诉讼架构与程式》，清华大学出版社 2000 年版，第 187 页。

法院的阐明权，分 4 款规定对旧法第 127 条所规定的内容进一步作了完善，即规定："审判长为了明了诉讼关系，在口头辩论的期日或者期日之外，就有关事实上及法律上的事项对当事人进行发问，并且促使其进行证明。陪席法官向审判长报告后，可以进行本条前款所规定的处置。当事人在口头辩论的期日或者期日之外，可以请求审判长进行必要的发问。如果审判长或陪席法官在口头辩论的期日之外，依照本条第一款或第二款规定，对攻击和防御方法进行产生重要变化的处置时，应当将其内容通知对方当事人。"①

4. 我国台湾地区的规定

我国台湾地区"民事诉讼法"对阐明权亦作出了明确的规定。2000 年修订前其"民事诉讼法"第 199 条规定："审判长应注意令当事人得为适当完全之辩论。审判长应向当事人发问或晓谕，令其陈述事实、声明证据或为其他必要之声明及陈述；其所声明或陈述有不明了或不完足者，应令其叙明或补充之。陪席推事告明审判长后，得向当事人发问或晓谕。"我国台湾地区"立法"者认为，适用法律固属法官的职责，惟当事人主张的事实，究竟应适用何种法律，往往影响裁判的结果，为防止法官未经阐明迳行适用法律而对当事人产生突袭性裁判，除令当事人就事实为适当陈述及辩论外，亦应令其就法律观点为必要的陈述及作适当的辩论。② 故此，台湾地区 2000 年 2 月 9 日修订后的"民事诉讼法"第 199 条规定："审判长应注意令当事人就诉讼关系之事实及法律为适当完全之辩论。审判长应向当事人发问或晓谕，令其为事实上及法律上陈述、声明证据或为其他必要之声明及陈述；其所声明或陈述有不明了或不完足者，应令其叙明或补充之。陪席法官告明审判长后，得向当事人发问或晓谕。"此外，台湾民事诉讼理论还认为，为扩大诉讼程序解决纷争的功能，如原告主张的事实，在法律上原本可以主张数项法律关系而原告不知主张时，审判长理应晓谕原告得于该诉讼程序

---

① 白绿铉编译：《日本新民事诉讼法》，中国法制出版社 2000 年版，第 308、71 页。

② 参见邱联恭：《程序选择权论》，台湾三民书局 2000 年版，第 337 页。

中一并予以主张，以便当事人得利用同一诉讼解决有关纷争之目标；同理，如被告主张有消灭或妨碍原告请求的事由，该事由究为防御方法或提起反诉有疑义时，审判长也应适时地行使阐明权。因此，2000 年修正后的"民事诉讼法"又新增了一个条文对此予以规定，即第 199 条之 1："依原告之声明及事实上之陈述，得主张数项法律关系，而其主张不明了或不完足者，审判长应晓谕其叙明或补充之。被告如主张有消灭或妨碍原告请求之事由，究为防御方法或提起反诉有疑义时，审判长应阐明之。"但须注意的是，由于民事诉讼法采处分原则和辩论原则，因此，尽管存在法院的阐明，但对于原告究竟欲主张何种法律关系，以及是否为诉之变更或追加，仍应由原告斟酌其实体利益及程序利益而决定；为利于被告平衡追求其实体利益与程序利益，关于其究竟是提出防御方法还是提出反诉，被告也具有选择权。①

（三）阐明权的具体内容

关于阐明权的内容，或者说在哪些情况下法院应行使阐明权，可以从不同的角度，依不同的标准，予以分类和归纳。

1. 根据当事人的声明或陈述在内容上的欠缺之不同表现进行的分类

根据当事人的声明或陈述在内容上的欠缺之不同表现，可以将阐明权分为以下几种情形。② 这是最常见的一种分类。

（1）当事人的声明有不明确的，通过阐明使其明确。由于当事人文化水平参差不齐，对案件的声明就可能存在相互矛盾、模糊不清的情况。法院若将其作为裁判的基础则难以作出符合真实的裁判，因而需要法官向当事人发问以便使不明确的声明明确化。不

---

① 参见邱联恭：《程序选择权论》，台湾三民书局 2000 年版，第 338 页。

② 参见张卫平：《诉讼架构与程式》，清华大学出版社 2000 年版，第 189～190 页；王甲乙：《阐明权》，载杨建华主编：《民事诉讼法论文选辑（上）》，台湾五南图书出版公司 1984 年版，第 325 页；［德］奥特马·尧厄尼希：《民事诉讼法》，周翠译，法律出版社 2003 年版，第 130 页以下。

过，法院的发问仍应受辩论原则的限制，当事人没有声明的事项，法院不得发问。在德国民事诉讼制度中，法院未使当事人的陈述明确化即作出判决的，当事人可以法院没有行使阐明权为由提起上诉，请求撤销原判。

（2）对当事人的不当声明，通过阐明加以消除。如果当事人目前所引证的事实对申请来说不正当（诉缺乏正当性、防御不显著等），则法院应阐明以促使当事人对有漏洞的陈述予以补充。如果当事人的陈述毫无意义或带有诈欺性，法院可以行使阐明权将其消除。但一般认为，在这种情况下，即使不行使阐明权，也不构成违反阐明义务，所以不得将此作为上诉审的理由。在这里阐明实际上被视为一种权利。

（3）诉讼资料不充分、不完整时，可以通过阐明令当事人予以补充。例如，甲起诉乙，要求判处乙履行合同，但没有详细描述合同的订立，乙没有对之争辩；当此种情况发生时，法院可要求甲现在详细描述：订立合同的电话谈话是怎样进行的，或者哪个职员作为代理人与乙订立了合同。

关于此种情形下的阐明，德国民事诉讼理论与日本民事诉讼理论在理解上有所差异。德国民事诉讼理论认为，阐明权是要求当事人将自己提出的诉讼资料加以明确和充分，但该阐明权的行使仍然限制在当事人所提出的攻击或防御方法之内。不能在此之外要求当事人提出诉讼资料。在作为当事人攻击或防御手段的诉讼资料有瑕疵时，法院则可令其补充。当事人对事实的陈述有瑕疵也是如此。并且认为这种场合的阐明属于法院的一种义务。没有履行阐明义务的，构成上诉审撤销原判、发回重审的理由。而日本判例则认为，当事人的陈述不充分时，法院要求当事人补充，是符合当事人主义的。但法院行使阐明权并不是要求当事人陈述新的主张，因而如果要求当事人陈述新的主张，自然是违背当事人主义和辩论原则的。法院行使阐明权，让当事人作更充分的陈述，可以使本案的审理更加充分，这符合民事诉讼制度的目的。

（4）通过阐明，促使当事人提出新的诉讼资料。对于法院能否通过阐明使当事人提出新的诉讼资料，理论界颇有争议，德国和日本的判例也各有己见。

（5）当事人用法律概念来概括有关的事实时，法院应致力于拆卸双方当事人概括其事实引证上的法律概念。① 例如，当事人经常只说订立"买卖合同"、提供"借款"、"粗心"、"恶意"等词语，但并没有详细阐述各个情况中导出其法律资格的事实。在此情况下，只有当对法律的涵摄不存在任何疑点时，法院才无需要求当事人引证各个事实；如果对概括事实陈述的法律判断存在争议，则法院应向当事人阐明以使其提出具体的事实。

（6）法院应促使双方当事人能够对法院裁判将要依据的法律观点进行表态，以防止发生突袭性裁判。例如，依据德国民事诉讼法第139条第1、2款的规定，法院应从"法律方面"与当事人探讨实体关系和诉讼关系，对于一方当事人显然忽略和认为不重要之观点，法院应当予以阐明并赋予当事人陈述意见的机会，否则不得引为裁判的基础。

2. 根据是否促使当事人提出新的诉讼资料进行的分类

根据是否促使当事人提出新的诉讼资料，可以将阐明分为消极的阐明与积极的阐明。消极的阐明是指为修正当事人陈述的矛盾、不准确以及谬误而行使的阐明权。主要包括：（1）澄清不明了的阐明，也就是使不明了变成明了；（2）除去不当的阐明，即促使当事人将不当的主张予以消除；（3）诉讼资料补充的阐明，即促使当事人对不充分、不完整的陈述予以补充陈述。积极的阐明是指新提出诉讼资料的阐明，即法院通过发问给予引出新的主张或者攻击方法的暗示，或者明确催促当事人提出这类内容时的阐明。②

就案件的事实审而言，过去有人认为法院只能作消极的阐明，不能作积极的阐明，认为积极的阐明逾越了法院阐明的范围，与处

---

① ［德］奥特马·尧厄尼希：《民事诉讼法》，周翠译，法律出版社2003年版，第131页。

② 参见骆永家等：《阐明权》，载民事诉讼法研究基金会：《民事诉讼法之研讨（四）》，台湾三民书局1993年版，第172页；［日］三ケ月章：《日本民事诉讼法》，汪一凡译，台湾五南图书出版公司1997年版，第193页。

分原则和辩论原则相冲突。但是目前大多数学者认为，事实审法院既可作消极的阐明，亦可作积极的阐明，应该是没有什么限制的。法院尽可以去阐明，不会因为尽量去阐明而变成违法，只有可能因尽量去阐明而变成不当，只有当与不当的问题，而没有合法与不合法的问题。也就是说，法院的阐明纵然有所不当，但当事人因此而开窍了，并去做一些声明、陈述或举证，在此情况下，不会因为法院不当的阐明而影响到其所作的诉讼行为成为无效的诉讼行为。所以在事实审，法院的阐明是没有什么范围的，可以作消极的阐明，也可以作积极的阐明。但须注意的是，法院虽既可以作消极的阐明，也可以作积极的阐明，但并不表示法院一定都得作积极的阐明，法院可作积极阐明而未作积极的阐明，并非一定使该判决成为违法，这是一个不同的观念。一般而言，事实审法院未作积极的阐明之情形，不太会被法律审法院认为是违法的，但是对于消极的阐明，事实审法院不去阐明时，往往就比较容易被法律审认为这个判决是违法的。①

3. 根据处分原则与辩论原则进行的分类

对辩论原则作狭义的理解并根据处分原则与辩论原则的划分标准，可以将阐明分为处分原则领域的阐明和辩论原则领域的阐明。有关处分原则领域的阐明，会改变诉讼标的，导致诉之变更。有关辩论原则的阐明，则是在同一个诉讼标的范围内的阐明，只因为法院的阐明，当事人会提出新的攻击防御方法，提出新的证据出来，而不会转到另一个诉讼标的，不会发生诉的变更。

4. 其他分类

根据行使阐明权的诉讼阶段不同，可以分为：（1）审前程序中的阐明；（2）庭审程序中的阐明；（3）上诉程序中的阐明；（4）再审程序中的阐明等。

以当事人的诉讼行为为标准，可以分为：（1）有关声明的阐明；（2）有关陈述的阐明；（3）有关证据声明、证据方法的阐

---

①　参见骆永家等：《阐明权》，载民事诉讼法研究基金会：《民事诉讼法之研讨（四）》，台湾三民书局1993年版，第173页。

明等。

另外，以阐明是针对事实问题还是针对法律问题为标准，可以分为：（1）有关事实与证据的阐明；（2）有关法律问题、法律观点的阐明。

（四）阐明权的性质

1. 德国的理论与实践

德国在较早时期，有部分学说认为阐明权系训示规定，并非审判长之义务，阐明权之不行使，不得作为第三审上诉的理由，至1890年之初期判例亦采同样的见解。大部分学说及其后之判例，则均认为阐明权系法院或法官的义务，阐明义务的违背，得为第三审上诉的理由。①

关于德国《民事诉讼法》第139条所规定的法院或法官的发问义务（阐明义务），在德国，也有学者认为更准确的说法应当是法官的"指出义务"或"指示义务"。例如，有学者认为，审判长督促当事人对不充分的事实进行补充，最终是合作参与事实资料的收集。但法院的合作应该限定于促使当事人对事实之提出进行补充完整，而必要事实的提出仍旧只是当事人的责任，法院无权把自己知道的事实带到诉讼中来。如果当事人消极对待法官的指出，不进行陈述，而使该事项不能认定时，法院应基于事实欠缺而作出裁判。基于这个理由，该学者认为，与德国《民事诉讼法》第139条相关的常常被使用的"法官的阐明义务"的概念最好避免使用，因为这个概念似乎让人认为事实关系的阐明是法院的积极作用，而这样的作用对法院是不适当的，因此，应以"法官的指出义务"之概念代替它。② 也有学者认为，"法官的发问义务和阐明义务"这一通常的用词具有误导性，因为《民事诉讼法》第139条没有

---

① 王甲乙：《阐明权》，载杨建华主编：《民事诉讼法论文选辑（上）》，台湾五南图书出版公司1984年版，第330页。

② E. Becker-Eberhard：《辩论主义の基础と限界》，［日］高田昌宏译，载《比较法学》第35卷第1号（2001年），第156页。

赋予法院自动的、无视双方当事人的、对案件事实情况进行阐明的义务，甚至也无权利这样做。毋宁说，法院不仅仅应当接受和利用双方当事人的陈述，而且也督促双方当事人使自己的陈述完整，以达到澄明案件事实情况的目的。因而法院承担的是指示义务。这种义务应当尽早行使，并应作成记录且只能以此作为证明。通过适切和及时的指示，法院可以帮助真理获胜，并证明自己是双方当事人中立的帮助人。①

对于澄清不明了的阐明、除去不当的阐明、补充诉讼资料的阐明，一般认为系法院的义务，在未进行阐明时，可以成为上诉的理由。但对于提出新诉讼资料的阐明，在判例及学说上则素有分歧。主要有消极说、附限制积极说和积极说三种观点。（1）消极说。认为对于虽表现于证言的事项，如当事人未言及者，阐明权亦不及之。当事人行使与否，有其自由的抗辩权或异议权，法院并无促使其行使的义务及权利。（2）附限制积极说。认为阐明权应限于辩论原则的范围内为之。法院促使当事人为适当、合法的声明，并非是由法院供给声明与当事人。法院并无命令当事人陈述新请求原因或新抗辩事由的权限；应限于因攻击防御方法变更所牵连的事项，向当事人发问。关于证据，原则上因当事人过失或误解其举证责任致未举证的场合，法院始有晓谕其声明证据的义务。（3）积极说。该说主张，法院不得仅以当事人未为何种陈述，未声明证据或未为适当之声明，作为裁判之理由。法院应就上述各项，予以发问。例如原告基于损害赔偿请求权，诉请判令被告回复原状，法院审究结果认为不能回复原状者，应行使阐明权，促其注意，将声明变更为赔偿金钱。②

2. 日本的理论与实践

日本在"二战"前大审院的时代，一贯认为阐明系法院的义

---

① ［德］奥特马·尧厄尼希：《民事诉讼法》，周翠译，法律出版社2003年版，第129页。

② 转引自王甲乙：《阐明权》，载杨建华主编：《民事诉讼法论文选辑（上）》，台湾五南图书出版公司1984年版，第332页。

务，如果事实审法院没有行使阐明权，没有尽阐明义务的话，很容易被大审院（最高法院）认为原判决是违背法令，把原判决废弃掉，这是第一个时代，可称之为职权主义积极阐明模式的时代。尽管 1926 年日本对《民事诉讼法》进行修改时规定的是"可以"向当事人发问，一改旧《民事诉讼法》中将阐明规定为一种义务的做法，而将其视为一种权利，但由于当时法律新设了证据的职权调查规定，因此，就不能否定阐明既是一种权利，同时又是一种义务。学说和判例仍然持与旧法相同的观点，大审院也常常以法院没有行使阐明权为理由，撤销原判决并发回重审。①

到了日本战败以后，受英美法的影响，移植了"交叉询问制"，并废除了旧法第 261 条规定的职权证据调查制度，当事人主义较为浓厚，且受到因战后日本动乱的影响而致使诉讼事件太多，以及最高法院的员额比大审院的员额还有限等因素的制约，对于法院阐明义务的看法，就比较消极。在日本战后大概有十几年间，最高法院很少认为事实审法院没有尽阐明义务而将原判决予以废弃，尤其是关于积极的阐明，认为事实审法院未尽积极的阐明而把原判决废弃掉的最高法院判决，似乎没有出现过，这十几年间称为古典的辩论主义消极阐明模式。② 这一时期的理论上的主流观点，同样支持对阐明权持消极的态度，强调民事诉讼类似于体育竞赛的观点，认为辩论原则根植于民事诉讼的"本质"。对此，后来有学者认为，这种观点其实是产生于对美国法的肤浅理解（在美国，同时期基本上已克服了所谓的"体育竞赛理论"，认为美国法同样有这样的复归，只是对美国法的动向未能正确地加以理解）。同时，可径直推测，之所以强调（美国式）当事人主义，还因为战后的混乱，导致无法对每一事件进行认真的处理，从而转向当事人本身

---

① 参见骆永家等：《阐明权》，载民事诉讼法研究基金会：《民事诉讼法之研讨（四）》，台湾三民书局 1993 年版，第 175 页；张卫平：《诉讼架构与程式》，清华大学出版社 2000 年版，第 188 页。

② 参见骆永家等：《阐明权》，载民事诉讼法研究基金会：《民事诉讼法之研讨（四）》，台湾三民书局 1993 年版，第 175 页。

这一奇特的历史现象。①

但是，战后的混乱状态终于改观，美国和德国对于当事人主义和辩论原则之观点的修正也终于被认识，因此，日本民事诉讼理论和实务两方面也就理所当然地对战后的阐明权问题上的急遽回转产生了疑问。自 1955 年前后起，强调无阐明义务的判例已不复存在。在这一时期，对于阐明权，均理解为消极性的阐明，亦即大多将阐明权限制在当事人的声明、主张等不明确时之阐明的范围之内。但自 1965 年以后，对于阐明权又出现了积极认可的倾向，这一倾向得到了众多学说的赞同。日本的最高法院（最高裁判所）又开始强调事实审法院的阐明义务，常常出现认为事实审法院未尽消极阐明义务而将原判决废弃掉的案例，也出现过因事实审法院未作积极的阐明，而将原判决给废弃掉的案例。这个时期称为程序保障指向型积极阐明模式。在这个时期，不是职权主义的复活，而仍然是以当事人主义为前提的，只是强调应该赋予当事人一个充分的、实质的程序保障（due process）。之所以强调这一点，是因为在诉讼上，虽然说是实行当事人平等原则，但实际上当事人双方在资力方面、在法律常识方面、在诉讼经验方面等，却可能不是平等的：一方聘请有名律师来诉讼，而另一方是当事人诉讼，或一方是受大学法律系教育毕业的，而另一方是个文盲，又自己打官司。在这种情况之下，为了给当事人一个真正的、实质的程序保障，真正做到所谓武器平等原则，法院应该予以阐明。②

3. 我国台湾地区的理论与实践

在我国台湾地区，民事诉讼法学界亦普遍认为，阐明权既是法院的一项职权，也是法院的一项义务，法院如不行使阐明权，会影响到其判决的合法性。在司法实践中，关于事实审法院未行使阐明

---

① ［日］三ケ月章：《日本民事诉讼法》，汪一凡译，台湾五南图书出版公司 1997 年版，第 195 页。

② 参见［日］三ケ月章：《日本民事诉讼法》，汪一凡译，台湾五南图书出版公司 1997 年版，第 195 页；骆永家等：《阐明权》，载民事诉讼法研究基金会：《民事诉讼法之研讨（四）》，台湾三民书局 1993 年版，第 175 页。

权时是否可以成为上诉审法院废弃其裁判的理由问题，台湾地区与德、日等国相类似，其判例在有些情形下认为不行使阐明权为违法，在有些情形下则认为未行使阐明权并不违法。例如，1954 年的一个判例（1954 年台上字第 12 号）认为，事实审法院未进行行使代位权的阐明即属违法。其主要内容是：原告提起第三人异议之诉，主张就查封标的物（被查封标的物是一个违章建筑）有所有权，原告主张就房屋有所有权的理由是，原告主张这栋房屋是向 A 买来的，A 又是向 B 买来的，而这栋房屋是 B 盖的，因此，原告主张其当然有所有权，而其并非是债务人，法院不应查封其财产，于是提起第三人异议之诉。事实审法院认为原告就此违章建筑并没有所有权，因为原告没有办理移转登记，没有取得所有权移转登记。原告说：这栋房屋是违章建筑，我没有办法取得所有权移转登记，乃提出 B 是原始建筑人的证据、提出买卖契约书等，这些事实当事人间都不争执，法院也认定了，但事实审法院仍以原告没有所有权，也就是没有足以排除强制执行的权利为理由，判原告败诉，原告提起上诉。"最高法院"就认为：从认定的事实来看，原告虽然没有办法取得所有权，但 B 是原始建筑人，原始建筑人不必登记，就可以取得所有权，B 将该建筑物卖给 A，A 再卖给原告，原始建筑人没有提起第三人异议之诉，属怠于提起第三人异议之诉，而原告可以行使代位权，提起这个诉讼，但事实审法院没有弄清楚原告是不是要代位提起这个诉讼，没有行使阐明权，就以原告对查封标的物没有所有权为理由，而判原告败诉，是怠于行使阐明权，乃将原判决予以废弃，发回原法院重审。①

在台湾地区，也存在一些没有行使阐明权并不构成违法的判例，例如 1978 年的一个关于没有就反诉进行阐明的判例（即 1978 年台上字第 423 号判例）。在该案件中，原审、第二审法院没有行使阐明权，让被告提起反诉，于是该被告认为：事实审法院当时没有告诉其提起反诉，乃怠于行使阐明权，故原判决违法，要求

① 参见骆永家等：《阐明权》，载民事诉讼法研究基金会：《民事诉讼法之研讨（四）》，台湾三民书局 1993 年版，第 176～177 页。

"最高法院"将其废弃。"最高法院"认为事实审法院没有晓谕当事人提起反诉的义务，指出"提起反诉，非属审判长行使阐明权之范围，上诉人主张原审未行使阐明权，令其提起请求地役权登记之反诉，显属误会"。对于这一案例，有学者认为，事实审法院可以行使阐明权，启发当事人提起反诉，但法院如没有这样做，也不能说是违法。①

（五）衡量是否怠于行使阐明权的标准

衡量事实审的判决有没有怠于行使阐明权，能不能将其予以废弃，有很多因素须加以考虑，这些因素当然不是一定、绝对的，只是一种参考性的因素。对于这一点，不同的学者提出很多不同的衡量基准。有些学者综合其他学者衡量的基准，认为法律审程序中衡量事实审有无怠于行使阐明权，有无违反阐明义务的基准，可分成一般规则与特别规则。

一般规则有两个方面：第一，因阐明的行使，将改变原判决当事人双方的胜败或使原判决发生重要变更的盖然性之有无。例如，因事实审法院没有行使阐明权而使原告败诉，有这种盖然性的话，很可能就认为原审怠于行使阐明权，如果说原审法院再行使阐明权，原告还是败诉，那么这时候，就不应该认为原审怠于行使阐明权，不应认为原审判决是违法的，这是第一点。这一点主要看是不是因为原审怠于行使阐明权，使该胜的没有获得胜诉，该败的却获得胜诉，只要有阐明权的行使，整个诉讼胜败会逆转，使该胜的胜、该败的败，有这种可能性，有这种盖然性的时候，就可以认为原判决是违法的。第二，因阐明权的行使，而达成事件之适当、正确的解决是否在该事件当事人的真意或合理的期待范围内。如果法院再怎么阐明，也不违反当事人的真意或合理的期待，或法院即使作这种阐明，也不会违反当事人的意思，那么，在法院却没有作这样的阐明时，就可以认为原判决违背法令；如果事实审法院作这样

---

① 参见骆永家等：《阐明权》，载民事诉讼法研究基金会：《民事诉讼法之研讨（四）》，台湾三民书局1993年版，第180页。

的阐明是根本违反了当事人的真意或期待，事实审法院当然不能作这样的阐明，法律审就不能说事实审法院为什么没有作这样的阐明，不能说事实审法院未作阐明是违法的。

特别规则是指，有不能期待当事人为事案的解明之情事存在时，为保障当事人诉讼活动之合理的机会，法院应适当地行使阐明权。例如，当事人提供了一些证据方法，但他没有办法知道这个证据的价值有多大，因为证据价值的大小，依自由心证主义是由法院去衡量它，当事人很难知道法院对这个证据方法的证据价值之轻重的衡量，所以，在当事人自以为所提出的证据方法的证据价值很够，一定会胜诉，而法官内心里却认为其提出的证据方法的证据价值根本不够时，法官不应隐瞒、不要使当事人误信，而应该询问当事人还有什么证据方法可以提出，指出其所提出的证据方法还不足以让法官形成确信。没有经过法院的阐明，不能期待当事人去判断他所提出的证据价值是否足够。①

二、我国关于阐明权制度的立法、理论与实践

阐明权制度是与建立在辩论原则基础之上的当事人主义之诉讼结构紧密相关联的。而在职权主义（指职权探知主义）的诉讼理念看来，法院对当事人的阐明是理所当然的。因为在这种职权主义的诉讼体制之下，法院处于诉讼的主导地位，无论是对当事人所提出的诉讼请求和诉讼标的，还是就案件的事实和证据而言，法院都可以主动地加以阐明，并且可以超出当事人主张的范围进行裁判。我国民事诉讼法在相当长的时期内即实行的是这种职权主义的诉讼模式，与此相对应，虽然实践中法院对当事人进行发问和阐明的行为也是存在的，但阐明权理论长期以来并没有引起诉讼理论界和实务部门的重视。近些年来，特别是 20 世纪 90 年代中后期以来，随着民事审判方式改革的推行和民事诉讼理论的发展，主张我国民事

---

① 参见骆永家等：《阐明权》，载民事诉讼法研究基金会：《民事诉讼法之研讨（四）》，台湾三民书局 1993 年版，第 174 页。

诉讼法应当由职权探知主义转向当事人主义已成为理论和实践的主流。在此条件下，如何在进行民事诉讼模式转换的过程中，恰当地发挥法院的阐明作用，避免从一个极端走向另一个极端，就成为诉讼理论界和实务部门必须面对和解决的一个问题。以下，笔者将对我国民事诉讼中关于阐明权的立法、理论和实践及其相应的完善措施进行简单的论述。

（一）立法现状

1. 《民事诉讼法》的相关规定

由于 1982 年的试行法和 1991 年的《民事诉讼法》均采取的是职权探知主义的诉讼模式，因而法院的阐明权责并没有作为一个单独的问题予以强调，实际上也没有必要特别予以强调。所以，我国民事诉讼法中并没有像德、日等大陆法系国家和地区那样设立一般性条款对阐明权作出规定，而主要是在有关条款中规定人民法院应当向当事人告知有关的诉讼权利义务。例如，《民事诉讼法》第 114 条规定："人民法院对决定受理的案件，应当在受理案件通知书和应诉通知书中向当事人告知有关的诉讼权利义务，或者口头告知。"第 123 条规定："开庭审理时，由审判长核对当事人，宣布案由，宣布审判人员、书记员名单，告知当事人有关的诉讼权利义务，询问当事人是否提出回避申请。"这里所谓"告知当事人有关的诉讼权利义务"，实际上也可以理解为是关于法院"阐明权"的一种规定，只不过由于适用的制度环境不同，这种规定的地位和作用远没有大陆法系国家和地区民事诉讼法中阐明权之规定那样突出和重要。而且，所谓"告知当事人有关的诉讼权利义务"，也是一种极为抽象的条款，至于究竟应当向当事人告知哪些诉讼权利，则由法官自由裁量。

另外，《民事诉讼法》第 111 条关于人民法院对不符合受理条件的起诉的处理，也可以看作是法院阐明权的一种方式。该条款的规定是："人民法院对符合本法第 108 条的起诉，必须受理；对下列起诉，分别情形，予以处理：（1）依照行政诉讼法的规定，属于行政诉讼受案范围的，告知原告提起行政诉讼；（2）依照法律规定，双方当事人对合同纠纷自愿达成书面仲裁协议向仲裁机构申请仲裁、不得向人民法院起诉的，告知原告向仲裁机构申请仲裁；（3）依照法律规定，应当由其他机关处理的争议，告知原告向有关机关申请解决；（4）对不属于本院管辖的案件，告知原告向有管辖权的人民法院起诉；（5）对判决、裁定已经发生法律效力的案件，当事人又起诉的，告知原告按照申诉处理，但人民法院准许撤诉的裁定除外……"在上述诸种情形下，法院应向原告说明如何处理，如果原告不听从法院的解释而坚持起诉，则裁定不予受理。

2. 有关司法解释的规定

（1）《关于民事经济审判方式改革问题的若干规定》之规定

1998 年 7 月 11 日施行的最高人民法院《关于民事经济审判方式改革问题的若干规定》（以下简称《审改规定》）中一些条款也涉及法院的阐明权问题，例如该司法解释第 1、2 条关于"举证须知"的规定，即："人民法院可以制定各类案件举证须知，明确举证内容及其范围和要求。人民法院在送达受理案件通知书和应诉通知书时，应当告知当事人围绕自己的主张提供证据。"第 5 条规定，开庭前的准备工作之一是"告知当事人有关的诉讼权利和义务、合议庭组成人员。"第 8 条第 8 款第 3 项规定："审判人员可以询问当事人。"第 16 条关于法官对法庭调查的总结之规定，即"法庭调查结束前，审判长或者独任审判员应当就法庭调查认定的事实和当事人争议的问题进行归纳总结。"以及第 17 条关于对法庭辩论的引导之规定，即"审判人员应当引导当事人围绕争议焦点进行辩论。当事人及其诉讼代理人的发言与本案无关或者重复未被法庭认定的事实，审判人员应当予以制止。"等。另外，第 19 条还规定了法官不得进行阐明的情形，即"法庭辩论时，审判人员不得对案件性质、是非责任发表意见，不得与当事人辩论"。

（2）《关于民事诉讼证据的若干规定》之规定

2002 年 4 月 1 日实施的最高人民法院《关于民事诉讼证据的若干规定》（以下简称《证据规定》）也有若干条款涉及法院的阐明权问题。主要有以下几个方面：

第一，关于法院对当事人的举证指导问题。该司法解释第 3 条第 1 款规定："人民法院应当向当事人说明举证的要求及法律后果，促使当事人在合理期限内积极、全面、正确、诚实地完成举证。"第 33 条第 1 款则进一步规定："人民法院应当在送达案件受理通知书和应诉通知书的同时向当事人送达举证通知书。举证通知书应当载明举证责任的分配原则与要求、可以向人民法院申请调查取证的情形、人民法院根据案件情况指定的举证期限以及逾期提供证据的法律后果。"理论上一般认为，上述规定是阐明权的一项重要内容，是对《民事诉讼法》第 114 条和《审改规定》第 1、2 条的进一步解释和具体化。

上述司法解释中法院的举证指导之内容是在民事审判方式改革的积极推行和民事诉讼理论研究的蓬勃发展的大背景下予以规定的。20 世纪 90 年代中后期以来，各地法院推行的民事审判方式改革中吸取和借鉴了大量对抗制诉讼模式中的积极因素，扩大了当事人在民事诉讼中的权利，同时也强化了当事人举证和质证的义务。但在相当一部分当事人欠缺诉讼知识的条件下，如要求完全由当事人举证、法院不作任何形式的介入，则很难实现诉讼公正。因此，如何对当事人的举证进行适当的指导，就成为民事审判方式改革过程中必须面对和解决的重要课题。在此背景下，一些法院制定了形式各异但内容大致相同的"举证须知"、"举证通知"、"举证指导"，特别是 1998 年的《审改规定》第 1 条明确肯定"举证须知"的地位后，这类举措在全国各地法院全面铺开，以促使当事人明确举证的内容及其范围和要求，增强当事人举证的针对性。

关于举证指导的性质，《证据规定》使用的是"应当"一词，即"人民法院应当向当事人说明举证的要求及法律后果，促使当事人在合理期限内积极、全面、正确、诚实地完成举证"。因此，法院对当事人的举证指导具有义务的性质。对此，有学者认为，"按照这一规定，任何法院（法官）就其审理的案件都应当向当事人说明待证事实、当事人应提供的证据，指导当事人展开举证活动。法院（法官）若不履行该义务，则属于失职行为"①，"人民法院如果没有向当事人说明举证的要求，从而导致当事人贻误举证时机的，当事人为此提起上诉，上级人民法院可以原审判决程序违法而予以撤销"②。

关于举证指导的方式，《证据规定》第3条规定法院应当采取"说明"的形式。那么，法院具体应当采取何种方式向当事人"说明"举证的要求呢？对此存在两种不同的观点。一种观点认为，人民法院既可以采取书面形式通知当事人如何举证，也可以采取口头形式向当事人说明举证的要求及法律后果。③ 另一种观点认为，人民法院只能采取书面形式向当事人说明举证的要求及法律后果，因为：（1）书面形式更能体现举证指导的重要性和严肃性；（2）随着我国城乡文化水平的普遍提高，选择书面告知的形式具有可行性；（3）《证据规定》第33条规定"人民法院应当在送达案件受理通知书和应诉通知书的同时向当事人送达举证通知书"，与此联系起来考察，应当将"举证指导"理解为应采取书面形式。④

关于举证指导的内容，从《证据规定》第33条第1款的规定来看，主要包括以下几个方面：（1）举证责任的分配原则与要求；（2）可以向人民法院申请调查取证的情形；（3）人民法院根据案件情况指定的举证期限；（4）逾期提供证据的法律后果。

第二，关于对拟制的自认之阐明问题。《证据规定》第8条第2款规定："对一方当事人陈述的事实，另一方当事人既未表示承认也未否认，经审判人员充分说明并询问后，其仍不明确表示肯定或者否定的，视为对该项事实的承认。"据此，对于拟制自认，必

---

① 李国光主编：《最高人民法院〈关于民事诉讼证据的若干规定〉的理解与适用》，中国法制出版社2002年版，第47页。

② 最高人民法院民事审判第一庭：《民事诉讼证据司法解释的理解与适用》，中国法制出版社2002年版，第27页。

③ 李国光主编：《最高人民法院〈关于民事诉讼证据的若干规定〉的理解与适用》，中国法制出版社2002年版，第49页。

④ 最高人民法院民事审判第一庭：《民事诉讼证据司法解释的理解与适用》，中国法制出版社2002年版，第27页。

须经过"审判人员充分说明并询问"后，当事人仍不明确表示肯定或者否定的，才能够成立。这里所谓"经审判人员充分说明并询问"，实际上就是审判人员行使阐明权的一种形式。

第三，关于对变更诉讼请求的阐明问题。《证据规定》第35条规定："诉讼过程中，当事人主张的法律关系的性质或者民事行为的效力与人民法院根据案件事实作出的认定不一致的，不受本规定第34条规定的限制，人民法院应当告知当事人可以变更诉讼请求。当事人变更诉讼请求的，人民法院应当重新指定举证期限。"[①]这一条款规定了法院的诉讼请求变更之告知义务，对于这一规定，大多数人认为其属于法院行使阐明权的一种方式,[②] 但也有学者认为，此处的诉讼请求变更之告知义务与辩论原则下的阐明制度并不属于同一概念下的事物，二者在行使的前提、限制条件、违反时的法律后果等方面均有所不同。[③] 笔者倾向于认为，在当事人主张的法律关系的性质或者民事行为的效力与人民法院根据案件事实作出的认定不一致时，法院告知当事人可以变更诉讼请求，实际上属于法律观点的阐明，在此情况下，作为适用法律的基础之前提事实（要件事实）及其证据，仍然应当由当事人予以主张和提出。

（3）《关于适用简易程序审理民事案件的若干规定》之规定

2003 年 9 月 10 日公布并于 2003 年 12 月 1 日实施的最高人民法院《关于适用简易程序审理民事案件的若干规定》（以下简称《简易程序规定》）第 20 条对法院在简易程序中的阐明义务作了较为具体的规定，即："对没有委托律师代理诉讼的当事人，审判人

---

① 《证据规定》第 34 条规定："当事人应当在举证期限内向人民法院提交证据材料，当事人在举证期限内不提交的，视为放弃举证权利。对于当事人逾期提交的证据材料，人民法院审理时不组织质证。但对方当事人同意质证的除外。当事人增加、变更诉讼请求或者提起反诉的，应当在举证期限届满前提出。"

② 参见李国光主编：《最高人民法院〈关于民事诉讼证据的若干规定〉的理解与适用》，中国法制出版社 2002 年版，第 279 ~ 280 页；田小森：《法官应否对法律关系的性质进行释明》，载 2004 年 1 月 28 日《人民法院报》。

③ 参见武胜建、叶新火：《从阐明看法官诉讼请求变更告知义务》，载《法学》2003 年第 3 期，第 116 页。

员应当对回避、自认、举证责任等相关内容向其作必要的解释或者说明，并在庭审过程中适当提示当事人正确行使诉讼权利、履行诉讼义务，指导当事人进行正常的诉讼活动。"之所以作出这样的规定，按照最高人民法院的解释，其原因在于：民事审判方式改革的任何一个环节都应与中国具体的国情相适应，而在当前，我国东西部之间、城市与农村之间在经济文化方面差距较大，同一案件中的当事人之间也会在经济收入与文化水平方面存在差异。这些差异对于当事人正确行使诉讼权利有很大影响，并且会导致诉辩双方在举证、质证和辩论等诸多环节上的不平等。因此，在我国民事简易程序中全盘照搬英美的抗辩制诉讼模式，不符合当前中国经济、文化和社会发展的客观实际。而且，我国在民事诉讼中没有实行律师强制代理制度，这就使部分涉讼的当事人因缺少诉讼知识而不懂得或者未能及时行使自己的诉讼权利而导致丧失实体权利。①

（4）《最高人民法院关于落实 23 项司法为民具体措施的指导意见》之规定

2003 年 8 月，最高人民法院在全国高级人民法院院长座谈会上提出了 23 项司法为民的具体措施。其中第九项为："对涉诉群众在民事、行政诉讼中的诉讼权利和义务以及申请执行等行为进行指导，使群众正确适用法律保护自身权益。"第十项为："向涉诉群众提示诉讼请求不当、丧失诉讼时效、举证超过时限、拒不执行等方面的法律风险，减少涉诉群众不必要的损失。"② 这两项措施的推行实际上也涉及法院的阐明权问题。

2003 年 12 月 3 日，最高人民法院又公布了《关于落实 23 项司法为民具体措施的指导意见》，要求各地法院结合本地实际情况贯彻执行。针对上述第九项措施，最高人民法院明确指出："加强

---

① 《方便当事人诉讼 快捷解决纠纷——最高人民法院副院长黄松有就〈关于适用简易程序审理民事案件的若干规定〉答记者问》，载 2003 年 9 月 19 日《人民法院报》。

② 《最高人民法院提出司法为民具体措施》，载 2003 年 8 月 26 日《人民法院报》。

对当事人的诉讼指导，是方便群众诉讼，充分保障当事人正确行使诉讼权利的重要措施"，要求"各级人民法院要印制诉讼费收费标准、案件审理期限、举证规则、诉讼风险等诉讼指导宣传材料，依法告知当事人的诉讼权利和义务，以及诉讼中所必需的文书格式、要求等。要告知法院内部审判机构设置、职责分工等情况，方便当事人参与诉讼活动。要严格依照程序法的有关规定，杜绝借指导、提供咨询等名义，不当干涉当事人行使诉讼权利"。

针对上述第十项措施，最高人民法院明确规定："各级人民法院要通过法律风险提示，指导涉诉群众避免因不清楚涉诉的法律风险而产生的损失，保护涉诉群众的利益。法律风险提示适用于刑事、民事、行政等各类案件。适用于诉讼的立案、审判、审判监督、执行等各个阶段。适用于各级人民法院，包括普通法院和各类专门法院。法律风险提示应当向涉诉群众明确提示有关诉讼的主要法律法规、司法解释的规定；提示可能存在的诉讼请求不当、丧失诉讼时效、举证超过时限、拒不执行等方面的法律风险以及可能的法律后果。"同时，还要求"各级人民法院应当在立案大厅等便于群众查阅的场所公示、配置法律风险提示书，必要时，相关诉讼阶段的承办人员应当对案件当事人提示相关诉讼阶段可能存在的法律风险。法律风险提示必须严格以法律、司法解释、有关文件规定为依据。"在此基础上，最高人民法院还于 2003 年 12 月 26 日公布了《人民法院民事诉讼风险提示书》，以便尽量方便当事人进行诉讼，帮助其避免常见的诉讼风险，减少不必要的损失。

（5）《关于审理人身损害赔偿案件适用法律若干问题的解释》之规定

除了上述针对《民事诉讼法》所作的司法解释之外，在其他的一些法律和司法解释中也存在某些关于法院应行使阐明权的规定。例如，2003 年 12 月 26 日公布并于 2004 年 5 月 1 日施行的最高人民法院《关于审理人身损害赔偿案件适用法律若干问题的解释》第 5 条规定："赔偿权利人起诉部分共同侵权人的，人民法院应当追加其他共同侵权人作为共同被告。赔偿权利人在诉讼中放弃对部分共同侵权人的诉讼请求的，其他共同侵权人对被放弃诉讼请求的被告应当承担的赔偿份额不承担连带责任。责任范围难以确定的，推定各共同侵权人承担同等责任。人民法院应当将放弃诉讼请求的法律后果告知赔偿权利人，并将放弃诉讼请求的情况在法律文书中叙明。"这里所谓"人民法院应当将放弃诉讼请求的法律后果告知赔偿权利人"之规定，就是要求法院应当对当事人进行阐明，以促使当事人明了其放弃对部分共同侵权人的诉讼请求之法律后果。

3. 现行立法规定之特点

就总体而言，我国民事诉讼法中关于阐明权的规定有以下几个特点：

（1）我国民事诉讼法中关于阐明权之规定，处于职权探知主义的诉讼体制之下，因此与本来意义上的大陆法系民事诉讼法中之阐明权制度是存在区别的。本来意义上的阐明权制度，是为了弥补当事人在主张和陈述上的缺陷而规定的，其制度基础乃是以辩论原则为核心的当事人主义之诉讼体制，在此体制之下，即使有法官的阐明，但诉讼标的、请求、事实和证据之最终决定权仍在于当事人，接受不接受法院的阐明意见，应当由当事人自己决定，法院不能强迫当事人接受其阐明的意见。换言之，在法院进行阐明之后，如果双方当事人对法院阐明的意见都不予主张，法院仍然应当基于当事人原来所主张的请求、事实和证据进行裁判，而不能基于其阐明的意见进行裁判。

然而职权探知主义的重要特点在于，法院为了追求案件的客观真实，可以主动对案件进行探知，可以超出当事人主张的范围而为裁判。就我国而言，无论是在诉讼请求的层面上讲，还是从案件事实和证据的层面上讲，立法上并没有规定法院裁判的范围应受当事人主张范围的限制，也没有相关的判例确立法院必须受当事人主张范围的约束。在此体制之下，法院行使阐明权的重要性就显得并非十分重要，因为在当事人对有关的案件事实没有主张或主张不充分时，法院可以不经过阐明程序而为裁判，而且，对于法院的阐明意见，如果当事人不予主张，立法上也没有禁止法院将其作为裁判的基础。

（2）与职权探知主义的诉讼体制相联系，我国现有法律、司法解释中对于阐明权问题缺乏一般性的规定条款，而且在内容上也不完善、不系统，欠缺明确性和具体化。例如，《民事诉讼法》在第114、123条中规定，人民法院在审理前的准备程序及开庭审理时应当告知当事人有关的诉讼权利义务，虽然这种规定在广义上也可以看作是法院对当事人的一种阐明，但其内容却明显是抽象的、笼统的，缺乏针对性。《审改规定》和《证据规定》中虽然规定了法院的举证指导，但这仅仅是针对当事人的举证行为，难以包含阐明权制度的丰富内容。

（3）阐明权之规定的立法层次较低，对于规范法院的阐明行为尚缺乏足够的权威性。从我国现行规定来看，主要是在有关的司法解释中对法院的阐明权作出一些规定，例如《审改规定》、《证据规定》、《简易程序规定》等，而《最高人民法院关于落实23项司法为民具体措施的指导意见》实际上是最高人民法院发布的一个政策性极强的文件，是不是属于一个标准的司法解释还存在疑问。由于目前司法解释本身所具有的诸如与现行立法相冲突等缺陷，因而司法解释中关于阐明权之规定的科学性、合理性、合法性就会存在疑问，其对民事诉讼活动的规范作用因之也就缺乏足够的权威性。

（4）阐明权之配套制度存在严重欠缺，使现行不完善的阐明制度更难发挥其应有的作用。首先，正如前文所指出的，本来意义上的阐明制度是与辩论原则相伴生而存在的，是为了弥补当事人在事实主张、证据提出等方面存在的法律知识上的缺陷以便实现诉讼公正而规定的，因而其功能的有效发挥是以约束性的辩论原则为重要前提的，而我国民事诉讼法并未真正确立体现当事人主义的辩论原则。其次，当事人及其代理律师的调查取证的权利缺乏应有的保障，从而使其在法院阐明之后难以进行卓有成效的收集、提供证据的工作。最后，法官违反有关阐明权之规定时，在程序上缺乏必要的制约机制。《证据规定》颁布之后，针对其第3条所规定的法院的"举证指导"，虽然有学者认为，"当事人以法院（法官）未履行证据指导义务为由上诉时，上诉法院得以此理由撤销原判决、发回重审"①，但现行立法并未就此作出明确规定，也没有相关的判例确立这样的规则。因此，在法院违反阐明权之规定时，从现行立法规定来看，并没有为当事人提供有效的救济手段和程序机制。

（二）理论研究的现状

我国民事诉讼理论界对阐明权的研究较少，而且主要是介绍外国的一些做法。据笔者的初步了解，最早对这一问题进行讨论的是张卫平教授的《程序公正实现中的冲突与衡平——外国民事诉讼研究引论》一书。② 在该书中，张卫平教授对阐明权的基本含义及其在外国民事诉讼理论中的地位、阐明权的沿革、阐明权的范围、阐明权与辩论原则的相互关系等问题进行了介绍。其后，随着实践中民事审判方式改革的进行，又陆续有一些文章谈及阐明权问题。③ 这些理论研究对于认识阐明权制度的重要地位、丰富辩论原则的理论、指导诉讼实践无疑具有极为重要的意义。

就总体而言，目前我国关于阐明权的研究的特点在于：

第一，研究的内容主要集中于对外国特别是大陆法系国家和地区民事诉讼中阐明权制度及理论的介绍，而对于结合我国的立法和实践展开讨论还不够深入。

第二，对于我国职权探知原则之下的法院阐明与大陆法系之辩论原则之下的法院阐明之分析和比较研究还存在不足。一些学者认

---

① 李国光主编：《最高人民法院〈关于民事诉讼证据的若干规定〉的理解与适用》，中国法制出版社 2002 年版，第 49 页。

② 参见张卫平：《程序公正实现中的冲突与衡平——外国民事诉讼研究引论》，成都出版社 1993 年版，第 28 页以下。

③ 例如，周利明：《试论阐明权》，载《政法论坛》2001 年第 3 期；江伟、刘敏：《论民事诉讼模式的转换与法官的释明权》，载陈光中、江伟主编：《诉讼法论丛》第 6 卷，法律出版社 2001 年版；孙永全、成晓朋：《论释明权》，载《人民司法》2002 年第 8 期；武胜建、叶新火：《从阐明看法官诉讼请求变更告知义务》，载《法学》2003 年第 3 期；闵振华：《试论民事诉讼中确立法官释明权制度》，载《法治论丛》2003 年第 3 期；唐佳：《建立我国法官释明义务制度初探》，载《行政与法》2003 年第 5 期；王鹏：《试论法官的"释明权"及其行使》，载《经济与社会发展》第 1 卷第 6 期（2003 年 6 月）。

为我国目前的立法中尚不存在阐明权制度,① 主张应当引进和建立这一制度。② 这种认识是存在一定问题的。其实,我国并不是没有阐明权制度,而是其适用的制度环境和观念环境与外国存在重大区别,并由此而导致我国民事诉讼中法院阐明权的地位和功能与大陆法系国家和地区存在重大差异。

第三,对阐明权的研究,缺乏理论上的相互协调和呼应,致使阐明权理论研究的孤立化。在大陆法系国家和地区中,阐明权理论和制度是与其他民事诉讼理论和制度紧密相关的。例如,其制度环境是辩论原则的诉讼体制,其诉讼观念之基础是程序公正观念或曰正当法律程序观念、程序自由观念、程序自治观念,其保障措施在于对当事人诉讼权利的完善规定和充分保障,等等。而在我国的理论研究中,虽然学者们对阐明权问题也提出了一些独到的分析和见解,但对阐明权制度所适用的制度环境、观念环境、周边制度和措施的研究还没有达到协调和整合。

(三) 我国关于阐明权的司法实践

1. 阐明权之司法实践先于其理论研究

我国民事诉讼理论界对于阐明权问题的研究虽然只是近几年才逐渐展开,但诉讼实践中法院对有关问题进行阐明可以说早就存在。如前所述,长期以来,我国民事诉讼实行的职权探知主义的体制,在这种体制之下,法官的阐明行为毫无疑问是存在的。在诉讼实践中,法官往往不仅对有关问题进行阐明,而且远远超出了大陆法系民事诉讼中所说的法官之阐明的界限,直接认定当事人双方都没有主张的事实,或者直接去调查、收集和认定当事人所没有提出的证据,甚至变更当事人的诉讼请求和案件的诉讼标的。因此,笔

---

① 参见蔡虹:《释明权:基础透视与制度构建》,载《法学评论》2005 年第 1 期,第 110 页。

② 参见唐佳:《建立我国法官释明义务制度初探》,载《行政与法》2003 年第 5 期,第 66 页。

者反对那种认为过去我国诉讼实践中不存在法院阐明的观点。

20世纪90年代以来，各地法院轰轰烈烈地推行了民事审判方式的改革，在此过程中，强调当事人的举证责任、弱化法院（法官）的职权、实行当事人主义的诉讼模式应当说是其重要内容之一。而在弱化法院在诉讼中的职权时，阐明权制度的重要意义重新得以认识，因而在民事审判方式改革过程中，有识之士指出应当关注法院的阐明权问题，实践中，相当多的法院也力求对当事人进行阐明，只不过其做法不一、较为混乱，很多情况下缺乏正确的指导和充分的论证。

2. 实践中存在的问题

在我国民事诉讼实践中，法院之阐明权的行使所存在的问题主要在于：

（1）法官的阐明具有极大的随意性

长期以来，法官在行使阐明权时，往往具有极大的随意性，特别是在混乱无序的民事审判方式改革过程中，行使阐明权的实践更是极为混乱。其原因主要在于，我国并没有确立和贯彻体现当事人主义的辩论原则，对于法院在什么情况下应当进行阐明，在什么情况下不应当进行阐明的问题，缺乏公认的或基本得到公认的标准和界限，致使实践中法院进行阐明时的随意性极大。主要表现在：

第一，在过去实行较强的职权探知原则的诉讼体制下，法院的阐明是没有任何限制的，在有些时候，法官甚至充当了律师的角色；但在另一方面，实践中一些法官也可能完全不进行阐明，而在法官不进行阐明时，往往也不存在否定性的法律后果，当事人缺乏相应的程序手段予以救济。因此，是进行阐明还是不予以阐明，完全取决于法官自己的意志，阐明权制度不具有自己独立的价值。

第二，在近十来年的民事审判方式改革过程中，虽然一些法院也注意到法院阐明权的重要性，但是实践中审判方式改革本身的混乱性、无序性决定了在此过程中的法院阐明权之行使的随意性和混乱性。① 例如，一些审判人员由于对辩论原则和对抗制诉讼模式以及我国民事审判方式改革的目的存在着错误认识，片面理解法院居中裁判的含义，在各个诉讼环节上都过于消极被动，在当事人的陈述、主张、举证出现不当、不清楚、不明了时，或对诉讼活动的法律规定不了解时，也不适当对当事人予以解释说明和提示指导，致使当事人的合法权益得不到有效的保护。又例如，一些法官在不应阐明的时候却明显地带有偏向性地予以"阐明"，使阐明权的行使变异成替当事人进行主张，违背了法官中立和程序公正的基本要求。②

（2）阐明权的行使往往缺乏明确的针对性

一些法院及其法官在司法实践中对当事人偏向于书面的、抽象的阐明，而针对具体案件、具体情况的阐明则存在欠缺。例如，实践中的举证通知书 、举证须知、诉讼风险提示书等等，往往是宽泛的抽象规定和要求，而不是针对具体案件向当事人阐明其需要主张哪些要件事实、提供哪些具体事实、提出哪些证据。后者对当事人来说其实更为重要，但却在实践中受到不同程度的忽视。举证通知书、诉讼风险提示书等文件中所揭示的内容，在《民事诉讼法》和有关司法解释中一般已经作了明确的规定，如果当事人对民事诉讼法有所了解或者聘请了律师代理诉讼，那么对于这些法律规定一般是知道的，而当事人所不知道的或者容易造成模糊认识的则主要是如何将这些法律规定与具体的案件联系起来，或者说如何将本案的事实具体适用于法律，对于这一点，甚至于有时候代理律师也很难作出准确的把握和判断。因此，法院阐明权的行使的关键在于具体案件的具体情况，而不是向当事人提示抽象内容的举证通知书或诉讼风险提示书。

---

① 关于民事审判方式改革的混乱性，可参见赵钢：《正确处理民事经济审判工作中的十大关系》，载《法学研究》1999 年第 1 期；赵钢、刘学在：《关于修订〈民事诉讼法〉的几个基本问题》，载《法学评论》2004 年第 2 期。

② 参见白春魁：《法院行使释明权中存在的问题与对策》，载 2003 年 8 月 12 日《人民法院报》。

　　这就要求在司法实践中，如果当事人的主张、陈述存在不明确、不充分、不完备时，法官应当在审前准备程序及开庭审理过程中就案件的具体情况及时地、适当地对当事人进行阐明。然而，在现行司法实践中，很多法院及其法官所重视的往往是举证通知书、诉讼风险提示书等内容上较为宽泛、抽象的书面文件，认为这已经是尽了阐明之权责，在当事人未能按照举证通知书、诉讼风险提示书进行诉讼行为时，即轻率地认定当事人没有尽到主张和举证之责并裁判其败诉，而对于涉及本案的某些关键的具体问题可能并未予以阐明。

（四）　完善阐明权制度的措施及其应注意的问题

1. 完善阐明权制度的必要性

　　如前所述，近年来，理论界和实务部门对阐明权制度的重视，是随着民事审判方式改革的推行为契机而展开的。在传统的职权探知原则之下，虽然也存在法官的阐明问题，但阐明权制度的地位和作用在民事诉讼中并不突出，因为法官在很多情况下可以"越俎代庖"替当事人讨"说法"。而在以当事人主义诉讼模式为转换目标的民事审判方式改革过程中，完善阐明权制度的相关内容就显得尤为重要和迫切，其重要意义在于：（1）完善阐明权制度是审判方式改革顺利进行的需要。因为在民事审判方式改革过程中，一些法官存在着认识上的误区，认为其走向是采纯粹的当事人主义，法官应做到绝对的中立、消极，任由当事人双方像赛球一样争斗。此点已如前述。（2）我国公民文化素质和法律素质的现状，要求应当完善阐明权制度，促使法官适当地行使阐明权。（3）完善阐明权制度是实行民事诉讼目的的需要。一方面，阐明权制度的设立有利于维护当事人的实体权利。法院行使阐明权，使当事人的主张、陈述更为清楚、完整，提供的证据更为充足，这更有利于法院发现实体真实，更有效的维护当事人的实体权利。另一方面，阐明权制度的设立使当事人有充分陈述的机会，是对当事人攻击防御手段的充实和强化，实际上是给当事人以充分的程序保障。因此，阐明权制度的目的在于，在辩论原则之前提下，充分兼顾当事人的实体利益和程序利益。（4）完善阐明权制度是实现以公正和效率为核心的现代司法价值目标的需要。①

2. 完善阐明权制度的主要措施

从我国实际情况来看，完善阐明权制度，至少应当从以下几个方面采取卓有成效的措施：

（1）确立约束性的辩论原则和当事人主义的诉讼结构

目前理论上予以热烈讨论、实务中予以探索的法院之阐明权问题，往往是在以辩论原则为基础的当事人主义之诉讼结构的制度假设下进行的。然而，我国的立法现状是，现行《民事诉讼法》并未以辩论原则为基础构建当事人主义的诉讼结构，这就使得目前关于阐明权的讨论和实践缺乏基本的制度背景和前提。虽然最高人民法院的《审改规定》、《证据规定》等司法解释已在相当程度上强化了当事人的主张责任和举证责任，并有若干条款也涉及法院的阐明权问题，但这些司法解释更多的是从功利和实用的角度，对审判方式改革过程中的一些亟待解决的问题予以规范，而合理划分当事人与法院在诉讼中的地位和作用、注重程序公正价值、体现当事人主义之精神的辩论原则并未因此而得以真正建立。因此，尽管学者们参照大陆法系国家和地区的理论和实践对有关阐明权的问题提出了若干建议，但这一制度所适用的制度框架和诉讼体制却仍然是欠缺的。正因为如此，长期以来，特别是民事审判方式改革过程中，阐明权行使的混乱和无序状态也就不可避免。所以，要完善我国的阐明权制度，首先需要确立这一制度所适用的制度环境，换言之，首先需要对我国民事诉讼体制进行改造，确立体现当事人主义之特征的辩论原则。

（2）完善阐明权制度的具体内容

现行《民事诉讼法》和有关司法解释对阐明权的规定是零散的，而且处于职权探知原则的规制之下。因此，在确立约束性的辩论原则之同时，必须对阐明权问题作出系统、完善的规定。笔者认

---

① 参见江伟、刘敏：《论民事诉讼模式的转换与法官的释明权》，载陈光中、江伟主编：《诉讼法论丛》第6卷，法律出版社2001年版，第341页以下。

为，主要包括以下几个方面：

第一，阐明权行使的范围。关于阐明权行使的范围，笔者认为主要应包括：其一，当事人的声明有不明确的，通过阐明使其明确。其二，对当事人的不当声明，通过阐明加以消除。其三，诉讼资料不充分、不完整时，可以通过阐明令当事人予以补充。其四，对法律关系和法律观点进行阐明。

第二，规范阐明权行使的方式。阐明权行使的方式有口头和书面两种，立法上可针对不同情况予以规定。凡是法律规定采用书面方式的，就必须使用书面的方式进行阐明，例如，《证据规定》第33条第1款规定："人民法院应当在送达案件受理通知书和应诉通知书的同时向当事人送达举证通知书。举证通知书应当载明举证责任的分配原则与要求、可以向人民法院申请调查取证的情况、人民法院根据案件情况指定的举证期限以逾期提供证据的法律后果。"此条款即属于书面形式的阐明。就我国的现实情况来说，这种书面形式的阐明在立法上仍有规定的必要。而立法上没有规定必须采用书面形式的，则可以采用口头形式。

必须注意，无论是哪种形式的阐明，特别是口头形式的阐明，立法上必须规定应当记明笔录，因为记明笔录可以体现阐明的慎重性、真实性，可以避免当事人与法院之间就某问题是否进行过阐明产生不必要的争议，并可以为上诉审法院对此问题的上诉审查提供可靠的证据，从而可以更好地保护当事人的合法权益。对于这一点，德国民事诉讼法的规定值得参考和借鉴。德国《民事诉讼法》在第139条第4款规定："本条文所规范之指示（阐明）应尽早为之，并记明笔录。法院所为阐明仅得以笔录内容证之。对于笔录之内容仅得以证明伪造予以推翻。"这种将法院阐明的情况记入笔录之规定看似简单，实则意义重大，我国将来在对阐明权制度予以完善时，很有必要参照上述条款作出明确规定。

第三，阐明权行使的时机与立法体例。关于阐明权行使的时机问题，应当说在整个诉讼过程中，法院都可以行使阐明权，至于具体在哪些情况下需要行使阐明权，则需要根据案件的实际情况确定。从诉讼阶段上来说，在起诉与受理阶段、审前准备程序阶段、开庭审理阶段、上诉审与再审阶段乃至于执行阶段，法院都可以视不同情况进行适当的阐明。

关于阐明权的立法体例问题，笔者认为，应当采取总则性规定（概括性规定）与具体规定相结合的方式。从德国及我国台湾地区"民事诉讼法"的规定来看，均在第一编"总则"中对阐明权问题作出了一般性规定。日本《民事诉讼法》则是在第二编，即"第一审程序"中对阐明权作出一般性规定，但根据《日本民事诉讼法》第297、331条的规定，其第一审程序中有关阐明权的一般性规定也准用于上诉审程序。在"总则"或"第一审程序"中对阐明权作出一般性或概括性的规定，可以为法院行使阐明权提供一个总的指导原则。我国在完善阐明权制度时，对阐明权制度的主要内容概括性地集中予以规定同样是非常必要的，至于是将其规定于"总则"当中还是规定于"第一审普通程序"当中，应当说都是可行的。同时，为更好地保护当事人的合法权益，在有关的程序和制度中则有必要对涉及阐明权的一些具体问题作出进一步的规范。例如，现行《民事诉讼法》第111条第（一）至第（五）项的规定，从阐明权的角度来看，即可以认为是起诉与受理阶段对具体问题的一种阐明。

第四，规定当事人的异议权以及违反阐明权行使规定时的法律后果。法院是否及时、恰当而公正地行使阐明权，对于双方当事人权益的实现有着较大的影响，因此，必须赋予当事人对法院的阐明行为的异议权，并且在法院的阐明行为存在错误或不当时，应当规定一定的救济程序，明确其相应的法律后果。

关于当事人对法院的阐明权以及其他形式的诉讼指挥权的异议，大陆法系国家和地区的民事诉讼法中一般均作了明确规定。例如德国《民事诉讼法》第140条规定："参与辩论的人，如果认为审判长关于指挥诉讼的命令、或者审判长或法院成员所提的发问为违法而提出异议时，由法院裁判之。"日本《民事诉讼法》第150条规定："当事人对指挥口头辩论的审判长命令或者本法前条第1款或第2款所规定的审判长或陪席法官的处置申请异议时，法院应以裁定对该异议作出裁判。"我国台湾地区"民事诉讼法"第201

条亦规定："参与辩论人，如以审判长关于指挥诉讼之裁定，或审判长及陪席推事之发问或晓谕为违法而提出异议者，法院应就其异议为裁定。"当事人之异议权的规定，可以促使法院正确、恰当地行使阐明权，及时保护自己的合法权益。我国民事诉讼法在完善阐明权制度时，也理应赋予当事人这种权利。

法院在应当进行阐明时却不予阐明或者在不应当予以阐明时却对当事人予以"阐明"，很可能会对当事人造成不应有的损失。所以，应当赋予当事人相应的救济手段和程序。从其性质来看，阐明权既是法院的一种权限，也是法院应当履行的义务和职责，法院应当依法正确、及时地履行阐明之职责，否则也应当承担相应的法律后果和责任。关于这一点，从比较法角度来看，德国民事诉讼法所规定的救济程序是较为完善和发达的，按照德国《民事诉讼法》的规定，在法院违反阐明权制度之规定时，当事人除了可上诉于第二审、第三审请求救济外，还可以求助于第331条之1所规定的合法听审权侵害之救济程序而要求原审法院续行审理，或者依法提起宪法诉愿程序。① 就我国而言，最重要的是应当规定当事人可以据此作为提起上诉的理由，上诉审法院查明原审法院确实违反了阐明权之规定时，可以对案件予以改判或者将案件发回重审。

（3）完善与阐明权制度相关的周边制度

要有效发挥阐明权制度的积极功能，还必须对与此相关的周边制度予以完善。例如，由于阐明是由法官来进行的，法官素质的高低势必影响阐明的效果，因此，必须完善我国的法官选任制度，提高法官的法律素质和职业道德素质。又例如，由于阐明的目的在于促使当事人更完整、恰当进行主张、陈述和举证，因此，立法上必须强化当事人及其代理律师的收集提供证据的权利和措施。

3. 阐明权立法和实践过程中应注意的几个问题

（1）关于行使阐明权的界限（限度）或原则

在辩论原则之下，事实之主张和证据之提出属于当事人的责

---

① 参见姜世明：《2002 年德国民事诉讼法改革》，载台湾《月旦法学教室》创刊号，第81页。

任，而阐明权原本系法院对当事人的一种保护性权能，法院并不负有查明全部案情的责任。那么，阐明权的限度到底如何？或者说，法院应当遵循什么样的原则来行使阐明权？这一问题一直是困扰理论界和实务部门的一大难题。我国在进行阐明权的立法和实践时，也必须合理地解决这一问题。笔者认为，阐明权的行使，至少应当遵循以下两个原则，即探求当事人真意的原则和法官中立性原则。

所谓探求当事人真意的原则，是指法院对有关事项的阐明，必须是从当事人的声明、陈述中有线索可寻，而不应是无中生有的阐明。若当事人的声明、陈述中根本没有法官所阐明的那个意思，则法院阐明权的行使还是应当受到处分原则、辩论原则的限制。申言之，所谓"探求当事人真意"，是指当事人所说的话，往往是非法律性质的，当事人向法院所为的陈述，常为自然的历史事实，而此自然的历史事实中实际上包含了许多法律意义在内，但当事人由于法律知识的欠缺而不能从法律角度表达出来，此时即可行使阐明权以明了当事人的真实意图。若当事人连自然历史事实都没有陈述，就不能行使阐明权。试举下例予以说明。原告起诉并向法官陈述："被告签发了一张票据给我，向我买货，这张票据在2月底到期，结果没领到钱，我现在请求被告给付。"此时当事人到底是主张何一法律关系？依当事人所陈述的自然历史事实，有票据关系及买卖价金关系可以主张，既然其已将自然历史事实向法院陈明，那么审判长应行使阐明权，问明当事人究竟是主张票据上的请求权或是买卖价金请求权，或者二者都主张。但是，仍必须由当事人自己表示，因为此两种不同的法律关系对当事人权益的影响很大，即票据是无因证券，不必就原因事实举证，举证较为容易，但时效期间较短，而主张买卖价金请求权之举证责任较重，但得以确定判决后，申请强制执行的时效期间较长。① 所以，依处分原则及辩论原则，应让当事人自己表示究系主张何项法律关系，而阐明权的行使，就在于将当事人所陈述之自然历史事实归纳为法律事实，并探寻当事

---

① 此处是指依据我国台湾地区的有关法律。

人的真意如何。①

　　法官是诉讼的裁判者，而不是当事人的代理人，因此，即使存在阐明权制度，也必须尽量保证法官的中立性。如果说上述"探求当事人真意的原则"的主要目的在于更好地保护当事人的实体权利，是一项保护当事人实体权利的原则，那么，法官中立性原则则主要是为了维护程序的公正性，是一项确保阐明权之行使符合程序公正之价值准则的原则。所以，在进行阐明权制度的立法和实践中，维护法官的中立性是必须牢记的，法官应当在双方当事人之间保持中立，而不应有任何偏颇。那么，如何才能维持法官的中立性呢？这一点仍然需要与上述"探求当事人真意的原则"联系起来考察，即法官在进行阐明时，必须根据当事人已经提出的主张和陈述来进行，如果从当事人的主张、陈述中根本寻找不出那个意思，但法官却予以阐明，就应当认定为违反了中立性原则。基于此，在当事人所陈述的自然历史事实中寻找不出某种主张或陈述时，而法官却促使当事人提出该种新的主张或陈述之阐明即应当加以禁止。这种促使当事人提出新诉讼资料的过分积极的阐明，会使人们对审判的公正性产生怀疑。也就是说，法官过于积极地提示一方当事人提出请求、主张事实或提出证据，无论其初衷多么公正，也无论该当事人是否处于弱势，其结果总是意味着对单方的援助，从而引起人们对法官中立性、公正性的怀疑。从我国的实际司法环境来看，毫无根据的积极性阐明更应予以禁止。因为：其一，就总体而言，目前我国法官的素质不是很高仍是现实，积极阐明容易造成对当事人的不恰当诱导，使当事人勉强应付；其二，近些年来，司法不公、司法腐败等现象引起了人们的广泛关注，而法官积极地予以阐明恰恰极易混入法官的主观随意性，诱导司法不公、司法腐败现象的发生；② 其三，从我国的民事诉讼立法和实践来看，程序公正、

---

　　① 参见杨建华在"台湾民事诉讼法研究会"第 39 次研讨会上的发言，载《民事诉讼法之研讨（四）》，台湾三民书局 1993 年版，第 185 页。

　　② 参见杨克彬：《法官如何行使释明权》，载 2001 年 3 月 29 日《人民法院报》。

程序本位的价值和理念一直受到极大的忽视，允许法官超出当事人主张和陈述的事实基础进行积极的阐明，会阻碍程序公正之价值观念的形成。

在我国的诉讼实践中，对于行使阐明权的限度问题，一些法院的处理是存在一些偏差的。例如，对于诉讼时效，有人认为，法官断案应当主动审查原告的请求是否超过诉讼时效，如认为原告起诉已经超过诉讼时效，不论被告是否提出时效抗辩，法官均应将此情况告知诉讼双方当事人，并将此作为诉讼的争议点。① 笔者认为，这种认识和处理是存在问题的，与上述阐明权行使应遵循的原则是相违背的。时效抗辩属于对抗对方请求权的一种抗辩权利，是否主张和行使，应当由当事人自己决定。在双方当事人均没有提出时效抗辩的事实主张，也没有主张这一抗辩权时，法院不应当主动地予以审查并进行阐明。否则，显然有违阐明权行使的公正性。如果是被告主张了时效抗辩，但却没有提出具体的事实，或者其所陈述的事实不够清楚或不够充分，则法院应当进行阐明，要求其将事实陈述清楚，这种阐明即不违背法官中立性原则。如果被告只是陈述了自然的历史事实，并没有提出法律意义上的"时效抗辩"，比方说被告只是主张"该笔借款是在 1999 年 3 月 1 日发生的，现在已经是 2004 年 3 月 1 日了，这么长时间你一直不要求返还，怎么现在却要求我返还呢？"在此情况下，法官即应当进行阐明，询问被告是不是主张时效抗辩，这种阐明也不违背法官中立性原则。

（2）应正确处理阐明权之行使与当事人的权责之间的关系

在进行阐明权的立法和实践时，应注意处理好阐明权之行使与当事人之权责的关系。笔者认为，虽然存在法院的阐明权问题，但阐明权仍然处于辩论原则的框架之内，必要事实的提出仍然是当事人的权责，法官无权把自己知道的事实带到诉讼中来。也就是说，法院的阐明不过系为使当事人得以斟酌是否予以主张或提出事实、证据提供参考，并非指法院可依职权代当事人为之。因此，在诉讼

① 参见李景华、陈俊：《不告不理还是主动审查——关于诉讼时效的审查认定》，载 2002 年 2 月 20 日《人民法院报》。

中，即使法官进行了阐明，但最终的决定权仍然在于当事人本人，法院无权强迫当事人接受其阐明的观点。如果当事人消极对待法官的阐明，不进行陈述，而使该事项不能认定时，法院应基于事实欠缺而作出裁判。

（3）应注意阐明权在外国与我国所适用的不同的制度环境

前文指出，阐明权的地位和功能在不同的制度环境中是存在差异的，因而在完善阐明权制度、进行阐明权的实践时，应当充分认识到这一点。就外国来说，无论是在大陆法系国家和地区，还是在英美法系国家，其民事诉讼程序均是在充分尊重和强调程序公正之价值准则的前提下予以构建的。而且，其法官往往具有根深蒂固的程序公正意识，法官为保持其中立性，往往不愿意过分积极地进行阐明，在诉讼实践中，也基本上没有出现因过分阐明而撤销原裁判的案例，但因为没有进行阐明而撤销原裁判的案例却大量存在。在此制度背景之下，立法上、实务上往往鼓励法官尽量对当事人进行阐明。而在我国，立法上对程序公正之价值准则的重视是远远不够的，法官对程序公正性的理解和重视的程度也远没有外国同行高，在相当多的情况下，很多法官甚至根本没有程序公正的意识。在此情况下，一些法官可能会在有意或无意当中过分积极地、带有偏向性地进行阐明。由于存在这种差别，因而在我国不宜鼓励法官过分积极地进行阐明，这也是上文笔者主张阐明权之行使应当坚持"探求当事人真意的原则"和"法官中立性原则"的重要理由之一。

第六章
辩论原则的例外——职权探知原则

一、职权探知原则的界定

（一）职权探知原则的含义

前文指出，辩论原则要求诉讼资料之收集、提供应当由当事人负责，除非法律另有规定，法院不得依职权介入诉讼资料的收集。但在民事诉讼中，也存在着若干例外情况，即由法院负责收集、提供诉讼审理所需要的事实及证据资料，此即所谓的职权探知原则（职权探知主义）。换言之，所谓职权探知原则，是指对于诉讼资料的收集，法院拥有主导权，即法院拥有权能和责任的一种原则，在民事诉讼中，职权探知原则只能视为辩论原则的一种例外。①

相对于辩论原则，一般认为，职权探知原则包括下列三个方面

---

① ［日］三ケ月章：《日本民事诉讼法》，汪一凡译，台湾五南图书出版公司1997年版，第197页。

的内容：第一，法院对于当事人未主张的事实，也可以采为裁判的资料。第二，法院对于当事人间不争执的事实，不论是否自认，均得调查事实之真伪，不采为裁判的资料。也就是说，法院不受当事人自认的拘束。第三，法院于调查证据认定事实时，除当事人声明的证据外，可以依职权调查其他未声明的证据。①

对于民事诉讼中的某些事项，采取职权探知原则的理由主要是认为由法院依职权主动探知事实与证据，较能发现实质真实。尤其是对于其判决效力可广泛及于第三人的人事诉讼案件，诉讼及判决所涉及的法律关系，其利害关系多涉及公益问题，不能任由当事人为不实的事实主张或故意掩饰事实、拒绝提出证据，而使法院作出与真实不符的判断。因而在某些情况下，法院为发现真实、维护公益，有依职权自行调查探知事实真相的必要。基于此，民事诉讼法中有关诉讼要件之事实的存否问题，以及法律特别加以强制性规定的某些事项，其事实、证据资料的收集提出，不采辩论原则而采职权探知原则。

但应注意的是，辩论原则与职权探知原则这两者的关系，并非绝对相排斥的对立关系。采职权探知原则的情形，并不排斥辩论原则之方法的利用，法院应视情形，命双方当事人就法院收集所知的事实及证据，为陈述意见或辩论，以避免对当事人造成意想不到的诉外裁判。②

在理论上，也有学者主张应当对职权探知与职权调查予以区别。主要有以下几种观点：

观点一：主张区分职权探知、职权调查和依职权调查证据三个概念。

日本学者中村英郎等认为，与辩论原则关于诉讼资料收集的各

---

① 参见陈荣宗、林庆苗：《民事诉讼法》，台湾三民书局1996年版，第44页；［日］三ケ月章：《日本民事诉讼法》，汪一凡译，台湾五南图书出版公司1997年版，第196页。

② 参见陈荣宗、林庆苗：《民事诉讼法》，台湾三民书局1996年版，第44～45页。

个阶段，即"事实的提出"、"决定是否需要证据"和"证据的提出"相对应，诉讼资料收集中职权主义的介入也可分为三个阶段来考察，即职权探知、职权调查和依职权调查证据三个阶段。①

观点二：认为职权探知原则是在事实主张的层次上与辩论原则相对立的诉讼法理，同时，对职权探知原则与依职权调查证据、职权调查也作了区分。

日本学者谷口安平认为，在辩论原则的三个层面的内容中，即（1）只有当事人提出并加以主张的事实，法院才能予以认定，（2）对当事人双方都没有争议的事实，法院应当予以认定，（3）原则上只能就当事人提出的证据进行调查，其第三项内容只具有辅助的性质，没有这部分内容时辩论原则依然能够成立，应该把辩论原则理解为本质上只包括上述第一点和第二点内容。② 与此相联系，依职权调查证据的部分应该在概念上与职权探知原则区分开来。在审理对象形成的三个层次（请求——事实主张——证据）中，辩论原则和职权探知原则应该被理解为只是有关于第二个层次即事实主张的层次而相互对立的两种法理。

按照谷口安平教授的观点，职权探知原则也不同于职权调查原则，后者是与处分权原则相对应的法理。③ 谷口安平教授认为，法律上规定对一定种类的事实必须依职权进行调查，这就是职权调查原则。但是这一原则不应该与职权探知原则相混同。在日本民事诉讼制度中，法院必须主动调查一定事实的情况并不存在于事实的主张这一层次，而在于请求这一层次。换言之，职权调查原则可以被理解为与处分权原则相对应的法理。这是因为，法院必须依职权进行调查的事实主要关系到诉讼在形式上是否能够成立的所谓"诉讼要件"，如当事人能力、代理人的代理权、审判权或管辖权、诉

---

① 参见本书第一章中的相关介绍。

② ［日］谷口安平：《程序的正义与诉讼》，王亚新、刘荣军译，中国政法大学出版社 1996 年版，第 107 页。

③ 谷口安平教授认为职权调查原则是与处分权原则相对应的法理，这与中村英郎教授所主张的职权调查乃是与自认相对应的法理存在明显的不同。

的利益等。法院必须通过调查来审查案件是否具备这些诉讼要件，如果判断缺少某一项诉讼要件，则应该驳回起诉，从而使诉讼本身不能成立。法院就这些要件进行调查和作出判断在于提起诉讼的阶段，但与此阶段由当事人提起的诉讼标的或诉讼请求不同的是，当事人对于这些要件并不享有处分权。相反，不管当事人是否要求，法院都必须依职权对是否合乎诉讼要件进行调查和判断，因此有关这些要件的事实被称为"职权调查事项"。所以说，在日本民事诉讼中，职权调查原则是在请求这一层次上与处分权原则相对立的职权主义法理。

关于职权调查原则与依职权调查证据的关系，谷口安平教授认为，一方面，法院在对"职权调查事项"进行调查时，仍然可能主要依靠当事人提供证据来证明是否存在使诉讼不能满足诉讼要件的事实。这时是由法院负责收集证据以证明诉讼要件是否具备，还是由当事人举证并承担不能证明时的不利判断，就成为一个问题。关于这一点，法律并没有明确规定，学说上一般认为，关于诉的利益的事实，必须由当事人提出并负责举证，法院不应该依职权收集证据。这种观点立足于诉的利益与本案审理对象的直接关系，反映了审理对象的形成必须作为当事人的专有权能这一理念。

另一方面，审查公益性很强的诉讼要件，则不应该受到当事人意思的影响，例如涉及审判权是否存在的要件等。对于此类要件，法院必须负责依职权收集证据，以便彻底弄清诉讼要件是否具备。相反，如果当事人不声明双方在事先已达成关于不起诉的合意或仲裁合意，即使法院知道存在着这样的合意也无须自己主动提出这个问题，因为当事人双方随时都可以毁弃这样的合意转而提起诉讼。但是在一方提起诉讼而另一方以存在这种合意来抗辩时，就构成所谓"妨碍诉讼的抗辩"。这样的情况下，这一类合意本身的存在以及关于合意存在的主张可以成为缺少诉的利益之理由。总之，是否具有较强的公益性，是应否依职权进行调查的重要指标。但很多情况下，公益与私益都是存在的，这时就需要根据不同的情况具体分析和判断。因此，关于职权调查原则，上面的讨论表明了并不必然地意味着法院必须依职权收集证据。

关于职权探知原则与依职权调查证据的关系，谷口安平教授认为，一般来讲，职权探知原则作为与辩论原则对立的理念，似乎没有容纳当事人责任的可能，但实际上并非如此。例如，在实行职权探知原则的婚姻家庭案件中提起血缘关系确认诉讼，原告是否只须把请求写在诉状中就什么都不用干，只等着法院去调查收集证据呢？诉讼实践并非如此。对于此类诉讼，当事人也一样作出种种的事实主张和提出证据。这样的情况说明，其实职权探知原则也同上述职权调查原则一样，并不意味着法院包打天下。在职权探知原则下，作为辩论原则一个方面的当事人主张和举证的权能仍然存在，只不过在当事人没有主张或不能举证的事实也可能得到法院的承认这一点上，当事人的责任得到了大幅度的减轻。但这也并不意味着反过来法院必须负起调查一切可能的事实、收集所有证据的责任，因为这实际上是不可能的。而且，为了最大限度地防止给当事人造成不意打击的危险，在实行职权探知原则的案件中，法律规定法院依职权调查的事实和主动收集的证据必须通过询问当事人的方式与当事人见面。①

观点三：认为职权调查是位于辩论原则和职权探知原则两者之间的一种概念。

日本学者三ケ月章认为，辩论原则和职权探知原则主要是针对案件之主要事实的两个对立性原则；而所谓的职权调查则属于针对有关程序要件（诉讼要件）而展开的活动。因此，职权调查实际上是位于辩论原则和职权探知原则两者之间的一种概念。诉讼要件之中有一大部分内容并不与当事人的利益有关，而是着重于诉讼程序的有效运行。在这层意义上说，诉讼要件均有不同程度的公益性。而且，诉讼要件存否的判断不仅不受当事人行为的影响，甚至其确定的方法也常与当事人领域的对于过去的事实加以认定的方式不同，而要求采用其他的方式。从这层意义上讲，在判断诉讼要件存在与否时，作为法院与当事人之间权限分配的一种指示，传统的

---

① 参见［日］谷口安平：《程序的正义与诉讼》，王亚新、刘荣军译，中国政法大学出版社 1996 年版，第 111 页以下。

职权调查观念得到了提倡。但诉讼要件具有不同的性质，并非所有的诉讼要件均属同一形态的职权调查对象，故而应根据法院和当事人的责任，区分不同的态样和不同阶段。比如，审判权的调查因其公益性质较强，故应当进行职权探知。再如，在调查有无任意管辖依据的事实时，假定应诉管辖已被确定而当事人之间也无明显争论时，则可将其视为依法确定的管辖，故其处理原则接近于辩论原则。总而言之，在所谓的诉讼要件中，哪些需要职权探知，哪些须以辩论主义为原则，哪些又应当属于中间环节而应作为职权调查的对象的问题，应当按照各个不同的诉讼要件的性质加以判断。①

（二）　本书对职权探知原则的理解

笔者认为，职权探知原则是指法院在诉讼资料的收集、提供上享有主导权，不受当事人主张范围的约束的原则。由于笔者对辩论原则持较为广义的理解，即辩论原则涉及请求、事实和证据等几个方面，是在这几个方面来界定当事人与法院之间的权责与地位，因而与此相对应，职权探知原则也就涉及法院在请求、事实和证据这几个方面的探知权能和责任。也就是说，在职权探知原则之下，法院不完全受制于当事人所主张、提出的请求、事实和证据材料，而是可以依职权予以调查和探明有关案件的真实情况。对于职权探知原则的理解，笔者认为可以从以下几个方面来进行：

（1）对于"请求"层次的职权探知，通常的观点是将其作为与处分原则相对应的法理，而不将其纳入职权探知的含义内，而笔者则将其纳入到职权探知的范围之内，认为在"请求"的层次上，法院可在特定情形下不受当事人主张的限制，而对诉讼请求问题实行探知主义。其理由在于，基于前文笔者的观点，处分原则与辩论原则的内容存在一定的交叉，处分原则更多的是从当事人对其权利的自由支配的角度来讲的，而辩论原则则着眼于从诉讼中当事人与法院在诉讼资料的提供问题上的权能分担和角色定位的角度而言

---

①　［日］三ケ月章：《日本民事诉讼法》，汪一凡译，台湾五南图书出版公司 1997 年版，第 199 页。

的，就二者的关系而言，处分原则实际上是实行辩论原则的一种重要根据。与此相对应，职权探知原则作为与辩论原则相对立的诉讼法理，在内涵上也应包括诉讼请求层次上的法院探知。例如，在婚姻事件程序中，原告请求法院撤销婚姻，而法院发现该婚姻实际上乃无效婚姻，在此情况下，法院即应不受原告撤销婚姻之请求的限制，而应当宣告该婚姻为无效。

（2）在诉讼过程中，不仅涉及到实体方面的请求、事实和证据问题，而且涉及到有关诉讼程序事项的事实和证据问题，因此，职权探知的对象也就包括实体问题和程序问题，职权探知的内容相应的可分为实体方面的职权探知和程序方面的职权探知。对于这一点，日本学者谷口安平教授、三ケ月章教授等是作了相应区分的，认为法院对实体问题依职权进行调查、认定而不受当事人主张的限制之情形，应称为职权探知，而对于诉讼要件等程序性事项，法院依职权予以调查和认定时，则称为职权调查。这种区分对于深化民事诉讼理论研究具有一定的意义。但笔者认为，职权探知与职权调查的实质是一样的，即都强调法院对有关事项的主动依职权予以调查和认定的权限和责任，而不受当事人主张和意见的约束。因此，本论文对职权探知与职权调查这两个概念不作严格的区分。

（3）对于职权探知事项或职权调查事项，应当注意有些是法院应当予以职权探知的事项，有些则是法院可以职权探知的事项，具体在哪些情形属于"应当"、哪些情形下属于"可以"，则应当根据有关的法律规定予以判断。

（4）应注意职权探知与当事人的举证的必要性、举证的权能之关系。职权探知原则的特征在于，当事人没有主张的事实，法院可予以认定，当事人自认的事实对法院没有约束力，对于有关的证据，法院可以依职权调查。从这个意义上讲，对于职权探知事项（职权调查事项），当事人的主张责任和举证责任得到了相当程度的缓解和减轻。但并不是说，法院必须负担起探知一切可能的事实、收集所有的证据的责任。换言之，在职权探知原则之下，作为辩论原则一个方面的当事人主张和举证的权能和必要性仍然是存在的。例如，对于婚姻无效问题，当事人能不能仅仅主张该婚姻无效而不提出任何事实和证据，并要求法院依职权去探知有关该婚姻是否无效的所有事实和证据呢？情况并非如此。属于职权探知的事项，当事人仍然有必要提出一定的事实和证据，只不过法院在审理时不完全受当事人所主张的范围之拘束。

就辩论原则与职权探知原则的关系而言，辩论原则乃民事诉讼法的基本原则，而职权探知是这一原则的例外情形，二者各自具有其适用和支配的范围。一方面，无论是财产权诉讼还是婚姻事件、亲子关系事件等人事诉讼，关于诉讼要件之事实资料，原则上应依照职权探知原则进行处理，由法院负责审查该诉讼是否合法；另一方面，对于财产权诉讼的领域，关于本案的请求、事实和证据，原则上应适用辩论原则，而在人事诉讼方面，则以适用职权探知主义为原则。以下笔者先就作为职权探知事项之一的诉讼要件进行简单的讨论，再对人事诉讼程序，特别是其中的婚姻事件程序中的职权探知问题予以探讨。

二、诉讼要件

诉讼要件，是指原告之诉在法院进行实体审理和裁判时，在程序法上所应当具备的条件。民事主体因民事权利义务关系发生纠纷时均可向法院提起诉讼以寻求司法保护，但原告所提起之诉未必均能最后达其目的而获得法院的实体判决，因为原告之诉有可能在起诉的阶段，即已存有各种程序上的瑕疵而使法院无法进行其合法的诉讼程序。即使法院于原告起诉后指定期日开庭，并合法送达开庭通知，亦可能因有阻碍进行程序的事项存在，法院依法不得为实体审理与实体判决。欲使法院能就原告之诉为实体审理与实体判决，必须具备一定的合法要件（德国称为 Zulassigkeitsvoraussetzungen）。此种诉讼合法所需的要件，应由法院依职权为调查，德国学者称为 Prozessvoraussetzungen，日本学者将其译为"诉讼要件"，我国近代在引进大陆法系民事诉讼理论和制度时亦沿用此语。①

（一）诉讼要件的内容

关于诉讼要件包括哪些内容，应当如何进行分类，民事诉讼法学者的认识不尽相同。

1. 从当事人、法院和诉讼标的之角度对诉讼要件进行分类

我国台湾学者陈荣宗等认为，一般而言，依事项内容是否与法院、当事人、诉讼标的有关，可以将诉讼要件分为三大类，即有关法院之诉讼要件、有关当事人之诉讼要件和有关诉讼标的之诉讼要件。②

有关法院之诉讼要件包括：（1）法院须有裁判权。对于享有外交豁免权的人，法院并无民、刑事裁判权，除非被告愿意放弃其豁免权，否则，法院无从对原告之诉进行合法之审判程序。（2）就涉外民事案件，法院须有国际民事管辖权。否则，审判程序为不合法，外国法院不承认此项确定判决。（3）须有普通法院审判权。普通民事法院不得就刑事诉讼或行政诉讼事件为审判，否则其审判程序不合法（台湾地区"民事诉讼法"第249条第1款第1项）。（4）法院须有土地管辖权、事务管辖权及职务管辖权。如诉讼事件不属于受诉法院管辖而又不能依法移送管辖时，法院应以裁定驳回原告之诉。

有关当事人之诉讼要件包括：（1）双方当事人之存在。（2）双方当事人须有当事人能力。（3）双方当事人须有诉讼能力，原告或被告无诉讼能力者，须由法定代理人合法代理。（4）由诉讼代理人起诉者，须其诉讼代理权无欠缺。

有关诉讼标的之诉讼要件包括：（1）相同当事人之间的同一事件别无诉讼系属。（2）非于本案经终局判决后将诉讼撤回后，

---

① 参见陈荣宗、林庆苗：《民事诉讼法》，台湾三民书局1996年版，第324页。

② 参见陈荣宗、林庆苗：《民事诉讼法》，台湾三民书局1996年版，第325页。

复提起同一之诉。① （3）诉讼标的须未经确定之裁判或和解成立或调解成立。（4）起诉合于程式及具备其他要件。起诉程式，是指起诉状应依民事诉讼法的规定程序为记载。具备其他要件，例如应依法缴纳裁判费用等。（5）原告之诉须有权利保护利益（即诉的利益）。

日本诉讼法学者中村英郎等对诉讼要件也作了上述三种分类，认为有关法院的诉讼要件包括：（1）对某事件，法院具有裁判权。（2）该法院必须具有事物、地域等管辖权。有关当事人的诉讼要件包括：（1）当事人本人必须具有当事人能力。（2）具有诉讼能力。（3）具备必要的特别授权。（4）在当事人为无诉讼能力时，需由法定代理人适法代理。（5）起诉后，诉讼代理权的存在也成为诉讼要件。（6）当诉讼的诉讼执行权（遂行权）发生问题时，当事人必须具备诉讼进行权（实体性诉讼进行权是依实体法产生，其存在与否属于权利保护要件的问题之一）。有关诉讼对象（诉讼标的）的诉讼要件包括：（1）诉讼对象是特定的。（2）有权利保护的利益（即诉的利益）。（3）对同一事件诉讼不能系属同一当事人间（消极诉讼要件）。（4）对同一事件，不存在有既判力的判决（消极诉讼要件）。（5）原告对同一事件已经起诉，经终局判决宣告后，无撤诉的事实（消极诉讼要件）。②

德国学者奥特马·尧厄尼希也是按照是涉及法院、当事人还是诉讼标的的不同而将诉讼要件分为三类。③

2. 将诉讼要件分为形式上要件与诉的利益

我国台湾学者陈计男等将诉讼要件分为形式上要件与诉的利益两类。

形式上要件，是指原告所提起之诉，在形式上须适法，法院始

---

① 我国台湾地区"民事诉讼法"第263条规定："于本案经终局判决后将诉撤回者，不得复提起同一之诉。"

② 参见〔日〕中村英郎：《新民事诉讼法讲义》，陈刚、林剑锋、郭美松译，法律出版社2001年版，第154页。

③ 参见〔德〕奥特马·尧厄尼希：《民事诉讼法》，周翠译，法律出版社2003年版，第177页以下。

得就该诉为本案之审理及判决，此项适法之要件是否具备，法院须依职权予以调查，如有欠缺时，法院审判长应限期命原告为补正，如不补正或不能补正时，即以裁定驳回原告之诉。形式上要件包括以下各项：（1）诉讼事件属于普通法院之权限。（2）诉讼事件属于受诉法院管辖。（3）原告及被告须有当事人能力。（4）原告及被告须有诉讼能力；无诉讼能力时，须由其法定代理人合法代理。（5）由诉讼代理人起诉者，其代理权须无欠缺。（6）起诉须合于程式及具备其他要件。（7）起诉时，须无同一事件之诉讼系属。（8）诉讼标的须以前未经确定判决或和解调解成立者。（9）非于本案经终局判决后将诉撤回后复提起同一之诉者。

　　另一类诉讼要件为诉的利益。诉的利益，是指作为审判标的的特定请求，具有依本案判决处理其争讼的适当性和必要性。诉的利益又可分为关于客体的诉的利益与关于主体的诉的利益两个方面，前者是指该请求须为法律上请求，适于依一般的本案判决处理其争讼（权利保护资格），且原告对该请求有要求本案判决的现实必要性（权利保护利益）；后者是指当事人适格之要件。①

　　3. 将诉讼要件等同于诉讼成立要件，并与权利保护要件相区别

　　我国台湾学者王甲乙、杨建华等将诉的要件分为诉讼成立要件与权利保护要件，并认为诉讼成立要件与诉讼要件等同，即认为诉讼要件是指诉讼成立要件。这种观点认为，诉讼成立要件为起诉的形式要件，亦即程序上合法要件，起诉时具备此要件者，法院始得进而为权利保护要件的调查，否则，即应以裁定驳回原告之诉。权利保护要件，则是指当事人对法院请求为有利于己的本案判决所必要之要件，即判断诉有无理由的要件，包括：（1）为诉讼标的法律关系之要件；（2）保护必要之要件（法律上正当利益之要件）；

---

　　①　参见陈计男：《民事诉讼法论（上）》，台湾三民书局1994年版，第251页以下。

（3）当事人适格之要件。①

上述观点还认为，就诉讼要件（诉讼成立要件）存在欠缺时当事人得否抛弃声明异议之权利言，可将其分为绝对的诉讼成立要件与相对的诉讼成立要件两种。

绝对的诉讼成立要件，是指使诉讼合法成立所必须具备的要件。此项要件，为一般公益应备之要件，纵当事人就其欠缺已抛弃声明异议的权利，其欠缺亦不因而得以补正，其诉仍属不合法。这类要件包括：（1）诉讼事件属于普通法院之权限。（2）诉讼事件属于受诉法院管辖。（3）原告及被告有当事人能力。（4）原告及被告有诉讼能力，如无诉讼能力者，须由其法定代理人合法代理。（5）由诉讼代理人代行起诉者，其代理权须无欠缺。（6）起诉合于程式及具备其他要件。（7）同一事件别无诉讼系属。（8）非于本案经终局判决后将诉撤回，复提起同一之诉。（9）诉讼标的非确定判决或和解之效力所及。（10）依法律应经调解之事件，于起诉前曾经调解而未成立。

相对的诉讼成立要件，又称为诉讼障碍之事项，是指只有在当事人提出异议时法院才予以考虑的要件。此项要件，专为保护当事人之私益而设，当事人就其欠缺有异议权，同时依其意思也可以有效抛弃其异议权。如当事人就其欠缺抛弃异议权时，诉虽欠缺此项要件，亦应认为合法。这类要件包括：（1）有提供诉讼费用担保义务之原告不提供担保。（2）为诉讼标的之法律关系的当事人间有商务仲裁契约而迳行起诉。（3）当事人间有适用简易诉讼程序之合意而应经调解之事件于起诉前未经调解。

权利保护要件，则是指当事人对法院请求为有利于己的本案判决所必要之要件。法院非认为某方当事人具备此项要件，不得为保护该当事人权利的本案判决。由当事人方面言之，当事人一方具备此项要件者，该当事人对法院有要求为有利于己之本案判决的权

---

① 王甲乙、杨建华、郑健才：《民事诉讼法新论》，台湾广益印书局1998年版，第224页；杨建华：《问题研析 民事诉讼法（二）》，台湾广益印书局1997年版，第101页。

利，而法院对之亦有保护其正当利益的义务，此种权利称为依判决保护权利之请求权。所谓权利保护要件，乃指上述依判决保护权利的请求权成立之要件。权利保护要件就其内容而言，可分为诉讼上权利保护要件与实体上权利保护要件。诉讼上权利保护要件包括当事人适格之要件和关于保护必要之要件（即具有权利保护的利益，或者说具有诉的利益）。实体上权利保护要件，是指关于诉讼标的之法律关系之要件，即本案欲得胜诉判决之当事人，以诉或抗辩主张其存在或不存在之法律关系（即诉讼标的），须真实存在或不存在。诉讼上权利保护要件，法院应依职权予以调查，而对于实体上权利保护要件，法院原则上不得依职权进行调查。①

另外，日本学者兼子一等认为，作为诉讼要件的事项包括：（1）起诉行为以及送达诉状有效，与之有关的能力和代理权也成为诉讼要件。（2）当事人实际存在，并且具有当事人能力。（3）法院对案件有审判权及管辖权。（4）原告对请求有诉权，而诉权的要件又包括关于请求的正当利益（客观的利益）和特定主体的正当利益（主观的利益），也即包括关于客体的诉的利益之要件和关于主体的正当当事人（当事人适格）之要件。②

（二）诉的利益与诉讼要件

上述关于诉讼要件之内容的不同界定，其关键问题在于如何理解诉的利益（权利保护的利益、权利保护的必要）之要件的内涵，即对诉的利益是采广义的理解还是采狭义的理解，以及是否将诉的利益之要件（指狭义）和当事人适格之要件包含在诉讼要件之中。

1. 诉的利益之含义

所谓诉的利益，简而言之，是指原告运用民事诉讼程序要求法院就其私权主张予以裁判时所应当具有的必要性。私人间的私权纠

---

① 王甲乙、杨建华、郑健才：《民事诉讼法新论》，台湾广益印书局1998年版，第226页以下。

② 参见［日］兼子一、竹下守夫：《民事诉讼法》，白绿铉译，法律出版社1995年版，第50页以下。

纷，由于不得强制性地以自力救济予以解决，而有必要仰赖法院公权力的强制解决。但私人依赖法院以裁判方式解决纠纷，亦有一定的限制，而并非毫无条件。换言之，私人不得将法院之诉讼程序随便作无意义的运用，私人所主张的私权，必须是在现时有利用起诉的方法请求法院加以保护的迫切必要性时，始能利用法院的诉讼程序。这种利用诉讼程序要求法院保护权利的必要性，学者称之为权利保护必要（Rechtsschutzbedurfnis），亦有称其为权利保护利益（Rechtsschutzinteresse），日本和我国学者亦将其称为诉的利益。①这三个概念，皆指的是同一问题。

诉的利益之概念有广义和狭义之分。广义的诉的利益，其含义包括：（1）该诉讼当事人系为获得本案判决所必要者（当事人适格）。（2）该请求具备适合受本案判决之一般资格（权利保护资格），也即原告之诉的诉讼标的适合由法院判决，具有受权利保护的一般资格。（3）原告就该请求具有请求法院为判决的现实必要性。狭义的诉的利益（权利保护利益），则仅指上述第（3）层含义，即原告之诉的诉讼标的，有即时利用诉讼程序由法院予以判决的现实必要性。②对于上述广义"诉的利益"的三层含义，有学者认为，"当事人适格"为主观的诉之利益之问题，而后两层含义则为客观的诉之利益之问题。此三者虽具有若干程度的共同性，但有时亦难有明确之区别。例如，通说认为，确认之诉中，当事人适格与确认利益具有表里一体的关系。不过，当事人适格之问题系决定不同主体间，何人较适合受本案判决的问题，也即乃确定何人为本案的正当当事人问题，如今已发展成为另一套理论；而"权利保护资格"问题探讨的则是，何种事项得承认其为私权之问题，涉及司法权的界限，一般亦应个别考虑。因而理论上常将诉的利益作

---

① 陈荣宗、林庆苗：《民事诉讼法》，台湾三民书局1996年版，第332页。

② 参见吕太郎等：《诉之利益之判决》，载《民事诉讼法之研讨（四）》，台湾三民书局1993年版，第416页；陈荣宗、林庆苗：《民事诉讼法》，台湾三民书局1996年版，第333页。

狭义的理解并予以探讨。① 但也有学者认为，"上述三种分类，于诉讼效果上并无不同，因此，于今日已不受重视，仅于个别事例适用之际，提供法院判断之基准与说明而已。"②

事实上，大陆法系学者在探讨诉的利益（权利保护利益、权利保护必要）时，有时是从广义的角度加以讨论，③ 有时是从狭义的角度予以理解，④ 有时则是将其作为诉权的要件进行探讨。⑤ 近年来，我国学者主要是从狭义的角度研究诉的利益问题，⑥ 但也有学者从广义的角度进行论证，认为诉的利益包括权利保护资格和权利保护利益两个方面。⑦

学者们在将诉的利益作为诉讼要件之一时，因对其是作广义的理解还是作狭义的理解而有所不同。如果对诉的利益作广义的理解，则诉的利益在整体上往往被认为是一个诉讼要件，例如，我国台湾学者陈计男教授即将诉的利益作为一个诉讼要件，⑧ 日本学者兼子一先生则将"原告有诉权"作为一个诉讼要件，并认为诉权的要件即是指诉的利益。⑨ 如果对诉的利益作狭义的理解，即仅仅

----

① 参见吕太郎等：《诉之利益之判决》，载《民事诉讼法之研讨（四）》，台湾三民书局 1993 年版，第 416 页。

② 陈荣宗、林庆苗：《民事诉讼法》，台湾三民书局 1996 年版，第 334 页。

③ 参见陈计男：《民事诉讼法论（上）》，台湾三民书局 1994 年版，第 252 页以下。

④ 参见吕太郎等：《诉之利益之判决》，载《民事诉讼法之研讨（四）》，台湾三民书局 1993 年版，第 416 页以下。

⑤ 参见［日］兼子一、竹下守夫：《民事诉讼法》，白绿铉译，法律出版社 1995 年版，第 51 页以下。

⑥ 参见江伟、邵明、陈刚：《民事诉权研究》，法律出版社 2002 年版，第 218 页以下。

⑦ 参见张卫平：《民事诉讼法教程》，法律出版社 1998 年版，第 175 页以下；王福华：《民事诉讼基本结构》，中国检察出版社 2002 年版，第 273 页。

⑧ 陈计男：《民事诉讼法论（上）》，台湾三民书局 1994 年版，第 252 页以下。

⑨ ［日］兼子一、竹下守夫：《民事诉讼法》，白绿铉译，法律出版社 1995 年版，第 50 页以下。

是指狭义的权利保护利益，而不包括权利保护资格和当事人适格时，则往往是将其作为几个不同的诉讼要件，例如德国学者奥特马·尧厄尼希、日本学者中村英郎等均是从法院、当事人和诉讼标的三个方面来阐述诉讼要件的内容，并将"当事人适格"列入"有关当事人的诉讼要件"之中，将（狭义的）诉的利益（权利保护利益）列入"有关诉讼标的之诉讼要件"中。①

2. 诉的利益是否属于诉讼要件之探讨

诉讼要件的内容中是否包括诉的利益（狭义）和当事人适格之要件，与不同的诉权理论有很大关系，特别是与理论上是采具体诉权说（权利保护请求权说）还是采本案判决请求权说而有很大不同。

具体的诉权说（权利保护请求权说）认为，民事诉讼法之目的在于保护当事人私法上的权利，私人对国家享有权利保护请求权，其中诉权即为请求依判决保护权利的权利，在诉讼中有此权利时即应受胜诉之判决，故诉权为具体的要求为自己胜诉判决之权利。按照具体诉权说，诉权的要件包括诉讼要件（即诉讼成立要件）和权利保护要件，在诉讼要件和权利保护要件都具备时，才真正享有诉权。因此，具体诉权说认为，原告向法院起诉应先具备诉讼要件即诉讼成立要件，欠缺诉讼成立要件者，法院应以其起诉不合法以裁定驳回之。其起诉程序合法者，始应为诉有无理由的裁判，诉有无理由的裁判，应审究：（1）为诉讼标的法律关系之要件；（2）保护必要之要件（法律上正当利益之要件）；（3）当事人适格之要件。上述（1）（2）（3）之要件，即为权利保护要件，当事人于具备此项要件时，即有得请求为利己判决的权利，法院应为原告胜诉的判决。欠缺当事人适格与保护必要之要件的，法院应以判决驳回原告之诉，而非以起诉程序不合法以裁定驳回原告之诉。

本案判决请求权说则认为，民事诉讼法之目的，不在于私权的

---

① 参见［德］奥特马·尧厄尼希：《民事诉讼法》，周翠译，法律出版社2003年版，第177页以下；［日］中村英郎：《新民事诉讼法讲义》，陈刚、林剑锋、郭美松译，法律出版社2001年版，第154页。

保护，而在于解决民事上之纷争。要求解决此项纷争时，原告须就其纷争提出主张，法院对之就法律上当否加以判断，而为本案判决。此项就纷争解决之本案判决请求权，即为诉权。按照本案判决请求权说，诉权为当事人请求为本案判决的权利，不论为原告胜诉或败诉的判决，均承认原告有诉权存在，因而与具体诉权说于为有利于原告之判决时，始承认有诉权存在之情形有所不同。与此相对应，本案判决请求权说所列举的"诉讼要件"，不仅包括具体诉权说中的诉讼成立要件，而且包括具体诉权说所称的"权利保护要件"之中的保护必要之要件与当事人适格之要件，但将其权利保护要件之中的为诉讼标的法律关系之要件排除在外。

因此，在具体诉权说（权利保护请求权说）之解释下，权利保护利益（权利保护必要）之要件与当事人适格之要件，其性质已不列入诉讼要件，而列为本案实体审理的内容事项。从而原告之诉不具备此二要件者，法院应作出以原告之诉无理由而驳回之实体判决，而非为原告之诉不合法而驳回之程序判决。而在本案判决请求权说之下，则不将上述两个要件列为本案实体审理的内容事项，而将其列为诉讼要件，从而主张此说者认为，法院应先就上述诉讼要件为审理，于法院断定原告之诉不具备该诉讼要件时，应以其诉不合法为由为驳回其诉之程序判决，不得为驳回其诉无理由之实体判决。日本学者对于诉权学说以本案判决请求权说为通说，立法与实务上也基本上以此为基础来处理诉讼要件问题。我国台湾地区一部分学者则采权利保护请求权说，判例上亦受此说影响，在诉讼欠缺上述要件时，以原告之诉无理由判决驳回其诉。①

尽管存在将诉的利益作为权利保护要件，而不作为诉讼要件的观点，但目前大多数人认为，诉的利益属于诉讼要件，这也是德、日理论上的通说和实务中的一般做法。不过，无论是将诉的利益之

---

①　参见杨建华：《问题研析 民事诉讼法（二）》，台湾广益印书局1997年版，第106页以下；王甲乙、杨建华、郑健才：《民事诉讼法新论》，台湾广益印书局1998年版，第224页以下；陈荣宗、林庆苗：《民事诉讼法》，台湾三民书局1996年版，第334页以下。

要件作为诉讼要件，还是按照具体诉权说之理论将其作为权利保护要件，学者们均认为诉的利益属于法院依职权调查的事项。

（三）诉讼要件应依职权进行调查

诉讼要件应由法院依职权进行调查，且法院应随时进行调查，即使于第一审判决后，上诉于第二审（或第三审）之阶段，法院亦应随时依职权为调查。法院一旦确认原告之诉不具备诉讼要件时，即应当以该诉讼不合法为由予以驳回，此项裁判称为程序驳回（Prozeβabweisung），与实体驳回（又称本案驳回 Sachabweisung）两者宜有区别。法院不得同时就程序及实体为一并驳回，因为，程序驳回之裁判与实体驳回之裁判两者的客体内容及范围均不相同。而且，法院亦不能不区分该驳回之裁判究竟为程序之驳回抑或实体之驳回，否则，裁判既判力的客体内容及范围为何者，将无法分清。另外，法院就欠缺诉讼要件的诉讼所为之本案判决，当事人得以上诉方法请求上诉法院予以废弃。若该判决已经确定，则在符合再审要件时，可提起再审之诉予以救济。①

关于诉讼要件的职权调查，应注意以下几个问题：

1. 应将依职权调查的诉讼要件事项与不依职权调查的诉讼障碍事项予以区别

诉讼要件是指原告所提起之诉所必须具备的合法要件，具备该要件时，诉讼程序始为合法。对于诉讼要件，法院应依职权予以调查。而诉讼障碍事项，是指只是在被告提出抗辩的情况下法院始予以调查的事项，从而原告之诉始成为不合法。例如，当事人之间存在仲裁协议而原告却提起诉讼、原告有提供诉讼费用担保的义务而不提供担保等。对于诉讼障碍事项，法院不依职权调查，而是应依被告的抗辩才予以考虑。在广义上，诉讼要件包括应由法院依职权调查的诉讼要件和应被告的抗辩而予以调查的诉讼障碍，但一般指狭义而言，此种狭义的诉讼要件，也有学者称其为绝对的诉讼要

---

① 　陈荣宗、林庆苗：《民事诉讼法》，台湾三民书局 1996 年版，第 327 页。

件，而诉讼障碍则称为相对的诉讼要件。①

2. 法院依职权对诉讼要件进行调查，并不意味着应由法院调查、收集所有的诉讼资料

判断有无诉讼要件的诉讼资料，是否由法院依职权探知而收集，抑或由当事人依辩论原则而提出，应视该项诉讼要件之公益性对法院的要求而定，并不仅仅因其系法院应依职权调查的事项而必须由法院自行收集证据资料。例如，有关法院裁判权、专属管辖、当事人之存在、当事人能力、诉讼能力、诉讼代理权之证据资料，法院于原告起诉时即应依职权为调查，且亦应由法院自行收集证据资料。至于诉讼障碍之证据资料，自然应当由当事人提出。其他诉讼要件，例如同一事件之有无、权利保护利益之有无，亦应由当事人收集而提出。

3. 法院依职权调查诉讼要件虽可减轻、缓解当事人的主张和举证的责任，但并不免除当事人的举证责任

对于诉讼要件，虽然法院应依职权调查，但其所涉及的事项，仍须得有心证，始得据以认定。所谓依职权调查，乃系指某事项虽未经当事人主张，法院亦应予以斟酌，且当事人间就该事项虽无争执，亦须得有心证始可认定。在未使法院得到确定心证时，仍由当事人负相应的法律后果。故就各诉讼要件应有证据证明之事项，当事人仍有举证责任。在诉讼要件有欠缺而又未能补正时，法院即得迳以裁定（或判决）驳回原告之诉，原告不得以法院未依职权调查证据指摘其裁判为不当。② 可见，就诉讼要件而言，如果当事人提出的材料不足以为法院坚定的确信提供理由，则因诉讼要件的存在或者不存在得到益处的那一方当事人，特别是请求实体判决的当事人，要为该不明状态承担责任（即不利的法律后果）。通常情况

① 参见沈达明编著：《比较民事诉讼法初论》，中国法制出版社2002年版，第167页；王甲乙、杨建华、郑健才：《民事诉讼法新论》，台湾广益印书局1998年版，第227页以下。

② 参见杨建华：《问题研析 民事诉讼法（二）》，台湾广益印书局1997年版，第96页。

下，是由原告承担这种无证据的风险。①

三、人事诉讼程序

（一）人事诉讼程序的一般界定

1. 人事诉讼程序的含义

人事诉讼，是指涉及人的身份关系的诉讼，是与财产关系的诉讼相对而言的。民事诉讼法所规定的诉讼程序，就性质而言，可以分为财产关系的诉讼程序与身份关系的诉讼程序，此种分类与民法上财产法与身份法两种领域之分类互相呼应。财产法上的法律关系，包括人与人之间所发生的财产关系（称为债之法律关系）与人与物之间财产关系（称为物权之法律关系）。一般认为，财产上的法律关系，其特质系基于私法自治原则，涉及当事人私益为重，对第三人的关系不大，多不涉及社会公益问题。因此，民事诉讼法对于财产关系的诉讼，遂以采取形式真实原则、处分原则、辩论原则、裁判相对效力原则为诉讼程序之原理。至于身份上的法律关系，系建立于男女间的婚姻及亲属间血统社会之自然事实关系，性质上不容私人任意处分而变更既存的身份关系。此种身份上之法律关系，不仅涉及当事人的私益，而且涉及社会秩序和公益，影响第三人之利害关系。一旦发生身份关系的纠纷，民事诉讼法不能不顾及诉讼影响之全面问题，从而对于身份关系的诉讼，遂采实体真实原则、职权原则或职权探知原则、裁判绝对效力原则为诉讼原理。② 故很多国家和地区在其民事诉讼法中单独对"人事诉讼程序"作出规定，作为民事诉讼法的一种特别程序而与通常的诉讼程序相区别。

---

① ［德］奥特马·尧厄尼希：《民事诉讼法》，周翠译，法律出版社 2003 年版，第 179 页。

② 参见陈荣宗、林庆苗：《民事诉讼法》，台湾三民书局 1996 年版，第 936 页。

人事诉讼的称谓来源于德国、日本的法律及其法学理论，德国 1877 年颁布的《民事诉讼法》第六编即是关于人事诉讼程序的规定，① 日本于 1898 年制定了专门的《人事诉讼程序法》，我国台湾地区"民事诉讼法"在第九编规定了"人事诉讼程序"。对于这种程序，我国（指大陆地区）立法没有作专门的集中性规定，理论上也较少探讨。但近年来，有学者主张应当建立这种程序制度，特别是随着以建立当事人主义诉讼结构为重要目标之一的民事审判方式改革的进行，人事诉讼程序制度正日益受到民事诉讼法学界的重视。关于这类程序的称谓，有人主张应称为"人事诉讼程序"，② 也有学者将其称为身份关系诉讼制度或身份关系诉讼程序，③ 或将其称为婚姻家庭民事诉讼专门程序。④

2. 人事诉讼事件的范围

适用人事诉讼程序审理的案件系涉及身份关系的纠纷事件，但从各国的规定来看，其范围并非是涉及身份关系的所有案件，而是专指这一领域内一定范围的几类案件。例如，依照德国《民事诉讼法》第 606 条和第 621 条的规定，适用人事诉讼程序的案件包括婚姻事件和某些其他家庭事件。其中，婚姻事件包括离婚之诉、撤销婚姻之诉、确认婚姻存在与否的诉讼以及同居之诉。其他家庭事件则包括：（1）关于父母对子女的照护权，依《民法典》的规定应当由家庭法院管辖的；（2）关于与子女来往的规定，依《民法

① 德国民事诉讼法第六编的标题并没有以"人事诉讼程序"命名（现在的标题为"家庭事件程序"），但该编的内容是关于人事诉讼的规定，理论上常以"人事诉讼"相称并进行探讨。

② 参见王强义：《民事诉讼特别程序研究》，中国政法大学出版社 1993 年版；王礼仁：《确立人事诉讼程序制度之我见》，载《法律适用》2002 年第 10 期，第 47 页以下；梁宏辉、张德峰：《论我国人事诉讼程序之建构》，载《广西政法管理干部学院学报》2003 年第 5 期，第 17 页以下。

③ 参见李杰：《完善我国身份关系诉讼制度的构想》，载《中国法学》1990 年第 6 期。

④ 参见邵俊武：《建立婚姻家庭民事诉讼专门程序之我见》，载《兰州商学院学报》2003 年第 2 期，第 74 页以下。

典》的规定应由家庭法院管辖的；（3）把处于父母指挥权之下的子女交付出去；（4）关于因亲属关系而发生的法定抚养义务；（5）关于因婚姻关系而发生的扶养义务；（6）关于照护子女的补助；（7）关于在夫妻住宅和家庭用具方面的法律关系；（8）由夫妻财产制而生的请求权；（9）《民法典》第 1382 条与第 1383 条的诉讼；①（10）亲子关系事件；（11）依《民法典》第 1615 条之 12、第1615条之 13 而生的请求权；②（12）依《民法典》第 1303 条第 2 款至第 4 款、第 1308 条第 2 款及第 1315 条第 1 款第 1 句第 1 项、第 3 句所生的请求权。③

　　日本人事诉讼程序法所规定的案件包括婚姻案件、收养案件和亲子关系案件。其中，婚姻案件包括：（1）婚姻无效之诉；（2）撤销婚姻之诉；（3）离婚之诉；（4）撤销离婚之诉。收养案件包括：（1）收养无效之诉；（2）撤销收养之诉；（3）解除收养之诉；（4）撤销解除收养之诉。亲子关系案件则包括：（1）否认子女之诉；（2）认领子女之诉；（3）认领无效之诉；（4）撤销认领之诉；（5）确定父亲之诉。

　　我国台湾地区适用人事诉讼程序处理的案件包括：婚姻事件程序、亲子关系事件程序、禁治产事件程序与宣告死亡事件程序。其中，属于婚姻事件程序的诉讼事件包括以下五种：（1）婚姻无效之诉；（2）撤销婚姻之诉；（3）确认婚姻成立不成立之诉；（4）

---

　　①　《德国民法典》第 1382 条和第 1383 条是关于法定婚姻财产制中夫妻间的补偿债权的延期履行以及以债务人的特定物品折抵补偿债权的规定。"补偿债权"的含义是指，如果婚姻一方的婚姻财产增值超过婚姻另一方的婚姻财产增值，则超出部分的半数作为补偿债权归属于婚姻另一方。

　　②　《德国民法典》第 1615 条之 12 和之 13 是关于"对子女及其未相互结婚的父母的特别规定"，即父亲应向母亲提供因分娩所需的生活费，以及应承担母亲因怀孕或分娩而死亡时的殡葬费用。

　　③　《德国民法典》第 1303 条第 2～4 款是关于特定情形下未成年人可申请法院允许结婚的规定；第 1308 条第 2 款是关于一方与另一方因收养而形成旁系亲属关系时可申请法院允许双方结婚的规定；第 1315 条第 1 款第 1 句第 1 项以及第 3 句是关于排除撤销婚姻的规定。

离婚之诉；（5）夫妻同居之诉。属于亲子关系事件程序的诉讼事件有：（1）收养无效之诉；（2）撤销收养之诉；（3）确认收养关系成立不成立之诉；（4）终止收养关系之诉；（5）否认子女之诉；（6）认领子女之诉；（7）认领无效之诉；（8）撤销认领之诉；（9）就母再婚后所生子女确定其父之诉；（10）宣告停止亲权之诉；（11）撤销停止亲权宣告之诉。禁治产事件程序所规定的事件有：（1）禁治产之声请事件；（2）撤销禁治产宣告之诉；（3）撤销禁治产之声请事件。宣告死亡事件程序所规定的事件有：（1）宣告死亡之声请事件；（2）撤销死亡宣告之诉。

尽管上述有关国家和地区对人事诉讼程序所适用的案件范围之具体界定存在一定的差异，但一般均认为，人事诉讼较之于私法上财产关系的诉讼更具有公益的性质，因而对于人事诉讼主要应当采干涉原则和职权探知原则，而限制处分原则和辩论原则的适用，这一点不仅体现在当事人、管辖等诉讼要件上，更重要的是体现在实体请求、事实和证据材料的主张和提供问题上。例如其当事人适格与通常诉讼程序有所不同，其管辖往往实行的是专属管辖，法院不受当事人认诺、舍弃、自认等行为的限制，法院可以认定当事人未主张的事实并依职权调查收集证据等。

就以上所列举的各事件而言，婚姻事件程序在人事诉讼程序中具有最为显著的地位，大陆法系国家和地区民事诉讼法中一般均对其作了详细规定，其中的很多规定亦准用于其他类型的人事诉讼事件的审理程序。在婚姻事件程序中，婚姻无效事件和撤销婚姻事件又是极具代表性的事件。因此，限于篇幅，本书主要就婚姻无效事件（婚姻无效之诉）和撤销婚姻事件（撤销婚姻之诉）进行较为详细的讨论，而对于其他婚姻事件以及其他人事诉讼事件，拟另撰文进行探讨。

（二）婚姻无效事件与撤销婚姻事件的程序

婚姻无效事件和撤销婚姻事件是人事诉讼程序的重要内容，也是一个国家的婚姻制度的有机组成部分，确立和完善婚姻无效之诉和撤销婚姻之诉的程序，对于规范公民的结婚行为、预防和减少违法婚姻、维护婚姻法的严肃性、建立良好的婚姻秩序、保护利害关系人的正当权益等诸多方面，都具有极为重要的意义。然而，由于各种主客观条件的制约，我国1950年和1980年制定的两部婚姻法均未对无效婚姻制度与撤销婚姻制度作出规定，民事诉讼法中也未对婚姻无效事件和撤销婚姻事件等人事诉讼事件的程序作出系统、完善的规定，因而在实践中产生了很多弊端。鉴于此，2001年4月28日修正后的《中华人民共和国婚姻法》（以下简称《婚姻法》）在第10条至第12条对这两项制度初步作出了规定。其中第10条规定："有下列情形之一的，婚姻无效：（1）重婚的；（2）有禁止结婚的亲属关系的；（3）婚前患有医学上认为不应当结婚的疾病，婚后尚未治愈的；（4）未到法定婚龄的。"第11条则是关于可撤销婚姻的规定，即："因胁迫结婚的，受胁迫的一方可以向婚姻登记机关或人民法院请求撤销该婚姻。受胁迫的一方撤销婚姻的请求，应当自结婚登记之日起一年内提出。被非法限制人身自由的当事人请求撤销婚姻的，应当自恢复人身自由之日起一年内提出。"第12条进一步就无效婚姻与撤销婚姻的法律后果作出了规定，即："无效或被撤销的婚姻，自始无效。当事人不具有夫妻的权利和义务。同居期间所得的财产，由当事人协议处理；协议不成时，由人民法院根据照顾无过错方的原则判决。对重婚导致的婚姻无效的财产处理，不得侵害合法婚姻当事人的财产权益。当事人所生的子女，适用本法有关父母子女的规定。"

　　《婚姻法》对无效婚姻制度与撤销婚姻制度的确立，是完善我国婚姻制度的一项重大举措，也是我国婚姻立法的一大进步。但不可否认的是，上述规定仅仅是一种粗线条的"勾画"，在实践中仍然是难以操作的，因为关于确认婚姻无效与撤销婚姻的一系列程序问题，例如宣告婚姻无效的主管机关、有权提出请求的主体范围、请求撤销婚姻的管辖法院、具体的处理程序上有何特殊要求等，《婚姻法》并没有进一步明确规定。为了解决此类问题，最高人民法院在有关的司法解释中对婚姻无效事件和撤销婚姻事件之程序的一些方面进行了规范，例如2001年12月25日公布并于同年12月27日施行的《关于适用〈中华人民共和国婚姻法〉若干问题的解释（一）》（以下简称《婚姻法解释一》）、2003 年 12 月 25 日公布并于 2004 年 4 月 1 日施行的《关于适用〈中华人民共和国婚姻法〉若干问题的解释（二）》（以下简称《婚姻法解释二》）等。从理论上讲，婚姻无效事件和撤销婚姻事件应由法院主管为宜，也即应当采取诉讼的方式进行；而且，由于婚姻无效之诉和撤销婚姻之诉涉及人的身份关系的最终确定，故而在诉讼程序的很多方面应当有别于通常民事诉讼程序。有鉴于此，以下笔者结合我国的立法和实践，参考大陆法系国家和地区的理论，拟对婚姻无效之诉与撤销婚姻之诉中属于职权探知事项的主管、当事人、管辖等诉讼要件事项以及审理程序上的一些特殊事项予以探讨，以期指导司法实践并为民事诉讼法相关内容之完善提供理论依据。

1. 婚姻无效事件与撤销婚姻事件之主管机关

（1）修正后的《婚姻法》之规定及其与《婚姻法（修正草案）》之比较

对于撤销婚姻事件，修正后的《婚姻法》与此前全国人大常委会办公厅于 2001 年 1 月 11 日公布的《中华人民共和国婚姻法（修正草案）》（下文简称《修正草案》）均规定："因胁迫结婚的，受胁迫的一方可以向婚姻登记机关或人民法院请求撤销该婚姻。"①因此，作为行政机关的婚姻登记机关和作为司法机关的人民法院都有权对当事人提出的撤销婚姻的请求作出处理，在这一点上，修正后的《婚姻法》与《修正草案》的规定是一致的。但是，将婚姻登记机关也作为撤销婚姻事件的主管机关是不合适的，对此后文将予以讨论。

对于婚姻无效事件，修正后的《婚姻法》仅仅规定了无效婚姻的几种法定情形，删去了《修正草案》第 10 条第 2、3 款的内容，从而并未规定宣告婚姻无效制度的主管机关。具体而言，《修正草案》第 10 条第 2、3 款规定："对于无效婚姻，当事人以及利害关系人可以向婚姻登记机关或人民法院提出该婚姻无效；婚姻登

①　关于《中华人民共和国婚姻法（修正草案）》的内容，可参见 2001 年 1 月 12 日《人民法院报》。

记机关或人民法院应当宣告该婚姻无效。对未到法定婚龄结婚的，应当在法定婚龄届至前提出或宣告该婚姻无效。"但是在全国人大常委会审议该《修正草案》的过程中，有人认为，《修正草案》中所规定的可请求宣告婚姻无效的利害关系人，指的是谁并不清楚，实践中可能会产生扩大化适用。特别是对于无效婚姻问题，民法理论界的主流观点采取的是所谓的当然无效说，即认为对于那些具有无效情形的婚姻，即使未经有关机关确认或宣告，也是当然无效、自始无效的。因而在审议《修正草案》的过程中，有人认为，"考虑到因重婚、有禁止结婚的亲属关系等情形骗取结婚登记的，即使未经登记机关或人民法院宣告无效，该婚姻也是无效的；如果婚姻法对宣告无效程序作了规定，反而可能引起歧义。"① 故此，修改后的婚姻法没有规定处理无效婚姻的机关和程序，而仅仅规定了无效婚姻的情形及法律后果。由此看来，对于无效婚姻问题，我国《婚姻法》采取的不是宣告制，② 而是当然无效制，③ 但在解释上一般则认为，"这并不妨碍当事人请求人民法院和民政部门宣告自己的婚姻无效，也不妨碍民政部门在执法检查的过程中发现无效婚姻时收回结婚证，同时，人民法院在审理案件过程中，如果发现当事人有无效婚姻的情形，也可以宣告该婚姻无效。"④

（2）婚姻无效应采取宣告制

依照《婚姻法》第10条和第12条的规定，无效婚姻属自始无效、当然无效，而不以有关国家机关作出宣告为必要条件。这种当然无效制看似比较合理，但它与实际生活并不相符，也不利于婚姻

---

① 参见全国人大常委会法制工作委员会民法室：《中华人民共和国婚姻法释解》，群众出版社2001年版，第54页。

② 宣告制是指对于某项婚姻，必须经过法院判决宣告，才能认定为无效婚姻。

③ 不过，最高人民法院在《婚姻法解释一》第13条规定："婚姻法第十二条所规定的自始无效，是指无效或者可撤销婚姻在依法被宣告无效或被撤销时，才确定该婚姻自始不受法律保护。"似乎又有采宣告制的倾向。

④ 参见全国人大常委会法制工作委员会民法室：《中华人民共和国婚姻法释解》，群众出版社2001年版，第54页。

关系的稳定和正常婚姻秩序的维护，因而实则是不合理的。

第一，当然无效制在法律规定上存在冲突，在法律逻辑上难以自圆其说。依照《婚姻法》第8条的规定，男女双方到婚姻登记机关进行婚姻登记并领取结婚证后，即确立了夫妻关系。从婚姻登记机关的角度来讲，在予以登记并发给当事人结婚证后，即表明婚姻登记机关承认了当事人之间的婚姻关系的合法性、有效性，而登记机关的承认实质上也就是国家的承认。在婚姻登记机关撤销登记或者法院宣告婚姻无效之前，即使当事人之间存在某种无效婚姻的情形，但如果这种情形并不被国家所知并由代表国家的特定机关依照特定程序和途径予以宣告，那么国家在实际上仍然认可当事人之间的婚姻关系的有效性。显然，国家对某一婚姻关系的认可与该婚姻关系乃无效婚姻这二者是不能并存的。然而，依照《婚姻法》所确定的无效婚姻制度，当事人之间具有某种无效婚姻的情形时，即使未被有关机关宣告无效，也被认为是当然无效的，这就必然会出现一种难以解释的矛盾现象，即一方面国家认为该婚姻关系是自始、当然无效的，另一方面从国家维持其婚姻登记的效力来看，至少在形式上国家又承认该婚姻关系是合法、有效的。因此，当然无效制隐含着法律规定上的冲突和逻辑上的混乱。

第二，当然无效制与社会实际婚姻状况不相符合。依据当然无效制，当某一婚姻关系具有《婚姻法》第10条所规定的无效情形之一时，不论是否经过有关机关的宣告，均应当发生无效婚姻的后果，例如当事人之间应不具有夫妻的权利义务，一方或双方可与他人再婚，一方死亡时另一方无权继承其遗产，等等。然而实际生活中却并非如此。申言之，在实际生活中，某些婚姻关系确实存在着某种无效情形，例如一方患有医学上认为不应当结婚的疾病并且婚后尚未治愈，或者当事人一方（或双方）未到法定婚龄等，但在被依法宣告无效之前，实际情况往往是：当事人确实是以夫妻相称的，国家也没有否认其婚姻的合法存在，周围群众亦理所当然地认为其婚姻是合法、有效的；具有无效婚姻情形的婚姻在被依法宣告之前，国家也不会容忍该婚姻的一方或双方当事人可以随意地再与他人结婚；一方死亡时，另一方则按照继承法的规定继承了其遗产，等等。显然，在无须经过宣告程序即当然无效的无效婚姻制度之下，某些本应无效的婚姻在实践中却常常并不会发生"当然无效"的法律后果，当然无效制本身在很多情况下反而变得"当然无效"了。

第三，当然无效制在很多情况下并不利于婚姻秩序的维护。某项婚姻之有效与否，不仅会牵涉到婚姻当事人之间的身份关系和其他各种权利义务关系，而且会牵涉到婚姻当事人以外的诸多血亲、姻亲关系；那些与婚姻当事人存在身份关系的人，必定会因为其婚姻之有效、无效而在身份上亦受到巨大影响。[1] 因此，对于无效婚姻问题，应采取特别慎重的态度，而不能随意地认为某人的婚姻是无效的，否则，婚姻秩序的维护就会受到极大的冲击。然而，在当然无效制之下，由于无须经过有关国家机关的宣告即可主张某人的婚姻关系是无效的，因而必然会助长认定无效婚姻的随意性倾向，破坏婚姻秩序的稳定。例如，甲男与乙女已登记结婚，但乙女患有医学上认为不应当结婚的疾病且尚未治愈，依照当然无效制之规定，甲乙之间婚姻即使未经宣告程序，甲也应当有权和他人另行结婚且不构成重婚，因为甲乙之间的婚姻被认为是自始地、当然地不发生婚姻的效力。但这样一来，不仅甲乙之间的婚姻是否确属无效婚姻的问题处于一种不确定的状态，而且甲与他人之间的再婚是否属于重婚之问题亦处于不确定的状态，由此所引起的一系列血亲、姻亲关系也处于不确定状态，正常的婚姻秩序因之而必定受到极大的破坏。如果对无效婚姻采取宣告制，则不仅会起到预防和减少违法婚姻的发生之功效，而且可以避免无效婚姻认定上的随意性。

第四，如果不经过宣告程序，无效婚姻制度几乎无法发挥其规范功能和实现其立法目的。《婚姻法》之所以确立无效婚姻制度，目的就在于规范当事人的结婚行为、尽量减少或避免无效婚姻的发生，而这一立法目的的实现，则有赖于宣告程序的设立和运作，因为在大多数情况下，具有无效婚姻情形的婚姻当事人之间或者婚姻

---

① 参见陈荣宗等：《婚姻无效与股东会决议无效之诉讼》，载《民事诉讼法之研讨（四）》，台湾三民书局1993年版，第5页。

当事人与第三人之间，就该婚姻是否无效的问题是存在争议的，无论是婚姻当事人还是第三人，都无权最终确认该婚姻是否确属无效，只有法律授权的机关依照特定程序予以宣告，才能对婚姻是否无效的问题予以确认。如果没有宣告程序，关于某项婚姻是否无效的问题就会成为永无休止的争论。显然，无效婚姻制度是不会自动发挥作用的，它有赖于宣告程序的设置和运作，那种认为无效婚姻是自始的、当然的无效，从而不需要经过宣告程序予以宣告即可实现无效婚姻制度之功能的观点是一种不切实际的幻想，在实践中是根本行不通的。

　　另外，从各国或地区立法例来看，虽然日本和我国台湾地区的民法没有规定无效婚姻须以法院判决宣告为前提，并且在理论阐释上一般认为无效婚姻是自始、当然无效的，但法国、瑞士等多数国家的民法则规定，无效婚姻并非自始、当然、确定地不发生效力，必须经法院为无效宣告的判决后，其婚姻始为无效。① 德国民法在以前有无效婚姻和可撤销婚姻之分，并且其无效婚姻的确认也须以法院宣告为前提，② 但现在的德国民法则仅设可撤销婚姻，而不设无效婚姻制度。③

　　综上所述，笔者认为，对于无效婚姻问题，我国《婚姻法》采取所谓的当然无效制而不采宣告制是不合理的。国家既然承认了当事人之间的婚姻关系，那么在依法宣告其无效之前，任何人都不得随意主张其无效。至于在立法技术上，则可以规定这种宣告具有追溯效力，即某项婚姻一经宣告为无效婚姻，该婚姻即为自始地不生效力，以便体现法律对无效婚姻的否定态度。

　　也许是意识到《婚姻法》所作规定的缺陷，至少是意识到《婚姻法》在婚姻无效问题上所采取的模糊态度，最高人民法院在

———————————

　　① 参见史尚宽：《亲属法论》，中国政法大学出版社 2000 年版，第 22 页以下。

　　② 参见史尚宽：《亲属法论》，中国政法大学出版社 2000 年版，第 170 页。

　　③ 参见郑冲、贾红梅译：《德国民法典》，法律出版社 1999 年版，第 296～299 页。

《婚姻法解释一》第 13 条中对《婚姻法》的相关规定作了限制性的解释，即："婚姻法第 12 条所规定的自始无效，是指无效或者可撤销婚姻在依法被宣告无效或被撤销时，才确定该婚姻自始不受法律保护。"根据这一规定，似乎可以认为，具有无效情形的婚姻在未被宣告无效之前，仍然是应当受到法律保护的，只是在宣告无效之时，才自始不受法律保护。据此，应当认为，对于无效婚姻问题，最高人民法院已经采取较为务实的态度，变当然无效、自始无效制为宣告制，笔者认为这样规定是合理的、科学的。①

（3）婚姻无效事件与撤销婚姻事件应由法院主管为宜

如前所述，对于无效婚姻问题，《婚姻法》虽然没有规定宣告程序和宣告机关，但如发生争议时，过去在理论解释上则一直认为当事人既可以请求婚姻登记机关予以处理，也可以请求法院予以解决，且婚姻登记机关和人民法院皆可以依职权作出宣告。而对于撤销婚姻事件，《婚姻法》第 11 条已明确规定，撤销权人既可请求婚姻登记机关也可请求人民法院予以撤销。因此，可以说，对于婚姻无效事件和撤销婚姻事件，目前我国法律采取的是行政主管和法院主管并存的双重模式。我们认为，双重主管模式是不合理的，不应当赋予婚姻登记机关宣告婚姻无效和撤销婚姻的权限，而应当规定由人民法院来统一行使此项权力，也就是说，只有通过诉讼程序并由人民法院判决宣告，才能确认某项婚姻是否为无效婚姻或能否予以撤销。其理由在于：

第一，婚姻关系是民法的调整对象之一，应当规定由法院来主管由此所产生的纠纷。民法是调整平等主体之间的财产关系和人身关系的法律，人身关系包括人格关系和身份关系两个方面，而公民之间的婚姻关系则是民法所调整的身份关系的重要组成部分。当民法所调整的财产关系和人身关系发生纠纷而当事人不能自行解决时，除了当事人事先约定将纠纷提交仲裁机构仲裁之外（当然须

———————————

① 至于这种规定是应当由立法（狭义）上进行规定，还是可以由司法解释予以规定，则是另一值得探讨的问题。笔者主张应当在《婚姻法》（或《民法典》）或者《民事诉讼法》中予以规定。

以该纠纷能够适用仲裁解决为限），一般是由法院主管并通过民事诉讼的途径来解决，而行政机关一般很少介入民事纠纷的处理，并且一般也无权作出具有强制性约束力的裁决，这是现代法治国家的通行做法。因为，民事纠纷由司法权而不是由行政权来予以解决，既可以防止和减少行政权的不当扩张，又可以使纠纷得到更为公正的处理。婚姻关系作为民法的调整对象，当发生纠纷而诉请公权力解决时，当然也应当通过司法途径为宜，这一点不仅应当体现于离婚纠纷以及与此紧密相关的子女抚养与监护、分割财产、损害赔偿等纠纷，而且应当体现于关于某项婚姻是否确属无效、能否予以撤销等身份法上之纠纷。在立法上规定或者在理论解释上认为婚姻登记机关有权宣告婚姻无效和撤销婚姻，显然是将行政权扩张于本应由司法权解决的事项，因而是很不合适的。

第二，婚姻登记机关在性质上应当是进行形式审查的登记机关，而不是对实体问题进行处理的裁决机关。在我国，婚姻登记机关是各级民政部门，它们是国家行政机关的组成部分，作为婚姻登记机关，其主要职能是进行婚姻登记，包括结婚登记和离婚登记。但无论是结婚登记还是离婚登记，婚姻登记机关贯彻的都是形式审查的原则，这是行政行为之效率原则的要求。就结婚登记来说，婚姻登记机关只是就申请登记的双方当事人所提交的户口证明、居民身份证、婚姻状况证明、婚前健康检查证明等证明文件进行审查，① 认为符合结婚条件的，应当及时予以婚姻登记，认为不符合结婚条件的，则不予登记。婚姻登记机关的这种审查只是一种针对当事人提交的证明文件所作的形式审查，而不是进行实质性审查，也就是说，婚姻登记机关仅仅是根据当事人提交的证明文件所记载的情况来从形式上审查判断是否符合结婚登记的要件，而不可能对各种结婚条件展开实质性的调查。否则，婚姻登记机关的登记行为

---

① 根据 2003 年 10 月 1 日实施的《婚姻登记条例》第 5 条的规定，申请结婚登记，已经不再要求提交户口证明、婚姻状况证明和婚前健康检查证明，而仅需提交：（1）本人的户口簿、身份证；（2）本人无配偶以及与对方当事人没有直系血亲和三代以内旁系血亲关系的签字声明。

就会过于迟缓和低效，当事人将不得不在旷日持久的实质性调查程序中等待结婚登记，国家也将因此而不得不承受巨大的调查费用。离婚登记时的情形也是一样，在双方当事人自愿申请离婚时，婚姻登记机关也仅仅是根据双方当事人所提交的各种证明文件进行形式审查，认为符合离婚条件的，予以离婚登记，认为不符合离婚条件的，则不予受理其申请。可见，婚姻登记机关在性质上应当仅仅是进行形式审查的登记机关，无论是对申请结婚登记还是对申请离婚登记来说，一旦当事人之间存在争议，婚姻登记机关就会不予受理或登记，并且对当事人之间的争议也不会去展开调查和作出裁决。显然，婚姻登记机关仅仅是履行形式上的审查、登记职责的行政机关，并非是对有关婚姻之实体性问题进行裁判的机关，只有法院才适宜对婚姻当事人之间争议的或者婚姻当事人与第三人之间争议的实体性问题作出裁判。

就婚姻无效事件和撤销婚姻事件来讲，无论是由婚姻的一方当事人请求宣告自己的婚姻无效或请求将其撤销，还是由婚姻当事人以外的第三人（包括自然人和特定的国家机关）请求宣告该婚姻关系无效，[1] 它们显然都涉及的是实体性婚姻争议之问题。对于这类问题的解决，自然应当由作为国家司法机关的法院主管为宜，而不应当由履行行政登记职能的婚姻登记机关来处理。进一步而言，由于婚姻登记机关在性质上并非是进行实体裁判的机关，因而如果赋予其宣告婚姻无效和撤销婚姻的权限，那么在实际操作上必定会出现一系列的难以解决的问题乃至于弊端。这些问题和弊端主要表现在以下几个方面：

其一，由于婚姻登记机关在作出处理决定时不具有诉讼程序的机制和功能，因而对于各种业已成立的婚姻关系是否符合法定结婚条件、应否宣告无效及可否予以撤销等问题，婚姻登记机关很难作出客观、全面、准确的判断。

其二，婚姻登记机关的行政处理程序并没有采取对审结构和言

---

[1]　在有些国家和地区的婚姻法和民事诉讼法中，特定的第三人在法定情形下也可以申请撤销他人之间的婚姻。我国《婚姻法》没有这方面的规定。

词辩论的原则，很难为婚姻当事人提供充分、有效的程序保障，当事人的合法权益有可能因为行政机关的武断行为而受到损害。

其三，与法官相比，从总体上来说，婚姻登记管理人员并不具有专门的法律素质，对婚姻法及相关法律知识缺乏全面、系统的学习、了解和掌握，因而对于宣告婚姻无效和撤销婚姻这类极为重大的事件，婚姻登记管理人员在法律的理解和适用上容易出现偏差。

其四，婚姻关系的成立及婚姻的效力是通过婚姻登记机关的结婚登记行为体现的，如果婚姻登记机关在登记之后又有权宣告已经登记的婚姻无效或者予以撤销，则在法律处理方法及立法技术上有轻率之嫌，没有体现出国家对于无效婚姻和可撤销婚姻问题本来应当持有的极为严肃、慎重的立法态度。

其五，无效婚姻与可撤销婚姻的宣告或确认，在本质上属于民事裁判权的一个部分，通过诉讼程序由法院对当事人的婚姻问题作出实质性裁判，是法院行使民事审判权的重要表现。而赋予登记机关宣告婚姻无效和撤销婚姻的权力，则难免造成行政权的不当扩张，有损民事审判权的完整性。

第三，由婚姻登记机关来宣告婚姻无效或撤销婚姻登记的规定，是在我国民事审判制度不发达之条件下，由有关的行政法规所确定的一种习惯性做法，并不具有合理性。新中国成立后，在相当长的时期内，由于各种主客观条件的制约，我国的民事审判制度很不发达，不仅有关的民事实体法制度极不健全，而且民事诉讼制度也很不完备，民事审判权因之收缩在一个很小的范围之内。与此形成鲜明对照的则是行政权得到了极大的扩张，其触角深入到了公民生活的各个方面。就婚姻问题而言，由于 1950 年和 1980 年颁布的两部《婚姻法》均没有规定无效婚姻和可撤销婚姻制度，但实践中又确实存在着各种各样的违法婚姻，因而如何妥善地解决这类婚姻纠纷，以预防和减少违法婚姻的发生及维护婚姻制度的严肃性，就成为执法部门所必须面对的一个问题。虽然人民法院在审理离婚案件中遇到这类问题时会附带作出处理，但这只是少数事例，大部分的违法婚姻事件是由作为行政机关的婚姻登记机关予以处理的，以至于长期以来，相当一部分人形成了一种固定的看法，即认为由婚姻登记机关来处理无效婚姻等违法婚姻是理所当然的事情，而有关的行政法规（或规章）关于婚姻登记机关的职权范围的扩大化规定则使这种看法更加牢固。例如，国务院 1985 年 12 月 31 日批准并由民政部于 1986 年 3 月 15 日公布实施的《婚姻登记办法》第 9 条第 2 款规定："婚姻登记机关发现婚姻当事人有违反婚姻法的行为，或在登记时弄虚作假，骗取《结婚证》的，应宣布该项婚姻无效。"从而以行政法规的形式赋予了婚姻登记机关宣布婚姻无效的权力。经国务院批准，民政部于 1994 年 2 月 1 日公布实施的《婚姻登记管理条例》进一步肯定了婚姻登记机关在这方面所享有的权限。例如，该法规第 6 条明确规定，婚姻登记机关的权限之一是"依法处理违法的婚姻行为"；第 25 条又规定："申请婚姻登记的当事人弄虚作假、骗取婚姻登记的，婚姻登记管理机关应当撤销婚姻登记，对结婚、复婚的当事人宣布其婚姻关系无效并收回结婚证；对离婚的当事人宣布其解除婚姻关系无效并收回离婚证，并对当事人处以 200 元以下的罚款。"国务院 2003 年 8 月 8 日公布的《婚姻登记条例》（2003 年 10 月 1 日施行）根据《婚姻法》第 11 条的规定，继续规定婚姻登记机关具有撤销婚姻的权限，但对于是否有权宣告婚姻无效的问题则没有明确规定。

上述历年来的行政法规之规定，使得婚姻登记机关宣布婚姻无效和撤销婚姻的行为具有合法性，但从法理上来说这种做法却并不具有妥适性，因为这种规定只是对长期以来我国婚姻登记机关所享有的行政权之不当扩张的习惯性做法的认可，它混淆了婚姻登记机关与司法裁判机关的区别，将本来不应当由婚姻登记机关享有的民事裁判职能赋予了婚姻登记机关，导致了权力配置上的错位。

第四，婚姻登记机关无权处理与无效婚姻或被撤销婚姻紧密相关的一系列民事问题。宣告婚姻无效或撤销某项婚姻的法律后果，并不单纯限于从法律上解除双方的婚姻关系，它必然会涉及共同财产分割、子女抚养与监护、损害赔偿等一系列事关婚姻双方当事人及其子女的基本民事权益的事项，并且在多数情况下，双方当事人对这些事项可能存在争议，而婚姻登记机关不仅无权对这些争议作出处理，而且也无力去解决这些争议。① 因为，婚姻登记机关并非解决民事争议的裁判机关，根本不具备解决民事争议所必须具备的人员、程序和机制，此点已如前述。这样一来，如允许婚姻登记机关有权宣告婚姻无效和撤销婚姻，在实践中必然会出现本来应该一次统一解决的各项民事问题却不得不分开解决的尴尬局面。易言之，婚姻登记机关宣告某项婚姻无效或予以撤销之后，由于其无权解决与此紧密相关的一系列民事争议，因而当事人将不得不就这些问题又向法院提起诉讼，造成本应统一解决的各项民事问题却由婚姻登记机关和人民法院"分而治之"的复杂局面，这不仅会给当事人带来不必要的麻烦，耗费更多的时间、精力和金钱，而且有可能出现法院对有关民事争议的裁判与婚姻登记机关撤销婚姻或宣告婚姻无效之决定不相协调的矛盾现象。因此，从婚姻问题与相关民事问题的统一解决的角度来说，赋予婚姻登记机关宣告婚姻无效和撤销婚姻的权限也是很不合理的。

第五，为保障当事人的诉权，采取行政诉讼的模式是不可取的。也许是考虑到如由婚姻登记机关来最终确认某项婚姻是否确属无效婚姻，很可能会对当事人的民事权益造成损害，而且当事人的诉权也会因之而被剥夺，因此 1994 年的《婚姻登记管理条例》② 将婚姻登记机关宣告婚姻无效的行为看作是一种行政处罚，并在第 29 条中规定："当事人对处罚不服的，可以依照行政复议条例的规定申请复议；对复议决定不服的，可以依照行政诉讼法的规定提起诉讼。"实践中，当事人对婚姻登记机关宣告婚姻无效的行为不服而提起行政诉讼的情形也确实是存在的。③ 对于撤销婚姻制度，在《婚姻法》修正之前，有关的法律法规并未予以规定。修正后的

---

① 参见薛宁兰：《如何构建我国的无效婚姻制度》，载 2001 年 2 月 14 日《人民法院报》。

② 该《婚姻登记管理条例》已被 2003 年 10 月 1 日施行的《婚姻登记条例》所取代。

③ 例如，2001 年 1 月 17 日《人民法院报》刊登的《浅析无效婚姻的法律后果》一文中所载的案例。在该案例中，男方于结婚时未到法定婚龄，但已经死亡，后婚姻登记机关宣告其婚姻无效，女方不服并提起了行政诉讼。

《婚姻法》在确立撤销婚姻制度之同时，规定婚姻登记机关也享有撤销婚姻的权力，但对于当事人能否就这种撤销行为亦有权提起行政诉讼的问题，则未予以明定。但是，既然婚姻登记机关撤销婚姻的行为属于一种具体行政行为，那么就应当认为，当事人对于这种行为也应有权提起行政诉讼。然而，基于以下理由之考虑，笔者认为，对于婚姻无效事件和撤销婚姻事件，企图通过行政诉讼的模式来维护当事人的民事权益，其实是很不合理的。

首先，如前所述，婚姻问题在性质上属于民事问题，因婚姻问题所发生的各种纠纷，应当通过民事诉讼的途径解决为宜，而没有必要在中间夹杂一个行政的程序，并在行政程序之后再采取行政诉讼的方式对当事人予以司法救济。就婚姻无效事件和撤销婚姻事件来说，其核心问题在于确认公民之间的婚姻关系，而这种婚姻关系的确认仍然是民法所调整的人身关系的组成部分，自然应当通过民事诉讼而非行政诉讼的途径来予以处理。显然，企图通过行政诉讼程序来解决无效婚姻和可撤销婚姻问题，是与民事纠纷之解决机制的基本法理相违背的。

其次，就婚姻无效事件和撤销婚姻事件而言，现行行政处理程序和行政诉讼模式之规定的存在及其运作，使得对于同样的婚姻问题的解决，仅仅因为当事人请求处理的机关不同而产生最终分别适用民事诉讼程序和行政诉讼程序来处理的混乱局面。而且，由于民事诉讼和行政诉讼之确定管辖的原则和规定迥然相异，因而对于同样的婚姻无效事件或撤销婚姻事件，也会发生仅仅因为当事人请求处理的机关不同而最终由不同级别或不同地域的法院予以管辖的结果。

最后，前文指出，婚姻登记机关无权处理与无效婚姻或被撤销婚姻紧密相关的一系列民事争议，例如子女监护及抚养问题、财产分割、损害赔偿等，因此当事人即使对婚姻登记机关的处理决定提起行政诉讼，也只能是请求法院审查其具体行政行为是否合法，并可附带请求法院对婚姻关系本身作出裁判，但却无法利用该行政诉讼程序请求解决上述相关民事问题。要想解决此类民事争议，当事人不得不另外提起民事诉讼。由此看来，行政诉讼模式的功能是极为有限的，它无法统一解决因宣告婚姻无效或撤销婚姻所产生的一系列民事问题。

以上笔者就婚姻无效事件和撤销婚姻事件的主管机关进行了讨论，认为此类事件应当由法院主管并通过民事诉讼的方式予以解决，立法上应当废止行政处理和行政诉讼的模式。也许是意识到由婚姻登记机关来处理婚姻无效和撤销婚姻问题的不合理性、非科学性，2003 年 10 月 1 日开始施行的《婚姻登记条例》（由国务院发布）与《婚姻登记工作暂行规范》（由民政部发布）已经改变了已往那种全面介入的不适当做法，而在相当程度上收缩了在此问题上的行政权。这表现在：

其一，《婚姻登记条例》与《婚姻登记工作暂行规范》仅仅规定了婚姻登记机关可撤销婚姻，而没有规定其可以宣告婚姻无效。《婚姻登记条例》第 9 条第 1 款规定："因胁迫结婚的，受胁迫的当事人依据婚姻法第 11 条的规定向婚姻登记机关请求撤销其婚姻的，应当出具下列证明材料：（1）本人的身份证、结婚证；（2）能够证明受胁迫结婚的证明材料。"《婚姻登记工作暂行规范》第 4 条所规定的婚姻登记机关的职责中并不包括"宣告婚姻无效"之内容，而是指以下几项："（1）办理婚姻登记；（2）补发婚姻证；（3）出具婚姻登记记录证明；（4）撤销受胁迫的婚姻；（5）宣传婚姻法律法规，倡导文明婚俗。"并在第 46 条明确规定："除受胁迫结婚之外，以任何理由请求宣告婚姻无效或者撤销婚姻的，婚姻登记机关不予受理。"据此似乎可以认为，婚姻登记机关已经"主动放弃"了宣告婚姻无效的权限。①

其二，《婚姻登记条例》与《婚姻登记工作暂行规范》对婚姻登记机关的撤销婚姻的权限也作了一定的限制，而不是规定在任何

---

① 不过，必须注意的是，由于现行《婚姻法》和《民事诉讼法》并没有对宣告婚姻无效的机关作出规定，更没有规定法院乃是唯一的宣告机关，因此，虽然国务院和民政部在此时可以"主动放弃"宣告婚姻无效的权限，但并不意味着行政权在此问题上的"全线撤退"，国务院仍然可以重新规定婚姻登记机关享有宣告婚姻无效的权限。故此，立法上（狭义）显然仍有必要对宣告婚姻无效的机关即人民法院作出明确规定。

时候均受理当事人的申请。《婚姻登记条例》第9条第2款规定："婚姻登记机关经审查认为受胁迫结婚的情况属实且不涉及子女抚养、财产及债务问题的，应当撤销该婚姻，宣告结婚证作废。"据此，婚姻登记机关撤销婚姻的前提之一是，不需要处理子女抚养、财产及债务问题。《婚姻登记工作暂行规范》第41条则进一步规定，受理撤销婚姻申请的条件之一是，"受胁迫的一方和对方共同到婚姻登记机关签署双方无子女抚养、财产及债务问题的声明书"，否则，婚姻登记机关不受理当事人的撤销婚姻的申请，在此条件下，当事人只能向法院申请撤销婚姻。

2. 婚姻无效之诉与撤销婚姻之诉的当事人问题

（1）当事人适格理论对婚姻无效之诉与撤销婚姻之诉的影响

在民事诉讼中，当事人适格，又称正当当事人，是指就具体的诉讼而言，得以自己名义作为原告起诉或作为被告应诉的资格。当事人适格就意味着当事人有诉讼实施权，也即对作为诉讼标的的法律关系有实施诉讼的权能。当事人不适格时，法院就会以诉不合法而予以驳回。那么，决定当事人是否适格的根据是什么呢？一般认为，对于给付之诉，应当以管理权、处分权作为确定当事人是否适格的根据，也就是说，对作为诉讼标的的法律关系有管理权或处分权的当事人就是适格的当事人，否则即为当事人不适格；依据这一判断标准，作为诉讼标的的民事法律关系的主体固然是适格的当事人，但某些非法律关系主体，在对他人的权利或法律关系有管理权、处分权时，亦可成为适格的当事人。对于确认之诉，依通说应当以有无受确认判决所带来的法律上利益作为认定当事人是否适格的根据，申言之，起诉的原告或应诉的被告对该确认之诉有确认利益时即为适格的当事人，没有确认利益时则为不适格的当事人。对于形成之诉，一般是依照法律的规定或者立法的精神而定，若法律没有规定时，有形成权者或对形成权有管理权的是正当原告，与被形成的权利或被形成的法律关系有密切关系的人为正当被告。①

---

① 参见张卫平：《程序公正实现中的冲突与衡平》，成都出版社1993年版，第119页以下；杨建华：《问题研析 民事诉讼法（一）》，台湾广益印书局1996年版，第36页以下。

上述当事人适格理论对于确定婚姻无效之诉和撤销婚姻之诉的当事人具有重要影响，特别是如果立法上对这两类诉讼的当事人问题未作规定时，它有利于准确、合理地认定当事人是否适格。目前，关于婚姻无效之诉和撤销婚姻之诉的当事人问题，主要是在最高人民法院的司法解释中予以规定的，以下笔者结合诉讼理论和司法解释的规定，对这一问题略加探讨。

（2）婚姻无效之诉的当事人问题

修正后的《婚姻法》虽然确立了无效婚姻制度，但对于婚姻无效之诉的当事人问题则未作出任何规定，那么在司法实践中，应当如何正确界定这类诉讼的适格当事人呢？对于这一问题，最高人民法院在公布的《婚姻法解释一》第7条已作出一定的规定，即规定："有权依据婚姻法第10条规定向人民法院就已办理结婚登记的婚姻申请宣告婚姻无效的主体，包括婚姻当事人及利害关系人。利害关系人包括：（1）以重婚为由申请宣告婚姻无效的，为当事人的近亲属及基层组织。（2）以未到法定婚龄为由申请宣告婚姻无效的，为未达法定婚龄者的近亲属。（3）以有禁止结婚的亲属关系为由申请宣告婚姻无效的，为当事人的近亲属。（4）以婚前患有医学上认为不应当结婚的疾病，婚后尚未治愈为由申请宣告婚姻无效的，为与患病者共同生活的近亲属。"这一规定对于实践中婚姻无效事件之适格当事人的确定，无疑具有重要的意义，但仍然存在下列问题值得思考和探讨：

第一，从最高人民法院的司法解释的规定来看，似乎是将婚姻无效事件作为一种非讼事件来看待和处理，笔者认为，这种处理和定性是不合适的。婚姻无效事件在性质上应当属于诉讼事件，即婚姻无效之诉，而不是非讼事件，故在当事人问题上，应当列原告和被告，而《婚姻法解释一》则只是称为"申请人"，似乎是将婚姻无效事件作非讼化处理，这显然与婚姻无效事件的审理程序的实际情况不相符合。故此，以下仍然以原告、被告的称谓来探讨婚姻无效之诉的当事人适格问题。

第二，从理论上说，如果将婚姻无效之诉看作是确认之诉，则其适格的原告应当是对确认婚姻关系不存在而享有法律上之确认利益的人，被告则应当是对该法律关系有确认必要的利害关系人。那么，哪些人对于婚姻无效之诉具有法律上的确认利益呢？从总体上来说，对这类诉讼具有法律上的确认利益的主体应当包括两类：一类是婚姻的双方当事人，因为对于是否具有无效婚姻原因及法院判决认定婚姻关系是否存在，受到直接影响而且也是最大影响的就是婚姻的双方当事人，夫妻双方显然对婚姻无效之诉都具有法律上的确认利益，故夫妻的任何一方都有权提起婚姻无效之诉而成为适格的原告。

另一类是特定的第三人，其中又可以分为两种，一种是对当事人之间的婚姻状态具有利害关系的人，主要是指与当事人具有特定血亲、姻亲关系的人，另一种则是公益上的第三人，主要是指检察机关或行政主管机关。就前者来说，当事人之间是否具有婚姻关系，不仅仅是影响双方之间是否具有夫妻的权利义务，而且在法律上还可能涉及特定的第三人的权益，例如因婚姻关系所产生的扶养、监护、继承等权利，往往要以婚姻关系之有无为先决条件。这些与婚姻当事人具有特定身份关系的利害关系人，对婚姻无效之诉显然也具有法律上的确认利益，应当认为他们也可以成为适格的原告。① 就后者来说，当事人之间的婚姻是否无效，不仅关乎婚姻当事人之间的权益，而且往往涉及国家基本婚姻制度和社会公益的维护，例如重婚、近亲婚等即与国家基本婚姻制度和社会公益严重相违。正因为如此，对于存在无效情形的婚姻，即使婚姻当事人和有关的利害关系人未提起婚姻无效之诉，国家也不应坐视不管。在此种情形下，可规定特定的国家机关基于公共利益的需要而有权提起婚姻无效之诉。

如果将婚姻无效之诉归属于形成之诉，则其适格的原告应当是法律所规定的享有请求法院宣告婚姻无效之形成权的人，而与该形成权具有密切关系的人则为正当被告。

根据《婚姻法解释一》第 13 条的规定，应当将婚姻无效之诉

---

① 相关论述请参见杨建华：《问题研析 民事诉讼法（四）》，台湾广益印书局 1997 年版，第 490 页以下。

认定为形成之诉，在此条件下，《婚姻法解释一》第7条所规定的申请人，可以说也就是法律所规定的可请求法院宣告婚姻无效的、具备原告适格的形成权人。按照该条的规定，婚姻无效之诉的适格原告包括婚姻当事人及利害关系人，利害关系人的范围则因请求宣告婚姻无效的原因的不同而有所不同。笔者认为，该条款所规定的适格原告在总体上来说是可行的，但对于利害关系人的界定，也存在较为模糊而难以操作的情况，例如对于以重婚为由而请求宣告婚姻无效的利害关系人，该条款将其界定为"当事人的近亲属及基层组织"，这里何谓"基层组织"即是一个极为模糊的概念。

第三，关于婚姻无效之诉的被告问题，《婚姻法解释一》仅仅是规定了"申请人"，而没有规定是否需要"被申请人"以及应当以谁为"被申请人"。《婚姻法解释二》第6条则规定了利害关系人提出申请时的"被申请人"问题，即规定："利害关系人依据婚姻法第10条的规定，申请人民法院宣告婚姻无效的，利害关系人为申请人，婚姻关系当事人双方为被申请人。夫妻一方死亡的，生存一方为被申请人。夫妻双方均已死亡的，不列被申请人。"笔者认为，对于婚姻无效之诉的被告，可根据以下不同情况予以确定：（1）由夫或妻提起诉讼的，应当以其配偶为被告。也就是说，夫妻的任何一方均有权提起婚姻无效之诉，当由夫提起时，应当以其妻为被告，而当由妻提起时，则应当以其夫为被告。（2）婚姻无效之诉是由利害关系人提起的，应当以夫妻双方作为共同被告。利害关系人以夫妻双方为共同被告提起婚姻无效之诉时，在性质上该诉讼属于必要的共同诉讼，因为第三人所争议的婚姻关系，对于该婚姻的双方当事人来说，必须统一确定，而不能分开认定。故此，如果利害关系人仅以夫妻的一方为被告提起婚姻无效之诉，其被告即为不适格。①（3）利害关系人提起婚姻无效之诉时，如果夫妻的一方已经死亡，则应当以生存的一方为被告。夫妻的一方死亡时，生存的一方与特定利害关系人之间的关系，例如姻亲关系、扶养关

---

① 参见陈计男：《民事诉讼法论（下）》，台湾三民书局1994年版，第419页。

系等仍然存在，利害关系人对于宣告该婚姻无效因之仍然具有诉的利益，自应允许其提起婚姻无效之诉，然此时夫妻的一方已经死亡，故而应当例外地允许第三人仅以生存的一方为被告提起诉讼。

另外，值得探讨的一个问题是：夫妻的一方已经死亡时，生存的一方能否以其婚姻存在无效原因为由而提起婚姻无效之诉呢？如果允许其提起此项诉讼，那么应当以谁为对方当事人呢？从理论上来讲，夫妻一方已经死亡时，其婚姻关系在被宣告为无效之情形下与未被宣告为无效之情形下的法律后果是截然不同的。也就是说，如果被宣告为无效，则死亡的一方与生存的一方之间被认为自始地不存在婚姻关系，双方根本不具有夫妻的权利和义务；如果未被宣告为无效，则双方之间在客观上曾存在着夫妻的权利义务关系。由于两种情形下的法律后果迥然有别，因而生存的一方对于提起婚姻无效之诉仍然具有法律上的诉之利益，所以从保护其合法权益的角度来说，仍有必要承认其具有原告之适格。另者，从维护婚姻制度的严肃性及预防和减少违法婚姻的发生等角度来讲，也有必要允许其提起婚姻无效之诉。既然如此，那么应当以谁作为对方当事人呢？对于这一点，按照我国《婚姻法解释二》的规定，不需要列被申请人（被告），即不需要对方当事人。而《日本人事诉讼程序法》的规定则有所不同。按照《日本人事诉讼程序法》第 2 条第 3 款的规定，夫妻一方或者第三人提出婚姻无效之诉时，如果依照规定应当成为对方当事人的人死亡的，则将检察官作为对方当事人。① 检察官作为这类诉讼的对方当事人，可以使诉讼保持对审结构，并使言词辩论能够充分进行，这样既可以充分保障生存一方的合法权益，又可以有效遏制其滥用诉权，从而使无效婚姻制度得到尽可能准确的贯彻。因此，应当说《日本人事诉讼程序法》的规定是有其合理性的。

（3）撤销婚姻之诉的当事人问题

撤销婚姻之诉在性质上属于形成之诉，关于其当事人是否适格

---

① 参见白绿铉编译：《日本新民事诉讼法》，中国法制出版社 2000 年版，第 144 页。

的问题，应根据形成之诉的一般规则予以判断。由于各国民法上一般都规定有撤销权人，只有撤销权人才可以提起撤销婚姻之诉，非撤销权人不能提起，因此对于撤销婚姻之诉，适格的原告应当是民法上所规定的撤销权人。所不同的是，由于各国民法所规定的可撤销的原因不同，以及对于同一可撤销原因享有撤销权的主体也可能不同，因而撤销婚姻之诉的适格原告的范围也就存在很大的差异。例如对于未届法定婚龄而结婚的，有些国家规定其为可撤销原因，但有些国家则未将其作为可撤销原因，而是作为无效原因（我国婚姻法即规定"未到法定婚龄的"为无效婚姻的一种情形），因而对于后者之立法例，无所谓撤销权人和撤销之诉的问题。另者，在将"未届法定婚龄"作为可撤销原因的各立法例中，撤销权人的范围往往也是不同的，例如意大利民法规定，撤销权人为婚姻当事人的尊亲属、检察官及其他利害关系人；日本民法规定为婚姻当事人、其亲属或检察官，但当事人一方死亡后，检察官不得为此请求；我国台湾地区的"民法"则规定仅婚姻当事人或者法定代理人有请求撤销的权利。①

对于撤销婚姻之诉的被告问题，民法上一般未作规定，而需要按照当事人适格的一般理论或规则予以确定，一般情况下，应当以与撤销权或撤销婚姻之法律后果有密切关系的人为适格的被告。为了便于诉讼的顺利进行和保护当事人的合法权益，一些国家和地区的民事诉讼法则明确规定了这类诉讼的适格被告。例如《日本人事诉讼程序法》第 2 条第 1、2 款规定，对于夫妻一方提出的撤销之诉，以其配偶为对方当事人。由第三人提出撤销之诉时，应以夫妻双方作为对方当事人；如果夫妻一方死亡时，则以其生存者为对方当事人。② 我国台湾地区"民事诉讼法"第 569 条对于撤销婚姻之诉的适格被告也作出了明确规定。

我国于 2001 年 4 月修正后的《婚姻法》第 11 条仅规定了一种

---

① 参见史尚宽：《亲属法论》，中国政法大学出版社 2000 年版，第 220 页。
② 参见白绿铉编译：《日本新民事诉讼法》，中国法制出版社 2000 年版，第 144 页。

可撤销原因，即因胁迫而结婚的，受胁迫的一方可请求撤销婚姻。至于其他情况，例如因被欺诈而结婚、因认识错误而结婚等，我国婚姻法并未规定可作为撤销原因；是否应当予以规定，主要是实体法应当讨论的问题，非本文所探讨的范围。因此从我国目前的规定来看，撤销权人仅限于受胁迫的一方当事人，也即撤销婚姻之诉的适格原告应当限于胁迫婚姻中受到胁迫的一方当事人。① 那么，应当以何者作为撤销婚姻之诉的被告呢？这一点有待于民事诉讼法作出明确规定，或者根据当事人适格理论予以确定。参考大陆法系国家和地区的一般做法，笔者认为，撤销权人（即结婚时受到胁迫的一方当事人）提起撤销之诉，应当以其配偶为对方当事人，也即应当由婚姻的另一方当事人为被告，而不论胁迫行为是由该配偶所为还是由第三人所为。之所以要求应当以婚姻的双方当事人为适格的原告和被告，是因为婚姻撤销权的行使以及法院据此作出撤销婚姻的判决所形成的法律效果直接针对的是婚姻双方当事人的婚姻关系，即使胁迫行为是由第三人所为，但撤销之诉的实质并非是要解决撤销权人与第三人的关系问题。不过，在因第三人的胁迫行为而提起撤销之诉时，由于对第三人的行为是否构成胁迫行为的认定直接影响到撤销之诉的裁判，因而可考虑追加该实体法上的第三人为民事诉讼中的第三人，以利于案件审理的顺利进行和法院的正确裁判。另外，关于撤销婚姻之诉的当事人，还需要注意以下两个问题：

其一，对于因第三人胁迫所缔结的婚姻，未被胁迫的配偶能否享有撤销权而成为撤销之诉的适格原告？我国《婚姻法》明确规定，因胁迫而缔结的婚姻，只有被胁迫的一方才有权提起撤销之诉。《婚姻法》虽然未明确规定胁迫包括被胁迫者的配偶本人的胁迫和第三人的胁迫两种形式，但解释上应当认为包括这两种类型。因此对于因第三人胁迫所缔结的婚姻，同样只有被胁迫的一方才享有婚姻撤销权，而未被胁迫的配偶，不管其对第三人的胁迫行为知

---

① 《婚姻法解释一》第 10 条第 2 款亦明确规定："因受胁迫而请求撤销婚姻的，只能是受胁迫一方的婚姻关系当事人本人。"

情还是不知情，均无权提起撤销之诉而成为适格的原告。

其二，被胁迫的一方为未成年人时能否提起撤销之诉的问题。这一问题实际上涉及婚姻无效制度和撤销婚姻制度的竞合问题。依据我国民法和《婚姻法》的规定，不满18周岁的公民为未成年人，而结婚的法定婚龄是男不得早于22周岁，女不得早于20周岁，并且"未到法定婚龄的"乃婚姻无效的原因之一，因此未成年人结婚的，其婚姻应当属于无效婚姻，有关人员可以提起婚姻无效之诉。当未成年人受胁迫而与他人结婚时，又符合撤销婚姻的构成要件，在此情况下，受胁迫者应当提起何种类型的诉讼呢？笔者认为，在此情形下，为了更好地保护被胁迫者的合法权益，应当允许被胁迫的一方既可以提起婚姻无效之诉，也可以提起撤销婚姻之诉，或者以预备合并的方式合并提起两诉；但法院在审理时，应当行使阐明权，告知当事人可以合并提起两诉，并且在审理的顺序上应当首先就是否属于无效婚姻进行审查。①

3. 婚姻无效之诉与撤销婚姻之诉的管辖

管辖问题是任何诉讼都必须解决的一个前提性问题，否则诉讼就无从开始。就婚姻无效之诉和撤销婚姻之诉来说，考虑到其不仅关系到当事人之间的私权关系，而且往往关涉社会公共利益的维护，因而大陆法系国家和地区的民事诉讼法一般都对其作出了专门规定，并且认为是一种专属管辖，不允许当事人协议变更。② 我国《婚姻法》及《婚姻法解释一》和《婚姻法解释二》均未对婚姻无效之诉与撤销婚姻之诉的管辖问题作出规定。为了便于了解夫妻共同生活的基本情况，便于查明是否存在无效原因或可撤销原因，以及为了维护婚姻制度的严肃性、稳定性，对于婚姻无效之诉和撤销婚姻之诉的管辖，我国民事诉讼法也有必要作出特别规定。

（1）应当以夫妻共同住所地或共同经常居住地作为确定管辖

---

① 关于婚姻无效之诉和撤销婚姻之诉的合并及法院审理时的特殊规则，后文将详加讨论。

② 参见德国《民事诉讼法》第606条，日本《人事诉讼程序法》第1条，我国台湾地区"民事诉讼法"第568条。

的基本依据。具体来说，又可以分为以下几种情况来确定这两类诉讼的管辖：

第一，夫妻有共同住所地的，应当由夫妻共同住所地的基层法院管辖。依据《民法通则》第 15 条和《最高人民法院关于适用〈民事诉讼法〉若干问题的意见》（以下简称《适用意见》）第 4 条的规定，公民的住所地是指公民的户籍所在地的居住地。因此，夫妻共同住所地就是指夫妻的共同户籍所在地的居住地。在多数情况下，夫妻是有共同住所地的，所以无效婚姻之诉与撤销婚姻之诉原则上应当由其共同住所地的基层人民法院管辖。

第二，夫妻虽有共同住所地，但共同住所地与共同经常居住地不一致的，或者夫妻没有共同住所地，但有共同经常居住地的，应当由其共同经常居住地的基层法院管辖。这里关于夫妻共同经常居住地的理解包括两种情况：一种情况是根据《适用意见》第 5 条的规定予以确定。该条款规定："公民的经常居住地是指公民离开住所地至起诉时已连续居住一年以上的地方。但公民住院就医的地方除外。"据此，如果夫妻双方虽有共同住所地，但他们已离开该住所地而在另一地居住（非为住院就医地）并且已连续居住一年以上，则应当认为是夫妻的共同经常居住地；如果夫妻双方的户籍所在地分属两个法院的辖区，但双方均离开其户籍所在地而到第三个法院辖区内共同居住并且已连续居住一年以上，则也应当认为是夫妻的共同经常居住地。另一种情况是，夫妻双方的户籍所在地分属两个法院的辖区，但夫妻双方长期（一年以上）共同居住在夫的户籍所在地或妻的户籍所在地，① 也应当认为该共同居住地属于夫妻的共同经常居住地。值得注意的是，这种情况与第一种情况有所不同，它并不是根据《适用意见》第 5 条的规定来界定共同经常居住地。因为，根据我国现行法律的规定，公民的住所地是指其户籍所在地，在这里，夫妻双方的户籍所在地不在同一个法院辖区内，但共同居住在其中一方的户籍所在地，因而该共同居住地对于一方来说属于住所地，但对另一方来说则不能算是住所地，而应当

---

① 这种情况在城市中比较常见。

作为其经常居住地。对于这种现象，按理说应当将该共同居住地认定为夫妻的共同住所地才是比较妥当的，但根据现行法律关于公民住所地的规定，又不能作出这种认定，故此可以将该居住地作为夫妻的共同经常居住地。

第三，夫妻双方现在没有共同住所地或共同经常居住地，但夫妻一方的住所地与夫妻双方的最后共同住所地或最后共同经常居住地同属一个基层法院的辖区时，则应当由该法院予以管辖。这一管辖标准的法理基础同样在于，应当尽量由夫妻共同住所地或共同经常居住地法院来管辖婚姻无效之诉和撤销婚姻之诉，以便妥善地解决这两类案件及其他相关事项。

（2）不能按照上述共同住所地或经常居住地来确定管辖时，如果夫妻一方的住所地或经常居住地与他们共同的未成年子女所在地同属一地时，则应当由该地的基层法院予以管辖。这一管辖标准的理由在于：婚姻无效之诉与撤销婚姻之诉必定会涉及到未成年子女的抚养、监护、教育等问题，规定由与未成年子女同住一地的夫妻一方的住所地或经常居住地的法院管辖这两类案件，便于在宣告婚姻无效或撤销婚姻的同时，统一解决涉及未成年子女的一系列问题，有利于更好地保护未成年子女的合法权益。

（3）不能按照上述标准来确定管辖时，应当由被告住所地或经常居住地的基层法院管辖。这里又包括两种情况，一种情况是，由夫妻一方提起诉讼时，应当由其配偶的住所地或经常居住地基层法院管辖。另一种情况是，对于婚姻无效之诉，由第三人提起诉讼的，则夫妻双方的住所地或经常居住地基层法院皆有管辖权，第三人可选择向夫妻一方所在地法院起诉；但是，如果有两个以上的第三人分别向夫妻双方的住所地或经常居住地法院起诉的，则案件应当由最先收到起诉的法院予以管辖；如果两个法院于同一天收到起诉的，则应当由上级法院指定管辖。

（4）在依据被告住所地或经常居住地来确定管辖时，如果被告在我国领域内无住所地或经常居住地，则应当由原告住所地或经常住居地法院管辖。

（5）夫妻一方提起婚姻无效之诉或撤销婚姻之诉，但双方在国内均无住所地或经常居住地，从而不能按照上述各项规则来确定管辖时，则应当由被告在国内现居住地法院管辖，被告没有现居住地或现居住地不明的，由原告在国内现居住地法院管辖。如果夫妻双方在国内均无住所地、经常居住地、居住地，则应当由双方在国内的最后共同住所地或最后共同经常居住地法院管辖，无最后共同住所地或最后共同经常居住地的，由夫妻一方在国内的最后住所地或最后经常居住地法院管辖。

（6）夫妻一方为中国公民，另一方为外国公民或无国籍人的，对于婚姻无效之诉或撤销婚姻之诉，我国法院有管辖权，具体的管辖法院则应当根据不同情况适用上述不同的规则予以确定，但在实体法方面，则应当适用婚姻缔结地法律。① 夫妻双方为外国人或无国籍人但在我国定居的，一方起诉请求我国法院认定婚姻无效或撤销婚姻时，我国法院享有管辖权，但在实体法方面，也应当适用其婚姻缔结地法律。

4. 婚姻无效之诉与撤销婚姻之诉的特殊审判规则

如前所述，婚姻无效之诉和撤销婚姻之诉等婚姻事件，系非以财产关系为诉讼标的之诉，此类诉讼，虽然其本身仅为判断夫妻间的私法上的权利义务问题，但其所影响的范围，不仅及于该夫妻双方之间的婚姻关系，而且及于与此有关的家庭关系，并进而及于社会秩序的维持和社会公共利益的维护。② 因此，对于婚姻无效之诉和撤销婚姻之诉等婚姻事件的审判，民事诉讼法有必要设置若干特别规定而使其区别于通常诉讼程序，这一点在上文所讨论的当事人适格、管辖法院之界定等方面，已有所体现。不仅如此，在诉讼的提起和进行过程中，关于诉的合并与追加、当事人处分权和法院职权的范围、诉讼的承受、判决的效力等问题上，也显有必要作出某

---

① 1988 年 4 月 2 日公布的《最高人民法院关于贯彻执行〈民法通则〉若干问题的意见（试行）》第 188 条规定："认定其婚姻是否有效，适用婚姻缔结地法律。"

② 参见杨建华：《问题研析　民事诉讼法（一）》，台湾广益印书局 1996 年版，第 455 页。

些特别规定，以便全面、正确地处理婚姻无效事件和撤销婚姻事件及其相关问题。

（1）起诉之特殊程序

第一，对于各类婚姻事件之诉讼，应规定可以合并提起，并可在诉讼过程中进行诉的变更、追加或提起反诉。婚姻事件之诉讼，主要包括婚姻无效之诉、撤销婚姻之诉、确认婚姻成立或不成立之诉、离婚之诉、同居之诉等几种类型。这些诉讼的一个共同特点是，它们都针对的是特定的婚姻问题，故而一般统称为婚姻事件。为了尽可能在同一诉讼程序中统一解决因同一婚姻而发生的各种婚姻事件、避免或减少因对同一婚姻关系多次提起诉讼而致婚姻关系和家庭关系长期地、经常地处于不安定状态，大陆法系国家和地区的民事诉讼法一般均规定，对于各种婚姻事件，当事人可以合并提起诉讼，或者在第一审或第二审言词辩论终结前，为诉之变更、追加或提起反诉。① 而且对于上述婚姻诉讼的合并、变更、追加或反诉，法律上一般没有什么限制，当事人得于诉讼过程中任意为之。这一点与通常诉讼程序有所不同。在通常诉讼程序中，关于诉的合并、变更、追加、提起反诉等事项，各国民事诉讼法一般都规定有一定的限制条件。但须注意的问题是，关于婚姻事件的合并，有些是可以同时并存的，例如原告提起确认婚姻关系成立之诉，并同时提起请求被告履行同居义务之诉；有些则是不能同时并存的，例如婚姻无效之诉与离婚之诉；对于后者，应当采取预备诉之合并的方式予以提起或进行诉的追加。

对于婚姻事件，我国《婚姻法》只规定了婚姻无效之诉、撤销婚姻之诉和离婚之诉，对于其他类型的婚姻事件则未予规定。为便于一次性地解决婚姻纠纷、减少当事人的诉累及避免矛盾判决，对于上述几类婚姻事件，我国民事诉讼法同样有必要规定当事人可以合并提起诉讼，并可在第一审或第二审言词辩论终结前为诉之变更、追加或提起反诉。就诉之合并来讲，由于婚姻无效之诉、撤销

---

① 参见德国《民事诉讼法》第610条第1款，日本《人事诉讼程序法》第8条，我国台湾地区"民事诉讼法"第572条第1款。

婚姻之诉和离婚之诉彼此间系不能同时并存之诉，例如，若婚姻无效则无撤销婚姻或离婚可言，如果婚姻被撤销则不存在离婚的问题，故此在起诉时当事人应当采取预备合并的方式为之，在顺序上应当是婚姻无效之诉在先，撤销婚姻之诉次之，离婚之诉在后；倘当事人不知此先后顺位关系而采取单纯合并的方式提起，那么法院在审理时也应当按照逻辑上的先后顺序予以处理。在诉讼过程中，对于上述婚姻事件，应当允许原告为诉之变更、追加或者由被告提起反诉，例如原告可以将离婚之诉变更为撤销婚姻之诉或婚姻无效之诉；在提起婚姻无效之诉后，原告可以追加离婚之诉；原告提起离婚之诉后，被告可以提起撤销婚姻之反诉，等等。在诉之变更、追加或提起反诉之后，法院仍然应当依据诉的性质不同，按照逻辑上的先后顺序进行处理，而不能反过来进行裁判，例如法院不能先处理离婚之诉而后处理婚姻无效之诉。《婚姻法解释二》第7条的规定即体现了上述要求，即："人民法院就同一婚姻关系分别受理了离婚和申请宣告婚姻无效案件的，对于离婚案件的审理，应当待申请宣告婚姻无效案件作出判决后进行。"

第二，婚姻事件另行起诉之限制。对于婚姻无效之诉、撤销婚姻之诉和离婚之诉等婚姻事件，规定当事人可以合并提起，并可在诉讼进行中为诉之变更、追加或提起反诉，其目的就在于尽可能利用同一诉讼程序统一解决婚姻纠纷，从而不仅可以减少当事人的讼累、尽快维护婚姻、家庭关系乃至于社会秩序的稳定，而且可以避免法院因当事人分别起诉而作出矛盾判决的现象发生。不仅如此，通过将各类婚姻事件统一予以解决，还可以减少国家和当事人的诉讼成本支出，达到诉讼经济之目的。正因为如此，民事诉讼法在对婚姻事件之诉的合并、变更、追加、反诉作出特别规定之同时，有必要对当事人的另行起诉行为作出一定限制，否则上述诸项目的便难以实现。参考日本和我国台湾地区的立法例，① 笔者认为，可以从以下两个方面对另行起诉行为予以限制：

---

① 参见日本《人事诉讼程序法》第9条，我国台湾地区"民事诉讼法"第572、573条。

一方面，对于婚姻无效之诉、撤销婚姻之诉和离婚之诉，由于允许当事人任意为诉的合并、变更、追加或提起反诉，因而当其中之一诉系属于法院时，应当规定当事人不得另行提起他诉；如果当事人另行起诉，则受诉法院应当裁定将案件移送至婚姻事件已诉讼系属的法院合并审判，受移送的法院应当接受移送，并不得以违背管辖为由再将案件移送于其他法院。

另一方面，应当规定原告提起婚姻无效之诉、撤销婚姻之诉或离婚之诉，因无理由而被驳回的，不得再以此前本来可以依据诉的合并、变更或追加予以主张的事实，提起独立的诉讼。被告亦不得以本来可依反诉主张的事实，提起独立的诉讼。作出这样的限制性规定，可以促使当事人在同一诉讼程序中合并提起（包括提起反诉）各种婚姻事件，有利于及时、彻底地解决婚姻纠纷。

第三，婚姻无效之诉、撤销婚姻之诉与非婚姻事件之诉的合并问题。婚姻无效之诉、撤销婚姻之诉等婚姻事件与非婚姻事件的诉讼标的不同，诉讼程序亦存在很大差异，故原则上婚姻事件与非婚姻事件不得为诉之合并。但是，对于那些与婚姻无效之诉和撤销婚姻之诉具有牵连关系的非婚姻事件，例如子女的监护人之确定，交付子女、探视子女或给付子女抚养费之请求，财产分割或返还财物之请求，因婚姻事件之原因事实所产生的损害赔偿请求，等等，则应当规定可以进行诉的合并，也即原告可以将上述婚姻事件与非婚姻事件合并提起，并且在婚姻无效之诉或撤销婚姻之诉的进行中，原告可以追加与之有牵连关系的非婚姻事件，被告亦可以就这些非婚姻事件向原告提出反诉。婚姻无效之诉或撤销婚姻之诉处于诉讼系属时，当事人如提起上述非婚姻事件，应当向该婚姻事件所系属的法院提起；如果当事人向其他法院另行起诉时，该法院则应当将其移送给婚姻事件所系属的法院合并审判。

允许上述婚姻事件与相关非婚姻事件进行诉的合并、并规定应当尽可能由婚姻事件所系属之法院来合并审判有关的非婚姻事件，其理由在于：非婚姻事件与婚姻事件紧密相关，前者常常以后者有无理由为前提要件，规定非婚姻事件与婚姻事件的合并审判，有利于防止裁判的矛盾；而且，当事人一般情况下都希望非婚姻事件与婚姻事件能够同时得到解决，因而规定非婚姻事件和婚姻事件的合并审判，在诉讼程序上较为便利，有利于减少当事人的讼累，达到诉讼经济之目的。①

（2）诉讼上的认诺、舍弃、自认、和解及调解之限制

第一，诉讼上的认诺、舍弃和自认应当受到限制。民事诉讼以确定当事人私法上的权利义务为目的，与实体法上的私法自治原则相适应，民事诉讼法在一般情况下贯彻的是当事人处分原则、辩论原则，诉讼上的认诺、舍弃和自认即是其重要内容之一。在大陆法系国家和地区的民事诉讼法及其理论中，认诺是指被告在诉讼中对于原告的诉讼请求承认其为正当之陈述，舍弃是指原告在诉讼中承认自己诉讼请求的全部或一部为不正当之陈述，② 自认则是指当事人一方对于他方所主张的事实承认其为真实之陈述。根据处分权原则和辩论原则，被告认诺诉讼请求或原告舍弃诉讼请求时，法院应当相应地作出该当事人败诉的判决；当事人一方对于他方所主张的事实予以自认时（包括明示的自认和默示的自认），对方即无庸举证，法院亦应当以该自认的事实作为裁判的依据。我国民事诉讼法没有规定认诺和舍弃的法律效果，诉讼理论上认为应当予以完善，实践中则一般采取的是让当事人撤诉或调解结案的方式予以处理。③ 对于自认问题，《适用意见》第75条和《证据规定》第8条已经作了必要的规定。

但是，正如前文所指出的，处分原则、辩论原则主要适用于通常诉讼程序，在婚姻事件等人事诉讼程序中，其适用则应当受到必要的限制。申言之，婚姻无效之诉和撤销婚姻之诉等婚姻事件，虽然亦为私法上权利义务之争议，但这些争议属于身份法上的争议，而身份法上的规定多为强制性规定，与民法中关于财产的规定多为

---

① 参见陈计男：《民事诉讼法论（下）》，台湾三民书局1994年版，第424页；杨建华：《问题研析 民事诉讼法（三）》，台湾广益印书局1998年版，第486页。

② 在我国民事诉讼法中，一般称为承认诉讼请求与放弃诉讼请求。

③ 参见刘学在：《我国民事诉讼处分原则之检讨》，载《法学评论》2000年第6期，第76页。

任意性规定明显有异，故私法自治的原则，在身份法中自然不能完全适用。正因为如此，民事诉讼中的处分原则和辩论原则，在婚姻无效之诉和撤销婚姻之诉等婚姻事件中，则应当作出必要的限制。这一点在大陆法系国家和地区的民事诉讼法中一般均有明确规定。①

我国修正后的《婚姻法》确立了婚姻无效制度和撤销婚姻制度，为了保证该两项制度的正确贯彻执行和维护婚姻制度的严肃性，对于通常诉讼程序中的认诺、舍弃和自认，在婚姻无效之诉和撤销婚姻之诉中同样有必要作出一定的限制。根据我国的实际情况，民事诉讼法宜作出以下特别规定：

首先，关于认诺效力的规定，也即被告承认原告诉讼请求的法律后果之规定，在婚姻无效之诉和撤销婚姻之诉中不应适用。就婚姻无效之诉来说，婚姻的有效或者无效，在法律上须具备特定的构成要件，只有存在《婚姻法》第10条所规定的情形之一时，才能认定为无效婚姻。如果本来不存在无效婚姻原因，但却因被告的认诺而作出原告胜诉的判决，那么就会使本来有效的婚姻成为无效婚姻，从而会使实体法关于婚姻问题的强制性规定形同虚设。就撤销婚姻之诉来说，必须具备《婚姻法》第11条所规定的法定的撤销原因，才能够将某项婚姻予以撤销，而是否具备撤销原因，也必须根据客观情况来确认，而不能仅仅依靠被告的认诺来认定。

其次，原告舍弃诉讼请求的法律后果之规定，应不适用于婚姻无效之诉。无效婚姻制度属强制性规定，当存在无效原因时，即使原告舍弃其所提出的确认婚姻无效之诉讼请求，法院也不能据此作出确认婚姻有效的判决，而仍然应当作出宣告婚姻无效的判决。因此，通常诉讼程序中有关原告舍弃诉讼请求的规定，在婚姻无效之诉中，自无适用之理。至于撤销婚姻之诉，则不排斥舍弃制度的适用。因为，婚姻撤销权乃当事人所享有的一项民事权利，是否行使撤销权而向法院提起诉讼以及在诉讼过程中是否放弃撤销权的行

---

① 参见德国《民事诉讼法》第617条，日本《人事诉讼程序法》第10条，我国台湾地区"民事诉讼法"第574条。

使，应当尊重撤销权人的意志，故而不应限制舍弃之规定在撤销婚姻之诉中的适用。

与舍弃之法理相类似，对于婚姻无效之诉的撤诉问题，也应当作出一定的限制，即法院在发现存在无效婚姻的情形之一时，应不允许当事人撤诉。对此，《婚姻法解释二》第 2 条已经作了明确规定："人民法院受理申请宣告婚姻无效案件后，经审查确属无效婚姻的，应当依法作出宣告婚姻无效的判决。原告申请撤诉的，不予准许。"但对于撤销婚姻之诉，则不应当阻止原告撤诉。

最后，就婚姻无效之诉来讲，关于婚姻无效或有效之原因事实，不适用有关自认的规定；就撤销婚姻之诉来说，关于撤销婚姻的原因事实，也不适用有关自认的规定。作出这种限制的理由在于：无效婚姻制度和撤销婚姻制度皆属强制性规定，因而关于是否存在无效原因和可撤销原因，都应当以法院所查明的客观事实进行判断，而不能依据当事人主观上的自认予以认定。故此，有关诉讼上的自认的效力，在婚姻无效之诉和撤销婚姻之诉中也应予以适当限制。对于这一点，《证据规定》第 8 条第 1 款已经予以明确规定，即："诉讼过程中，一方当事人对另一方当事人陈述的案件事实明确表示承认的，另一方当事人无需举证。但涉及身分关系的案件除外。"

第二，诉讼中的和解及法院调解之限制。在民事诉讼中，双方当事人有自行和解的权利，这是民事纠纷的性质使然。和解协议的达成往往是双方当事人就诉讼标的之权利或法律关系相互谅解、相互让步的结果，这种结果在实质上则源于当事人对诉讼标的之权利或法律关系的处分。但当事人之处分权的范围应当以实体法上规定其可以自由处分的为限，对于实体法上不允许当事人自由处分的权利，诉讼法上也应当相应地限制其处分权。故而诉讼上和解的内容，如果违反法律上的强制性规定，那么当事人在该和解程序中的处分权即应受到一定限制。由于婚姻事件系身份法上的争执，且身份法上的事项多为强制性规定，因此诉讼上的和解在婚姻事件中理应受到一定限制。①

就婚姻无效之诉来说，如果存在无效原因，则应该认定该婚姻为无效婚姻，如果不存在无效原因，则应该认定该婚姻为有效婚姻，对于这一点，根本不存在由当事人进行协商、谅解和让步的余地；如果允许当事人进行诉讼上的和解，则双方相互"让步"的结果有可能使本应无效的婚姻变成"有效"的婚姻，或者使本应为有效的婚姻变成"无效"的婚姻。因此，在婚姻无效之诉中，应当禁止当事人成立诉讼上的和解。

就撤销婚姻之诉而言，是否申请撤销婚姻取决于权利人的自愿，法律并不要求撤销权人必须行使其婚姻撤销权；而且，为了婚姻关系的稳定，法律对婚姻撤销权的行使还规定有除斥期间，撤销权人如果不在该除斥期间内行使其撤销权，则撤销权就归于消灭。显然，实体法上设置撤销婚姻制度的立法意旨在于：在保护撤销权人的合法权益之同时，尽量兼顾婚姻、家庭关系的维持和稳定。因此，就撤销婚姻之诉来讲，如果以不行使撤销权作为诉讼上和解的内容，民事诉讼法自无限制的必要。但是，如果当事人达成"双方同意撤销其婚姻关系"的和解协议，法律上则应当予以限制，也就是说，该和解协议并不能产生撤销婚姻关系的法律后果。因为，撤销婚姻之诉为形成之诉，其诉讼标的为撤销权人的形成权（即婚姻撤销权），而且该形成权的行使，必须由法院依法作出判决才能形成特定的法律效果；也即必须由法院作出形成判决才能消灭当事人之间的婚姻关系。既然如此，民事诉讼法理应禁止当事人以和解的方式来撤销他们之间的婚姻关系。

法院调解是我国民事诉讼法规定的人民法院处理民事案件的重要方式，它是指在审判人员主持下，双方当事人自愿、平等协商，相互谅解，达成协议，并由法院据此制作调解书，从而解决纠纷、结束诉讼的活动。从实质上来说，法院调解活动同样体现的是民事诉讼中的处分原则、辩论原则。基于上述相类似的道理，在婚姻无

---

① 参见杨建华：《问题研析　民事诉讼法（三）》，台湾广益印书局 1998 年版，第 504 页。

效之诉和撤销婚姻之诉中，法院调解活动亦应当受到必要的限制。具体而言，某一婚姻是否具有无效原因或可撤销原因，法院应当根据事实和法律准确地加以判断；当存在无效原因或可撤销原因时，即应当判决宣告婚姻无效或予以撤销；当不存在无效原因或可撤销原因时，则应当判决认定婚姻有效或驳回原告撤销婚姻的请求。无论在哪种情况下，法院都没有自由裁量的余地，更无权劝说当事人相互让步以达成调解协议，否则，实体法所规定的无效婚姻制度和撤销婚姻制度就无法得到贯彻。所以，民事诉讼法应当明确规定，法院调解不适用于婚姻无效之诉和撤销婚姻之诉。正是基于这个道理，《婚姻法解释一》在第9条中规定："人民法院审理宣告婚姻无效案件，对婚姻效力的审理不适用调解，应当依法作出判决。"

（3）法院在婚姻事件中的职权应有别于通常诉讼程序

如前所述，在通常诉讼程序中，法院行使职权的范围应当受到辩论原则的严格限制。但是就婚姻无效之诉和撤销婚姻之诉等婚姻事件来说，由于婚姻关系往往涉及社会公共利益的维护，因而在审理上应当兼采职权主义、职权探知原则，在认定事实和证据调查等方面赋予法院更多的权限，而不必使其受辩论原则的严格拘束。只有如此，才能够最大限度地保证婚姻无效案件和撤销婚姻案件的正确处理，以便维护良好的婚姻、家庭秩序。从总体上言之，在婚姻无效之诉和撤销婚姻之诉中，法院之职权审理原则主要表现在以下三个方面：

第一，如上所述，对于诉讼上的认诺、舍弃、自认及和解制度，在婚姻无效之诉和撤销婚姻之诉中应当限制其适用。这些限制性规定，如果从法院的角度观之，则意味着法院职权的相应扩张和职权主义倾向的强化。换言之，在诉讼中当事人作出认诺、舍弃、自认或进行和解时，法院可以根据具体情况依职权否定其效力，并依照事实和法律对案件作出裁判。

第二，应当规定法院可以依职权调查收集证据。在通常诉讼程序中，证据原则上应当由当事人收集、提供，法院只在极少数情况下才负有调查收集证据之责，但在婚姻无效之诉和撤销婚姻之诉中，为了准确认定是否存在无效原因或可撤销原因，有必要直接规定法院可以依职权调查收集证据。

第三，应当规定法院可以依职权考虑双方当事人均未提供的事实，并据以作为裁判的基础。例如，原告甲（女）以被告乙（男）"婚前患有医学上认为不应当结婚的疾病且婚后尚未治愈"为由诉请宣告婚姻无效，法院经过审理，认为并不存在此种无效原因，但却发现原、被告之间存在禁止结婚的亲属关系，在此情况下，法院即可考虑当事人所未提出的"禁止结婚的亲属关系"之事实，并以此为基础作出宣告原、被告之间婚姻无效的判决。又例如，原告甲（女）以被胁迫为由诉请法院撤销其与被告乙（男）之间的婚姻关系，法院审理后发现并不存在胁迫行为，但却发现原告未到法定婚龄，在此情况下，法院即可依据双方所未提出的无效原因之事实为基础判决认定婚姻无效。再例如，原告诉请法院判决离婚，诉讼中法院发现当事人之间存在无效婚姻的情形，那么，不管该原因事实是否为当事人所主张，法院都应当依职权予以认定。①

法院依职权所考虑的当事人所未提出的事实，并不仅仅限于依据该诉讼本身所知道的事实。换言之，无论法院依据何种方法而知悉的事实，例如依职权调查收集证据的结果、第三人在诉讼外的报告、因办理其他案件而得知的事实、或者由私人见闻而知悉的事实等，均不影响其可作为裁判的基础。但是，法院依职权所考虑的事实如果欲作为裁判的基础，则必须在判决前向当事人宣布，以便使当事人就此有辩论的机会，避免发生突袭性裁判。如果未为当事人提供此种程序保障，则该事实不得采为裁判的基础。②

（4）婚姻无效之诉中他人承受原告资格的问题

婚姻事件的适格当事人，具有专属的性质，在判决确定前一方当事人死亡时，其继承人并非当然有权承受诉讼，因此在诉讼中一

---

① 对于这一点，《婚姻法解释二》第3条也作出了规定，即："人民法院受理离婚案件后，经审查确属无效婚姻的，应当将婚姻无效的情形告知当事人，并依法作出宣告婚姻无效的判决。"

② 参见石志泉、杨建华：《民事诉讼法释义》，台湾三民书局1987年版，第656页。

方当事人死亡时，一般而言关于本案应视为诉讼终结。但是对于婚姻无效之诉来说，不仅夫妻双方可以提起诉讼，而且有关的第三人亦可以诉请法院确认该婚姻无效，故此为了充分发挥诉讼程序解决纷争的功能，尽量利用已经开始的诉讼程序来解决某项婚姻是否确属无效的问题，有必要借鉴我国台湾地区"民事诉讼法"的相关规定，对婚姻无效之诉的承受问题作出特别规定。① 具体而言，可作出如下规定：婚姻无效之诉的原告在法院判决前死亡的，有权提起同一诉讼的其他人，可以在其死亡后三个月内申请承受诉讼。② 关于这类诉讼的承受，须加注意的几个问题是：

第一，关于何人有权提起同一诉讼，一般应根据实体法的规定来决定。由于目前《婚姻法解释一》第 7 条对可提起婚姻无效之诉的主体的范围已经作了明确的界定，因而可申请承受诉讼的人应当是该条所规定的利害关系人。

第二，此处原告资格的承受与通常诉讼程序中原告死亡时的承受诉讼在性质上有所不同。在通常诉讼程序中，原告死亡时，承受诉讼的是其继承人，已死亡的原告与承受诉讼的原告之间存在继承关系。而就婚姻无效之诉来说，已死亡的原告与承受诉讼的原告之间并不一定存在继承关系，之所以规定后者可以承受前者所提起的婚姻无效之诉，主要是为了尽量利用已经进行的诉讼程序和已经收集的诉讼资料来尽快统一解决婚姻是否无效的问题。

第三，有权提起同一诉讼的他人之承受诉讼的期间，既不宜规定得过长，也不宜规定得过短，过长有可能使已提起的诉讼长期处于不确定状态，过短则不利于该他人知悉婚姻无效之诉已被提起以及原告已死亡的情况，故笔者认为将该期间规定为 3 个月是比较合适的。

第四，承受诉讼系一项权利而非义务，故他人如果不申请承受

---

① 我国台湾地区"民事诉讼法"第 581 条规定："婚姻事件之原告，于判决确定前死亡者，有权提起同一诉讼之他人，得于其死亡后三个月内承受诉讼。"

② 至于撤销婚姻之诉，由于我国《婚姻法》所规定的撤销权人是唯一的，故不存在由他人承受原告资格的问题。

已死亡原告所提起的婚姻无效之诉，并不影响其所固有的权利；本案因原告死亡而终结后，该他人仍可另案提起婚姻无效之诉。①

第五，承受诉讼的申请，既可以书面的方式为之，也可以口头方式向法院表示承受的意思。法院应当依职权调查申请承受诉讼的人是否有权提起婚姻无效之诉；如认为其申请有理由，就应当准其承受诉讼，若认为申请无理由，则应以裁定予以驳回。

---

① 参见陈计男：《民事诉讼法论（下）》，台湾三民书局1994年版，第431页。

第 七 章

我国辩论原则之重塑所面临的障碍及其克服

一、辩论原则的观念障碍及其克服

(一) 对私权自治或意思自治原则的不信任

前文笔者指出，对私权自治原则或当事人意思自治原则的充分尊重，是辩论原则的重要根据之一。当事人提出什么样的诉讼标的要求法院予以裁判、其诉之声明的内容和具体范围如何，均应当由其自行决定和提出，法院不应当干涉和主动予以变更或突破，对于作为裁判基础的案件事实和证据，也应当在当事人提供的范围之内予以斟酌，即使是需要法院进行阐明的场合，如果当事人对法院所阐明的事项不予采纳，则仍然应当遵循当事人的意愿对案件作出最终的处理。故此，辩论原则的真正确立，其重要前提之一便是对当事人意思自治原则的充分尊重和信任，包括私法角度的私权自治（私法自治、当事人意思自治）及民事诉讼法角度的当事人意思自治。否则，如果法院对当事人的诉讼请求的内容、范围应当如何以及是否适当持怀疑态度，对当事人主张和提供的事实、证据持不信任态度，特别是在双方当事人对有关的请求、事实、证据没有争议时法院仍不放心，并以此为由采取干涉和职权探知的原则，那么，法院自然就会突破辩论原则的限制。由此看来，辩论原则与当事人意思自治原则具有某种内在的关联。

1. 意思自治原则的含义及其发展

历史上，意思自治原则的出现和私有制社会商品经济的勃兴具有内在的必然联系，或者说，这一原则的确立，是发展到一定阶段的商品经济的客观要求在民法上的必然反映。因此，意思自治原则导源于作为"商品生产者社会的第一个世界性法律"的罗马法就绝非偶然。至19世纪初，由于意思自治的理论与当时欧洲资本主义国家法律上的个人本位思想相一致，从而在法国民法典中首先得到了充分的反映。从此以后，意思自治原则就成为自由资本主义时期西方各国民法制度赖以建立的最重要的一块基石，在长达百年的时间内，被奉为神圣的、不可动摇的法律准则。①

从学者们的讨论来看，当事人意思自治原则主要有以下几个层面的涵义：（1）从法哲学、法律社会学层面理解，意思自治是个人主义、自由主义哲学思潮的直接产物，可大致定义为：每一个社会成员依自己的理性判断、管理自己的事务，自主选择、自主参与、自主行为、自主负责。也就是说，人的意志可以依其自身的法则去创设自己的权利义务；当事人的意志不仅是权利义务的渊源，而且是其发生根据。（2）从公法、私法划分层面上理解，意思自治指私法自治，又称私权自治，基本含义是：私法主体有权自主实施私法行为，他人不得非法干预；私法主体仅对基于自由表达的真实意思而实施的私法行为负责；在不违反强行法的前提下，私法主体自愿达成的协议优先于私法之适用，即私人协议可变通私法。（3）从冲突法层面上理解，意思自治指当事人有协商选择处理纠纷所适用之准据法的权利。（4）从诉讼法层面上理解，民事诉讼

---

①　尹田：《论意思自治原则》，载《政治与法律》1995年第3期，第38页。

法上的选择主义与处分权主义可以看作是私法自治在公法领域的直接延伸。贯彻意思自治不仅是私法的任务，也是公法的职责。与贯彻意思自治最密切的公法是民事诉讼法，民事诉讼和仲裁制度中的选择主义和处分权主义是意思自治在公法上的延伸，而与选择主义和处分权主义密切相联系的则是辩论主义（辩论原则）的审判方式，这也是意思自治的体现。①

意思自治集中反映了自由资本主义时期哲学理论和经济学理论上的自由主义思想。从哲学上讲，意思自治首先是建立于人"生而自由"的信念基础之上。从经济学上讲，意思自治原则直接反映了资本主义自由经济的客观要求。政治上的自由经济体制和理论上的自由经济学说，正是私法上意思自治原则得以兴起的肥沃土壤。

随着经济和社会的发展，特别是从 19 世纪末和 20 世纪初以来，资本主义进入垄断时期，越来越多的社会财富向少数大公司集中，随着经济力量的膨胀，大公司决定着市场上最重要的商品和服务的质量和数量，左右着重要产品市场、服务市场和资本市场的变化，最重要的雇主控制着成千上万的劳动者的就业命运。由此而导致企业自由竞争秩序遭到破坏，劳资冲突尖锐，消费者运动此伏彼起，社会矛盾斗争激烈。完全自由竞争的市场经济的缺陷因之而越来越明显地暴露出来，西方经济学家称之为市场经济的"失灵"，市场经济失灵带来的后果是信息不对称、生产过剩、失业和经济危机。② 在这种危机面前，国家一改过去一贯实行的自由竞争政策，在经济领域加强了对市场的干预和管理，在法律领域出现了所谓的"法律社会化"现象。尤其在私法中，有学者认为，大多数国家通过立法或判例改变了传统的"所有权绝对、契约自由、过错责任"

---

① 江平、张礼洪：《市场经济和意思自治》，载《中国法学》1993 年第 6 期，第 20 页以下。

② 李建华、许中缘：《论私法自治与我国民法典》，载《法制与社会发展》2003 年第 3 期，第 149 页；刘凯湘、张云平：《意思自治原则的变迁及其经济分析》，载《中外法学》1997 年第 4 期，第 73 页。

的基本原则，而代之以"所有权行使应受限制、契约自由受到干预、无过错责任"的原则。① 那么，私法自治（私权自治）原则真的被取代了吗？私法果真"社会化"了吗？对此，有学者通过分析"私法社会化"的三大表现形式即"私法三大原则的修正"后指出，其一，所谓的对契约自由的限制并不是否定私法自治，而是为了维护真正意义上的契约自由。"契约自由的限制，不应表面化理解为就是限制契约自由，而应理解为对那种异化的契约自由的限制，也即优者强者胜者的单方面的契约自由，限制他们支配劣者弱者败者的自由，这种限制实质上是创立了人民的平等地位，平衡了人民的缔约能力从而真正实现了契约自由。"② 比较起来，现代民法与近代民法在契约自由上并没有发生实质上的变化，仅仅是随着社会的发展，法律对新出现的难以贯彻契约自由的情形进行了规制，赋予了强势群体平等的对待契约义务，从而维护现代意义上的真正的契约自由。然而，无论是近代民法还是现代民法，政府都不主动干预私法秩序，只是提供了一个救济规则对契约自由遭到扭曲之条件下的主体进行救济。如果契约主体对自己的利益忽视，国家在其没有严重违反社会善良风俗和公共秩序的条件下并不主动干预这种不自由的契约。可见，拯救自己的仍然是契约主体，这也是契约自由的本质。其二，所有权的行使从来都不是绝对自由的，即使在以贯彻自由主义著称的《法国民法典》也是一样。其三，无过错责任的出现，只是说明在现代侵权法中，在新的历史条件下要求特定主体在特定的条件下承担一种更高的注意义务。它只适用于法律有明确规定的特殊情形，是对过错责任的一种修正而不是取代。在现行归责原则体系中，仍然以过错责任作为一般归责原则，而以无过错作为补充。由此可见，无论是契约自由受限制，还是权利滥用的禁止或责任承担方式的转变，都没有实质地改变民法规范大部分是任意性规范、民法是私法的本质，也没有改变私法自治之精

---

① 参见马俊驹：《现代民法的发展趋势与我国民法典立法体系的构想》，载《法律科学》1998 年第 2 期。

② 邱本：《从契约到人权》，载《法学研究》1998 年第 6 期。

神。其实质是个人利益与社会利益的协调，行使个人利益不得以损害社会利益为前提，强调社会利益不是对个人利益的剥夺而是本质上更好地维护个人利益。①

因此，无论是自由竞争资本主义时期，还是垄断资本主义时期，抑或当今所谓的"法律社会化"之"福利国家"时期，意思自治（私法自治）仍然是民法领域的一项基本的指导原则，是贯串整个私法的灵魂和主线，是自由精神在法律领域最高层次的反映。从其实质来看，意思自治是为调和国家利益与个人利益的现实冲突而产生，它反映了作为政治主权者的国家对非政治主权实体的行为自由和经济利益给予多大程度的承认和保护。意思自治的演绎空间即是民事主体能够自由行为而不受国家权力干预的现实空间。对于作为非政治主权实体的民事主体而言，法律不禁止即为自由。②

2. 意思自治原则与辩论原则的互动关系

民事诉讼法虽然具有公法的性质，但就解决的纠纷是私权利争议而言却又鲜明地打上私法的烙印，作为私法基石的意思自治原则因之必然渗透到诉讼程序之中。其倡导的主体之地位、机会平等、行为自由以及竭力保障权利、救济权利的权利本位的思想与当事人主义的辩论原则之意蕴相通。③ 反过来说，市场主体的人格平等、意志自由、在进行民事行为时的理性选择等，也是实行和贯彻辩论原则的重要的制度基础。否则，如果市场主体不能作为一个理性的人去参与交易活动，不能按照市场规则自由地、平等地进行民事行为，不能按照个人利益和国家利益之界限的应然关系参与市场交易，而是非理性地、不讲规则地"自由"活动和"处分"权利，那么，其行为就必然会损害他人的权益，特别是会损害国家和社会

---

① 参见李建华、许中缘：《论私法自治与我国民法典》，载《法制与社会发展》2003 年第 3 期，第 149 页以下。

② 参见江平、张礼洪：《市场经济和意思自治》，载《中国法学》1993 年第 6 期，第 21 页。

③ 参见季金华：《当事人主义与意思自治》，载《广西经济管理干部学院学报》2000 年第 2 期，第 32 页。

之公共利益。在此条件下，国家权力介入其交易活动并进行适当的控制、监督和制约，就具有相当的必要性和合理性。

就我国的实际情况而言，无论是在过去实行计划经济体制时期，还是在市场经济体制之建设目标的提出之后，作为市场主体之重要组成部分的国有企业和其他国有或国家投资兴建的单位（包括国家机关、事业单位等），在进行市场活动时，很多情况下不是以一个理性的主体、按照正常的市场交易规则来运作，而是严重损害国家的利益。在此情况下，国家就会对市场主体的行为不信任，并通过行政管理部门乃至于司法机关来加以监督和控制。而由于需要由司法机关来监督和限制市场主体的行为，不能对其采取完全信任、放心的态度，以防止其损害国家的利益，因而具有当事人主义之特色的辩论原则也就难以真正建立。这一点无论是在计划经济时期还是在目前所宣称的已经实行的市场经济体制的时期，都客观地存在着。

具体而言，在计划经济体制下，商品经济发生了萎缩，民事法律关系在相当程度上已达到"公"化，国家按照计划对整个国民经济实行集中而统一的管理。在此情况下，为了防止企业的自主行为有损于国家计划的完成，并且为了防止个人的行为损害国家的利益，就有必要对与经济生活息息相关的各个领域相应地进行监督、干预和控制，而不能任凭企业等主体"自由自在"地活动。在正常的经济交往中，这一目的是通过行政管理部门来实现的，而当发生纠纷并以诉讼方式解决时，则是通过法院和检察机关来实现的。因此，在这种体制之下，不存在让法院充分相信当事人的意思自由的理由和环境，因而也就根本不可能实行真正的辩论原则。

进入20世纪90年代后，特别是实行市场经济以来，我国的市场进一步发育，90%以上的产品价格放开，各种市场要素也逐渐开放，市场环境正逐渐形成。然而，由于产权制度改革滞后和政府职能转变缓慢，目前实际上仅仅形成了一部分市场主体，国有企业的大部分还没有成为真正严格意义上的市场主体，资源的配置和利用基本上是无序和低效的，这种特殊的经济状态既不同于自由资本主义时期的经济，也不同于垄断资本主义时期的经济。① 进一步而言，我国民事主体的成分相当复杂，虽然大多数属于享有自我决定权和能够自负其责的真正的民事主体，但也有相当一部分属于靠行政手段来运作、管理者之执行权处于混乱状态（或者是无真正的民事决策权、或者是其权利或权力没有任何制约）、管理者或执行者对行为的后果不负责任的所谓的"民事主体"，而相当一部分的国有企业或其他由国家投资的部门、单位在进行民事活动时，即属于这种情形。这些主体并不是市场经济社会所要求的理性人，不能按照市场交易的规则去理性地参与市场交易，特别是由于其管理者或执行者的"黑箱操作"行为的大量存在，在民事交易的过程中国家的利益极易受到侵害。正因为如此，对于这类主体在诉讼中的行为，法院也就不能够充分地予以信任，而仍然要在相当程度上扮演着其本不应当扮演的"管理者"和"监督者"的角色。这种角色与要求法院应当保持相对消极、被动的地位并且应当尊重当事人的自主意志的辩论原则存在着冲突。所以，要贯彻辩论原则，就应当尊重和信任当事人的自主意志的行为，而这一点对于目前的法院来说仍存在着相当的难度，法院对于这类主体的行为如果采取听之任之的态度，则会面临来自诸多方面的相当大的压力和责难。

然而，法院扮演"管理者"和"监督者"的角色，对民事诉讼当事人的自主意志的行为采取不信任的态度，毕竟是一种不合理的诉讼构造，是与民事诉讼的运行规律相违背的。因此，必须改变导致法院对私权自治、意思自治不信任的制度环境。笔者认为，其根本性的解决途径并不在诉讼之内，而在诉讼之外。也就是说，法院对当事人不信任的根本问题在于，国有企业或其他由国家投资的主体在民事活动和诉讼活动中会损害国家利益，而这一问题的最终解决并非是民事诉讼程序本身所能够达到的，其根本途径在于完善市场经济体制本身。这就要求，应当遵循市场经济本身的逻辑，重塑出能够真正地自我负责、能够理性地行为的市场主体，而其关键

---

① 参见刘凯湘、张云平：《意思自治原则的变迁及其经济分析》，载《中外法学》1997 年第 4 期，第 74 页。

在于国家投资的主体的改造，特别是国有企业的改革问题，使国有企业能够真正成为意志自主化、权责明确化、行为市场化、决策理性化、内部管理结构合理化的市场主体。

（二）对程序公正观念和程序保障论的重要性认识不足

辩论原则非常强调法院（法官）的中立性，要求法院（法官）不能有偏向于任何一方当事人的行为，并且，在赋予双方当事人广泛的、平等的攻击防御手段和机会、提供充分的程序保障之同时，要求当事人对程序运行的后果负责。因此，以辩论原则为基础所构建的诉讼结构，是一种非常重视程序公正价值准则的诉讼结构。这就要求，要真正确立和贯彻辩论原则，就必须充分理解、重视和认同程序公正之价值观念。但从我国的实际情况来看，无论是立法者，还是行使民事审判权的司法者，抑或一般的社会公众，对程序公正的重要性均还缺乏足够的重视，在此条件下，完善我国的辩论原则就必然面临着较大的障碍。

上述问题的实质在于，我国的立法和实践在处理程序与实体的关系、对待程序价值观念时，往往过分强调民事诉讼程序的工具意义，轻视公正程序本身对于实体结果的形成所具有的极为重要的作用，从而使辩论原则难以真正确立。

程序工具主义观念是程序价值观念或程序价值理论的一种。关于程序价值理论，一般认为可以分为两个基本模式：一是程序工具主义理论，二是程序本位主义理论。其中程序工具主义理论又有三个特殊的分支，即绝对工具主义程序理论、相对工具主义程序理论以及经济效益主义程序理论。[1]

工具主义理论又称为"结果本位主义"，认为法律程序不是作为自主和独立的实体而存在的，它没有任何可以在其内在品质上找到合理性和正当性的因素，它本身不是目的，而是用以实现某种外在目的的工具或手段。所谓"绝对工具主义程序理论"，实际上是

---

① 这里的介绍主要是根据陈瑞华：《程序价值理论的四个模式》，载《中外法学》1996年第2期，第1页以下。

一种把程序的工具性价值标准强调到极端所形成的价值理论。这一理论的核心观点是，法律程序作为用以确保实体法实施的工具，只有在具备产生符合正义、秩序、安全和社会公共福利等标准的实体结果的能力时才具有意义。一项法律程序无论被设计得多么合理和精致，只要它不具备这种能力，就将失去其存在的意义。对于这一点，功利主义法学理论的代表人物边沁曾作出过经典性的阐释，他认为，实体法的唯一正当目的，是最大限度地增加最大多数社会成员的幸福，程序法的唯一正当目的，则为最大限度地实现实体法；程序法的最终有用性要取决于实体法的有用性，除非实体法能够实现社会的最大幸福，否则程序法就无法实现同一目的。

相对工具主义程序理论基本上坚持了程序工具主义的立场，即认为法律程序是用以实施实体法的工具和手段。但它允许人们在追求程序工具性价值目标的同时兼顾一些独立的价值。换言之，这一理论要求对法律程序工具性价值的追求给予一些非工具性目标的限制，例如当事人应当具有获得公正审判的权利等。

经济效益主义程序理论从本质上讲乃属于程序工具主义理论的一个特殊分支，因为它也坚持所谓"审判程序不过是最大限度地实现某一价值目标的工具"的观点，只不过这里的"外在目标"是最大限度地增加公共福利和提高经济效益。与法律制度的其他要素一样，法律程序在运作过程中会耗费大量的经济资源，因而为了提高审判获得的经济效益，应当将最大限度地减少这种经济资源的耗费作为对审判程序进行评价的一项基本价值标准，并在具体的审判活动中实现这一目标。

程序本位主义理论则认为，评价法律程序的价值标准在于它本身是否具有一些内在的优秀品质，而不是它在确保好结果得以实现方面的有用性；法院的审判只要按照公正的程序进行，就能够作出公正、合理的判决。

对于上述几种程序价值理论，有学者认为，单纯采纳其中任何一种理论观点都不能确保一种科学的程序价值理论的建立，对法律程序的评价和构建应当设立一种多元化的价值标准，而不能只按照某一种单一的价值标准进行。首先，评价和设计一项法律程序应当尽力确保它符合其内在价值标准，使其具备最低限度的公正性和合理性。这一价值标准应从程序本身而不是任何外部因素得到体现。其次，法律程序应当具备一种基本的工具性价值标准，即拥有产生好结果的能力。至于什么是好的结果，则依另外独立的标准加以确定。再次，法律程序的设计应满足经济效益的要求，即确保其对经济资源的耗费降低到最小程度。法律程序的上述三项价值标准之间存在着十分复杂的对立统一关系，国家立法部门在设计法律程序、司法部门在通过法律程序实施实体法时，均应追求上述三项程序价值的最大限度的统一，使三者在同时得到兼顾的前提下获得合理和适当的权衡。①

　　然而，就我国民事诉讼的实际情况来说，长期以来，程序工具主义观念却处于支配地位，"程序虚无主义"、"重实体、轻程序"等现象相当盛行。民事诉讼程序往往只是单纯被看作一种工具、手段，其目的在于保证实体正义的实现；只要达到实体处理的正确，适用什么样的程序并不是一个重要的问题，为了达到某种实体公正的结果，可以在程序的适用上相当灵活、不受拘束。而且，单纯的程序违法仅在影响了实体问题的"正确"处理时，诉讼程序被破坏才被当作一个需要解决的问题受到重视，换句话说，对于程序上的瑕疵往往比较"宽容"，只要这种瑕疵看起来不至于影响到审判结果，则一般不予纠正，特别是在法院及其法官违反程序时尤其倾向于这种处理方式。例如，依照《民事诉讼法》第153条和《适用意见》第181条的规定，对于诸多违反法定程序的行为，如审理本案的审判人员及书记员应当回避而未回避、未经开庭审理而作出判决、适用普通程序审理的案件当事人未经传票传唤而缺席判决等，只有当其可能影响案件正确判决时，才由第二审法院裁定撤销一审判决并发回重审。根据《民事诉讼法》第179、185条的规定，对于再审事由问题，审理案件的法官违反法定程序，也只是在可能影响案件正确裁判时，才能由当事人申请再审或由检察机关提起抗诉。根据《人民法院组织法》和《民事诉讼法》的规定，没

---

　　①　陈瑞华：《程序价值理论的四个模式》，载《中外法学》1996年第2期，第7页。

有亲自审理过案件的审判委员会委员却可以在实质上对案件作出裁判，等等。

这种轻视程序独立价值的工具主义观念不仅体现在我国民事诉讼的立法当中，而且在司法实践中也时刻影响着法官的思想和行为。例如，当事人被当成查明案件事实的工具而没有被尊重为诉讼程序的主体，开庭审理走过场，案件的"请示、汇报"制度等。

不过，近年来在民事诉讼理论上，已有相当多的学者认识到了程序工具主义价值观念的缺陷，并对程序公正等价值准则给予了极大的重视和关注；① 在实践中，各地法院所推行的民事审判方式改革也在相当程度上触及这一问题，意识到程序工具主义观念的弊端。但是，就总体而言，"重实体、轻程序"的程序工具主义观念依然存在，并且可以说仍然是占主导地位的程序价值观念。一方面，尽管民事诉讼理论界近年来对程序工具主义观念的缺陷进行了剖析和批判，但并没有真正形成充分认识和理解程序公正等程序之独立价值的重大法治意义的整体氛围；另一方面，虽然司法实践中一些法官也意识到程序工具主义观念的弊害，并试图加以克服，但毋庸置疑的问题是，实践中法官对程序的独立价值显然尚缺乏广泛的认同感，有些法官的认识则相当模糊，而且，在具体处理和操作上，更是相当混乱，有些做法甚至与程序公正等价值准则根本上是背道而驰的。② 再者，现行立法中所体现的程序工具主义之优势地位并没有加以改变，程序公正的重要性并没有得到立法上的充分支

---

① 近年来，关于这方面的论著较多，例如季卫东：《程序比较论》，载《比较法研究》1993 年第 1 期；陈桂明：《诉讼公正与程序保障——民事诉讼程序之优化》，中国法制出版社 1996 年版；陈瑞华：《程序价值理论的四个模式》，载《中外法学》1996 年第 2 期；刘荣军：《程序保障的理论视角》，法律出版社 1999 年版；肖建国：《民事诉讼程序价值论》，中国人民大学出版社 2000 年版；等等。

② 例如，某法院将法庭搬到原告的家里，对案件进行审理并裁判原告胜诉，这种做法显然是与程序公正观念相违的。参见赵德宝：《法庭搬进农家院》，载 2004 年 2 月 20 日《人民法院报》。又例如，某法院"不仅送法进企业，还送点子、送法律、送建议，采取多种措施推进企业改革进程"，显然是与法院之中立性、公正性的裁判者角色相违背的。参见唐金法：《池州法院"送法进企业"受欢迎》，载 2004 年 3 月 14 日《人民法院报》。

持和强调。最后，当事人以及一般社会公众对程序公正也还缺乏充分的理解和尊重，在很多情况下，即使法官按照程序公正之价值准则的要求对案件作出处理，但却得不到当事人的理解和认同；而且，一些新闻媒体对诉讼案件的评论也是完全从诉讼结果的角度来进行，而忽视了程序本身之公正问题，从而对法官的行为方式和价值观念造成一定影响甚至于相当的压力，进一步强化了法院的程序工具主义价值观念。

程序工具主义观念的盛行必定会阻碍辩论原则的确立，因为，辩论原则从其本质上来说，是体现程序本位的一个基本原则，是与程序工具主义观念相排斥的。申言之，依据辩论原则所建立的诉讼制度，是以程序本位为诉讼理念的，是坚持以诉讼过程，而不是诉讼结果作为出发点和评价标准的理念。表现在，第一，辩论原则划分了当事人和法官在诉讼中各自的权能和地位，要求各方均应在自己的角色范围内进行诉讼活动，否则即可能构成对法定程序的违反而使其诉讼行为不能产生相应的法律效力。第二，辩论原则确立了当事人的程序主体地位以及与此相联系的当事人之程序自我归责机制，在这种程序机制下所合成的实体结果，被认为是符合公正价值准则的结果，无论是当事人还是法官，都应当尊重这种结果。第三，辩论原则要求法官应当保持中立性，即使存在法官的阐明权问题，但法官的阐明权之行使也应以不突破程序公正之准则为底线。

不过，必须指出的一点是，辩论原则所体现的程序本位观念，并非是不顾及实体公正的绝对的程序本位理念或纯粹的程序公正思想，而是一种可以被称为包含了实体公正观念的相对的程序本位观念。也就是说，这种程序本位理论并不否认实体公正的价值，它只是强调，实现实体上公正不应是诉讼程序的唯一目的。对于这点，有学者指出："一方面，实现实体公正是人类永不停息的追求，为此人类需要不断改善有关程序。另一方面，由于人类认识能力和实践能力的局限性，什么是实体公正并不总是明明白白的，这时，以程序为本，在诉讼程序完结时假定处理结果在实体上也是公正的，就成了一种必要的妥协。比如在民事诉讼中，如果穷尽了所有的举证、辩论手段仍不能认定案件事实，法官就只有判定承担举证责任的一方败诉。上述两个方面构成了程序正义的基本功能，即'实现实体内容'功能和'通过程序的正当化'功能，而这两个方面，都是通过诉讼程序的逻辑展开，在程序的合成中得以实现的。可见，程序公正足以涵盖我们对实体公正的追求，强调程序本位并不会导致实体法和实体权利被忽视的结果。"①

因此，要对我国现行民事诉讼法中的辩论原则进行改造，真正确立由当事人主导并由法院居中裁判，且充分重视当事人之程序保障的诉讼结构，就必须提升法官乃至于一般社会公众的程序公正意识。但程序公正观念的树立显然并非一件轻而易举的事情，它需要长期的培养和努力。从目前情况看，可从以下方面逐步消除轻视程序公正和程序保障的错误观念，以便为约束性辩论原则的确立奠定必要的观念基础。其一，继续大力加强正确的理论倡导，科学地认识公正程序的价值，唤醒人们对程序公正和程序保障的注意和重视，尤其是立法者、司法者的注意和重视，促使其接受科学的观点，逐渐消除错误的观念。其二，完善民事诉讼立法，规定违反诉讼程序的法律后果，树立程序法的权威，以便从制度上促使法官和当事人充分尊重和践行公正的诉讼程序。

（三）程序的自我归责观念和既判力观念存在严重欠缺

辩论原则赋予了当事人在提出和主张案件的请求、事实、证据方面所具有的广泛的权利，保障当事人在这些权利中体现出来的主体性和自律性。这种程序结构意味着把更多的诉讼行为作为权利赋予当事人，而不是作为权力留给法官。而当事人在诉讼程序上享有的权利实际上就是对法官权力的直接限制。对当事人行使诉讼权利的程序保障也就意味着审判过程中法官的创造性作用在程序方面受到严格的制约。但是，另一方面又必须看到，当事人的诉讼权利也是一种负担和责任。作为制度化的程序安排，放弃诉讼权利往往意味着败诉或其他不利的后果，这促使当事人积极地参加诉讼，成为

---

① 江伟、吴泽勇：《论现代民事诉讼立法的基本理念》，载《中国法学》2003年第3期，第102页。

推动程序展开的主导力量。而双方当事人积极主动的攻击防御又使诉讼的过程和结果更容易被视为他们自己行动的产物。无论是哪一种情况，使诉讼、审判得以展开并对其达成的结论负主要责任都是当事人本身而不是法官。这是当事人主义的诉讼结构、也是程序保障在逻辑上的另一个归结。换言之，具有这种程序结构的诉讼、审判，只要达到了程序保障的要求，就使当事人在制度上失去了就实体和程序两方面表示不满或再行争议的机会，从而获得正当性。这就是程序保障使诉讼、审判本身得以正当化的另一个方面。① 因此，辩论原则的确立是与当事人自我归责机制和观念密不可分的，在缺乏这种观念之条件下，很难对辩论原则产生广泛的认同。

　　然而，就我国的实际情况来看，当事人自我归责的机制和观念还严重欠缺。一方面，当事人本人在很大程度上不愿意认同和接受这一观念，在因为当事人本人的原因而出现某种对其不利的诉讼结果时，一些当事人却拒绝接受这一结果，并企图将造成这一结果的责任归结为法院或法官的责任；另一方面，法院对程序之自我归责观念也不够充分重视，一些法院在强调当事人在诉讼中的责任的时候，却没有为当事人之诉讼权利的享有和行使提供充分的保障，从而使程序之自我归责观念失去正当性基础。而由于这种自我归责观念的欠缺，辩论原则之正当性基础就会受到一些人的怀疑和抵制，这种怀疑和抵制无疑对于我国辩论原则的改进和完善造成一定程度的障碍。

　　与程序之自我归责观念相联系的是既判力观念。所谓既判力，是指确定判决在实体上对于当事人和法院所具有的强制性通用力，表现为判决确定后，当事人不得就判决确定的法律关系另行起诉，也不得在其他诉讼中就同一法律关系提出与本案诉讼相矛盾的主张，同时，法院亦不得作出与该判决所确定的内容相矛盾的判断。如前所述，承认确定判决具有上述效果的意义在于：第一，既判力制度是维护司法权威的必然要求，承认判决的既判力效果可以有效

---

　　① 参见王亚新：《社会变革中的民事诉讼》，中国法制出版社2001年版，第41～42页。

地维护司法裁判的权威性。第二，既判力制度是实现国家一次性地解决纠纷和维护"法安定性"即法律状态的稳定性的必然要求。

由于判决之既判力是程序之自我归责机制和观念的保障，因而辩论原则在强调程序的自我归责机制之同时，就必然要求法院、当事人和一般社会众应当树立良好的、严格的既判力观念，否则，如果经过辩论原则的过滤所合成的实体结果得不到既判力观念的支撑，那么程序之自我归责机制就不可能实现，遵循辩论原则之条件下所达成的诉讼结果就有随时被推翻的可能。然而，我国在历史上缺乏尊重判决之既判力的传统，在现实中对既判力观念亦很不重视，这就决定了辩论原则在我国的完善和改进又会面临进一步的障碍。

具体而言，在历史上，从既判力制度的产生和演变来看，既判力是西欧法律文化传统中历史地形成的一种观念，最早起源于罗马法中的"诉权消耗"理论和制度，根据"诉权消耗"理论，当事人按照一定起诉方式提出的实体请求经审理并作出判决后，其再次起诉的权利即已消耗殆尽的效果就是既判力。这种观念经过长期的历史过程而分别在大陆法系和英美法系的诉讼制度中被继承下来，为这两个同属于西欧法律文化传统的不同法律体系所共有。但是，中国的法律文化传统中从来就没有产生过既判力的观念，在历史上具体的诉讼制度里也找不到与此相应的程序规定。相反，在中国历史上的诉讼中，"不惮改错"被视为天经地义、不可动摇的原则和常识，而同一案件的审理判决被一再推倒重来的所谓"屡断屡翻"现象比比皆是。① 因此，从中国的法律文化传统来看，既判力问题缺乏观念上的支撑，更不存在制度方面的延续，判决的既判力并没有作为一个法律问题而受到尊重。这种轻视既判力的传统对人们的思想观念的影响是根深蒂固的，在民事诉讼领域至今仍然具有相当大的负面效应。其结果是，现行民事诉讼中仍然缺乏对既判力观念的尊重，同一个案件被反反复复地多次进行审判是司空见惯的事。

---

① 参见王亚新：《对抗与判定——日本民事诉讼的基本结构》，清华大学出版社2002年版，第343页。

最为严重的是，法院、检察机关、行政机关、人大、某些党组织等各种各样的机关和组织以及其领导人都可以对判决提出异议乃至于进行干涉，从而使判决很难产生既判力之效果。① 在此条件下，程序的自我归责机制很难实现，辩论原则因之也就难以真正地贯彻、执行。

因此，要真正确立约束性的辩论原则，就应当强化程序的自我归责观念和既判力观念，使当事人、人民法院乃至于一般社会公众能够充分尊重辩论原则之运作下所形成的诉讼结果。而程序的自我归责观念和既判力观念受到轻视的现状之消除，实际上涉及到诸多诉讼观念的转变和诉讼制度的完善问题。例如，在诉讼中应当强化对当事人的程序保障，这是提升既判力效果的必要前提，否则，如果没有为当事人提供充分的程序保障但却要求不管判决的结果如何当事人都应当尊重判决的既判力而不能表示异议，那么司法审判就难以逃脱武断、专制、不公之嫌疑。又例如，应当改革现行的民事再审制度，避免再审程序的过度适用。再例如，应当对现行的行政化的司法体制进行改革，真正按照"法官独立审判"的现代司法理念来确立并实际运作新型的司法体制；应当消除由党组、地方党委、人大等机构对法院的个案审判所实行的各种非司法程序性的"监督"，等等。

二、辩论原则的制度障碍及其克服

（一）民事诉讼程序的分化程度较低

前文指出，辩论原则主要适用于当事人可自由处分其民事权益的案件，而对于当事人的处分权受到限制的案件，法院则可以不受当事人主张的范围之限制，因此，确立辩论原则的重要前提之一是，民事诉讼法应当针对不同案件的性质而在程序制度上有所分

---

① 参见刘学在：《既判力论在中国的困境探析》，载《北京科技大学学报》（社会科学版）2003 年第 3 期，第 32 页以下。

化，即应当对实行辩论原则的案件和程序与辩论原则受到限制的案件和程序进行明确的区分。然而，我国民事诉讼程序却没有进行必要的分化，对于当事人可以自由处分其民事权利与当事人的处分权受限制的民事案件的程序不加区分，都适用同样的原则和程序。这样一来，关于辩论原则的适用领域就会模糊不清，法院对于哪些案件、在哪些程序当中应当受当事人主张的范围之约束以及在哪些情况下可以不受当事人主张的约束，操作起来就会具有极大的随意性。

从 1982 年颁布的《民事诉讼法（试行）》的规定来看，其规定了五编内容，即第一编"总则"、第二编"第一审程序"（包括普通程序、简易程序和特别程序）、第三编"第二审程序、审判监督程序"、第四编"执行程序"、第五编"涉外民事诉讼程序的特别规定"，这种规定是从以下几个角度对民事诉讼程序进行分类和处理的：一是从审级制度进行区别，二是从审判与执行程序进行区分，三是从国内和涉外进行分类，根本不涉及依据辩论原则对诉讼程序进行分化的问题。1991 年的《民事诉讼法》所规定的程序制度同样存在这一问题。该法规定了四编内容，即第一编"总则"、第二编"审判程序"、第三编"执行程序"、第四编"涉外民事诉讼程序的特别规定"。其中，第二编"审判程序"包括下列程序：第一审普通程序、简易程序、第二审程序、特别程序、审判监督程序、督促程序、公示催告程序和企业法人破产还债程序，这些程序的划分依据也与辩论原则无关。事实上，由于立法上并不是以体现当事人主导权的辩论原则作为构建民事诉讼程序制度的基石，因而在当时也不可能以此为标准来区分不同的程序制度。从立法的传统、司法的惯行、人们的诉讼观念以及客观的社会环境等方面来看，我国民事诉讼立法者之所以在程序设计上对适用辩论原则的程序和辩论原则之适用受到限制的程序不作区分，其实并非是偶然的。

一方面，新中国成立后的相当长的时期内，民事审判的主要特点表现为婚姻家庭案件的审判，婚姻家庭案件的审理程序代表和影响了整个民事诉讼程序，形成了以婚姻家庭方面的诉讼案件为主的局面，同时婚姻家庭案件的诉讼程序也直接影响着其他民事案件的诉讼程序。在人们的观念中，人事诉讼就是通常诉讼，而不是所谓需要法院特别予以干预的"特别诉讼"。① 因此，也就不可能设立专门的人事诉讼制度，更不可能以辩论原则的适用和贯彻的情况来划分通常程序和人事诉讼等特别程序。

另一方面，由于法院的职权作用被扩大化和普适化，因而法院审理民事案件时对当事人具有什么性质的处分权并不需要给予重视。在诉讼过程中，不管是当事人能自由处分的民事案件还是其自由处分受限制的民事案件，法院所关心的只是如何把案件事实查明，作出客观真实的判决。所以，不需要过多的去考虑当事人的处分权对法院行使国家司法权力有什么影响。法院只要是为了查明案件客观真实，对于不管是当事人有权自由处分其诉讼标的的案件还是审理非财产的人身关系的婚姻案件，其适用的程序和基本原则都是一样的。② 显然，从我国民事诉讼立法、司法和理论来看，并没有意识到应当以处分原则和辩论原则为基础对民事诉讼程序进行分化。

目前，虽然有关司法解释中对适用辩论原则的程序和辩论原则受到限制的程序已经有了某种程度的区分，例如《证据规定》第8条规定了自认制度，并限制该制度在涉及身份关系的诉讼中的适用，《关于适用〈婚姻法〉若干问题的解释（一）》和《关于适用〈婚姻法〉若干问题的解释（二）》中对婚姻无效之诉和撤销婚姻之诉的一些特殊程序规则也作出了规定，但就总体而言，这些规定却不够全面和系统，没有形成一套相对独立的、与适用辩论原则的程序相分化的程序制度，致使实践中的操作较为混乱，特别是在各地法院各显神通的民事审判方式改革过程中，关于辩论原则适用的程序范围更是极具随意性。

---

① 参见王礼仁：《设立人事诉讼制度之我见》，载《法律适用》2002年第10期，第47页。

② 参见白绿铉：《论现代民事诉讼的基本法理》，载《中外法学》1999年第1期。

因此，要真正确立辩论原则，就必须在制度上将适用辩论原则的案件和程序与辩论原则之适用受到限制的案件和程序进行必要的区分。故此，笔者认为，民事诉讼法应当对涉及婚姻、收养、亲子关系等人事事件的诉讼程序（即人事诉讼程序）作出特别的规定，以使其在辩论原则的适用问题上与通常诉讼程序有所区别。关于这一点，前文笔者已有所讨论，此处不再赘述。

（二）当事人的取证权利缺乏制度保障

1. 当事人之取证权的保障是实行辩论原则的重要条件

根据辩论原则，当事人具有收集和提供证据的权限和责任。当事人对收集、提出证据的支配地位意味着他可以收集也可以不收集、或者可以积极也可以不积极地收集证据。但是，即使当事人不收集和不积极收集证据，法官也不能代替他在这方面的作用。在制度设计上，则是通过主张责任和举证责任制度来促使当事人积极地收集提供证据的。既然将收集和提供证据的权责赋予了当事人，那么就应当为当事人能够充分地收集一切可能有利于己的证据提供必要的程序保障，否则，辩论原则就难以真正地得以贯彻。

当事人对证据的收集可分为以下两种情况来考虑。第一，如果证据本来就掌握在当事人自己手中，则收集和提供证据是不存在问题的。第二，如果证据不在当事人自己的手中，而处于与案件有关系或无关系的第三者、甚至对方当事人的控制之下时，当事人仍有可能不去借助法律以及法院的力量，而是通过自行的请求、交涉等来收集这类证据。但是，如果当事人收集的努力遭到掌握证据的他人拒绝而不能奏效，或者如果证据在对方当事人控制之下而一开始就能够预见到无法自行收集的话，当事人就可能求助于法律规定及法院来实施证据的收集。①

就上述情况而言，保障当事人收集证据的权利之关键是，在有关的证据并不掌握在当事人自己手中而掌握该证据的人又拒不向该

---

① 参见王亚新：《对抗与判定——日本民事诉讼的基本结构》，清华大学出版社 2002 年版，第 170 页。

当事人提供时，在制度设计上如何为当事人提供相应的救济手段和程序。对于这一问题，无论是大陆法系国家还是英美法系国家的民事诉讼法，均作出了较为完善的规定。

在大陆法系国家民事诉讼中，主要是通过强制证人出庭作证制度、文书提出命令制度等来保障当事人收集证据的权利能够得以实现。例如，对于强制作证制度，德国《民事诉讼法》第 390 条规定："（1）证人并未提出理由，或者经宣誓确定其理由不充分时，而仍拒绝作证或拒绝履行宣誓手续，即可不经过申请，命证人负担因拒绝而生的诉讼费用。同时对证人处以违警罚款，不能缴纳罚款时，处以违警拘留。（2）证人再次拒绝作证时，依申请，命令拘留之，以强制其作证，但不得超过在该审级中诉讼终结之时刻。强制执行程序中关于拘留的规定准用之。"另外，根据德国《民事诉讼法》第 380 条的规定，证人经法院合法传唤，无正当理由而不到场时，法院可以对其处以罚款、拘留，也可以命令拘传。[1]日本《民事诉讼法》在第 192、193、194、200 条等对于证人不出庭以及拒绝作证的行为也规定了罚款、罚金、拘留、拘传等处罚措施。我国台湾地区"民事诉讼法"第 303、311 条亦作了类似的规定。当然，为了保护证人的合法权益，立法上也规定了特定情形下的拒绝作证权。[2]

对于书证而言，帮助当事人从对方或者第三者取得有关文书的制度主要是"文书提出命令"，即法院应一方当事人的申请，命令持有文书的另一方当事人或第三人向法院提出该文书。如果持有者没有正当理由却拒绝提出或者出于妨碍当事人收集证据的动机而使该文书无法使用的话，对于持有者为对方当事人之情形，法院可以采取认定申请提出命令的当事人所主张的该项文书记载内容为真实的方法来进行制裁；对于持有者为第三者之情形，则可以采取处以

---

[1]　谢怀栻译：《德意志联邦共和国民事诉讼法》，中国法制出版社 2001 年版，第 97、94 页。

[2]　关于拒绝作证权，参见德国《民事诉讼法》第 383、384 条；日本《民事诉讼法》第 191、196、197 条；我国台湾地区"民事诉讼法"第 307 条。

一定数额的罚款等措施予以制裁。① 对于当事人欲作为证据提出的文书以外的其他物品，如果控制在对方或第三者的手中，则同样可以利用提出命令的方式令其交出。②

在英美法系国家，关于保障当事人收集证据的程序和制度，除了强制证人作证制度外，最重要的是所谓的发现程序（Discovery）或开示程序（Disclosure）。③ 其中最具有代表性的是美国民事诉讼中的发现程序（Discovery）。根据美国联邦民事诉讼规则的规定，在开庭审理之前当事人可以利用以下5种方法向对方当事人或诉讼外第三人收集与案件有关的证据和信息： （1）采取笔录证言（Deposition）的方法，在法庭之外可以讯问对方当事人和证人；（2）当事人可以向对方当事人送达质问书（Interrogatories），而对方当事人必须答复所质问的内容；（3）当事人可以向对方当事人或第三人要求提供文书和物证（Request for the Production of Documents and Thing）并可以调查对方当事人的有关地产；（4）当事人可以要求对方当事人对某一事实和书证的真实性作出自认；（5）在人身伤害的损害赔偿等案件中，当事人经法院同意还可以检查受害人的身体和精神状态。④ 当事人违反发现程序的规定而拒不开示有关的证据和信息时，就要承担相应的法律后果乃至于严厉的法律制裁，例如禁止再提出证据、免除一方的证明责任、驳回诉讼或作

---

① 参见熊跃敏：《日本民事诉讼的文书提出命令制度及其对我国的启示》，载陈光中、江伟主编：《诉讼法论丛》第7卷，法律出版社2002年版，第454页；王亚新：《对抗与判定——日本民事诉讼的基本结构》，清华大学出版社2002年版，第176页。

② 参见日本《民事诉讼法》第231条；我国台湾地区"民事诉讼法"第363条。

③ 根据有关学者的考证，在英国《民事诉讼规则》中，证据开示的英语是disclosure；而在美国，disclosure带有强制开示、当事人主动开示之含义，故译作"自主开示"，美国证据开示的对应语为discovery，即人们常说的"发现程序"；澳大利亚没有区分discovery和disclosure，两者混合使用。参见徐昕：《英国民事诉讼与民事司法改革》，中国政法大学出版社2002年版，第286页。

④ 参见白绿铉：《美国民事诉讼法》，经济日报出版社1996年版，第85页；Mary Kay Kane, Civil Procedure，法律出版社2001年版，第131页以下。

出缺席判决、责令承担费用、以藐视法庭罪进行制裁等。

在英国，根据其《民事诉讼规则》的规定，证据开示（Disclosure）主要是指书证（Document）开示，即指当事人通过陈述书证存在或者曾经存在于何处而对书证进行开示。英国的证据开示分为标准开示（standard disclosure）和特定开示（specific disclosure）两种。标准开示，是指除了法院要求开示书证的命令另有指定外，所进行的一切证据开示，包括：（1）当事人所依赖的书证（The document on which he relies）；（2）对当事人的案件有反面影响的书证（The document which adversely affect his own case），或者对他方当事人案件有反面影响的书证（The document which adversely affect another party's case），或者支持他方当事人案件的书证（The document which support another party's case）。特定开示，是指一方当事人认为对方当事人对书证的开示不够充分时，而向法院提出申请，由法院就特定的书证签发要求当事人予以开示的命令。证据开示一般是针对本案当事人的，对于诉讼外第三人掌握的信息，主要是通过传唤其为证人的方式实现，但根据英国《1981年最高法院法》第34条和《1984年郡法院法》第53条的规定，当事人也可以申请对诉讼外第三人实施开示程序。①

作为具有英美法系传统的澳大利亚，其民事诉讼法对发现程序也作了较为详尽的规定，包括书证的发现和查阅（Discovery and Inspection of Document）、提出质问书（Interrogatories）要求对方当事人回答、从陌生人处发现证据（Discovery from Stranger）、对标的物的查看（Inspection of Subject Matter）和医疗检查（Medical Examination）等。发现程序有助于当事人查明争议的事实基础，使当事人能够向法院提交充分的事实资料，从而使纠纷的裁判是基于客观事实真相（on its merits）而不是基于诉讼技巧（technicalities）。因此，发现程序有助于当事人诉追体制（party prosecution

---

① 参见徐昕：《英国民事诉讼与民事司法改革》，中国政法大学出版社2002年版，第288页以下；John O'Hare, Kevin Browne, Robert N. Hill, Civil Litigation, 9th Edition, Sweet & Maxwell, 2000, pp. 532, 533, 554, 555.

system）的贯彻。①

2. 我国对当事人取证权的保障之严重不足

就我国的实际情况而言，虽然民事诉讼法规定当事人有收集、提供证据的权利，② 当事人的代理律师或其他诉讼代理人也有调查收集证据的权利，③ 但是，从立法的规定来看，仅仅是单纯地"承认"当事人及其诉讼代理人享有调查、收集证据的"权利"而已，这些权利在实际上明显缺乏程序上的保障和制度上的保障。对于这一点，有学者指出："就其本质而言，当事人调查收集证据的权利是一种缺乏程序保障的抽象性权利，是一种权利的招牌，是一种虚设的权利。"④ 由于缺乏保障，因而实践中当事人及其诉讼代理人在调查收集证据时往往要受到诸多限制，很多被调查单位或个人根本不愿意接受当事人及其代理律师的调查、询问，拒绝向其提供有关证据。特别是被调查人或保管材料的单位涉及公安、税务、工商、银行、司法行政、土地管理、房产管理部门等单位时，他们往往以内部规定、保密资料等为理由而拒绝接受当事人或其诉讼代理人调查或为其出具有关材料，使当事人收集、提供证据的权利无法实现。

如果说在实行职权探知原则之诉讼体制下，由于法院可以广泛地调查收集证据，从而当事人及其诉讼代理人取证权利之保障上的欠缺能够部分地得以弥补，那么，在实行辩论原则的诉讼体制之下，特别是在我国所实行的以强化当事人在诉讼中的主导地位为特色的民事审判方式改革之过程中，当事人及其诉讼代理人调查、收集证据的权利欠缺制度上的保障就必定成为一个极大的障碍。具体而言，当事人取证权利欠缺保障之主要表现是：

----

① Bernard C. Cairns, Australian Civil Procedure, The Law Book Company Limited, 1992, p. 315 以下。

② 参见《民事诉讼法》第 50 条。

③ 参见《民事诉讼法》第 61 条，《律师法》第 30、31 条。

④ 汤维建：《论美国民事诉讼中的证据调查与证据交换——兼与我国作简单比较》，载王利明、江伟、黄松有主编：《中国民事证据的立法研究与应用》，人民法院出版社 2000 年版，第 1108 页。

（1）证人拒绝作证的现象普遍存在。证人出庭作证制度是保障当事人收集提供证据之权利和法院查明案件事实真相的重要方法。尽管《民事诉讼法》第70条规定"凡是知道案件情况的单位和个人，都有义务出庭作证"，《证据规定》第55条也规定"证人应当出庭作证，接受当事人的质询"，但是由于各种原因，特别是由于相关制度的不完善，导致实践中证人拒绝作证的现象相当普遍。一方面，证人出庭率极低，一些证人仅仅是愿意提供书面证言，而书面证言在开庭审理时无法进行有效的质证，其真实性因之而难以判断。另一方面，很多"证人"根本上拒绝作证，也就是说，其既不愿出庭作证，也不愿意提供书面证言。而当事人及其诉讼代理人没有办法亦无权强制证人出庭为其作证，这就导致对于认定案件事实具有重要影响的一些关键性的人证难以获得，特别是如果该证据不能通过其他证据予以替代时，当事人的合法权益很难得到法院的保护。

（2）当事人及其诉讼代理人难以收集处于对方当事人或第三人控制之下的证据。在很多情况下，当事人欲收集、提供的书证、物证或其他证据处于对方当事人或案外人的控制之下，而长期以来，对于这类证据，当事人能否收集到往往取决于对方当事人或案外人的意志，如果后者不予配合，则当事人毫无办法。尽管2002年4月1日开始实施的《证据规定》第75条规定："有证据证明一方当事人持有证据无正当理由拒不提供，如果对方当事人主张该证据的内容不利于证据持有人，可以推定该主张成立。"但这只是部分地解决问题，并不能充分地保障当事人调查收集证据的权利之实现。因为，其一，它仅仅涉及证据为对方持有时之情形，并不涉及证据由案外第三人持有时之情形，而在实践中，相当多的证据是由案外第三人所持有或控制的，在此情况下，如果该案外人拒不提供证据，则当事人显然是无能为力的。实际上，就我国的诉讼实践而言，当事人及其诉讼代理人难以从案外第三人处调查、收集证据，可以说是当事人调查取证难之最主要的表现。其二，就上述规定来说，何谓"无正当理由拒不提供"，显然也是一个极富弹性的条款，它是否意味着持有证据的当事人"有正当理由"就可以不向对方提供证据？那么，哪些情况下属于"无正当理由"，哪些情况下又属于"有正当理由"呢？显而易见，在证据为一方当事人所持有时，另一方能不能收集到该证据，其间存在着相当多的变数。

（3）律师代理制度的不发达影响当事人收集证据之权利的实现。当事人对证据的调查收集，在有律师代理和无律师代理的情况下是存在差别的。在律师代理制度较为发达的条件下，当事人收集提供证据的权利能够得到较好的保障，相反，在律师代理制度不发达的情况下，当事人之取证权利的实现程度就会受到影响。就我国的实际情况而言，改革开放以来，虽然律师代理制度从无到有而得到了长足的发展，但就总体而言，律师的数量还相对较少，① 律师代理制度还不够发达，相当多的案件是由当事人自己进行诉讼的，② 且其中的一部分当事人对法律知识知之甚少。在缺乏律师代理的情况下，很多当事人可能不知道需要调查收集哪些证据以及如何去调查收集，而当事人调查收集证据之能力的薄弱自然会影响辩论原则的确立和贯彻。

（4）最高人民法院的改革措施和规定较少涉及当事人取证权利的保障问题。从20世纪90年代以来，各地法院一直在推行民事审判方式的改革，其间，最高人民法院推出了形形色色的改革措施，制定了各种各样的有关民事诉讼的规定（规范性文件）。就总体而言，这些改革措施和规定之主要内容在于强调当事人的举证责

---

① 据统计，我国目前只有执业律师10.2万人，而我国人口已达到13亿，因此，每万人中尚不足一名律师。而且，目前全国还有206个县没有1名律师，有363家律师事务所的律师数量不足3名。参见《努力建设一支坚持信念精通法律维护正义恪守诚信的高素质律师队伍——司法部部长张福森在全国律师队伍建设工作会议上的讲话》，来源于"中国普法网"，2004年3月24日浏览。

② 例如，根据肖扬在第九届全国人大第五次会议上所作的《最高人民法院工作报告》，2001年全国地方各级人民法院和专门人民法院审结的民事案件为5076694件。而根据《中国统计年鉴2003》的统计，2001年全国民事（含经济）案件中有律师代理诉讼的为1069901件（资料来源于"中国统计数据库"）。显然，律师代理诉讼的比例是较低的。

任、强化合议庭或独任审判员的审判权限（针对合议庭与审判委员会的关系而言的）、提高诉讼的效率等方面，而很少涉及如何给当事人及其诉讼代理人的调查取证权利提供必要的程序保障问题，在改革的过程中，当事人之调查、取证权被有意或无意地忽视了。其主要表现是，在强调当事人的举证责任和在诉讼中的其他各种责任时，并没有建立起保障当事人调查收集证据的程序制度，致使二者发生脱节和矛盾，其结果自然无助于辩论原则和当事人主义之诉讼结构的真正确立。

　　具体而言，就我国《民事诉讼法》所规定的调查取证程序而言，其显然是以法院为主体的调查取证程序，而并非是以当事人为主体的调查取证程序。在这种程序中，法院依职权调查收集证据的程序是比较完善的，而且是具有充分的制度保障的，任何人、任何单位如果无故拒绝法院调查取证，则要受到法律规定的强制措施的制裁。这种规定是与职权主义的诉讼体制相适应的，并且在这种体制之下，即使当事人收集提供证据的权利缺乏程序保障，但由于可期待法院广泛地依职权调查收集证据，因而当事人取证权之保障的弱化可部分地得以补救。然而，在各地法院所推行的民事审判方式改革过程中，当事人的举证责任得到了前所未有的强调，确立以当事人举证为主的诉讼模式成为改革的趋势和主流。这一改革的方向是应当加以肯定的。但问题在于，强化当事人的举证责任之同时，立法上理应在调查取证的权利配置和程序设置上也作出相应的调整，为当事人提供有效的收集证据的程序和手段，以确保当事人举证责任的履行。可令人遗憾的是，审判方式改革过程中，举证责任的强调与取证权利的保障这二者却发生了脱节和背离，实践中相当多的法院消极裁判、不予调查取证，而当事人及其代理律师却又无充分的、可靠的、有保障的程序去调查取证，从而造成一些本来有理的当事人却因为取证手段的欠缺和举证不能而败诉。① 从这个意

---

　　①　相关论述可参见汤维建：《论美国民事诉讼中的证据调查与证据交换——兼与我国作简单比较》，载王利明、江伟、黄松有主编：《中国民事证据的立法研究与应用》，人民法院出版社 2000 年版，第 1050 页。

义上讲，在进行当事人主义的民事审判方式改革的时候，如果不赋予和保障当事人及其代理人的收集提供证据的权利，其结果可能比实行由法院广泛依职权调查证据的职权主义还要糟糕。

3. 强化当事人取证权之途径

由于当事人调查收集证据的权利尚缺乏充分的制度保障，因而约束性的辩论原则在我国民事诉讼中的确立就面临着一种内在的矛盾，即取证权之保障的欠缺与程序的归责机制之间的矛盾。所以，要重塑我国民事诉讼法中的辩论原则，就必须对相关制度进行改革，为当事人调查、收集证据提供充分的、有效的程序保障，真正形成以当事人为主导的证据调查程序。但应当注意的是，当事人取证权之保障的强化涉及诸多诉讼制度乃至于诉讼外制度的完善和配套改革，而绝非仅仅在立法上"宣言式"规定当事人及其诉讼代理人享有调查收集证据的权利所能奏效的。笔者认为，就我国的情况而言，至少应当做好以下几个方面的配套改革：

（1）建立强制证人出庭作证的制度。关于证人出庭作证的义务，目前我国诉讼法学界进行探讨的论著很多，除了少数学者认为不应规定证人出庭作证义务外，① 大多数人认为应当建立强制证人出庭作证制度。关于这一问题，笔者也主张应当规定证人的出庭作证义务。但是，在规定这一义务时，为保护证人的合法权益，必须处理好下列问题：第一，应当明确界定证人负有出庭作证义务的情形和证人享有拒绝作证权的情形，而不是规定在任何情形下证人都具有出庭作证的义务。第二，应当正确处理好证人出庭作证义务和证人作证的费用补偿问题。第三，应当合理界定违反作证义务的行为及其制裁措施。第四，应当赋予证人对于法院的处罚措施的异议权并规定相应的救济程序。②

---

① 参见苏力：《送法下乡——中国基层司法制度研究》，中国政法大学出版社 2000 年版，第 167 页；胡夏冰：《为什么强制证人到庭作证——兼论完善我国证人作证制度的基本思路》，载《法学评论》2002 年第 3 期，第 108 页以下。

② 对于这一点，笔者在一篇文章中曾主张应规定证人就对其处罚的措施享有上诉权。参见刘学在：《民事裁定上诉审之检讨》，载《法学评论》2001 年第 6 期，第 57 页以下。

（2）借鉴外国特别是大陆法系国家的规定，设立文书提出命令制度，并规定物证等其他证据可准用这一制度。文书提出命令制度对于保障当事人收集提供证据的权利具有非常重要的意义，通过这一制度的运作，将会使当事人能够从对方当事人或案外人那里获得有关本案的证据。其具体内容包括文书提出义务的范围、文书提出命令的申请和审查程序、违反文书提出命令的法律后果、当事人或案外人对文书提出命令的异议程序等。值得注意的是，诉讼实践中一些法院在进行审判方式改革时，推行所谓的"调查令制度"，以帮助当事人收集证据。所谓调查令制度，是指在民事诉讼中当事人因客观原因而无法收集到自己需要的证据材料时，可向受诉人民法院提出申请，经审核符合条件的，由法院签发给当事人的诉讼代理律师的法律文书，当事人的诉讼代理律师持该法律文书可向法院文书所确定的有关单位收集涉案证据材料的制度。① 这种"调查令制度"对于缓解当事人调查取证的困难、强化其举证能力具有一定的作用，但实际上存在着诸多问题，而且与国外所实行的文书提出命令制度也是存在区别的。第一，"调查令制度"与其他很多由各地法院乃至于最高人民法院所推出的改革措施一样，并没有明确的法律依据，因而其合法性是存在疑问的。第二，从一些法院的规定和运作来看，调查令仅仅签发给诉讼代理律师，持令人只限于代理律师，因而其对当事人收集证据的保障是很有限的。第三，由于没有法律的强制性规定，因而调查令并不被很多人所认同和承认，实践中其效力是疲软的，对于不予配合调查令的被调查人或单位，

---

① 参见周赞华、章克勤、曹洁：《对民事诉讼中适用调查令的法律思考》，载《人民司法》1997年第5期，第25页以下；王建平：《关于建立调查令制度若干问题研究》，载《政治与法律》2002年第6期，第86页以下；张慧鹏：《禅城法院推出调查令制度》，载2003年5月12日《人民法院报》；鲁统明、李娅：《法院调查令可行性探析》，载《中国司法》2003年第11期，第35页以下。

很难说法院"有权"对其采取处罚措施。① 第四，调查令的法律性质是模糊不清的。

（3）完善有关制度以克服和弥补律师代理制度不发达之缺陷。对于律师代理制度不发达而致使当事人取证权弱化的问题，除了大力加强律师制度建设、发展律师队伍外，可主要通过以下两个方面予以弥补：一是加强法院的阐明权的适当行使，促使当事人及时、有效的收集提供证据；二是加大法律援助的力度，促使更多的当事人能够得到无偿的法律帮助。

---

① 例如，据统计，上海市长宁区人民法院从 1998 年 12 月 1 日起正式实施调查令制度，至 1999 年 4 月 30 日，共发出调查令 59 份。其中，银行 15 份，税务 10 份，证券期货 8 份，房产 5 份，公安、工商、档案、电话、司法局 7 份，其他单位 14 份。调查令发出后，持令律师前往有关单位调查，接待的仅有 28 家，拒绝接待或不予配合的则有 29 家，还有两家律师没去调查。这说明调查令不被被调查人承认的情况是相当普遍的。参见王建平：《关于实施调查令制度的几点思考》，载 2001 年 3 月 29 日《人民法院报》。

参 考 文 献

一、中文论著

1. 陈荣宗：《举证责任分配与民事程序法》，台湾三民书局1979 年版。

2. 杨建华主编：《民事诉讼法论文选辑（上、下）》，台湾五南图书出版公司 1984 年版。

3. 民事诉讼法研究基金会：《民事诉讼法之研讨（一）》，台湾三民书局 1986 年版。

4. 石志泉、杨建华：《民事诉讼法释义》，台湾三民书局 1987年版。

5. 常怡主编：《民事诉讼法学新论》，中国政法大学出版社1989 年版。

6. 邱联恭：《司法之现代化与程序法》，台湾三民书局 1992 年版。

7. 李学灯：《证据法比较研究》，台湾五南图书出版公司 1992年版。

8. 柴发邦主编：《中国民事诉讼法学》，中国政法大学出版社 1992 年版。

9. 柴发邦主编：《民事诉讼法学新编》，法律出版社 1992 年版。

10. 由嵘主编：《外国法制史》，北京大学出版社 1992 年版。

11. 张卫平：《程序公正实现中的冲突与衡平》，成都出版社 1993 年版。

12. 民事诉讼法研究基金会：《民事诉讼法之研讨（四）》，台湾三民书局 1993 年版。

13. 陈荣宗：《民事程序法论文集》第四册，台湾三民书局 1993 年版。

14. 李浩：《民事举证责任研究》，中国政法大学出版社 1993 年版。

15. 王强义：《民事诉讼特别程序研究》，中国政法大学出版社 1993 年版。

16. 陈计男：《民事诉讼法论》（上、下），台湾三民书局 1994 年版。

17. 周枏：《罗马法原论》，商务印书馆 1994 年版。

18. 陈荣宗、林庆苗：《民事诉讼法》，台湾三民书局 1996 年版。

19. 邱联恭：《程序制度机能论》，台湾广益印书局 1996 年版。

20. 陈桂明：《诉讼公正与程序保障》，中国法制出版社 1996 年版。

21. 白绿铉：《美国民事诉讼法》，经济日报出版社 1996 年版。

22. 杨建华：《问题研析 民事诉讼法（一）》，台湾广益印书局 1996 年版。

23. 杨建华：《问题研析 民事诉讼法（二）》，台湾广益印书局 1997 年版。

24. 杨建华：《问题研析 民事诉讼法（四）》，台湾广益印书局 1997 年版。

25. 谭兵主编：《民事诉讼法学》，法律出版社 1997 年版。

26. 张卫平、陈刚：《法国民事诉讼法导论》，中国政法大学出版社 1997 年版。

27. 杨建华：《问题研析　民事诉讼法（三）》，台湾广益印书局 1998 年版。

28. 张卫平：《民事诉讼法教程》，法律出版社 1998 年版。

29. 王甲乙、杨建华、郑健才：《民事诉讼法新论》，台湾广益印书局 1998 年版。

30. 江伟主编：《中国民事诉讼法专论》，中国政法大学出版社 1998 年版。

31. 刘荣军：《程序保障的理论视角》，法律出版社 1999 年版。

32. 张晋藩主编：《中国民事诉讼制度史》，巴蜀书社 1999 年版。

33. 季卫东：《法治秩序的建构》，中国政法大学出版社 1999 年版。

34. 民事诉讼法研究基金会：《民事诉讼法之研讨（九）》，台湾三民书局 2000 年版。

35. 张卫平：《诉讼架构与程式》，清华大学出版社 2000 年版。

36. 邱联恭：《程序选择权论》，台湾三民书局 2000 年版。

37. 肖建国：《民事诉讼程序价值论》，中国人民大学出版社 2000 年版。

38. 章武生等：《司法现代化与民事诉讼制度的建构》，法律出版社 2000 年版。

39. 齐树洁主编：《民事司法改革研究》，厦门大学出版社 2000 年版。

40. 史尚宽：《亲属法论》，中国政法大学出版社 2000 年版。

41. 苏力：《送法下乡——中国基层司法制度研究》，中国政法大学出版社 2000 年版。

42. 王亚新：《社会变革中的民事诉讼》，中国法制出版社 2001 年版。

43. 汤维建：《美国民事司法制度与民事诉讼程序》，中国法制出版社 2001 年版。

44. 全国人大常委会法制工作委员会民法室：《中华人民共和国婚姻法释解》，群众出版社 2001 年版。

45. 温树斌、魏斌：《走向司法公正——民事诉讼模式研究》，广东人民出版社 2001 年版。

46. 江伟、邵明、陈刚：《民事诉权研究》，法律出版社 2002 年版。

47. 王亚新：《对抗与判定——日本民事诉讼的基本结构》，清华大学出版社 2002 年版。

48. 沈达明编著：《比较民事诉讼法初论》，中国法制出版社 2002 年版。

49. 李国光主编：《最高人民法院〈关于民事诉讼证据的若干规定〉的理解与适用》，中国法制出版社 2002 年版。

50. 最高人民法院民事审判第一庭：《民事诉讼证据司法解释的理解与适用》，中国法制出版社 2002 年版。

51. 毕玉谦主编：《〈最高人民法院关于民事诉讼证据的若干规定〉释解与适用》，中国民主法制出版社 2002 年版。

52. 王福华：《民事诉讼基本结构》，中国检察出版社 2002 年版。

53. 陈光中、江伟主编：《诉讼法论丛》第 7 卷，法律出版社 2002 年版。

54. 徐昕：《英国民事诉讼与民事司法改革》，中国政法大学出版社 2002 年版。

55. 常怡主编：《比较民事诉讼法》，中国政法大学出版社 2002 年版。

56. 常怡主编：《民事诉讼法学》，中国政法大学出版社 2002 年版。

57. 李交发：《中国诉讼法史》，中国检察出版社 2002 年版。

58. 杨荣馨主编：《民事诉讼原理》，法律出版社 2003 年版。

59. 陈刚：《民事诉讼法制的现代化》，中国检察出版社 2003 年版。

60. 刘敏：《裁判请求权研究——民事诉讼的宪法理念》，中国人民大学出版社 2003 年版。

61. 黄风:《罗马私法导论》,中国政法大学出版社 2003 年版。

62. 吕太郎:《民事诉讼之基本理论问题 (一)》,中国政法大学出版社 2003 年版。

63. 李龙:《民事诉讼标的理论研究》,法律出版社 2003 年版。

64. 江伟主编:《民事诉讼法》第二版,高等教育出版社 2004 年版。

65. 张家慧:《俄罗斯民事诉讼法研究》,法律出版社 2004 年版。

66. 陈刚主编:《中国民事诉讼法制百年进程》清末时期第一卷,中国法制出版社 2004 年版。

67. 陈刚主编:《中国民事诉讼法制百年进程》清末时期第二卷,中国法制出版社 2004 年版。

68. 何勤华、李秀清主编:《民国法学论文精萃——诉讼法律篇》,法律出版社 2004 年版。

69. 苏力:《法治及其本土资源 (修订版)》,中国政法大学出版社 2004 年版。

70. 江伟主编:《〈中华人民共和国民事诉讼法〉修改建议稿 (第三稿) 及立法理由》,人民法院出版社 2005 年版。

71. 陈刚、廖永安主编:《移植与创新:混合法制下的民事诉讼》,中国法制出版社 2005 年版。

72. 张建伟:《司法竞技主义——英美诉讼传统与中国庭审方式》,北京大学出版社 2005 年版。

73. 江伟主编:《民事诉讼法专论》,中国人民大学出版社 2005 年版。

74. 王甲乙:《阐明权》,载《民事诉讼法论文选辑 (上)》,台湾五南图书出版公司 1984 年版。

75. 李杰:《完善我国身份关系诉讼制度的构想》,载《中国法学》1990 年第 6 期。

76. 骆永家等:《阐明权》,载《民事诉讼法之研讨 (四)》,台湾三民书局 1993 年版。

77. 吕太郎等：《诉之利益之判决》，载《民事诉讼法之研讨（四）》，台湾三民书局 1993 年版。

78. 陈荣宗等：《婚姻无效与股东会决议无效之诉讼》，载《民事诉讼法之研讨（四）》，台湾三民书局 1993 年版。

79. 季卫东：《程序比较论》，载《比较法研究》1993 年第 1 期。

80. 江平、张礼洪：《市场经济和意思自治》，载《中国法学》1993 年第 6 期。

81. 尹田：《论意思自治原则》，载《政治与法律》1995 年第 3 期。

82. 陈瑞华：《程序价值理论的四个模式》，载《中外法学》1996 年第 2 期。

83. 张卫平：《绝对职权主义的理性认知——原苏联民事诉讼基本模式评析》，载《现代法学》1996 年第 4 期。

84. 张卫平：《我国民事诉讼辩论原则重述》，载《法学研究》1996 年第 6 期。

85. 张卫平：《民事诉讼基本模式：转换与选择之根据》，载《现代法学》1996 年第 6 期。

86. 许士宦：《辩论主义之新开展》，载《月旦法学杂志》第 19 期。

87. 吕太郎等：《所谓权利自认》，载民事诉讼法研究基金会：《民事诉讼法之研讨》（六），台湾三民书局 1997 年版。

88. 刘凯湘、张云平：《意思自治原则的变迁及其经济分析》，载《中外法学》1997 年第 4 期。

89. 徐继强：《我国民事诉讼法应确立辩论主义原则》，载《法学》1997 年第 4 期。

90. 周赞华、章克勤、曹洁：《对民事诉讼中适用调查令的法律思考》，载《人民司法》1997 年第 5 期。

91. 林晓霞：《论市场经济条件下重新评价和构建我国民事诉讼法基本原则》，载《法学评论》1997 年第 6 期。

92. 马俊驹：《现代民法的发展趋势与我国民法典立法体系的

构想》，载《法律科学》1998 年第 2 期。

93. 赵钢、占善刚：《也论当事人举证与人民法院查证之关系》，载《法商研究》1998 年第 6 期。

94. 邱本：《从契约到人权》，载《法学研究》1998 年第 6 期。

95. 赵钢：《正确处理民事经济审判工作中的十大关系》，载《法学研究》1999 年第 1 期。

96. 白绿铉：《论现代民事诉讼的基本法理》，载《中外法学》1999 年第 1 期。

97. 陈晓云：《我国民事诉讼辩论原则不足及完善》，载《理论界》1999 年第 4 期。

98. 邱联恭：《处分权主义、辩论主义之新容貌及机能演变》，载《程序选择权论》，台湾三民书局 2000 年版。

99. 季金华：《当事人主义与意思自治》，载《广西经济管理干部学院学报》2000 年第 2 期。

100. 占善刚：《对民事诉讼法基本原则之初步检讨》，载《法学评论》2000 年第 3 期。

101. 熊跃敏等：《民事诉讼模式的划分标准探究》，载《辽宁师范大学学报（社会科学版）》2000 年第 3 期。

102. 刘学在：《我国民事诉讼处分原则之检讨》，载《法学评论》2000 年第 6 期。

103. 徐青森：《俄罗斯民事诉讼立法改革》，载陈光中、江伟主编：《诉讼法论丛》第 4 卷，法律出版社 2000 年版。

104. 雷万来等：《诉讼上自认之法理及其效力》，载民事诉讼法研究基金会：《民事诉讼法之研讨（九）》，台湾三民书局 2000 年版。

105. 沈冠伶：《论民事诉讼程序中当事人之不知陈述》，载台湾《政大法学评论》第 63 期。

106. 黄书苑：《民事诉讼审理上法院之权限与责任》，来源于 http：//www.ntpu.edu.tw/law/paper/03/2000a/8971003A.PDF

107. 王铭裕：《间接事实与辅助事实于辩论主义之适用可能性》，来源于

http://www.ntpu.edu.tw/law/paper/03/2000a/8971303B.PDF

108. 王利明:《审判方式改革中的民事证据立法问题探讨》,载王利明、江伟、黄松有主编:《中国民事证据的立法研究与应用》,人民法院出版社2000年版。

109. 汤维建:《论美国民事诉讼中的证据调查与证据交换——兼与我国作简单比较》,载王利明、江伟、黄松有主编:《中国民事证据的立法研究与应用》,人民法院出版社2000年版。

110. 江伟、刘敏:《论民事诉讼模式的转换与法官的释明权》,载陈光中、江伟主编:《诉讼法论丛》第6卷,法律出版社2001年版。

111. 薛宁兰:《如何构建我国的无效婚姻制度》,载2001年2月14日《人民法院报》。

112. 杨克彬:《法官如何行使释明权》,载2001年3月29日《人民法院报》。

113. 王建平:《关于实施调查令制度的几点思考》,载2001年3月29日《人民法院报》。

114. 周利明:《试论阐明权》,载《政法论坛》2001年第3期。

115. 刘祥红:《论西方民事诉讼辩论主义之修正》,载《培训与研究——湖北教育学院学报》2001年第3期。

116. 祝庭显:《论辩论原则改造的理论基础》,载《广西政法管理干部学院学报》2001年第4期。

117. 刘学在:《民事裁定上诉审之检讨》,载《法学评论》2001年第6期。

118. 李景华、陈俊:《不告不理还是主动审查——关于诉讼时效的审查认定》,载2002年2月20日《人民法院报》。

119. 孟涛:《走向黄昏的辩论主义》,载陈刚主编:《比较民事诉讼法》2001~2002年卷,中国人民大学出版社2002年版。

120. 汪振林:《辩论主义法理在本案审理中的作用和意义》,载陈刚主编:《比较民事诉讼法》2001~2002年卷,中国人民大学出版社2002年版。

121. 马青波：《民事诉讼法基本原则分析》，载何文燕、陈刚、廖永安主编：《硕士论丛·民诉法学》，中国检察出版社 2002 年版。

122. 谢志钊、吴勇：《德国、法国与我国民事诉讼处分辩论原则之比较》，载《湖南省政法管理干部学院学报》2002 年第 2 期。

123. 杨萍：《论在民事诉讼法中建立辩论主义的必要性》，载《兰州学刊》2002 年第 2 期。

124. 张晓霞：《论民事诉讼的辩论原则》，载《北京建设工程学院学报》2002 年增刊。

125. 胡夏冰：《为什么强制证人到庭作证——兼论完善我国证人作证制度的基本思路》，载《法学评论》2002 年第 3 期。

126. 毕玉谦：《直接言词原则与证据辩论主义》，载《法律适用》2002 年第 5 期。

127. 廖中洪：《民事诉讼法基本原则立法体例之比较研究》，载《法学评论》2002 年第 6 期。

128. 王建平：《关于建立调查令制度若干问题研究》，载《政治与法律》2002 年第 6 期。

129. 曹杰：《论"于己不利"并非自认成立之要件》，载《行政与法》2002 年第 7 期。

130. 孙永全、成晓明：《论释明权》，载《人民司法》2002 年第 8 期。

131. 王礼仁：《确立人事诉讼程序制度之我见》，载《法律适用》2002 年第 10 期。

132. 姜世明：《2002 年德国民事诉讼法改革》，载《月旦法学教室》创刊号（2003 年第 1 期）。

133. 田平安、刘春梅：《试论协同型民事诉讼模式的建立》，载《现代法学》2003 年第 1 期。

134. 罗筱琦、陈界融：《最高人民法院"民事诉讼证据规则"若干问题评析》，载《国家检察官学院学报》2003 年第 1 期。

135. 江伟、刘学在：《中国民事诉讼基本理论体系的阐释与重塑》，载樊崇义主编：《诉讼法学研究》第五卷，中国监察出版社

2003 年版。

136. 毛玲：《我国民事诉讼辩论原则与处分原则之辨析》，载《河南省政法管理干部学院学报》2003 年第 2 期。

137. 宋朝武：《论民事诉讼中的自认》，载《中国法学》2003 年第 2 期。

138. 邵俊武：《建立婚姻家庭民事诉讼专门程序之我见》，载《兰州商学院学报》2003 年第 2 期。

139. 刘红：《论默示自认》，载《福建政法管理干部学院学报》2003 年第 2 期。

140. 吴泽勇：《诉讼程序与法律自治——中国古代民事诉讼程序与古罗马民事诉讼程序的比较分析》，载《中外法学》2003 年第 3 期。

141. 江伟、吴泽勇：《论现代民事诉讼立法的基本理念》，载《中国法学》2003 年第 3 期。

142. 武胜建、叶新火：《从阐明看法官诉讼请求变更告知义务》，载《法学》2003 年第 3 期。

143. 闵振华：《试论民事诉讼中确立法官释明权制度》，载《法治论丛》2003 年第 3 期。

144. 李建华、许中缘：《论私法自治与我国民法典》，载《法制与社会发展》2003 年第 3 期。

145. 徐昕：《程序自由主义及其局限——以民事诉讼为考察中心》，载《开放时代》2003 年第 3 期。

146. 刘学在：《既判力论在中国的困境探析》，载《北京科技大学学报》（社会科学版）2003 年第 3 期。

147. 陈界融：《论自认的效力》，载《政治与法律》2003 年第 4 期。

148. 尚代贵：《民事诉讼中的辩论原则》，载《广西社会科学》2003 年第 5 期。

149. 唐佳：《建立我国法官释明义务制度初探》，载《行政与法》2003 年第 5 期。

150. 梁宏辉、张德峰：《论我国人事诉讼程序之建构》，载

《广西政法管理干部学院学报》2003 年第 5 期。

151．王鹏：《试论法官的"释明权"及其行使》，载《经济与社会发展》2003 年第 6 期。

152．张慧鹏：《禅城法院推出调查令制度》，载 2003 年 5 月 12 日《人民法院报》。

153．白春魁：《法院行使释明权中存在的问题与对策》，载 2003 年 8 月 12 日《人民法院报》。

154．姜世明：《辩论主义》，载《月旦法学教室》第 23 期。

155．赵钢、刘学在：《关于修订〈民事诉讼法〉的几个基本问题》，载《法学评论》2004 年第 2 期。

156．张卫平：《论人民法院在民事诉讼中的职权》，载《法学论坛》2004 年第 5 期。

157．张珉：《协同主义的民事审前准备程序探析》，载《西南政法大学学报》2004 年第 5 期。

158．张珉：《试论辩论主义的新发展——协同主义》，载《新疆社会科学》2004 年第 6 期。

159．唐力：《对话与沟通——民事诉讼构造之法理分析》，载《法学研究》2005 年第 1 期。

160．蔡虹：《释明权：基础透视与制度构建》，载《法学评论》2005 年第 1 期。

161．翁晓斌：《职权探知主义转向辩论主义的思考》，载《法学研究》2005 年第 4 期。

二、外文及译著

1．［日］伊东乾：《辩论主义》，学阳书房 1975 年版。

2．［日］中村英郎：《民事诉讼理论の诸问题》（民事诉讼论集第三卷），成文堂 1978 年版。

3．［日］福永有利：《裁判上的自认（一）》，载《民商法杂志》第 91 卷第 5 号。

4．［日］福永有利：《裁判上的自认（二）》，载《民商法杂志》第 92 卷第 1 号。

5. ［日］福永有利：《裁判上的自认（三）》，载《民商法杂志》第 92 卷第 2 号。

6. ［日］新堂幸司：《民事诉讼法》第二版，弘文堂 1990 年版。

7. ［日］吉野正三郎：《集中讲义民事诉讼法》第三版（新法对应版），成文堂 1998 年版。

8. E. Becker-Eberhard：《辩论主义の基础と限界》，［日］高田昌宏译，载［日］《比较法学》第 35 卷第 1 号（2001 年）。

9. ［日］栗田隆：《民事诉讼法讲义·审理的框架》，来源于 http：//civilpro. law. kansai-u. ac. jp/kurita/procedure/lecture/trialFrame1. html#3

10. Eberhard Schilken：《ドイツ民事诉讼における裁判官の役割》，［日］高田昌宏译，载［日］《比较法学》第 34 卷第 2 号（2001 年）。

11. ［日］矶村义利：《释明权》，载《民事诉讼法讲座第二卷》，有斐阁，昭和二十九年。

12. Bernard C. Cairns, Australian Civil Procedure, the Law Book Company Limited, 1992.

13. Franklin Strier, Reconstructing Justice, Greenwood Publishing Group, Inc. , 1994.

14. Neil Andrews, Principles of Civil Procedure, Sweet & Maxwell, 1994.

15. Ernest Metzger, A New Outline of the Roman Civil Trial, Clarendon Press, 1997.

16. Rarald Koch and Frank Diedrich, Civil Procedure in Germany, Kluwer Law International, 1998.

17. Elizabeth C. Richardson, Milton C. Regan, Civil Litigation for Paralegals, West Publishing, 1998.

18. John O' Hare, Kevin Browne, Robert N. Hill, Civil Litigation, 9th Edition, Sweet & Maxwell, 2000.

19. Mary Kay Kane, Civil Procedure, 法律出版社 2001 年版。

20. JA Jolowicz, Adversarial and Inquisitorial Models of Civil Procedure, International and Comparative Law Quarterly, Vol. 52, April 2003.

21. 《马克思恩格斯全集》第二十一卷，中共中央马克思恩格斯列宁斯大林著作编译局译，人民出版社 1965 年版。

22. 《马克思恩格斯全集》第三十六卷，中共中央马克思恩格斯列宁斯大林著作编译局译，人民出版社 1974 年版。

23. ［匈］L. 涅瓦伊等：《经互会成员国民事诉讼的基本原则》，法律出版社 1980 年版。

24. ［苏］克林曼：《苏维埃民事诉讼法的民主原则》，载西南政法学院诉讼法教研室编：《民事诉讼法参考资料》，1982 年版。

25. ［苏］阿·阿·多勃罗沃里斯基等：《苏维埃民事诉讼》，李衍译、常怡校，法律出版社 1985 年版。

26. ［意］彼得罗·彭梵得：《罗马法教科书》，黄风译，中国政法大学出版社 1992 年版。

27. ［日］棚濑孝雄：《纠纷的解决与审判制度》，王亚新译，中国政法大学出版社 1994 年版。

28. ［日］兼子一、竹下守夫：《民事诉讼法》，白绿铉译，法律出版社 1995 年版。

29. ［日］谷口安平：《程序的正义与诉讼》，王亚新、刘荣军译，中国政法大学出版社 1996 年版。

30. ［美］迈克尔·D. 贝勒斯：《法律的原则——一个规范的分析》，张文显等译，中国大百科全书出版社 1996 年版。

31. ［日］三ケ月章：《日本民事诉讼法》，汪一凡译，台湾五南图书出版公司 1997 年版。

32. ［意］莫诺·卡佩莱蒂：《当事人基本程序保障权与未来的民事诉讼》，徐昕译，法律出版社 2000 年版。

33. ［法］让·文森、塞尔日·金沙尔：《法国民事诉讼法要义》（上），罗结珍译，中国法制出版社 2001 年版。

34. ［日］中村英郎：《新民事诉讼法讲义》，陈刚、林剑锋、郭美松译，法律出版社 2001 年版。

35.［美］史蒂文·苏本、玛格瑞特·伍：《美国民事诉讼的真谛》，蔡彦敏、徐卉译，法律出版社 2002 年版。

36.［德］奥特马·尧厄尼希：《民事诉讼法》，周翠译，法律出版社 2003 年版。

37.［日］高桥宏志：《民事诉讼法——制度与理论的深层分析》，林剑锋译，法律出版社 2003 年版。

38.［日］高见泽磨：《现代中国的纠纷与法》，何勤华等译，法律出版社 2003 年版。

39.［美］斯蒂文·N. 苏本等：《民事诉讼法——原理、实务与运作环境》，傅郁林等译，中国政法大学出版社 2004 年版。

40.［日］染野义信：《转变时期的民事裁判制度》，林剑锋译，中国政法大学出版社 2004 年版。

41.［德］汉斯-约阿希姆·穆泽拉克：《德国民事诉讼法基础教程》，周翠译，中国政法大学出版社 2005 年版。

42.［德］米夏埃尔·施蒂尔纳编：《德国民事诉讼法学文萃》，赵秀举译，中国政法大学出版社 2005 年版。

43.［意］莫诺·卡佩莱蒂：《比较法视野中的司法程序》，徐昕、王奕译，清华大学出版社 2005 年版。

三、法典

1. 梁启明、邓曙光译：《苏俄民事诉讼法典》，法律出版社 1982 年版。

2. 罗结珍译：《法国新民事诉讼法典》，中国法制出版社 1999 年版。

3. 白绿铉编译：《日本新民事诉讼法》，中国法制出版社 2000 年版。

4. 何家弘、张卫平主编：《外国证据法选译（上卷）》，人民法院出版社 2000 年版。

5. 谢怀栻译：《德意志联邦共和国民事诉讼法》，中国法制出版社 2001 年版。

6. 徐昕译：《英国民事诉讼规则》，中国法制出版社 2001 年版。

7. 张西安、陈丽庄译:《俄罗斯联邦民事诉讼法民事执行法》,中国法制出版社 2002 年版。

8. 黄道秀译:《俄罗斯联邦民事诉讼法典》,中国人民公安大学出版社 2003 年版。

9. 我国台湾地区"民事诉讼法",来源于
http://www. law. moj. gov. tw/Scripts/Query4. asp

10. Federal Rules of Civil Procedure,
来源于 http://www. house. gov/judiciary/documents. htm

11. 李浩培、吴传颐、孙鸣岗译:《法国民法典》,商务印书馆 1997 年版。

12. 郑冲、贾红梅译:《德国民法典》,法律出版社 1999 年版。

13. 王书江译:《日本民法典》,中国法制出版社 2000 年版。

后　记

　　本书是在我的博士学位论文——《民事诉讼辩论原则研究》的基础上修改而成的。能够顺利通过博士论文的答辩和完成本书的写作，是与恩师江伟教授的精心指导分不开的。几年前，我有幸进入中国人民大学攻读博士学位，师从江伟教授研习民事诉讼法，聆听江老师的谆谆教诲。在博士研究生期间的学习和生活中，江老师对我进行了悉心指导和启迪，师母徐清老师也给予我无微不至的关怀和帮助，一声"谢谢"远远不能承载我对恩师和师母的感激之情、敬重之心。在博士论文的写作过程中，从选题的确定到结构的安排，从观点的提出到语言的润色，均凝聚了先生的大量心血，在初稿完成之时，先生又提出了宝贵的修改意见，没有先生开启思路、指点迷津，就不会有本论文的顺利写作。因此，尽管一声"感谢"显得有点单薄，但我仍想在此书付梓之际表达我的深深谢意！

　　感谢我的硕士研究生导师——武汉大学法学院的赵钢教授，是他最初引领我走向民事诉讼法学研究的殿堂，并指引我在这一领域有所发展。在我攻读硕士学位期间以及硕士研究生毕业之后，赵老师在学习、科研上对我进行了持续不断的指导、提携和支持，始终对我给予期望和鼓励，并在生活上给予我极大的关心和帮助，这些都将铭刻于学生心中。

同时，我还要向参加我的博士论文评阅和答辩的老师表示衷心感谢。王亚新教授、汤维建教授、潘剑锋教授、宋朝武教授、常英教授在百忙之中抽出时间对我的博士论文进行了评阅，提出了很多非常中肯的意见和建议，使我受益匪浅。在论文答辩的过程中，杨荣馨教授、刘家兴教授、赵中孚教授、王亚新教授、汤维建教授等各位老师给予我热情的指导，指出了论文中的诸多不足之处，为论文的进一步修改、完善指明了方向。

博士论文的写作和本书稿的修改过程中，还有许多老师、同学和朋友给我提出了宝贵的修改意见，提供了各种方式的关心、支持和帮助。特别值得一提的是，同窗的郭泽强博士、唐义虎博士在我的学习、科研和生活中给予我无数的关照，使人时刻感受到同学、朋友和兄弟的温暖。曾经和我一起居住于"东风楼"的钱福臣教授、屈茂辉教授、陈根发教授、李玉生教授、曾粤兴教授、刘松山教授、侯作前教授、刘宗胜博士、梁剑法官、李富友博士等兄弟们，在不拘形式的自由讨论中给予我诸多启迪。占善刚博士、肖建国博士、邵明博士、傅郁林博士、熊跃敏博士、吴泽勇博士、廖永安博士、崔峰博士、张力博士、孙邦清博士等师兄、师姐、师弟，长期以来在学业上给予我极大的帮助。借此拙作出版之际，向你们以及此处没有提到的其他帮助过我的朋友们致以诚挚的谢意！

另外，感谢我的夫人胡振玲女士对我的全力支持，是她为我提供了日文资料的翻译工作和论文的校对工作。而且，在我忙于论文的写作而无暇顾及家庭时，是她任劳任怨地照顾了我和女儿的衣食住行。

最后，还要感谢武汉大学法学院、武汉大学社会科学部、武汉大学出版社的鼎力相助，使本书得以入选"武汉大学 2006 年人文社会科学学术丛书"并及时予以出版。

　　由于作者才疏学浅，书中难免有纰漏、不当之处，恳请读者不吝批评、指正。

刘学在

2007 年 1 月

武汉大学学术丛书 | 书目

中国当代哲学问题探索
中国辩证法史稿（第一卷）
德国古典哲学逻辑进程（修订版）
毛泽东哲学分支学科研究
哲学研究方法论
改革开放的社会学研究
邓小平哲学研究
社会认识方法论
康德黑格尔哲学研究
人文社会科学哲学
中国共产党解放和发展生产力思想研究
思想政治教育有效性研究
政治文明论
中国现代价值观的初生历程
精神动力论
广义政治论
中西文化分野的历史反思
第二次世界大战与战后欧洲一体化起源研究
哲学与美学问题
行为主义政治学方法论研究
政治现代化比较研究
调和与制衡
"跨越论"与落后国家经济发展道路
村民自治与宗族关系研究

国际经济法概论
国际私法
国际组织法
国际条约法
国际强行法与国际公共政策
比较外资法
比较民法学
犯罪通论
刑罚通论
中国刑事政策学
中国冲突法研究
中国与国际私法统一化进程（修订版）
比较宪法学
人民代表大会制度的理论与实践
国际民商新秩序的理论建构
中国涉外经济法律问题新探
良法论
国际私法（冲突法篇）（修订版）
比较刑法原理
担保物权法比较研究
澳门有组织犯罪研究
行政法基本原则研究
国际刑法学
遗传资源获取与惠益分享的法律问题研究
欧洲联盟法总论
民事诉讼辩论原则研究

当代西方经济学说（上、下）
唐代人口问题研究
非农化及城镇化理论与实践
马克思经济学手稿研究
西方利润理论研究
西方经济发展思想史
宏观市场营销研究
经济运行机制与宏观调控体系
三峡工程移民与库区发展研究
21世纪长江二峡库区的协调与可持续发展
经济全球化条件下的世界金融危机研究
中国跨世纪的改革与发展
中国特色的社会保障道路探索
发展经济学的新发展
跨国公司海外直接投资研究
利益冲突与制度变迁
市场营销审计研究
以人为本的企业文化
路径依赖、管理哲理与第三种调节方式研究
中国劳动力流动与"三农"问题
"封建"考论
新开放经济宏观经济学理论研究
关系结合方式与中间商自发行为的关系研究

武汉大学学术丛书 | 书目

中日战争史（1931～1945）（修订版）
中苏外交关系研究（1931～1945）
汗简注释
国民军史
中国俸禄制度史
斯坦因所获吐鲁番文书研究
敦煌吐鲁番文书初探（二编）
十五十六世纪东西方历史初学集（续编）
清代军费研究
魏晋南北朝隋唐史三论
湖北考古发现与研究
德国资本主义发展史
法国文明史
李鸿章思想体系研究
唐长孺社会文化史论丛
殷墟文化研究
战时美国大战略与中国抗日战场（1941～1945年）
古代荆楚地理新探·续集
汉水中下游河道变迁与堤防
吐鲁番文书总目（日本收藏卷）
用典研究
《四库全书总目》编纂考
元代教育研究

随机分析学基础
流形的拓扑学
环论
近代鞅论
鞅与banach空间几何学
现代偏微分方程引论
算子函数论
随机分形引论
随机过程论
平面弹性复变方法（第二版）
光纤孤子理论基础
Banach空间结构理论
电磁波传播原理
计算固体物理学
电磁理论中的并矢格林函数
穆斯堡尔效应与晶格动力学
植物进化生物学
广义遗传学的探索
水稻雄性不育生物学
植物逆境细胞及生理学
输卵管生殖生理与临床
Agent和多Agent系统的设计与应用
因特网信息资源深层开发与利用研究
并行计算机程序设计导论
并行分布计算中的调度算法理论与设计
水文非线性系统理论与方法
拱坝CADC的理论与实践
河流水沙灾害及其防治
地球重力场逼近理论与中国2000似大地水准面的确定
碾压混凝土材料、结构与性能
喷射技术理论及应用
Dirichlet级数与随机Dirichlet级数的值分布
地下水的体视化研究
病毒分子生态学
解析函数边值问题（第二版）
工业测量
日本血吸虫超微结构
能动构造及其时间标度
基于内容的视频编码与传输控制技术

文言小说高峰的回归
文坛是非辩
评康殷文字学
中国戏曲文化概论（修订版）
法国小说论
宋代女性文学
《古尊宿语要》代词助词研究
社会主义文艺学
文言小说审美发展史
海外汉学研究
《文心雕龙》义疏
选择·接受·转化
中国早期文化意识的嬗变（第一卷）
中国早期文化意识的嬗变（第二卷）
中国文学流派意识的发生和发展
汉语语义结构研究
明清词研究史

中国印刷术的起源
现代情报学理论
信息经济学
中国古籍编撰史
大众媒介的政治社会化功能
现代信息管理机制研究
科学信息交流研究
比较出版学